国家出版基金项目
NATIONAL PUBLICATION FOUNDATION

连 东 著

鸦片罂粟通史
欲望、利益与正义的战争

上海社会科学院出版社
SHANGHAI ACADEMY OF SOCIAL SCIENCES PRESS

序

"鸦片罂粟"以产生鸦片而闻名于世,也因此而饱受争议。它花开时,既没有腊梅的坚强,也没有牡丹的富美,只是在微风中摇曳,单薄、凄丽而端庄。然而,这种外表柔弱的物种,竟然用其独特的鸦片浆汁拨动了人类历史的舵轮:它诞生于中欧一隅,因为人类的喜爱而四处扩展,兴盛一时,甚至过海漂洋、穿越洲际的鸿沟;它为一些人带来滚滚的财富,却又把另一些人推入死亡的深渊;它让人类彼此攻杀,射出仇恨的炮火;最终,它面对人类普遍的恐惧和怨怒,四面楚歌,蜷缩于中亚一隅,离开了大多数人的视野。至此,它似乎完成了一轮生命的循环,或许是为它"立传"的时候了。

这一神秘物种吸引了无数学者的目光,相关著述汗牛充栋。以医家而论,对其研究已达3 500年之久;就史家而言,200年来,因其反复争鸣,未尝终止。笔者与罂粟也算是结下了不解之缘。我的硕士论文是关于英属印度输入中国的鸦

图 0-1　鸦片罂粟

PREFACE

片数量；撰写博士论文时开始将目光投向印度全境和东南亚，试图从更宽广的视角审视中国近代鸦片毒害发生的原因。我在研究中发现，鸦片史上的局部性变动常常会引发全局性的大变动。由此而论，我们将史学划分为中国史和世界史，再将中国史划分为古代史和近现代史，从学科划分的角度看是必要的和有意义的，但绝不可以因此而自缚手脚。例如，美洲的发现会引起烟草向菲律宾的移植，烟草向菲律宾的移植会引起爪哇人发明鸦片烟，爪哇的鸦片烟会催生中国单吸鸦片的方法，中国单吸鸦片的方法会导致英国东印度公司政策的改变，公司政策的改变会引起中国的鸦片泛滥，中国的鸦片泛滥会引起土产鸦片的增加，土产鸦片的增加会排挤印度的鸦片……一连串的因果链无穷无尽，因为历史本来就是因果勾连而形成的链条。在全球化深入推进的今天，一名突尼斯青年的决定会导致 10 个月后利比亚政权的更迭。其实，在历史上也是如此，只是在没有互联网和现代交通工具的古代，这种因果链条的传递速度会缓慢很多。基于这样的认识，笔者撰写出版了《鸦片经济》一书。

该书试图打破"中国"、"近代"这样的条块分割，在对学术史予以回顾之后，重点讨论近代中国毒品问题的成因以及从 1602 年到 1917 年中国、东南亚和印度之间鸦片贸易格局的演进。该书得到许多史学前辈和同仁的肯定，但随着时间的推移和研究的深入，一些问题也暴露出来。首先是受到马丁·布思《鸦片史》和俞正燮《癸巳类稿》等文献的影响，在关于鸦片传入中国的时间和清代罂粟品种替换的原因等一些具体推论上存在瑕疵，有补充论证的必要。其次是作为一部毒品史，没有涉及"禁毒"这一重要的研究使命。

近年来，"如何禁毒"成为我头脑中千百遍追索、挥之不去的疑问。人类最终可以禁绝毒品吗？忽然有一天，我终于明白：罂粟是多么无辜，它根本不是我们的敌人，而是我们的朋友。我终于明白：药品滥用即毒品，毒品善用即药品。我

序

终于明白:站在正义对立面的,根本就不是毒品,是人性中追求享乐的欲望、追求利益的贪婪,敌人就是我们自己。因此,关于人类能不能禁绝毒品的问题,首先应该反问的是,我们有没有能力让全人类的每一分子都远离毒品。如果不能,我们就不可能禁绝毒品。

毒品贸易链的终端是毒品消费,正如姚明的公益广告词——"没有买卖就没有杀戮"。我们通常把贩毒行为作为打击的重点,但实际上,只要有毒品需求存在,打击贩毒环节越重越狠,毒品价格就越昂贵,就越会有人加入贩毒大军。这就是我们所处的"怪圈"。

需求是全部毒品史的推动者。人之所以会需要毒品,是源于人脑当中特有的吗啡类受体以及人本身产生的鸦片样物质内啡肽。内啡肽也叫脑内啡,是人脑下垂体分泌的类吗啡氨基化合物。它能与吗啡受体结合,产生镇痛作用和欣快感。此外,大脑神经游走细胞中的多巴胺($C_6H_3(OH)_2$—CH_2—CH_2—NH_2)释放后也可以与人体受体结合,受体会向神经细胞发出"快乐信息"。多巴胺的释放还会带动脑内啡的释放。海洛因和烟草会刺激神经游走细胞释放更多的多巴胺,使多巴胺与受体结合从而产生欣快感。而可卡因和安非他明则通过占据多巴胺在神经游走细胞的位置,迫使多巴胺离开经游走细胞与受体结合产生欣快感。但毒品会在刺激多巴胺释放的同时减少受体的数量,从而迫使吸毒者加大毒品用量来寻找与先前同样的欣快感。从这个角度讲,戒毒的确是一件很困难的事情。不能戒毒,就要花钱买毒,而大多数人是喜欢钱的。这样,总有一些人愿意为那些吸毒者提供毒品来换取金钱。这也就罢了,可贩毒之人总希望会有更多人吸毒,吸毒者又会在没钱后铤而走险,各种社会问题随之而来。

顺便说一句,毒品合法化论调在西方社会一度盛行,很多人认为吸毒是个人的权利。然而,只要轻击鼠标,就可以发现许多触目惊心的故事。2014年2月,

PREFACE

兰州西固区杜姓男子吸毒后打死自己的母亲；10月，淄博朱台镇一名男子吸毒产生幻觉，打伤村民后还要持刀行凶。此类事件不胜枚举，不知"吸毒属个人私事"的论调从何谈起？因此，从全人类的福祉着想，"毒品合法化"显然站不住脚。

于是，对个人感官刺激的追求、对金钱财富的贪婪和对人类整体利益的维护，相互交织，共同导演了鸦片罂粟的兴衰沉浮。从这个意义讲，鸦片罂粟的历史就是它与人类的关系史，或者更直接地讲，就是人类与人类自身缺陷的斗争史。

笔者渐渐有了将这一复杂历史呈现出来的冲动。首先是希望通过在时间上向古向今的双向延伸、在空间上向全球范围的拓展，阐释事件与事件之间的因果关系，呈现一部较为完整的人与鸦片罂粟的关系史；其次是通过对历史事件的回顾与还原，展现不同"人"的行为动机，揭示罂粟史就是人类与人类自身缺陷的斗争史；再次是要对笔者在既往研究中存在的问题加以纠正；最后，本书减"论"加"叙"，力求通俗易懂，使更多的人认识到"毒品消费终端"对毒品贸易的拉动作用，以求全社会在"加大对毒品消费的打击力度"上达成共识。

最后还有几点要加以说明。其一，贸易格局的变化应当以产地、市场和贸易规模发生重大改变为依据，但导致这种改变的事件往往提前很长时间就已经发生了。例如，东南亚在1650年后才成为印度鸦片的主要海外市场，而导致这一改变的原因之一是1575年西班牙人将美洲的烟草输入菲律宾。在此，本书在划分格局时以市场实际变化为依据，而不是将引起变化的原因作为划分依据。其二，每章标题只是考虑到某一格局在演进过程中形成的主要特点或主要线索，而有时会有属于这一时段却又与贸易格局的主要特征无关的内容，或不属于这一时段却与这一格局形成密切相关的内容。为叙述方便，这些内容也一并纳入该标题下加以讨论。其三，各种资料的数据之间偶有差异，因笔者水平有限，未能一一辨析，由衷希望师长同仁批评指正。

目　录

序 / 1

第一编　食药时代

第一章　自西徂东（1650年以前）/ 3
　　一、鸦片罂粟与罂粟家族 / 3
　　二、什么是鸦片 / 7
　　三、传遍"地中海" / 9
　　四、挺进波斯 / 25
　　五、印度：罂粟的"家" / 28
　　六、中国的罂粟"花" / 36
　　七、漂洋过海的鸦片 / 45
　　八、西亚、欧洲的鸦片剂和"鸦片酊" / 49
　　九、奥斯曼崛起与葡萄牙东来 / 55
　　十、南洋鸦片贸易对各国的影响 / 58

第二编　毒品风潮三百年

第二章　"鸦片烟"与三角链（1650—1780）/ 65
　　一、鸦片与烟草的结合 / 65
　　二、荷兰人与东南亚市场的形成 / 70
　　三、"怀土入华" / 74
　　四、英国人也来了 / 77

CONTENTS

　　五、孟加拉的鸦片垄断 / 82
　　六、包收制的存续 / 88

第三章　"单吸鸦片"与权力的冲突(1780—1843) / 99
　　一、去掉烟草更可怕 / 99
　　二、代理处制度 / 106
　　三、鸦片"商行" / 119
　　四、英国政策调整与市场变动 / 124
　　五、中国的走私与反走私 / 148
　　六、东南亚的"包税制" / 157
　　七、美国商人与西亚鸦片 / 165
　　八、征服信德就是打败"麻洼" / 168

第四章　鸦片、吗啡、海洛因与开放的东西洋(1842—1909) / 172
　　一、中英鸦片战争与战时贸易 / 172
　　二、中国的鸦片解禁与逐利的中国烟农 / 176
　　三、此消彼长的竞争 / 183
　　四、中国"未有之大患" / 190
　　五、欧美的鸦片和吗啡市场形成 / 194
　　六、吗啡制药与西亚的鸦片生产 / 199
　　七、海洛因登场 / 201

第五章　在禁毒的旗帜下(1909—1956) / 204
　　一、万国禁烟会与浦东焚烟 / 204

目　录

二、世界大觉醒与国家垄断 / 212
三、日本政府与中国军阀 / 217
四、中国鸦片的产与销 / 235
五、其他鸦片产区的禁毒历程 / 239
六、欧美有效的司法惩治 / 255
七、东南亚的鸦片专卖与专卖废止 / 260
八、新中国禁毒与"游离"的港澳台地区 / 266
九、日本的冰毒战 / 271

第三编　后鸦片时代

第六章　全球化、个人主义与毒品的回旋（1960—）/ 277
　　一、全球化与个人主义思潮 / 277
　　二、当代全球毒品市场变迁 / 281
　　二、鸦片罂粟的最后堡垒 / 309
　　四、"黑社会"：毒品贩运的管道 / 326
　　五、联合国的禁毒努力 / 330
　　六、"三点一面"的鸦片市场 / 335
　　七、新旧毒品的转换 / 338

结语 / 343
　　一、欲、利、义的牵引——鸦片罂粟的传播与贸易 / 343
　　二、欲、利、义的战争——重治吸食："宣传"与"隔离" / 356

后记 / 364

第一编　食药时代

第一章 自西徂东(1650年以前)

人类总是在孜孜不倦地追求更加愉悦的感觉,但最古怪的事情是:如果没有痛苦的存在,人类就不能体验到痛苦消退时那种愉悦的感觉。[①] 这一点或许非常矛盾,但事实确实如此。一些人为了体验快乐,宁可先去体验痛苦。鸦片,就是通往这样一种痛苦的路径。这种对人类历史产生深刻影响的东西只不过是取自罂粟蒴果中的浆汁。这里所说的罂粟,是指鸦片罂粟,它是"罂粟家族"的一员。

一、鸦片罂粟与罂粟家族

"罂粟家族"的范围要根据各植物种与鸦片罂粟的亲疏关系来加以判定。如果以中文名称而论,以罂粟命名的最大分类单位为"罂粟目";如果以拉丁名称而论,以 Papaver 为词根的最大单位为"罂粟亚目",其项下只分紫堇科和罂粟科两个科。罂粟科再分为 3 个亚科:罂粟亚科、角茴香亚科和荷包牡丹亚科。罂粟亚科又分为 4(或 5)个族:古罂粟族、罂粟族、白屈菜族、博落回族。罂粟族又分为绿绒蒿属、罂粟属、花菱草属、海罂粟属、秃疮花属、疆罂粟属等一共 8 个属。罂粟属中又有鸦片罂粟、虞美人、黑环罂粟、野罂粟、灰毛罂粟等 100 多个物种。因此,鸦片罂粟在植物分类学中的位置就是:

鸦片罂粟:界　植物界 Regnum vegetable
　　　　　门　被子植物门 Angiospermae
　　　　　纲　双子叶植物纲 Dicotyledoneae
　　　　　亚纲　原始花被亚纲 Archichlamydeae
　　　　　目　罂粟目 Rhoeadales
　　　　　亚目　罂粟亚目 Papaverineae
　　　　　科　罂粟科 Papaveraceae

[①] "Some suggest that humans have always been engaged in a search for greater comfort. Oddly enough, it has also been suggested that if the experience of pain did not exist, we would be deprived of the comfort felt when the suffering is relieved." Michael Cohen, *The History of Opium and the Opiates*, Texas Medicine 65, (1969.3) quoted by Mark David Merlin: *On the Trail of Ancient Opium Poppy*, Fairleigh Dickinson University Press, 1983, p.17.

亚科　罂粟亚科 Papaveroideae
族　罂粟族 Papavereae
属　罂粟属 Papaver L.
种　鸦片罂粟 Papaver somniferum L.

不过，植物学以植物进化的角度探索自然分类系统；历史学从人与自然的关联寻求社会影响因子。罂粟对于人类社会产生的重大影响，源于其所含生物碱的医药价值和致瘾特性。而罂粟目下的许多科属植物与鸦片罂粟品质迥异。紫堇科植物自不待言，甚至同为罂粟科罂粟族的绿绒蒿属植物也只是产生黄色液汁，花根和花柱的形态也与鸦片罂粟有很大区别。如其中的红花绿绒蒿，它所含的生物碱就与鸦片罂粟大相径庭。因此，在历史学中将罂粟目，甚至是罂粟科植物纳入"罂粟家族"都是没有意义的，"罂粟家族"的范围应该扩大到罂粟属约100种植物为止，至少它们的共同特征是："具有乳白色带有恶臭的汁液。"①

罂粟族是罂粟科较为原始的种群，而罂粟属又是罂粟族中较为原始的种群。罂粟属产生于白垩纪甚至是更早的地质年代，是北温带和南温带间断分布的属，主产于中欧、南欧和亚洲温带，在地中海区获得高度发展，有2种产于北美太平洋沿岸，1种产于澳大利亚东部和南非、西南非。当前，只有7种在中国。②

在罂粟属中，有一个被称作刚毛罂粟（Papaver setigerum DC.）的物种。大约在距今200多万年的洪积世（更新世）之前，刚毛罂粟就传入了中、南欧及地中海地区。③ 而欧洲先民在刚刚步入农耕社会不久就开始驯化野生的刚毛罂粟，进而培育出这种一年生的鸦片罂粟种。④ 再确切地讲，鸦片罂粟种并不是物种自然进化的结果，而是人类干预自然的产物。以致时至今日，它仍然不能像它的其他近亲一样在真正的野生环境中生存。即使没有人类干预，它的生息之地也不会离开人类垦殖过的土地。⑤ 这种"人造"罂粟的主要植物学特征为："植株高30—150厘米。茎直立，不分枝，具白粉。叶互生，叶片卵形或长卵形，基部心

---

① 《中国植物志》(第32卷)，科学出版社1999年版，第51页。
② 庄璇：《罂粟科植物的分类、进化与分布》，载路安民主编：《种子植物科属地理》，科学出版社1999年版，第152页。
③ Mark David Merlin, *On the Trail of Ancient Opium Poppy*, Fairleigh Dickinson University Press, 1983, p.81.
④ 植物学界尚有不同意见，有人认为鸦片罂粟并非起源于刚毛罂粟；还有学者认为它是刚毛罂粟和细颈罂粟结合的产物。*On the Trail of Ancient Opium Poppy*, Fairleigh Dickinson University Press, 1983, p.86.
⑤ 鸦片罂粟种本身是一种栽培作物，不存在完全的野生种。因此，本书从品种论，称其为"半野生"；从生存环境论，若野外生存称其为"野生"，以区别于人工栽培的生存环境。参见 *On the Trail of Ancient Opium Poppy*, pp.53-54。

图1-1 罂粟的生长过程①

形,边缘为不规则波状锯齿,具白粉,叶脉明显,略突起。花单生,花梗长。萼片2。花瓣4,近圆形或扇形,白色、粉红色、红色、紫色或杂色;雄蕊多数,花丝线形,白色,花药长圆形,淡黄色;子房球形,绿色,无花柱,柱头呈扁平盘状体。蒴果球形或长圆状椭圆形,成熟时褐色。"②种植时,通常在九月播种,越冬生长,在第二年夏季开花,萼片掉落。花朵单生枝顶,大而艳丽,叶大而光滑。秋天结实,届时花瓣自然脱落。一般来讲,罂粟在南北纬度56°之间的广大地区都可以生长,③但它对生长环境有着特殊要求,主要是雨水少但土地要湿润,日照长但不能过于干燥。

现知最早的罂粟遗存发现于德国西部的莱茵河流域,时代是公元前4600年之前的线纹陶文化(多瑙河文化)时期,属于新石器时代早期。④ 公元前4000年前后的罂粟遗存明显增多。在德国、西班牙、奥地利、意大利、法国等地公元前4200年的新石器时代遗址中都有鸦片罂粟存在。在公元前4000年的瑞士湖边

---

① *Focus on Geography*,2011(1).
② 《中国植物志》(第32卷),第53页。
③ "Opium Production Throughout the World", UNODC *Bulletin on Nacotics*, 1949 Issue 1.
④ 关于罂粟起源地也有不同看法,有西南欧、东南欧、中欧、地中海地区、西亚等几种不同意见。笔者根据史前遗迹的时间,倾向于中欧起源说。另有人认为罂粟和鸦片起源于苏美尔,这一看法是错误的。参见龚缨晏:《鸦片的传播与对华鸦片贸易》,东方出版社1999年版,第13、17页;*On the Trail of Ancient Opium Poppy*, p.87.

桩屋村新石器时代遗址中也发现了人工种植的罂粟。① 这说明,人工种植罂粟的历史至少可以追溯到 6 000 年前。

表 1-1　欧洲新石器时代鸦片罂粟的考古记录②

国家和地点	时　代
西班牙: Cueva de los Murciélagos	新石器时代晚期
意大利: Lagozza	新石器"打桩居民"(piles dwellers)
法国: Lac de Chalain	新石器"打桩居民"
瑞士: Storen and Furren	新石器"打桩居民"
Brise-Lames	新石器时代晚期"湖岸居民"(Lake shore dwellers)
Moosseedorf	新石器"打桩居民"
Thun	新石器"打桩居民"
Robenhausen	新石器"打桩居民"
Utoquai Zürich	新石器时代晚期"打桩居民"
Horgen and Männedorf	新石器"打桩居民"
Burgäschi	新石器时代中期"打桩居民"
Seeberg	新石器"科尔塔约"时期(young Cortaillod)
Niederwil	新石器"打桩居民"
Pfyn	新石器"打桩居民"
Uerikon	新石器"打桩居民"
Obermeilen	新石器时代到青铜时代早期"打桩居民"
Oberkirch	新石器"打桩居民"
Weier	新石器"打桩居民"
Steckborn	新石器"打桩居民"
西德: Sipplingen	新石器时代晚期"打桩居民"
Riedschachen settlement	新石器时代
Reute	新石器"打桩居民"
Lamersdorf	线纹陶文化(斑纹陶器 Bandkeramik)

---

① 王纪潮:《底也迦考——含鸦片合方始传中国的问题》,《自然科学史研究》2006 年第 2 期。
② *On the Trail of Ancient Opium Poppy*, p.136.

续 表

国家和地点	时　代
Oekoven	（斑纹陶器）
Aldenhoven	（斑纹陶器）
Langweiler	（斑纹陶器）
Garsdorf	（斑纹陶器）
波兰：Zeslawice	新石器时代放射线装饰陶文化(radial decorated pottery)
捷克斯洛伐克：Vavrovice	Epiatlantikum(公元前 3000 年后)

根据罂粟遗存发现时间的先后顺序,姑且认为是德国西部莱茵河流域的先民首先驯化了刚毛罂粟,培育出鸦片罂粟这一新的物种,时间是公元前 4600 年的新石器时代早期或稍前。

二、什么是鸦片

什么是鸦片？这似乎是个十分浅显的问题。因为,大家都知道鸦片是取自罂粟蒴果中的浆汁的凝结物。不过,事情恐怕没有这么简单。

罂粟属中 100 多种植物都可以产生"具有乳白色带有恶臭的汁液"。换言之,这些东西都可以凝结为物。如果说这些都是鸦片,恐怕没有人赞成。如果说,只有从鸦片罂粟的蒴果中提取的物质才是鸦片,又遭到了美国学者马丁·布思的反对。他认为："罂粟家族有 28 属、250 多种,却只有鸦片罂粟与苞鳞罂粟能产生一定数量的鸦片。"[①]

这样,我们就不得不再讨论鸦片罂粟中提取出的物质与其他罂粟中的提取物有何不同。鸦片罂粟中所提取的"鸦片"被视为标准,包含糖、蛋白质、脂肪、水、犹康酸等基本物质和大量的生物碱。这些生物碱可分为 10 类 29 种。其中,吗啡(Morphia)被认为是最能反映鸦片特性的生物碱。然而,除鸦片罂粟外,含有吗啡的罂粟属植物还有刚毛罂粟和虞美人(Papaver rhoeas L.)。此外,同是罂粟科罂粟族但归于花菱草属的墨西哥花菱草(Eschscholtzia mexicana Greene)和罂粟科古罂粟族蓟罂粟属的墨西哥蓟罂粟(Argemone mexicana L.)也含有吗啡。在罂粟科以外,桑科的啤酒花(Humulus lupulus L.)和防己科

[①] ［美］马丁·布思：《鸦片史》,任华梨译,海南出版社 1999 年版,第 2 页。

的金线吊乌龟(Stephania cephalantha Hayata)亦有吗啡成分。① 以此论之,并非是两种,而是三种罂粟可以产生含有吗啡的"鸦片"。

进一步讨论,马丁·布思所说的苞鳞罂粟又是一个什么物种呢?《鸦片史》译本中的"苞鳞罂粟"注明原文是 Papaver bracteatum。苞鳞是指裸子植物雌球花上珠鳞背面基部的一个薄片,而罂粟科属于被子植物门,此处 bracteatum 当译为"苞片"更为合适。看起来,是翻译过程出了问题,布思原文应该改为"罂粟家族有 28 属、250 多种,却只有鸦片罂粟与苞片罂粟能产生一定数量的鸦片"。

不过,所谓"苞片罂粟"不是标准的汉译名称,其通用的中文名是大红罂粟,是因其可达 20 厘米直径的猩红色大花朵而得名。大红罂粟也叫大猩红罂粟、伊朗罂粟或波斯罂粟,它与东方罂粟有较近的亲缘关系。该种是一较为耐旱的多年生罂粟,花朵单生枝顶,在花瓣基部还有明显黑点,其生物碱总含量的 95% 是蒂巴因但却没有吗啡。② 可见,如果说大红罂粟能产生鸦片,那么试问罂粟属下植物哪一个又不产鸦片? 因此,马丁·布思的论述确实出了问题。

综上所述,我们只能得出这样的结论:所有罂粟属植物均可提取到类似于鸦片物理性状的物质,但只有鸦片罂粟、虞美人和鸦片罂粟的"祖先"刚毛罂粟三种才能产生含有吗啡的"鸦片"。此外,非罂粟属的墨西哥花菱草、墨西哥蓟罂粟、啤酒花、金线吊乌龟也含有吗啡。但是,除鸦片罂粟外,其他品种的吗啡含量不高且其提取物中成分与鸦片罂粟中鸦片所含成分不符。因而确切地讲,只有从鸦片罂粟中提取的物质才应该被称为"鸦片"。所以,联合国在《经 1972 年议定书修正的 1961 年麻醉品单一公约》中才对"鸦片"下了这样的定义,即"鸦片罂粟的凝结汁"③。

"鸦片"的英文名是 opium,希腊名 opion,阿拉伯人叫它 afyun。想要得到鸦片,就要等鸦片罂粟的果实即将成熟时,用小刀将蒴果外皮轻轻划破,收集其白色乳汁。再把这些乳汁暴露于空气中,氧化后凝结成褐色或黑色固体,就可将其制成圆块状、饼状或砖状。这种直接采集的鸦片被称为生鸦片,一般表面干燥而脆,里面柔软而有黏性。一个罂粟头上只能得到半克鸦片,因此,要生产 1 斤鸦片就需要 1 000 个罂粟果。④ 生鸦片在经过溶解、烧煮或发酵的过程后,就被称作熟鸦片。熟鸦片表面光滑柔软,有油腻感,通常呈棕色,可以制成条状、板片状

---

① On the Trail of Ancient Opium Poppy, p.31;惠永正主编:《中药天然产物大全》,上海科学技术出版社 2011 年版,第 6698、7710 页。

② On the Trail of Ancient Opium Poppy, p.32。

③ 《经 1972 年议定书修正的 1961 年麻醉品单一公约》,见联合国毒品与犯罪问题办公室网站:《国际药物管制公约》,第 7 页。

④ 苏智良:《中国毒品史》,上海人民出版社 1997 年版,第 20 页。

或块状。各地所产鸦片的品质不尽相同。今天我们可以对其化学成分加以鉴定,过去的消费者则通过鸦片的质地、颜色、气味等特征加以甄别。一般来说,"好的鸦片质地相当坚实,指压会出现痕迹;透光时呈深黄色,作大块时近乎黑色;有浓烈的气味,不含沙","如果质地很软,通常就不是佳品"①。鸦片的品质还因水土差异而有所不同,如"开罗的鸦片发白,亚丁及红海口附近产的鸦片黑而硬,而孟买和德干产的鸦片软而泛红"②。

三、传遍"地中海"

(一) 罂粟的"诞生"

卡尔·晃克把人类使用鸦片的目的分为四种,第一种是治愈、治疗或减轻生理上的痛苦;第二种是作为一种"工作药物"去消除疲劳、恢复体力;第三种是"治愈"精神,至少可以改变人们对现实的认知,满足宗教仪式的需要;最后一种是完全地为了娱乐。③ 但从逻辑上讲,这都不会是人类驯化罂粟的直接目的。在后来的欧洲,罂粟叶子可以当作蔬菜或饲料,而罂粟籽既可以直接食用还可以榨油。这种用途应当是最直观且最容易被感知的信息。因此,故事应该是这样的:

在旧石器和中石器时代的漫长历史进程中,德国、瑞士等地的先民发现牛、猪、羊、马等野生或半家养的动物食用野生的刚毛罂粟。于是人类使用罂粟作为饲料或诱饵来发展畜牧或捕猎,并随之在新石器时代早期将野生刚毛罂粟驯化为后来的鸦片罂粟。

在新石器时代,人们开始时只是把罂粟的嫩叶子作为野菜食用,后来发现了罂粟籽的价值。和亚麻籽一样,人们开始将罂粟籽榨油。罂粟籽中的油分可以占到总重量的45%,而且不必加热和提炼就可以直接食用,因此产量大,又方便。罂粟籽油中富含碳水化合物、脂肪、蛋白质和钙,还有微量的磷、铁、维生素 B1、维生素 B2、烟酸、碘、锰、铜、钠、氯化钾、锌和卵磷脂,营养极其丰富,遂成为人们的重要营养来源。除榨油外,罂粟籽在欧洲历史上还被做成罂粟糕、罂粟粉、罂粟粥,或撒在面团上调味。在这一时期的遗存中还发现了许多没有完全成熟的罂粟果化石,"这些绿色的罂粟果除引起思维改变外很少有其他作用",因而可以推测,当时的人已经发现了罂粟具有的麻醉品功效。甚至这一比刚毛罂粟大大增

---

① [瑞典]龙思泰:《早期澳门史》,吴义雄等译,东方出版社1997年版,第355页。
② *Historical Appendices*, p.31.
③ Carl A. Trocki, *Opium, Empire and the Global Political Economy: A Study of the Asian Opium Trade 1750–1950*, Routledge London and New York, 1999, p.13.

强的"影响心智"的品质就是"人工培育而非自然进化的结果"①。与这一过程相伴随,罂粟在公元前4000年前,逐渐传播到西班牙、意大利、法国等西欧地区。

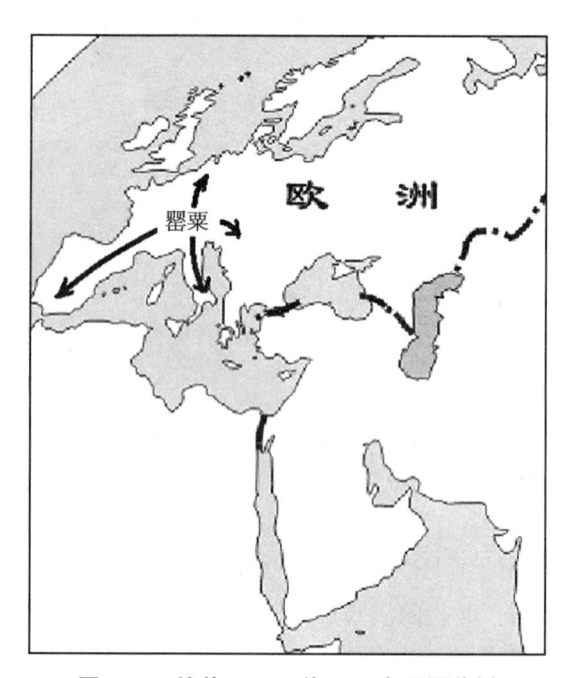

图1-2 约前4600—前1800年罂粟传播

(二) 古希腊的罂粟使用

时间的长河静静地流淌,罂粟就这样默默地与中、西欧先民又相处了2000多年。

大约公元前1600年,锡铜合金的传播标志着欧洲青铜器时代晚期的开始。欧洲许多地区的文明程度提高了,区域间的联系也加强了。巨石阵在英格兰南部矗立起来;斯堪的纳维亚和巴尔干的青铜文化达到全盛;阿尔卑斯山的铜矿也开始得到较大规模的利用;埃及进入了新王国统治时期;希腊克里特岛的米诺斯文明进入了新王宫时期而希腊本土的迈锡尼文明出现并与欧洲其他地区建立了贸易联系。② 鸦片罂粟作为一种重要的农作物,在这一时期和锡、铜、琥珀、黑曜石、彩陶等商品一起卷入了区域贸易,随着陆上和地中海贸易网进入了希腊和安那托利亚等东地中海地区,并经由克里特、塞浦路斯等地向南传入埃及。③ 最晚

---

① *Opium, Empire and the Global Political Economy*, p.16.
② *On the Trail of Ancient Opium Poppy*, p.180.
③ *On the Trail of Ancient Opium Poppy*, pp.188,249.

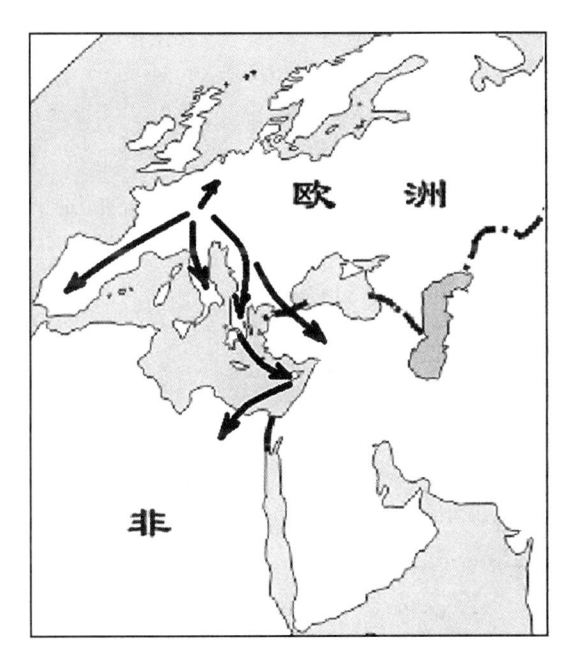

图 1-3 约前 1800—前 1300 年罂粟传播

在阿蒙霍特普三世(Amenhotep Ⅲ)在位时(约公元前 1391—前 1353 年),埃及人已经开始种植鸦片罂粟了。①

鸦片罂粟如果有思想,此时它一定欣喜若狂。这片蔚蓝色的地中海就是鸦片罂粟的天堂。"地中海气候"又称"副热带夏干气候",由西风带和副热带高气压带交替控制形成。其气候特点是夏季炎热而干燥,冬季温和而多雨。冬季丰沛的降水可以使土壤保持湿润,而夏季干燥少雨,云量稀少,又保证了充足的阳光。美国当代历史学家、演化生物学家戴蒙德曾盛赞以"新月沃地"为代表的地中海气候对一年生植物的生长繁茂造成的有利条件。一年生植物会利用湿润的土壤和夏季的阳光,"把自己很大的一部分气力用来生产大籽粒的种子",然后在干旱持续的时候逐渐枯萎死去,而"不会浪费气力去生长不可食用的木质部或纤维杆茎",让"种子在旱季休眠,并准备好在雨季到来时发芽"。② 而鸦片罂粟就是这样一种作物。

除自然环境外,鸦片罂粟在地中海的广泛传播还受到社会环境的推动。这一时期的商品交流还伴随着文化的融合。在赛西亚、色雷斯等东南欧地区流行

---

① *On the Trail of Ancient Opium Poppy*, p.259.
② [美]贾雷德·戴蒙德:《枪炮、病菌与钢铁——人类社会的命运》,谢延光译,上海译文出版社 2014 年版,第 128 页。

的萨满教元素被逐渐吸收进希腊文化之中。萨满文化崇尚通灵体验,相信来世,认为灵魂或"自我"可以通过某种适当的方式从身体当中拆分出来,而且这种抽象的"自我"可以在身体消灭后依然存在。① 当今世界上,大致约有 150 种植物可以使人类产生思维改变的幻觉。但它们当中的绝大部分都存在于美洲等当时尚未发现的地区,在亚欧大陆,"鸦片罂粟是这些非常特别的物种之一"②。于是,古希腊人开始将鸦片罂粟作为"使灵魂与肉体分离"的魔幻药物,来寻求通灵的玛吉库(Magico)宗教体验。③ 在古希腊文化中,这种神秘主义最重要的结果就是对死后重生的强烈希望。④

从古希腊遗迹的考古发掘情况看,罂粟的使用几乎总是与企望通灵的宗教祭典联系在一起。这些祭典仪式又往往和古希腊神话紧密联系。古希腊神话中的大多数神祇在迈锡尼文明时期已经产生。在诸神之中,有许多位都与罂粟有关,如太阳神阿波罗(Apollo)、医神埃斯库雷普(Asklepios)、冥王哈迪斯(罗马神话中的普鲁托,Pluto)、爱情女神阿佛罗狄忒(罗马神话中的维纳斯,Aphrodite),等等。⑤ "罂粟,或者更准确地说,罂粟蒴果……与象征丰饶、健康、生命、死亡和神秘意识的不同神祇相联系。"⑥当然,它与丰产、睡眠等事务的联系最为紧密。赫尔墨斯(Hermes)是一个多面神,他掌管农业和丰产等诸多事务,还作为众神之王宙斯的信使游走于神人两界。他手中的分齿节杖可以作为灵魂传递和使人睡眠的武器。在神话中,他是一个库勒涅人(Kyllenian),而库勒涅就是麦考(Mekone),即今天的西科约(Sikyon,在今伯罗奔尼撒半岛北部),这里被称作"罂粟之城"。⑦ 睡神修普诺斯(Hypnos),常戴着罂粟编成的花冠,且常常躺在罂粟丛中,连他的宫殿前都种植了罂粟。梦神马菲斯(Morpheus)以一个胖乎乎的长有翅膀的孩子为特征,一手拿着花瓶,另一只手拿着一束罂粟。此外,黑夜女神尼克斯(Nyx)、睡神修普诺斯的孪生兄弟死神桑纳托斯(Thanatos)、农业和丰产女神得墨忒尔(Demeter)等神祇也与罂粟有着紧密的

---

① *On the Trail of Ancient Opium Poppy*, pp.208-209.
② *On the Trail of Ancient Opium Poppy*, p.97.
③ 还有一种说法是希腊人使用罂粟是受到了埃及人的影响,如苏智良:《中国毒品史》,第 23 页;李圭:《鸦片事略》,见中国史学会编:《鸦片战争》(第一册),神州国光社 1954 年版,第 204 页;俞济:《英国在印度的鸦片政策 1865—1914》,北京大学研究生毕业论文(1965 年),第 6 页。但从考古发掘的现状来看,欧洲各地使用罂粟的历史更长一些,所以笔者赞同莫林的说法。另,玛吉库指要求神介入人的生活,使人趋福避祸的教义。
④ *On the Trail of Ancient Opium Poppy*, p.219.
⑤ P. G. Kritikos, "The History of the Poppy and of Opium and Their Expansion in Antiquity in the Eastern Mediterranean Area", UNODC *Bulletin on Nacotics*, 1967 Issue 3, 4.
⑥ *On the Trail of Ancient Opium Poppy*, p.206.
⑦ *On the Trail of Ancient Opium Poppy*, p.210.

联系。这里特别要提到有关对得墨忒尔的崇拜。

在前希腊克里特文明的神话中,得墨忒尔是克里特大地女神瑞亚(Rhea)的女儿。这个传说被修改后移植到后来的希腊文明中。希腊人把大地女神称为盖亚(Gaia),瑞亚成了盖亚的女儿,得墨忒尔于是成了大地女神的孙女。大地女神的职能后来也被加以分化,得墨忒尔掌管着土地的丰产。希腊人还为故事编写了"续集"。在希腊神话中,得墨忒尔与她的弟弟、第三代众神之王宙斯结合,生育了冥后珀耳塞福涅(Persephone)。值得一提的是,从盖亚到珀耳塞福涅,这些女神都和罂粟有着联系。特别是得墨忒尔,作为古希腊重要的大地母神,她意味着丰收,在长达两千年的时间里扮演着希腊社会最重要的崇拜偶像的角色。关于得墨忒尔和珀耳塞福涅崇拜,两个最基本象征就是麦穗和罂粟蒴果。例如,在雅典发现的一尊制作于公元前 5 世纪的得墨忒尔塑像就手持麦穗和罂粟蒴果,像一首得墨忒尔神庙的田园短诗中所写的那样,得墨忒尔"向我们微笑啊,收割的麦穗和罂粟持在手中"①。在另一雕塑中,冥后珀耳塞福涅从大地中升起,臂

图 1-4 古希腊浮雕"夜神尼克斯传播罂粟果"②

---

① *Opium, Empire and the Global Political Economy*, p.17.
② *On the Trail of Ancient Opium Poppy*, p.212.

缠长蛇,手拿麦穗、百合花和罂粟果。① 面对这些极具象征意义的古代雕塑,我们可以想象罂粟在古希腊社会的重要性。

图 1-5　珀耳塞福涅从大地升起②

关于得墨忒尔还有一个故事:当她得知自己的女儿珀耳塞福涅被冥王哈迪斯掠去后,只能吃下罂粟果,以求用沉睡来忘记痛苦。③ 这或许说明希腊人对罂粟的麻醉作用颇有了解。罂粟特有的神秘使得人们在各种宗教祭典中对其更加依赖。在雅典西北约 30 公里处有一个小镇,过去叫作厄琉西斯(现在的埃勒夫希那)。在古希腊时期这里有一个秘密教派,信仰来世,崇拜得墨忒尔和珀耳塞福涅母女。在他们的秘密宗教祭典上,会使用一种叫刻尔诺斯(kernos)的用具。"刻尔诺斯是一种用陶土做成的器皿,上面系着许多小杯子,各个小杯分别装着白色罂粟花、小麦、大麦、豆子、巢菜、滨豆等。捧着这种用具的人要品尝这里面的所有东西。"④连当地神庙女像柱的造型,都是女子顶着盛有罂粟蒴果的篮子。⑤

---

　① *Opium, Empire and the Global Political Economy*, p.17.
　② 参见: *On the Trail of Ancient Opium Poppy*, p.221. 两图接近,但并不完全一致。
　③ *The History of the Poppy and of Opium and Their Expansion in Antiquity in the Eastern Mediterranean Area*.
　④ [英]简·艾伦·赫丽生:《希腊宗教研究导论》,谢世坚译,广西师范大学出版社 2006 年版,第 141 页。
　⑤ *The History of the Poppy and of Opium and Their Expansion in Antiquity in the Eastern Mediterranean Area*.

图 1-6 刻尔诺斯

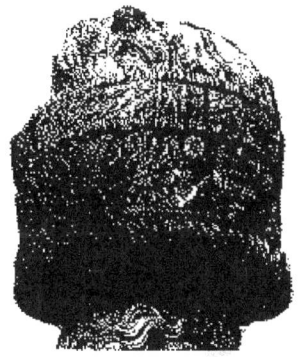

图 1-7 厄琉西斯的女像柱①

有学者还原了某些宗教仪式的过程。比如,在打谷的时候,古希腊人会庆祝一个被称为斯科洛普波利亚(Skiropboria)的节日。这一节日与泰斯玛菲娅节(Thesmophoria)密切关联,也是崇拜得墨忒尔和珀耳塞福涅母女的节日。过节时,年轻的处女们身着白色长袍,晚上会收到一些被称为斯科洛(Skira)的东西。这些东西包括一些乳猪状的小雕像和巨蟒形状的糕点。节日结束后,

---

① *The History of the Poppy and of Opium and Their Expansion in Antiquity in the Eastern Mediterranean Area*.

这些斯科洛会被放置在得墨忒尔的神庙。在拉克苏拉(Lykosura)的神庙中，铭文上记录了当时献给得墨忒尔的供品：油、蜂巢、西芹、小塑像、罂粟籽、灯和香。①

希腊人除在宗教仪式中使用罂粟外，也继承了中欧地区食用罂粟的传统。他们将罂粟籽置于面包中食用，或涂上蜂蜜作为芝麻的代用品。② 如《伯罗奔尼撒战争史》中记述：雅典人在派娄斯将斯巴达军队困在一个海岛上。斯巴达人处境艰难，便重赏那些将食物运进海岛的人。于是有人"拖着装有罂粟、蜂蜜和亚麻仁粉等混合食品的皮袋"，偷偷潜水将食物运到岛上。③

在希腊本土之外，处于米诺斯文明晚期(公元前1700—前1420年)的克里特岛也出现了罂粟与宗教祭典的结合。

图 1-8 克里特岛上装饰着罂粟果的米诺斯时代女神像④

(三) 塞浦路斯人发明鸦片

当希腊克里特岛处于米诺斯文明晚期时，塞浦路斯人就已经掌握鸦片的制取技术。⑤ 这可能意味着在公元前1600年至公元前1400年这短短二百年的时间里，高度发展的地中海贸易已经将罂粟经由希腊本土或克里特岛、安那托利亚

---

① *On the Trail of Ancient Opium Poppy*, p.101.
② 《历史上的药物与毒品》，商务印书馆2004年版，第21页。
③ 修昔底德：《伯罗奔尼撒战争史》(上册)，商务印书馆1960年版，第318页。
④ *The History of the Poppy and of Opium and Their Expansion in Antiquity in the Eastern Mediterranean Area*.
⑤ *On the Trail of Ancient Opium Poppy*, pp.253,254.

等地送入了塞浦路斯。

塞浦路斯人为了在地区贸易中推销他们的鸦片,还制作了一种形似罂粟壳的小陶罐。陶罐很小,平均只有13—15厘米高,相对宽大的罐体根据罂粟蒴果的形状制作;喇叭形底座仿制蒴果的锯齿形环状头顶部;纤长罐颈的创意则出自罂粟细长而笔直的茎。在罐体上还有凹槽象征着罂粟蒴果的切口,甚至陶罐的颜色也与罂粟壳的颜色相同,都是黄褐色的。

除塞浦路斯外,这些陶罐也在埃及和其他东地中海沿岸地区被发现。经过澳大利亚、英国、德国等国的研究机构鉴定,罐中的残存物质确系鸦片。此外,在书写于第十八王朝时期(约公元前1575—前1308年)的阿纳斯塔斯纸草第四卷中,"鸦片"一词被称为"来自塞浦路斯的油"②。这些证据足以说明,塞浦路斯人首先发明了切割罂粟蒴果获得鸦片的方法,并把鸦片装在陶罐中销往其他地区。为了方便不同语言的人相互交流,他们还特意把包装罐制成罂粟壳的大小和形状。从小陶罐出土的地区范围看,当时东地中海地区的商业贸易十分繁荣,塞浦路斯的鸦片销路也很广。

图1-9 塞浦路斯小陶罐①

另有学者推断在塞浦路斯出土的一些管状陶器和象牙制品可能是当时岛民吸食鸦片的器具。③ 这是一个值得商榷的问题,姑且记述如下:

先是在雅典甘孜(Gazi)神庙发现了一个管状的陶制物品,上细下粗。④ 一些学者认为这是神庙的部分走水管道。后来,考古学家又在塞浦路斯岛上发现了一件类似的管状陶器。发现地点是一个青铜器晚期的神庙,位于该岛靠近法马古斯塔湾一个叫做尹卡密(Enkomi)的小村庄。稍后,人们又在塞浦路斯的基蒂翁(Kition 或 Citium)神庙发现了一个类似的陶器,但这件陶器却不是管状,而是下面有底的花盆状,制作时间被推断为公元前1200年。

---

① 图片来源:《鸦片贸易与古代埃及的对外交往》。参见 On the Trail of Ancient Opium Poppy, p.252。
② 郭丹彤:《鸦片贸易与古代埃及的对外交往》,《光明日报》2015年11月7日。
③ 《鸦片的传播与对华鸦片贸易》第16页;The History of the Poppy and of Opium and Their Expansion in Antiquity in the Eastern Mediterranean Area.
④ 以下相关内容参见 On the Trail of Ancient Opium Poppy, pp.242-247.

图1-10 基蒂翁出土的盆状陶器① 　　图1-11 基蒂翁出土盆状陶器剖面示意图

此"盆"呈类圆柱体，上部开放；下部有底，封闭无孔。在靠近底部的侧面位置对称地开着两个圆孔。现存残物的高度为23厘米，上细下粗，底部直径为26厘米，顶部直径为19厘米。外部刻有类似"米"字的符号。如果画成剖面图如图1-12。

西方学者凯利提克斯（Kritikos）等人推断上述三种陶器都是在举行宗教仪式时用来吸食鸦片的，还猜想了这些陶器的使用方法：

对于管状的"开放管"而言，第一种方法是将它放在火盆上，让自下而上的热流使它炙热。将一块石头或瓦片放在煤炭上，等它发热后再把鸦片倾倒在上面，（鸦片）烟气集中在上口而不会溢出液滴。人们就可以吸食了。第二种方法仍然是把管状陶器置于火盆上，然后将瓦片放在陶器顶上，瓦片加热后放上鸦片，直接用鼻腔吸食。对于盆状的"封闭管"，鉴于它有下方的两个圆孔，被认为是给煤炭提供氧气的通气孔，因此凯利提克斯也设想了两种吸食方法，第一种是将燃烧的煤炭或其他燃烧物放进"盆里"，将一片瓦放在煤炭上。瓦片烧热后把鸦片放在上面，从"盆"口吸食鸦片烟气。第二种仍是将燃煤置入，但将瓦片架在盆口，放上鸦片吸食。

简而言之，凯利提克斯的设想就是，无论有没有底，都是下方燃煤，没底时把"管"放在火上，有底时把火放在"盆"里靠气孔供氧，然后放一片瓦，或者直接放在火上，或者架在顶部，放上鸦片烤炙，用鼻孔直接吸食。

除此之外，1974年，基蒂翁一个属于青铜器晚期希腊迈锡尼文明殖民塞浦

---

① *On the Trail of Ancient Opium Poppy*，p.243.

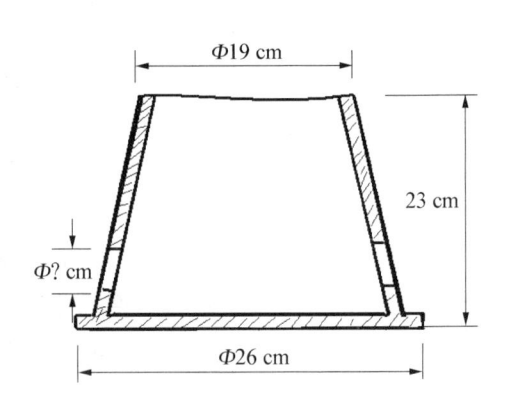

路斯时期的"圣中圣"(Holy of Holies)神庙被发现。次年,一面位于神庙东北角被后来的腓尼基人修建的墙被拆除,在当中,人们找到了一大堆制作于公元前1220至公元前1190年间的象牙制品。其中两件被怀疑与宗教时的吸食活动有关。一个是22厘米高的装饰瓶,两边有贝斯(Bes)的雕刻。贝斯是埃及宗教信仰中一个保护怀孕妇女的家神。另一个是13.5厘米长的象牙管。在管上有两个圆形开口,其中一个开口处有明显的燃烧痕迹。凯利提克斯等人认为这些象牙制品也与鸦片吸食有关。

实际上,凯利提克斯的推论还缺少确凿的证据。现在只能证明的是这些物品都与燃烧现象有关,而燃烧本身是否就是本来的目的?如果不是,燃烧后所加热的就一定是鸦片吗?塞浦路斯一直都不缺鸦片,他们又是怎样消除这种毒瘾的?有鉴于此,笔者坚持认为鸦片吸食是近代以来受到烟草吸食影响后产生的方法,所谓古塞浦路斯人"鸦片吸食"的问题还是应当悬疑待考。

(四) 埃及人发现鸦片的药用价值

埃及人从塞浦路斯输入鸦片后,很快就发现了鸦片的药用价值。1872年,在埃及的德国学者埃博思(G. M. Ebers)从一个阿拉伯人手中购得一份珍贵的纸草文书。据说,这份文书是从底比斯的一个古代木乃伊身上取下的。这些文书共11页,用象形文字写成,抄写年代大约是在公元前1550年(成书年代应当更早),被称作"埃博思纸草"。纸草记载药方877种,使用药物包括鸦片,主要用来治疗头痛、消脓肿、治外伤、平息孩子啼哭等。[①] 这是目前发现最早的关于鸦片医疗价值的记录。埃及人最晚在阿蒙霍特普三世(Amenhotep Ⅲ)在位时(约公元前1391—前1353年)开始自己种植鸦片罂粟,因而也可以自己来制作鸦片了。由于鸦片的神奇功效,埃及人把罂粟视为一种与众不同的特别植物。

在古埃及,护身符被赋予强大的超自然力,被认为可以阻止疾病等"邪灵"进入人们的身体。于是,人们将护身符挂在身上或病人的房间里,有时也作为死者的陪葬品。艺术家们用奇珍异石或金属制成珠子、垂饰、耳环、项链等作为护身符来使用。从考古的情况看,有些饰品的形状被做成罂粟蒴果的形状。可见,在古埃及人的心目中,罂粟具有强大的超自然力。埃及的这一习俗还扩展到周边地区。在叙利亚,也曾出土了一串由罂粟蒴果形状的玛瑙珠串成的项链。

[①] 《鸦片的传播与对华鸦片贸易》,第21页;王宏斌:《罂粟传入中国及其医药价值研究》,《广东社会科学》2009年第5期。

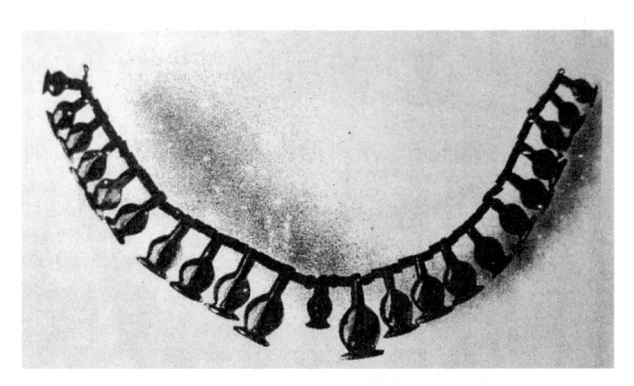

图 1-12　从叙利亚出土的青铜时代晚期的罂粟状项链①

(五) 古希腊与鸦片

鸦片采集技术从塞浦路斯和埃及向周边地区扩散。公元前 8 世纪时的荷马史诗《奥德赛》或许是第一个提到鸦片的希腊文学作品②：

> 海伦，宙斯的孩子，心中盘想着另一番主意，她的思谋。
> 她倒入一种药剂，在他们饮喝的酒中，
> **可起舒心作用，驱除烦恼**，使人忘却所有的悲痛。
> 谁要是喝下缸内拌有此物的醇酒，一天之内就不会和泪水沾缘，湿染他的面孔，
> 即便死了母亲和父亲，即便有人挥举铜剑，谋杀他的兄弟或爱子，
> 当着他的脸面，使他亲眼目睹。
> 就是这种奇妙的药物，握掌在宙斯之女的手中，
> 功效显著的好东西，**埃及人波鲁丹娜的馈赠**，瑟昂的妻子
> ——在那里，丰肥的土地催长出大量的药草，比哪里都多，
> 许多配制后**疗效显著**，不少的却能使人**致伤中毒**；
> 那里的人个个都是医生，所知的药理别地之人不可比争。

有人推测，这里说的药剂很可能就是鸦片，而这里的"酒"可能是葡萄酒。③ 如果的确如此，那么这正是近代西方人制作"鸦片酊"的基本方法。据

---

① *On the Trail of Ancient Opium Poppy*, p.266.
② 《奥德赛》，第四章。
③ *Opium, Empire and the Global Political Economy*, p.17.

"埃及人波鲁丹娜的馈赠"一句推断,希腊人使用鸦片可能是从埃及传入的,而且也掌握了鸦片的药用价值和毒性。不过,希腊人当时未必学会了制取鸦片。

直到公元前 5 世纪,古希腊"医学之父"希波克拉底(公元前 460—前 377 年)才在他的文集中明确地提出了鸦片的两种制法:一种是"罂粟汁"(Mekonion)的制法,就是将罂粟的花果连同它的梗子叶片一起取下,煎熬成药,或者榨压捣碎;另一种是切割罂粟蒴果后提取;并指出后者药效比前者更强。他还把鸦片称作 ὀπός μηκώυος。μηκώυ 是希腊语中"罂粟"的意思,ὀπός 是指植物的汁液。ὀπός 又衍生出 ὀπίου 一词,用拉丁文表示就是 opium。① Opium 再音译成汉语就是"鸦片"。这说明希腊人在此时终于掌握了鸦片的制取技术。此外,希波克拉底还根据颜色把罂粟分为白罂粟、火红罂粟和黑罂粟三种,根据疗效分为未成熟、成熟和烤制三种。他认为罂粟汁有催眠、麻醉和止血作用,还可以作为泻药使用,并提到罂粟的催眠作用和罂粟籽的营养价值。②

稍后,本都(Pontus)(今土耳其奥尔杜至里泽一带,也是希腊人早期的殖民地之一)的赫拉克莱提斯(Herakleides)于公元前 340 年还在他的《论政府》(On Government)中提到了一种安乐死的习俗,"因为岛上的环境很好,居民们都能活到很大的岁数,特别是女人。但他们不会等到死神最后去夺走他们的性命,在他们变得虚弱而不能自理生活时,他们就会自行了断,有些人用罂粟,其他人用毒芹。"③

大约同时,古希腊著名思想家亚里士多德再次提到了罂粟的催眠作用,他的大弟子狄奥弗拉斯图斯(公元前 371—前 287 年)在《植物研究》也记载了上述"罂粟汁"的制法。

综上所述,此时的希腊医师已非常了解鸦片的药用价值和危险。④ 此后一直到 19 世纪,欧洲人都将鸦片作为药品来使用。不过,近代欧洲人种植罂粟的主要目的却不是采集鸦片,而是提炼罂粟籽油用于烹调,或者将其作为观赏花卉。⑤

---

① 《鸦片的传播与对华鸦片贸易》,第 24 页。
② *The History of the Poppy and of Opium and Their Expansion in Antiquity in the Eastern Mediterranean Area*.
③ *The History of the Poppy and of Opium and Their Expansion in Antiquity in the Eastern Mediterranean Area*.
④ [英]罗伊·波特、米库拉什·泰希主编:《历史上的药物与毒品》,商务印书馆 2004 年版,第 12、13、23 页。
⑤ *Documents Relating to Opium. &. c. Vol. V*, filmed by the IDC Camera Unit. 1986, p.45.

公元前357年,希腊北部的马其顿人在国王腓力二世的率领下开始了征服希腊的战争,敢于反抗的希腊城邦遭到摧毁。公元前337年,腓力二世在科林斯召开了由全希腊各城邦参加的同盟会议,标志着马其顿对希腊征服战争的胜利。次年,腓力二世遇刺身亡[①]。腓力二世的儿子、古希腊著名哲学家亚里士多德的学生亚历山大即位,即亚历山大三世,也被称为亚历山大大帝。随后,亚历山大率军东征,灭了波斯、占领了埃及,并深入到中亚和印度河流域。公元前323年,亚历山大突然病死,部将拥兵自立,帝国分裂为埃及的托勒密、希腊的安提柯和西亚的塞琉古三个王国。在塞琉古王国时期,鸦片很可能已经传到了更远的安息(波斯的帕提亚帝国),因为考古学家在安息帝国米特拉达梯国王的软糖方子里发现了鸦片的成分。[②]

(六) 从罗马帝国到阿拉伯帝国

当希腊文明逐渐衰落的时候,亚平宁半岛上的罗马国家强大起来。从公元前477年到公元前275年,罗马人用了二百年的时间统一了意大利。又从公元前264年起,通过三次布匿战争,至公元前133年征服了北非的迦太基人,占领了突尼斯和西班牙等地。罗马人还在公元前168年灭亡了希腊的安提柯,公元前64年灭亡了西亚塞琉古,公元前30年灭亡了埃及的托勒密。地中海渐渐成为罗马帝国的内湖。

意大利人的罂粟种植历史比希腊人更悠久。罗马共和国晚期的老加图(公元前234—前149年)就在他的《农业志》中提到在油炸饼或烤甜点上"涂以蜂蜜,撒上罂粟籽"[③]。随着罗马帝国的扩张,各地区联系空前紧密,罂粟和鸦片也传遍了环地中海地区。公元1世纪后,包括小亚细亚、埃及在内的地中海沿岸地区已经有大面积种植的罂粟。[④] 如同希腊人一样,罂粟在罗马人的日常生活中一定占据着重要的位置。在希腊和罗马时期的古钱币上,经常可以看到成熟的罂粟果。例如,公元80年前后在以弗所使用的钱币、同一时期刻有罗马皇帝图密善妻子肖像的钱币、公元2世纪在今土耳其安卡拉佛里吉亚使用的钱币上都有罂粟式样。[⑤]

---

① 刺客的指使人有多种说法:其一是被损害利益的马其顿贵族;其二是即将被马其顿征伐的波斯;其三是唯恐亚历山大无法继位的腓力二世的前妻。
② 《中国毒品史》,第27页。
③ 《鸦片的传播与对华鸦片贸易》,第27页。
④ Final Report of the Royal Commission on Opium, vol. Ⅶ, Part Ⅱ, *Historical Appendices*, Eyre And Spoitiswoode, 1895, pp.5, 9.
⑤ *The History of the Poppy and of Opium and Their Expansion in Antiquity in the Eastern Mediterranean Area.*

罗马文化继承了希腊文化的衣钵,并受到埃及和西亚文明的影响。希腊神话中的诸神几乎都被移植到罗马文化当中。希腊睡神修普诺斯在罗马神话中改名为索莫纳斯(Somnus),也是拉丁语中罂粟花的代名词。在罗马,这位睡神具备了希腊梦神马菲斯的形象,经常被画成一个男孩或小精灵,带着一束罂粟和一只农民们用来采集罂粟果汁时用的角质容器。得墨忒尔被改称刻瑞斯(Ceres),不过依旧掌管农业和丰收,也依旧带着罂粟果。①

罗马人或许是从希腊人那里学来了鸦片的采集技术,也逐渐懂得了鸦片的药用价值。② 当时的罗马军医迪奥斯克里德(Pedanius Dioscorides,公元40—90年)写下了《药物志》(Materia Medica)一书,全面总结了当时的植物学和药物学知识。书中详细记述了鸦片的制取方法:露水干后,用刀在罂粟蒴果的外皮上割划出一些裂口,但不要割得太深,以免损伤果实;然后,将罂粟果皮的裂口中流出的汁液收集起来,做成块形,干燥后保存。同一个罂粟蒴果中可以多次采集其汁液。为了防止从蒴果中流出的汁液溅到衣服上,在罂粟蒴果上割裂口时,人应当站在蒴果的背面。③ 从这样的记述看,当时采用的鸦片采集方法与近代鸦片制法几无差别。此外,他还把罂粟分为若干品种。但经当代一些学者研究,认为迪奥斯克里德所说的"栽培罂粟"才是鸦片罂粟,而"野生罂粟"是指东方罂粟、"流动罂粟"(flowing poppy)是指刺圆头罂粟、"泡沫罂粟"(foaming poppy)是指水八角(gratiola officinalis)、"角状罂粟"是指海罂粟。④ 这说明当时医家对罂粟分类及其亲缘关系还不是非常了解。

公元2世纪的罗马名医盖伦(Claudius Galenus,公元129—199年)则把鸦片当作万能灵药,认为鸦片可以"抗毒药,治毒物之叮咬,医疗慢性头痛、头晕目眩、耳聋、羊癫疯、中风、双目失明、嗓子哑、气喘、各种咳嗽、吐血、呼吸困难、腹痛、肠胃中毒、黄疸病、脾硬化、结石、泌尿疾病、发烧、水肿病、各种妇科疾病、忧郁症以及各种瘟疫",等等。⑤

因为罗马人对鸦片的广泛使用,鸦片罂粟很可能自罗马帝国扩张以后沿着"新月沃地"缓慢地向东传播,最迟在后来的阿拉伯帝国建立之初传到了两河流域。

---

① [美]马丁·布思:《鸦片史》,任华梨译,海南出版社1999年版,第24页。
② *The History of the Poppy and of Opium and Their Expansion in Antiquity in the Eastern Mediterranean Area.*
③ 《鸦片的传播与对华鸦片贸易》,第28页。
④ *The History of the Poppy and of Opium and Their Expansion in Antiquity in the Eastern Mediterranean Area.*
⑤ 《鸦片的传播与对华鸦片贸易》,第30页。

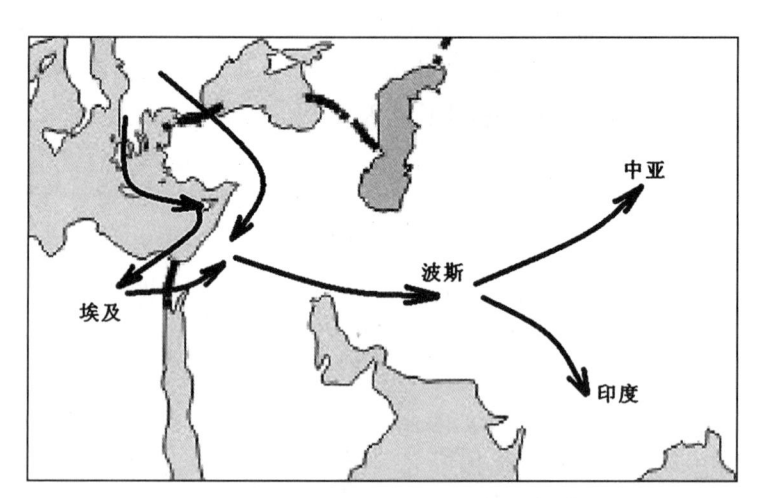

图 1-13　约前 300—700 年罂粟传播①

　　这里就两河流域的罂粟传播状况赘言几句。20 世纪前期，人们依据在两河流域苏美尔城市尼普尔出土的泥板文书，推断公元前 2000 年的苏美尔人已经知道了罂粟。理由是其中一块编号为 CBS14221 泥板文书上写着当时的药方，药方中有一种叫作 HUG·GIL 的药物。HUG 的意思是"使快乐"；GIL 的意思是"一些植物"。二者合起来就是"令人快乐的植物"。20 世纪前期的学者汤姆逊(R. C. Thompson)认为这种植物就是鸦片罂粟，还译出了一段当时描述鸦片采集场景的文字。但据 20 世纪后期的学者考证，汤姆逊涉嫌学术造假。他的那段描述鸦片采集场景的文字是从 1817 年伦敦出版的《亚洲杂志》上抄来的，而且 HUG 在苏美尔楔形文字中作动词讲是"使快乐"之意，但作名词讲是"黄瓜"。因此 HUG·GIL 的意思也可以译为"像黄瓜一样的植物"。实际上，"在苏美尔人及亚述人的文书中，并没有表示罂粟或鸦片的文字"②。直到最近，国内的一些出版物依然认为罂粟起源于苏美尔，因而不得不再次对此问题加以澄清。罂粟起源于苏美尔的观点是与一系列证据链条相矛盾的。

　　公元 3 世纪，罗马帝国陷入全面危机。苟延残喘至公元 392 年时，为挽救没落的帝国，罗马皇帝狄奥多西一世宣布基督教为罗马帝国的国教。公元 395 年，狄奥多西一世临终前，将帝国分为东、西两部分，分别由他的两个儿子继承。公元 476 年，西罗马帝国灭亡，西欧分裂为众多的日耳曼蛮族国家，这

---

① 地图按今天的国家注明。
② 《鸦片的传播与对华鸦片贸易》，第 18 页。

些国家就是今天西欧诸国的雏形,而东罗马帝国(拜占庭帝国)此后又延续了一千年。

公元 7 世纪初,阿拉伯半岛上的穆罕默德创立伊斯兰教,并于 624 年起兵开始了他的征服战争。在公元 632 年他去世时已经基本统一了阿拉伯半岛。其后的继承者号称哈里发,继续奉行对外扩张政策。第三任哈里发奥斯曼死后,穆罕默德的女婿阿里宣布继承哈里发职位,但叙利亚总督穆阿维叶拒绝承认阿里的地位,并于公元 661 年在大马士革自立为哈里发,消灭了阿里的势力。此后,哈里发由推选改为世袭,倭马亚王朝建立。倭马亚帝国以惊人的速度迅速扩张,很快成为一个横跨亚欧非三洲的庞大帝国,鼎盛时疆域达到 1 300 多万平方公里。747 年,伊朗东部的呼罗珊发生起义,起义者推翻了倭马亚王朝的统治,建立起阿拔斯王朝,建都巴格达。阿拔斯王朝一直存在到 1258 年,被西征的蒙古旭烈兀部所灭。

在这一时期,阿拉伯医生翻译了大量希腊、罗马的医药典籍,如阿布·叶哈雅·伊本·波特里格翻译了希波克拉底的著作、哈那·叶哈雅·伊本·马赛维在译书的基础上著有《医学奇观》等书。这些著作中多载有鸦片的采集和使用方法,而西亚许多的罂粟产地也已经进入了阿拉伯帝国的疆域,因而鸦片进入了阿拉伯人的视野。阿拉伯人将希腊文"鸦片"(ὀπίου)读作 Afyun,在波斯文中又被写作 Apyun 或 Abyun,音译为汉语就是"阿芙蓉"。古阿拉伯最著名的医学家阿维森纳(即伊本·西那,980—1037 年)出生于中亚的布哈拉,波斯人。他的医学著作《医典》被欧洲人视为医学的权威著作,代表了阿拉伯医学的最高成就。他在多年的行医实践之后,将鸦片称为"功效最强的麻醉剂"①。因为伊斯兰教教义反对饮酒,将饮酒看作"恶魔的行为"②,所以许多学者推测西亚的穆斯林会更多地依赖鸦片,很可能是最早将鸦片用于欢娱目的的亚洲民族。③ 罂粟最晚在这一时期,向东进入了波斯,向西则扩展至马格里布地区。但马格里布所产鸦片的吗啡含量很低,想必不受欢迎。以突尼斯为例,鸦片中的吗啡含量只有大约 3%。④

四、挺进波斯

罂粟传入波斯(今伊朗)的具体时间尚不能完全确定。

---

① 《鸦片的传播与对华鸦片贸易》,第 31 页。
② 《古兰经》5:90
③ *Empire and the Global Political Economy*, p.19. 参见 *Royal Commission on Opium*, p.120. *Historical Appendices*, p.5.
④ *Opium Production Throughout the World*.

在塞琉古王国时期或稍后的波斯帕提亚帝国时期(公元前247年—公元224年),罂粟有可能就传入了波斯,这是因为在米特拉达梯国王的软糖方子里发现了鸦片的成分。但作为商品的鸦片传入毕竟不能等同于罂粟种植的传入。

稍后,波斯萨珊王朝(224—651)与东罗马帝国长期敌对,势同水火。但政治上的对立似乎并没有影响双方经济上的交流。波斯和拜占庭这两个"表面上处于长期敌对状态的帝国之间的文化交流的频繁和相互影响的深度超乎我们的认识"[1]。鉴于波斯是鸦片传入中、印两国的必经之路,因而从后来罂粟传入中国和印度的时间推断,罂粟在萨珊王朝时期传入波斯的可能性是最大的。[2]

公元651年,阿拉伯帝国灭亡了波斯的萨珊王朝,波斯的拜火教被伊斯兰教所取代,鸦片也随之流行。此后,罂粟以很快的速度传入了印度和中亚,又从中亚传入了中国。波斯人使用鸦片的方法与罗马帝国略有不同,而与阿拉伯人更为相似。在这里,鸦片虽然也作为合方制剂中的一种药物,但往往会单独使用。鸦片的使用方法多种多样。有的将生鸦片制成小药丸,每日定量服用。这种丸药被称为"塔亚克"(taryak)或"阿芙蓉"(afyun),其使用虽然主要是出于医疗目的,但亦有不少出于欢愉和休闲目的的使用者,很难将这两种目的截然区分。有的人将鸦片放在各种溶液中饮用:将鸦片直接溶于沸水中被称为"鸦片茶"(茶叶可有可无),通常在餐后饮用;另一种常见饮品被称为"库克纳"(kuknar),这是一种溶有鸦片并经过发酵的汤,通常呈黑棕色,略有苦味。[3]

不过,波斯适合于鸦片生产的区域不多。虽然西亚的地中海式气候可以沿着"新月沃地"一直延伸到两河流域,但波斯的气候则不然。波斯大部分地区是沙漠或半沙漠气候,耕地主要分布在沿海平原和山间盆地,且多处在干旱或半干旱状态,绝大多数农业用地都需要人工灌溉。[4] 罂粟种植区主要集中在南部沿海一带,近代水利设施发展以后多种植在人工灌溉的土地上。通常在9—11月下种,6周后长出4—5片嫩叶。冬季无须灌溉,但在来年3月要每7—10天浇

---

[1] 张绪山:《萨珊波斯帝国与中国、拜占庭文化交流》,《全球史评论》2010年第1期。
[2] 罂粟传入中印两国的时间大约是7世纪末,大约与阿拉伯帝国的扩张期相吻合。但在波斯的传播时间应当要早一些,因此应在萨珊王朝时期。
[3] Ram Baruch Regavim, *The History of Opium in Modern Iran 1850 - 1955*, ProQuestLLC, 2012, pp.21,118,119.
[4] 杜林泽:《西方的冲击与伊朗传统乡村农业的变迁》,《山东社会科学》2011年(增刊)第1期。

水一次。5月开花后不可过多浇水。6月初即可开始切割。① 有些地区可以在雨季结束后的3月份下种,生长期3个月,5月即可收获,可一年两熟。在波斯东部部分地区,罂粟甚至可以一年三熟。波斯罂粟的植株茎长可达1—1.5米。蒴果单生枝顶,富含吗啡。花瓣脱落1—2周后是最佳收获时间。先用刀切割外皮让汁液流出凝结,半天之后用刀刮落。加工过程多由农民自行完成,且加工方式会随用途、习惯等有所差异。通常来讲,是将生鸦片适度加热后形成团状,以罂粟叶包裹。② 种植鸦片还会冒着一定风险。4月间常会发生的霜冻或洪水和5月收获期的降雨,都会影响收成。此外,虽然时间短暂但却需要大量人力的收获过程也限制了种植范围的扩大。因此,农民们经常采用的方式是用一小片地种植罂粟,而用大片的土地种植小麦和大麦等粮食作物。③

公元874年,古波斯萨曼家族以今天乌兹别克斯坦的布哈拉为首都建立起萨曼王朝。其后,波斯又历经阿富汗的加兹尼王朝、塞尔柱帝国和花剌子模的统治,但鸦片消费一直延续下来。1219年后,蒙古成吉思汗因使臣被杀,集结重兵进攻花剌子模。西征的蒙古军队跨越了帕米尔高原,涉过阿姆河河水,血洗了花剌子模。在多次进攻后,蒙古人最终把花剌子模变为废墟,并于1258年在成吉思汗之孙旭烈兀率领下攻陷巴格达,处死了阿拔斯王朝的末代哈里发,建立起伊儿汗国。这时,蒙古人控制着东起中国、西至多瑙河流域的广袤故土。随着大量阿拉伯人进入中国,波斯鸦片也在14世纪作为药材被阿拉伯医生带进了中国。④ 在中国,鸦片以阿拉伯语的发音被译为"阿芙蓉"。

伊儿汗国立国百年后渐渐四分五裂。蒙古察合台汗国的突厥人帖木儿于1369年自立素丹,定都撒马尔罕,并于14世纪末占领西亚广大地区。1500年,乌兹别克人攻占撒马尔罕,帖木儿帝国灭亡。帖木儿帝国后裔巴布尔进入印度建立起莫卧儿帝国。此后,兴起于波斯西北部的土库曼人黑羊和白羊王朝先后统治波斯。

16世纪初,信奉什叶派的萨菲社团推翻白羊王朝,建立起伊朗历史上第一个以什叶派为国教的萨菲王朝(亦称萨法维王朝,1501—1722年)。在这一时期,波斯鸦片的生产和消费开始出现较明显的增长,尤其是帝国的统治阶层出现了以欢娱为目的的鸦片滥用。⑤ "库克纳"在当时的波斯很受欢迎,这种饮品甚

---

① A. D. Krikorian, "Some observations on the cultivation of opium poppy", *The Botanical Review*, 1975(1), p.55.
② *The History of Opium in Modern Iran 1850 - 1955*, pp.27 - 28.
③ *The History of Opium in Modern Iran 1850 - 1955*, p.30.
④ *The History of Opium in Modern Iran 1850 - 1955*, p.20.
⑤ *The History of Opium in Modern Iran 1850 - 1955*, p.20.

至到19世纪时还在中亚地区广为传播。不过,在没有国际鸦片市场上高价格有效拉动的情况下,波斯的罂粟生产长期维持在自给自足的水平。

五、印度:罂粟的"家"

(一)印度的鸦片生产

在8世纪阿拉伯帝国扩张时,阿拉伯人横扫西亚和北非,使这些地区迅速伊斯兰化。罂粟和鸦片随着穆斯林的兵锋所指而迅速传播。因为阿拉伯人深入到南亚和中亚部分地区,鸦片罂粟应当就是在这一时期,传到了印度和中亚。

位于南亚次大陆的古印度包括今天的印度、巴基斯坦和孟加拉三个国家。达罗毗荼人是这里最早的原住民。约公元前2000年,在中亚和高加索一带的游牧民族雅利安人侵入了印度次大陆。在征服过程中,雅利安人将原住民称为"达萨",逐渐形成了"雅利安瓦尔那"和"达萨瓦尔那"两个阶层。"瓦尔那"意为颜色或品质,中译为"种姓",这一制度成为今天印度种姓制度的雏形。随着雅利安民族的阶级分化,形成了僧侣为代表的"婆罗门"、军事贵族为代表的"刹帝利"、雅利安平民为代表的"吠舍",当地土著和战败的雅利安人形成了末等的"首陀罗"四个大的种姓。当公元前327年亚历山大侵入印度河上游时,东部恒河流域已经出现了较为强大的难陀王朝。其后,印度历经孔雀王朝、巽伽王朝、贵霜王朝、笈多王朝、悒哒王朝、戒日王帝国等诸时期,但这些王朝大多只是控制了印度的北部地区,从来没有完全统一过印度。公元647年戒日王帝国瓦解后,印度北部再次陷入诸侯割据的局面,而南部存在着遮娄其王国和帕拉瓦王国。大约此时,阿拉伯军队攻入了印度。

公元6世纪时,印度还不生产鸦片。[①] 公元713年,阿拉伯倭马亚王朝的军队攻占印度河下游的信德和南旁遮普。于是,8世纪的印度医学著作中就首次提到了鸦片,而在《巴瓦普拉卡萨》(*Bhava prakasha*)等后来的阿育吠陀医学著作(Ayur-Vedic medical works)中关于鸦片的记述逐渐增多。[②] 在印度,鸦片在印地语中被称作Afim,在梵语中被称作Apaynum,这些称呼都来自阿拉伯语的Afyun,[③] 只是在后来英国人殖民印度时才改为opium。这些证据说明,鸦片是被阿拉伯征服者带入印度的。

[①] Narayan Prasad Singh, *The East India Company's Monopoly Industries in Bihar with Particular Reference to Opium and Saltpetre, 1773 - 1833.* Muzaffarpur, Bihar: Sarvodaya Vangmaya, 1980, p.11.

[②] *Historical Appendices*, pp.5,29.

[③] 《鸦片的传播与对华鸦片贸易》,第32页。

10世纪以后,阿富汗的加兹尼王朝和古尔王朝先后进入印度地区,使伊斯兰教在印度迅速传播。很可能就是在这段时间里,鸦片在印度大范围地流传开来。1206年,古尔王朝分裂,德里总督库特布·乌丁自立为素丹(又译算端,伊斯兰教历史上一个类似总督的官职),建立德里素丹国。德里素丹国历经五个王朝,一直持续到1526年,是印度历史上第一个较为稳固和统一的伊斯兰政权。其疆域最大时东起孟加拉、西达印度河流域、北抵克什米尔、南至科佛里河。1526年,蒙古察合台汗国的突厥人、帖木儿帝国后裔巴布尔以阿富汗为根据地进攻印度,逐渐征服了印度北部地区。巴布尔和他的儿子胡马雍、孙子阿克巴征战数十年,终于建立了一个北起喀布尔、南至哥达维利河、西抵俾路支和信德、东到孟加拉的庞大的穆斯林帝国,史称莫卧儿帝国。

德里素丹国和莫卧儿帝国的土地制度较为接近,都实行封建的国家土地所有制。在这一制度下,皇帝在名义上拥有对全国土地的最高支配权。"哈里萨"是皇帝直接控制的土地,由国家管理,租税上缴国家。"扎吉尔"是国有土地占有的基本形式,占有者"扎吉达尔",以服兵役为条件,享受土地税收,但理论上不得世袭。印度教王公的土地被称为"柴明达里",占有者称"柴明达尔"。与"扎吉尔"不同,"柴明达里"是"柴明达尔"的私有土地。柴明达尔不仅可以世袭土地,还可以管理土地上的人民,并可以拥有军事力量。"苏尤加尔"是伊斯兰教神职人员和清真寺占有的土地,既可以世袭,又不承担任何义务。在各类土地上是古老的印度农村公社,普通的农民大多以原始氏族的组织形式生活在这些古老村社当中。这种公社有世袭不变的内部分工,处于农业和手工业牢固结合的自然经济状态。在莫卧儿帝国时期,这些农村公社开始逐渐解体,使一些土地向家族或个人手中转移。但是,一直到"英国实行殖民土地政策,用工业资本的力量摧毁了印度手工业,才最后消灭了农村公社"[①]。

从德里素丹国开始,随着政治上的统一和政府对农业生产的重视,印度经济取得了较大的发展。德里素丹国十分重视农业生产,积极兴修水利工程,推广波斯水车等新型灌溉工具,还在朱木拿河和恒河流域开凿了四条河渠,使许多长期荒芜的土地成为鱼米之乡。随着内外贸易的发展,一些经济作物开始广泛种植,鸦片作为当地贸易的重要商品也逐渐发展起来,[②]逐渐形成了恒河中下游地区和麻洼高原两个主要的鸦片产区。此外,克什米尔的查谟(Jammu)也有较大数量的鸦片生产,这里的鸦片除少量在克什米尔地区消费外,多数被运往旁遮

---

① 杜特·罗梅什:《英属印度经济史》(下),陈洪进译,三联书店1965年版,第510页。
② 朱寰等:《世界古代中世纪史》,北京大学出版社1993年版,第448页。

图 1-14 麻洼与恒河中下游两个鸦片产地位置图

普。① 此外,喜马拉雅山脉的格尔瓦地区(Tehri Garhwal)、信德(Sindh)、旁遮普及靠近缅甸的曼尼普尔邦(Manipur)等地也有鸦片生产,但产量不大,基本为当地人所消费②。印度南部则基本不产鸦片。这里要注意的是,查谟靠近当今"金新月"的阿富汗,而曼尼普尔则靠近当今的"金三角",它们之间可能有着某种渊源。

在很长一段时间里,印度鸦片主要用来满足国内需求。除烟农自身消费外,逐渐出现了鸦片的商品化趋势,种植规模会随着市场价格而上下波动。③ 精明的商人会根据市场变化决定采购鸦片的数量,并向贫穷的种植农提前预付定金,这样既能帮助农民组织鸦片生产,又可以确保商人的鸦片收购权,这逐渐成为印度鸦片种植业一种约定俗成的习惯。在 16 世纪以前,印度政府对于鸦片种植是不干预的。

在恒河中下游平原上的孟加拉(Bengal)、比哈尔(Bihar)、奥里萨(Orissa)、贝拿勒斯(Benares)等地所生产的鸦片被统称为孟加拉鸦片。虽以"孟加拉"冠名,但该邦所产的鸦片其实是品质较差的一种,品质最好的是比哈尔鸦片,其次

---

① *Royal Commission on Opium*,p.43.
② *Royal Commission on Opium*,p.43.
③ *The East India Company's Monopoly Industries in Bihar*,p.23.

是贝拿勒斯生产的鸦片。① 这一地区地势低平,其间河道纵横、沃野千里,是印度最重要的农耕地带之一。气候属热带季风气候,湿热多雨,全年可分为冬季(11月至次年2月)、夏季(3月至6月)和雨季(7月至10月)三个季节,降雨量的85%集中在雨季。每年11月上旬是罂粟下种的时候,先前的雨季会使大地为罂粟生长储备必要的水分。下种前,烟农先用篱笆把地圈起来,以防将来失窃;然后用一种叫做丹塔利(dantali)的工具反复耕地、碎土并去除杂草;再用纵横交错的畦棱将土地分割成若干小块。接下来,还要在地边挖掘一口约10英尺深的水井,以备灌溉。播种时要浇水一次。通常情况下,1比加土地需要4舍尔的种子。② 下种两天后,仍需轻灌一次,称为扎卯尼(Jamauni)。此后每两天浇水一次,直到作物长成,子房长出。从播种到发芽大约需要10—15天的时间。12月份可以间苗。次年2月,罂粟开花。夏季的阳光为罂粟提供了充足的日照。3月,罂粟花落且子房逐渐变硬并略呈灰色。这是鸦片收获的季节。收获前仍须浇水一次。整个种植过程对肥料的需求很大,大约1比加土地需要200蒙德的肥料。③ 收获通常是在下午三四点钟,用一种带有三个刀刃的特制小刀(Nukha)在罂粟子房上浅浅割几刀。这样会有白色乳液流出。这些乳液暴露于空气中,会氧化并凝结成褐色或黑色固体。次日清晨,用另外一种小刀(Charpala)或小铲子(Sutwa)将已经凝结的鸦片刮下,放入一种盛有亚麻籽油的陶制容器(Shakora)里。第四天,该子房可进行第二次收割。再间隔两天,进行第三次收割。此后一周,子房变干取籽。所收集的鸦片最后要放入另外一种陶制容器(Mon)中。

该容器中盛有更多的亚麻籽油,且必须淹过鸦片4英寸左

图1-15 印度烟农用Sutwa刮取鸦片④

---

① 本书提到"孟加拉鸦片"时泛指恒河中下游平原所产鸦片,"孟加拉邦鸦片"专指孟加拉邦生产的鸦片。
② 1比加(bigha)=2/3英亩(acre)=4亩;1舍尔(seer)=0.77公斤。20世纪中叶,1舍尔=933.1克。
③ 1蒙德(maund)=40舍尔。20世纪中叶,1蒙德=37.398千克。
④ *Some Observations on the Cultivation of Opium Poppy*, p.43.

右。浸泡几天后,再将鸦片放入一种更大的铜质容器中,用脚踩三遍,鸦片质地就可以完全均匀了。在这之前,农民还会把一些罂粟叶秆研磨成渣滓,粘在干罂粟叶上。此时将鸦片加工成型,把鸦片饼放入这些干叶子中,摆放三层,上压重物。三周后重新摆放,再以重物压上。如此压制三次,历时两个多月,鸦片中所含的油基本被吸收到干叶子里,而这些干叶子也逐渐脱落,鸦片就制成了。① 孟加拉鸦片的吗啡含量为3.98%,α-那可汀含量较高,为6.36%。② α-那可汀对间歇性发热和疟疾有很好的治疗效果,因此孟加拉鸦片对治疗疟疾较为有效。

种植鸦片虽然获利不菲,但风险也着实不小:鸦片的播种期正值孟加拉雨季即将结束的时候,雨量过大或不足,都可能影响收成。冬季的霜冻、夏季的冰雹、病虫害,甚至收获时露水太多或太少也有可能影响鸦片的收获。

麻洼高原所产的鸦片被称为麻洼鸦片,但因后来参与国际贸易时多由孟买出口,因而也叫孟买鸦片。麻洼本来是瓜略尔邦(Gwalior)的一个省,后在地理上泛指讷尔默达河(Narmada River)及温迪亚山脉(Vindhya Mountains)以北的一片熔岩高原。就鸦片生产区域而言,主要是拉吉普塔那各邦(the States of Rajputana)、中印度各邦(States in Central India)、巴罗达(Baroda)、古吉拉特(Gujarat)、乌代布尔(Udaipur)、卡提阿瓦(Kathiawar)半岛和库奇(Cutch)等地。在拉吉普塔那的19个邦中,梅洼(Meywar)、帕塔加尔(Pertabgarh)、扎拉瓦(Jhallawar)、科塔(Kotah)、汤克(Tonk)、斋浦尔(Jeypore)和邦迪(Bundi)等邦是主要的鸦片产地。中印度范围之内有众多土邦,但真正位于麻洼高原的有45个土邦,其中有14个邦是麻洼鸦片的主要产地,主要有瓜略尔(Gwalior)、印多尔(Indore)、博帕尔(Bhopal)、焦拉(Jaora)、小德瓦斯(junior Dewas)和大德瓦斯(senior Dewas)等地。③ 大体上相当于今天印度的拉贾斯坦邦(Rajasthan)、中央邦(Madhya Pradesh)和古吉拉特邦部分地区。这些地区土质肥沃,冬季寒冷,夏季炎热,除部分地区会受到干旱威胁外,大部分地区雨量充沛,日照足,庄稼可以一年两熟,也很适合罂粟种植。但与孟加拉的罂粟种植相比较,麻洼鸦片的收获季节来得稍晚一些。通常也是在每年的11月播种,但要到来年的3月才开花,4月收获。炎热的5月可以让鸦片干燥。6月到7月初,鸦片

---

① *Documents Relating to Opium*. & c. Vol. V, p.49; *The East India Company's Monopoly Industries in Bihar*, p.16.
② *Royal Commission on Opium*, p.110.
③ *Royal Commission on Opium*, pp.32-34.参见连东:《鸦片经济——以中国、东南亚和印度为视域(1602—1917)》(以下简称《鸦片经济》),社会科学文献出版社2013年版,第30页。

被加工成型。① 一般来讲,各地的鸦片产量与雨量是否充沛密切相关。雨量充沛的话,水渠、深井等水利灌溉工程就相对发达,鸦片的产量通常也比较高。另外,麻洼鸦片的成分与孟加拉鸦片也有些不同,这会给使用者带来不同的感受。麻洼鸦片的吗啡含量较高,为4.61%,α-那可汀含量偏低,为5.14%。② 吗啡具有镇静、镇咳、镇痛、麻醉作用。因此,在这些疾病的治疗方面,麻洼鸦片又优于孟加拉鸦片。也许正是由于成分上的某种差异,麻洼鸦片的"保质期"要比孟加拉鸦片长些。通常情况下,孟加拉鸦片可以储存2到3年,而麻洼鸦片则至少可以储存4年。因为在鸦片的"保质期"内,陈土的味道要优于新土,所以麻洼鸦片在这一点上是有很大优势的。③

(二)印度的鸦片消费

最晚在阿富汗的加兹纳王朝和古尔王朝入主印度时,一些王公已将吞服鸦片作为一种嗜好。④ 至迟到16世纪,普通印度人使用鸦片的情况已经比较普遍。

从消费者的地域分布看,生活在鸦片产区的孟加拉人、拉吉普特人、旁遮普的锡克教徒等族群是印度主要的鸦片消费群体。这些族群多生活在印度北部,孟加拉、拉吉普塔那、中印度、古吉拉特、旁遮普等都是鸦片消费大省,因此印度北部的鸦片消费要多于南部。南部各邦的鸦片消费相对较少,除在海德拉巴和迈索尔有相对较多的鸦片需求外,东南部的科罗曼德海岸(即后来的英属马德拉斯管区)鲜有使用鸦片者。⑤ 从性别比例看,男性多于女性。但从社会阶层和宗教信仰看,各阶层、各宗教群体并无二致。在社会各个阶层中都有鸦片消费人群,甚至莫卧儿帝国的阿克巴大帝就偶尔服食鸦片,他手下的穆斯林贵族也大多服食鸦片。⑥ 印度教徒和穆斯林都使用鸦片,但双方内部也都有少数人反对鸦片。在反对者中,有的是一些虔诚教徒的个人行为,他们从各自的教义出发,认识到鸦片的麻醉品性质因而对其加以排斥;有的是因为所属教派有拒绝鸦片的明确教导。例如,居住在东孟加拉的伊斯兰教弗拉兹(Ferazis)派,居住在古吉拉特的印度教思沃米那拉颜(Swami Narayan)派等都不准教徒使用

---

① John William Kaye, *The Administration of the East India Company*, Richard Bentley, 1853, p.683.
② *Royal Commission on Opium*, p.110.
③ *Opium, Empire and the Global Political Economy*, p.83.
④ David Edward Owen, *British Opium Policy in China and India*, Archon Books, 1968, p.3.
⑤ *Royal Commission on Opium*, p.44.
⑥ *Historical Appendices*, p.32.

鸦片。①

印度人消费鸦片的方式通常是吞服。一般情况下，成瘾的使用者在早晚饭前各服一次。② 鸦片被做成小药丸或条块状，称为阿布卡里(Abkari)，或者用水送下，或者咀嚼食用。为了让孩子们喜欢，人们还将鸦片和其他药物、香料混合，制成一种叫巴拉古利(Bala Gooli)的小药丸，专门给孩子们服用。③ 在拉吉普塔那，贵族们还常在某些社交场合将鸦片溶于水或其他液体中作为饮料，称为阿玛帕尼(Amal pani)、卡萨姆巴(Kasumbha)或鸦片水。④ 在旁遮普，人们还会像饮茶一样泡制罂粟壳，称为泡斯塔(post)。因为泡斯塔价格低廉，主要在下层群众中流行。

印度人消费鸦片的主要目的有两个。第一个是像我们现今饮酒一样活跃气氛。穆斯林和印度教徒是印度社会人口构成的基本因素，而他们的教义都反对饮酒：伊斯兰教将饮酒看作"恶魔的行为"；印度教对低等种姓饮酒的限制相对宽松，但婆罗门等高级种姓则被严格限制饮酒。⑤ 因此，禁酒的教义促使印度人在宗教庆典中寻求鸦片这样的麻醉品来替代酒精，以制造喜庆气氛。据说有40%到75%的拉吉普特成年男子使用鸦片。⑥ 他们常在颜色节(Holi，也称霍利节或洒红节)、达瑟拉节(the Dasera)和印度新年等重要的宗教节日中服用鸦片。⑦ 作为宗教礼仪的延伸，他们在一些重要的家庭聚会中也使用鸦片。如订婚、结婚、女婿拜望岳父、男子出生、男子首次剃头或剃须、拉吉普特(属刹帝利)等种姓死后12天的祭奠仪式及好友欢聚等场合都会服用鸦片，甚至还在这些场合让婴儿和孩子也一起服用。⑧ 饮用前，主人将固态鸦片分发给在场的亲朋好友，有时还发给围观的穷人，然后将鸦片溶于水中，宾主共同举杯。⑨ 印度人使用鸦片的第二个目的是用鸦片来治疗某些疾病。印度传统医学体系主要有本土的阿育吠陀医学(Ayurveda)、源于希腊的尤纳尼医学(Unani)和流行于印度南部的悉达医学(Siddha)等组成。在阿育吠陀医方中有18种包含鸦片、在尤纳尼医方中有9种包含鸦片，这些医方主要用于治疗腹泻、头疼和痢疾等疾病。此外，在一些低洼、潮湿或疟疾时常肆虐的地方，鸦片得到更加普遍的应用，堪称

---

① *Royal Commission on Opium*, p.101.
② *Royal Commission on Opium*, p.103.
③ *Royal Commission on Opium*, p.144.
④ *Royal Commission on Opium*, p.36.
⑤ *The East India Company's Monopoly Industries in Bihar*, p.79.
⑥ *Royal Commission on Opium*, pp.35, 36.
⑦ *Royal Commission on Opium*, p.36.
⑧ *Royal Commission on Opium*, p.37.
⑨ *Royal Commission on Opium*, p.115.

人们心目中的"万灵药"。每当患腹泻、痢疾、风寒感冒、周期性发热、哮喘、慢性咳嗽、风湿病、糖尿病及各种疼痛时,他们都喜欢使用鸦片,甚至当小孩子长牙时因疼痛而哭喊,父母也会给其服用鸦片以使其保持安静。①

表 1-2 印度传统医学中含有鸦片的配方②

体 系	方 名	主治	体 系	方 名	主治
阿育吠陀	Shankodara rasa	腹泻	阿育吠陀	Karpura rasa	腹泻
阿育吠陀	Ahipha vatika	腹泻	阿育吠陀	Mushti yoga	腹泻
阿育吠陀	Ahiphasava	腹泻	阿育吠陀	Kanakamuladi varti	腹泻
阿育吠陀	Lavanga dravaka	腹泻	阿育吠陀	Grahanigaja kari	慢性腹泻
阿育吠陀	Jatiphaladaya churna	慢性腹泻	阿育吠陀	Brihad Gangadhara churna	慢性腹泻
阿育吠陀	Agastyasutaraja rasa	慢性腹泻	阿育吠陀	Grahanishardula rasa	慢性腹泻
阿育吠陀	Markanda churna	慢性腹泻	阿育吠陀	Dugdha vati	慢性腹泻
阿育吠陀	Nidrodaya rasa	失眠	阿育吠陀	Viryastamba Vati	壮阳
阿育吠陀	Kapikachupaka	壮阳	阿育吠陀	Kaminividravana rasa	壮阳
尤纳尼	Hab-e-Pechish	痢疾	尤纳尼	Qurs-e-Musallas	偏头疼
尤纳尼	Hab-e-Jadwar	粘膜炎	尤纳尼	Bershasha	粘膜炎
尤纳尼	Hab-e-Lubbul-khashkhash	粘膜炎	尤纳尼	Shiyaf-e-Abyaz	急性结膜炎
尤纳尼	Majun Muquiavi	壮阳	尤纳尼	Hab-e-Mumsik	壮阳
尤纳尼	Majun muravhal-ul-Arwak	壮阳			

除上述目的外,为了解除疲惫、提升性欲,甚至为了谋杀和自杀,印度人也会使用鸦片。③ 从这些使用目的可以看出,印度人对鸦片的特性可谓知之甚深,他们不仅熟知鸦片的药用价值,而且也深知其危害程度。可无论使用目的如何,只要吞服日久便无法自拔,等待鸦片消费者的就只有死亡。因为鸦片使用者为达到理想效果,总是会不断增加剂量,而长期使用鸦片最终会导致食欲减退和神经

---

① *Royal Commission on Opium*, pp.38,108.
② Shri C. Dwarakanath, "Use of opium and cannabis in the traditional systems of medicine in India", UNODC *Bulletin on Nacotics*, 1965, Issue 1.
③ 《鸦片经济》,第 34 页。

系统退化，所以最终会走向死亡。① 一般来讲，吞服者大多会死于鸦片引起的腹泻。② 正如特纳所说，"鸦片贩子是在'搞谋杀'，而鸦片消费者是在'自杀'"③。

大规模的鸦片生产和消费，使鸦片罂粟找到了自己新的"家园"，也引起了当权者的兴趣。16 世纪初，仅古吉拉特的艾哈迈达巴德政权每年就可以在鸦片交易中抽税 5 000 卢比。④ 不过，印度鸦片在 17 世纪以前，主要以满足国内需求为主，以自给自足为特征。鸦片贸易也相应地主要在国内展开，虽然自公元 10 世纪以后，印度鸦片开始被阿拉伯人出口到国外，⑤但只是产量的一小部分。

六、中国的罂粟"花"

（一）东西方的交往与罂粟入华

罂粟被阿拉伯人传入中亚后，又沿着古丝绸之路进入中国。这是中国与西部各民族不断交往的结果。当然，交往有和平与战争两种方式。

玉门关、阳关（今敦煌）以西，在中国汉代时统称西域。西汉与匈奴相争之际，汉武帝为切断匈奴右路援兵，于公元前 138 年派张骞出使西域的大月氏，以便夹击匈奴。张骞在途中被匈奴拘禁十年，走脱后越过葱岭，经大宛（今费尔干纳盆地）、康居（今阿姆河以北）到达大月氏，首次开通西域路径。公元前 119 年，汉武帝再次派遣张骞带领 300 人的使团出使乌孙（巴尔喀什湖东南）。此后，汉武帝连年派使团出使安息（波斯）、身毒（印度）、奄蔡（咸海与里海之间）、条支（两河流域）、黎轩（大秦）诸国。

随着汉帝国对匈奴和西域战争的不断胜利，西方通道逐渐畅通。敦煌成为古丝绸之路的枢纽。由此向西至楼兰，由楼兰而西分两道：沿昆仑山北麓至于阗，称南道；缘天山南麓至疏勒（喀什西北），称北道。另自哈密西行也分两条路：一条自天山南麓西去，会合北道至疏勒；一条沿天山北麓西去大宛、康居。自疏勒西去也分两条路：一向西南经大月氏、大夏（阿姆河以南）以至安息；一向西北经大宛、康居以至奄蔡。这些道路都是西汉以来东西交通的干线。⑥

唐代国威鼎盛，经济繁荣。东部的新罗、日本，北海的流鬼，东南亚的扶南、

---

① Dr. Anstie, "Stimulants and Narcotics", p.79. 转引自 *British Opium Policy and Its Result to India and China*, p.246.
② *Royal Commission on Opium*, p.157.
③ *British Opium Policy and Its Result to India and China*, p.11.
④ E. C. Bayley, *Muhammedan Kkingdom of Gujarat*, p.7,转引自 Owen David Edward, *British Opium Policy in China and India*, Archon Books, 1968, p.5.
⑤ *The East India Company's Monopoly Industries in Bihar*, p.11.
⑥ 范文澜等：《中国通史》（第 2 册），人民出版社 2008 年版，第 113 页。

图 1-16 汉代的丝绸之路

真腊,中亚的昭武九姓国,西亚的波斯、大食,以至欧洲的拂菻(叙利亚)都纷纷遣使"朝献",丝绸之路空前繁荣。在汉唐时代,苜蓿、葡萄、蚕豆、石榴还有罂粟就是沿着这条古道传入中国。但如果说其他物种进入中国尚需辗转各国之手的话,罂粟入华则显得直截了当。

这是因为倭马亚王朝和大唐王朝两个当时世界上最强大的国家在中亚直接相遇。阿拉伯国家的叙利亚总督穆阿维叶于公元661年在大马士革自立为哈里发,建立世袭的倭马亚王朝。在消灭了最后一位"纯洁的哈里发"阿里后,倭马亚王朝同时在三个方向开启了长达近一个世纪的扩张战争:在北方,倭马亚军队三次进攻东罗马帝国的首都君士坦丁堡;在西方,他们消灭了东罗马帝国在北非的驻军,完全占领了马格里布地区。在收编了柏柏尔人的军队后又横渡直布罗陀海峡攻入伊比利亚半岛,在占领西班牙后,最终于732年翻越比利牛斯山进入法国,被法兰克王国宫相查理·马特击败,停止了西线进攻;在东线,倭马亚军队分兵两路,南路军不断向印度方向发起进攻,最终在穆罕默德·伊本·卡希姆率领下于713年攻占印度的信德和旁遮普地区,使当地永久地伊斯兰化,此次攻势也导致罂粟传入印度;北路军在哈贾杰·本·优素福率领下挺进中亚,进展十分顺利,公元664年便已攻占阿富汗的喀布尔。就在阿拉伯帝国纵横驰骋的同时,经过贞观之治的中国唐王朝也蒸蒸日上。唐太宗死后,西突厥反叛入寇。652年,高宗李治派左武卫大将军梁建方出兵讨伐,大败突厥。655年,又派程知节为葱山道行军总管再伐突厥,获胜。次年,唐军又以苏定方等人为将率军进击,大破突厥军队,一直追击到今乌兹别克塔什干附近,突厥沙钵罗可汗兵败被杀,中亚部分地区并入唐朝版图。一个强盛的唐王朝最终在帕米尔高原阻挡了倭马亚向东扩张的态势。这就是说,随着两大帝国的扩张,双方在中亚有了直接的接触,架起了连接东西方的路桥。

于是,罂粟在 7 世纪末 8 世纪初传入了中国。唐代诗人郭震(656—713年)是罂粟入华的最早见证者。① 郭震曾有《米囊花》(即罂粟花)一诗,诗曰:"开花空道胜于草,结实何曾济得民。却笑野田禾与黍,不闻弦管过青春。"这里的米囊花就是罂粟花。作者郭震,魏州贵乡(今河北大名东南)人,咸亨四年(673年)进士,先后任通泉尉、右武卫铠曹参军等职,长安元年(701 年)后,又先后担任凉州都督、安西大都护、朔方大总管等地方大员。从郭震的生活轨迹看,他不仅供职于西域,而且曾担任安西大都护一职。而唐代安西都护府下辖范围不仅包括今天的新疆,还包括哈萨克斯坦东部、吉尔吉斯斯坦、塔吉克斯坦东部、阿富汗大部等中亚地区。因此,我们很难断定郭震见到罂粟的地点是在今天的中国还是在中亚的某个地方。不过,至少我们知道,中国人在这时见到罂粟了。

稍后,一些医家也听说了罂粟,但还是难得一见。连医家陈藏器(687—757年)在《本草拾遗》中只能引用嵩阳子的话说,罂粟"其花四叶,有浅红晕子也"②。陈藏器也长期生活在陕西三原的古"丝绸之路"带上,虽然我们并不知道陈氏提到的嵩阳子生活在哪里,但是应当与陈氏有所交集,③再考虑到唐代气候处于我国第三个暖湿期,冬暖无冰,现今只能在淮河以南种植的柑橘在当时可植于长安,④那么罂粟在野外也应当容易生存,很可能是沿着亚欧交通线传入中国。

(二) 罂粟在中国的传播

经历了 8 世纪这百年时间后,中国人对于罂粟已不再陌生。生活在 9 世纪的晚唐诗人雍陶(约 789—873 年)有诗云:"行过险栈出褒斜,历尽平川似到家。万里客愁今日散,马前初见米囊花。"雍陶,字国钧,成都人。雍陶在由长安返回四川的路上吟赋此诗。既然以罂粟作为家乡的标志,足见其在四川分布之广,而在其他地区则依然较为罕见。此诗写作的具体时间"诗略难详"。据《唐才子传》

---

① 邓之诚认为罂粟传入中国的时间是在公元 4 世纪的南北朝时期(见《骨董琐记》卷二;秦和平:《云南鸦片问题与禁烟运动》,四川民族出版社 1998 年版,第 4 页)。理由是陶弘景《仙方注》有"断肠草不可食,其花美好,名芙蓉花"的说法和李白诗《妾薄命》中"昔日芙蓉花,今作断肠草"的语句。陶弘景所言断肠草与芙蓉花确指同一植物。然以现今称谓而论,古钩藤、鸡血七、地锦苗、刻叶紫堇和白屈菜等数十种植物都有断肠草的别名,而芙蓉花主要指木芙蓉。未见有两名兼具的植物,因而其所指不得而知。李白此诗叙述汉武帝之陈皇后先得宠而后失宠,明显用两种不同植物代指陈皇后不同时期的命运,并无意将断肠草与芙蓉花混为一谈。无论如何,邓之诚将阿芙蓉与芙蓉花混淆,结论必错。因为采集鸦片并将其称为阿芙蓉是元代以后的事情,其名来自阿拉伯语音译,且专指鸦片而并不指鸦片原植物。因此,阿芙蓉就是鸦片,不指罂粟,更不会指芙蓉花。

② 陈藏器著,尚志钧辑释:《本草拾遗》,安徽科学技术出版社 2002 年版,第 317 页。另,李时珍在转引《本草拾遗》时表述为"罂粟花有四叶,红白色,上有浅红晕子",见《本草纲目》(卷二十三)。

③ 陈藏器提到的嵩阳子生平不详。有人将唐代贞元年间的周君巢称为嵩阳子,而柳宗元《答周君巢饵药久寿书》作于 9 世纪初,此时距离陈藏器去世已有半个世纪。这两个嵩阳子应当不是指同一个人。

④ 刘昭民:《中国历史上气候之变迁》,(中国台湾)商务印书馆 1992 年版,第 108 页。

记载,雍陶少时经蜀中之乱,播越羁旅,至大和八年(834年)才进士及第,大中六年(852年)入长安,授国子毛诗博士,大中末重回四川,先后任简州、雅州刺史。① 少年家贫羁旅之时,必不能纵马回川,此诗当作于公元834年以后,大中末年的可能性最大。此外,与雍陶同时代的南阳人张祜在公元851年寓居丹阳时写有《江南杂题》诗,诗中"碧抽书带草,红节米囊花"之句说明罂粟在9世纪中叶时也已经传入江南。② 这说明,经过8世纪的百年时间,罂粟已经在中国许多地区传播开来。

至宋代,罂粟传播更广。罂粟花"处处有之,人多莳以为饰,花有红白二种,微腥气,其实形如瓶子,有米粒,极细。圃人隔年粪地,九月布子,涉冬至春始生,苗极繁茂,不尔则不生,生亦不茂,俟瓶焦黄乃采之"③。这一时期,罂粟被作为药用食品,用于食疗。五代十国时南唐《食医方》提出以罂粟米、人参末、山芋煮粥,用于食疗,可以"疗反胃不下饮食"④。苏辙在《种罂粟》中谈到罂粟有"便口利喉、调肺养胃"之功效。人们还将罂粟壳和罂粟米制作成各种药膳服用。这些药膳主要是"罂粟汤"和"佛粥"。大诗人苏轼有"道人劝饮鸡苏水,童子能煎莺粟汤"之诗句。这种"罂粟汤"的制作方法大致是罂粟子加蜜水煮沸;而"佛粥"的制作方法是"白罂粟米二合,人参末三大钱,生山芋五寸长,细切研三物。以水一升二合煮取六合,入生姜汁及盐花少许,搅匀,分服"⑤。南宋林洪还发明了将罂粟壳制膏做成鱼形之"鱼饼"的方法⑥。这些都说明罂粟在人们的日常生活中已经得到了较为广泛的应用。

除食疗外,北宋医家开始将罂粟入药,当时主要是罂粟籽。北宋开宝六年(973年)编成的《开宝本草》首次将罂粟纳入药材之列,书中记载"罂子粟:味甘,平,无毒,主丹石发动,不下饮食"⑦。《本草衍义》、《证类本草》等医学著作对此予以认可。稍后,苏颂在《本草图经》中提到了罂粟的副作用,认为其"主行风气,驱逐邪热,治反胃,胸中痰滞及丹石发动,亦可合竹沥作粥,大住。然性寒,利人小肠,不宜多食,食过度则动膀胱气耳"⑧。其后,罂粟的应用范围逐渐扩展:方

---

① 周啸天、张效民注:《雍陶诗注》,上海古籍出版社1988年版,第62、99页。
② 张祜:《江南杂题》,载尹占华校注:《张祜诗集校注》,巴蜀书社2007年版,第269页。该诗写作时间地点见该书第637页。
③ 苏颂:《本草图经》,载李时珍编:《本草纲目》(卷二十三)(第3册),中国书店影印1988年版,第86页。
④ 载《证类本草》(卷二十六)。
⑤ 《证类本草》,转引自王宏斌:《罂粟传入中国及其医药价值研究》,《广东社会科学》2009年第5期。
⑥ [美]马士:《中华帝国对外关系史》(第1卷),张汇文等译,三联书店1957年版,第198页。
⑦ 《本草纲目》(卷二十三)。
⑧ 《证类本草》(卷二十六)。

勺的《泊宅编》出现了"古方未闻"的罂粟治痢方；王贶的《全生指迷方》提出罂粟可以治"肌肉濡渍、痹而不仁"的肉痿①。宋金对峙时期，南宋的谢采伯发现罂粟可以用于痔疮②；金朝的刘完素将其与乌梅肉、桑白皮等配成"罂粟神圣散"治疗"久新日夜咳嗽不止"③。

元代医家增加了罂粟壳入药。王珪以罂粟壳与干葛、黑豆、当归等药材配成"斗门散"，治"八肿毒痢，脏腑撮疼，脓血赤白或有五色相杂，日夜频并"等疾。④ 同时，鸦片作为一种药品也进入了中国人的视野。

当时，蒙古人建立了疆域空前辽阔的庞大帝国：东、南至海，北至鄂霍次海、西伯利亚一带，西至欧洲和西亚，古丝绸之路几乎变成了帝国的内部通衢，加之驿站制度的实施，形成了横贯亚欧的交通网络。此时，来自阿拉伯的"回回"医生也带来了含有鸦片的药方。不过，19世纪的英国学者麦嘉温（Macgowan）提到，在13世纪末到14世纪中叶这段时间，中国皇帝曾发现社会上存在较普遍的鸦片滥用问题并予以禁止。⑤ 这点没有得到中文文献的证实，恐怕是言过其实。但西方学者推断鸦片在元代传入中国的说法，⑥得到了元代《回回药方》的证实。如其中的"答注兀里其卜黎提方"用于化痰、解毒、利尿、退热，方中药物就包含了"阿肥荣（即黑御米子熬的膏子，味有毒，修合后半年者方可服）"⑦。不过，鸦片传入和鸦片采集方法传入毕竟不同。从现有材料看，直到15世纪的明代，鸦片制法在中国典籍中才"始错见于诸家文字"⑧。

美国人马士认为是明成化年间的甘肃守将王玺从回教徒那里习得了鸦片的提取方法。⑨《明史》中记载："王玺，太原左卫指挥同知也。成化初，擢署都指挥佥事，守御黄河七墅。十二年，擢署都督佥事，充总兵官，镇守甘肃。"⑩他在《医林集要》中说，鸦片在罂粟"七八月花谢后，刺青皮取之"，服用时只用"小豆许，空心温水化下，日一服，忌葱蒜姜水，若渴以蜜水解之"⑪。明代的李时珍是古代中

---

① 方勺：《泊宅编》，中华书局1983年版，第47页；王贶：《全生指迷方》，中华书局1985年版，第22页。
② 谢采伯：《密斋笔记续记》，中华书局1985年版，第56页。
③ 刘完素：《宣明方论》（卷九），《文渊阁四库全书·子部·医家类》。
④ 王珪：《泰定养生主论》（卷十五），中国医药科技出版社2012年版，第120页。
⑤ 转引自James B. Lyall, "Note on the History of Opium in India and of the Trade in it with China", in *Historical Appendices*, p.17.
⑥ *Historical Appendices*, p.6.
⑦ 《鸦片的传播与对华鸦片贸易》，第62页。
⑧ 俞正燮：《癸巳类稿》，载中国史学会编：《鸦片战争》（第一册），神州国光社1954年版，第309页。
⑨ 《中华帝国对外关系史》（第1卷），第196页。
⑩ 《明史·列传第六十二》。
⑪ 王玺：《医林集要》，载《本草纲目》（卷二十三）；参见杨国安编：《中国烟业史汇典》，光明日报出版社2002年版，第51页。

医集大成者,他全面总结了罂粟的药用价值并分述其各部分的药性和功效。他认为罂粟米"甘平无毒,主治丹石发动,不下饮食",还可"治反胃胸中痰滞,治泻痢,润燥";罂粟壳"微寒无毒",能"止泻痢,固脱肛,治遗精久咳,敛肺涩肠,止心腹筋骨诸痛";罂粟苗"甘平无毒",可"除热润燥,开胃厚肠";从罂粟中提取的鸦片"酸涩温微毒,主治泻痢脱肛不止,能涩丈夫精气"①。李时珍也谈到鸦片的采集方法,他说,"阿芙蓉,一名阿片,俗作鸦片,前代罕闻,近方有用者,云是罂粟花津液也。罂粟结青苞时,午后以大针刺其外面青皮,勿损里面硬皮,或三五处,次早津出,以竹刀刮,收入瓷器,阴干用之"②。至此,中国人已经掌握了鸦片的采集技术,但这种技术为什么没有传播开来呢?

(三) 中国罂粟的异化

陈藏器对唐代罂粟"花有四叶"的描述显示当时的罂粟为单瓣花。直至雍陶提到"马前初见米囊花"也表明这时的罂粟并非生于园圃。但是,罂粟入华恰逢大唐盛世,中国人对花卉的看法正发生着变化。

中国有关花卉栽培的记载绵延数千年,早在殷商甲骨文中就出现了"园圃"字样,《离骚》也有"余既滋兰之九畹兮,又树蕙之百亩"这样的千古佳句。不过,直到南北朝时期,农业生产还是社会关注的重点,社会主流并不看重花卉的价值。北魏农学家贾思勰认为,"花草之流,可以悦目,徒有春花,而无秋实,匹诸浮伪,盖不足存"③。这种看法在唐代发生了改变。当时的社会经济空前繁荣,花卉市场随之发展。我们从"近来无奈牡丹何,数十千钱买一颗"和"共道牡丹时,相随买花去"等文学作品中依稀可以看到当时花市的繁华。④ 宋代时,花卉市场继续繁荣,栽培技术不断进步,盆景、瓶插等艺术形式异彩纷呈。花市交易折射出古人的审美情趣。古人在花卉鉴赏时常以千叶重瓣和颜色艳丽为美。如"唐始有闻"的单瓣牡丹到宋代时便出现了许多"重瓣"品种。⑤ 欧阳修讲,在牡丹各品种中,"魏花未出时,左花为第一。左花之前唯有苏家红、贺家红、林家红之类,皆单叶花,当时为第一。自多叶、千叶花出后,此花黜矣,今人不复种也"⑥。罂粟之变,如出一辙。

北宋时,苏颂(1020—1101年)在《图经本草》中说,"罂子粟,旧不着所出州

---

① 《本草纲目》(卷二十三)。
② 《本草纲目》(卷二十三)。
③ 《齐民要术》(序),中国书店2010年版,第8页。
④ 柳浑:《牡丹》,载王启兴主编:《校编全唐诗》(上册),湖北人民出版社2001年版,第722页;白居易:《秦中吟·买花》,载《校编全唐诗》(中册),第1938页。
⑤ 牡丹栽培始于唐,见郑樵:《通志》(卷七十五),《文渊阁四库全书·史部·别史类》。
⑥ 欧阳修:《洛阳牡丹记》,《文渊阁四库全书·子部·谱录类草木禽鱼之属》。

土,今处处有之,人家园庭多莳以为饰。花有红、白二种,微腥气。其实作瓶子,似嚮箭头,中有米极细,种之甚难"①。从中可以发现,尽管"种之甚难"、尽管花色依旧是"红白二色",但罂粟花已从"医家难见"变为"处处有之"、从"着生马前"变为"莳以为饰",说明其已从半野生状态转向园艺饰花,种植范围也在不断扩大。苏颂之后数十年,寇宗奭首次提到罂粟"其花亦有多叶者",说明在园艺技术的推动下罂粟开始出现瓣化现象。② 至北宋末年,随着中国花鸟画逐渐形成独立画派,一幅《罂粟图》记录了当时的罂粟。③ 图中有花三朵,虽然具有鸦片罂粟的一般特征,如:雄蕊白丝黄药,子房绿色,无花柱;花梗长;蒴果椭圆;叶片基部心型,掌状浅裂,叶脉明显且突起等,但是与唐人描述有明显不同:花已然是重瓣千叶④,三花分别呈正红、浅紫、粉白三色。这些变化说明罂粟在人工选育和杂交技术的推动下,向着观赏性更强的方向持续发展,不仅花色日渐丰富,而且花型也从单叶到多叶、从多叶到千叶不断演进。

图 1-17 宋人罂粟花图

宋以后,罂粟的发展方向不改,发展势头更猛。明代诗人程本立曾被贬谪云南,在此见到千娇百媚的罂粟花,不禁赞叹:"滇阳二月,罂粟花盛开,皆千叶。红者、紫者、白者、微红者、半红者、傅粉而红者、白肤而绛唇者、丹衣而素纯者、殷如染茜者,一种而具数色,绝类丽春谱之所云。"⑤稍后的王世懋对罂粟花的颜色做了进一步的补充。他说"芍药之后,罂粟花最繁华。其物能变,加意灌植,妍好千态。曾有作黄色、绿色者,远视甚佳"⑥。同时代的徐霞客在贵州白云山游白云庵时有僧人导引,得见"庐前艺地种蔬,有蓬蒿菜,黄花满畦;罂粟花殷红千叶,簇

---

① 唐慎微:《证类本草》(卷二十六),华夏出版社1993年版,第600页。
② 寇宗奭:《本草衍义》(卷二十),人民卫生出版社1990年版,第152页。瓣化现象是指雌蕊、雄蕊及花被的部分器官转化为花瓣的现象,表现为花瓣或花轮数量的增加。
③ 《宋人画册》,上海人民美术出版社1979年版,第44图。
④ 重瓣指花轮层数为多重,与单重花轮的单瓣花相对;千叶指花瓣数量众多。
⑤ 程本立:《巽隐集》(卷二),《文渊阁四库全书·集部·别集类》。丽春花即虞美人,因其同为罂粟属植物,古人应当是把罂粟作为丽春花的一种来看待。
⑥ 王世懋:《学圃杂书》,中华书局1985年版,第3页。

朵甚巨而密,丰艳不减丹药也"①。
"殷"为赤黑色,殷红表明花色深红。
王象晋在《群芳谱》中对罂粟花的花
色、花型都有描述,"青茎高一二尺,如
茼蒿。花有大红、桃红、红紫、纯白。
一种而具数色,又有千叶单叶,一花而
具二类,艳丽可翫"②。凡此种种,被
《遵生八笺》的作者高濂总结为"千瓣
五色"四个字。③ 至清代,画家恽寿平
和郎世宁都留下了罂粟画作。④ 与宋
人画作相比,两幅画都增加了下垂的
花蕾。恽寿平在画中题有"何用红泉

图 1-18 恽寿平笔下的罂粟花

摘瑶草,满囊金粟是仙粮"的赞美诗句。郎世宁的画中出现了黄色和紫色的花朵。总之,明清时期的罂粟在人类不断驯化之下,各色皆备,形态多变,已为观赏花卉中的极品。当然,明清时期亦有单瓣罂粟,但这并非常态,而是栽培技术不得法导致的"劣"产品。⑤

综上所述,唐代以降的鸦片罂粟始终被作为观赏花卉而加以栽培,花色不断丰富而艳丽,花型逐渐瓣化而层叠。这不可避免导致植物品性的变化。被誉为现代遗传学之父的孟德尔曾说,"多数观赏植物之花色,乃为极易变化之形质",品种的"安定性""经栽培致其紊乱,或完全破灭","就移植庭院立论,而植物体竟有彻底且永久之改革"⑥。以"梅"为例,其原产我国西南,后引入中原。最初以食果为主,"若作和羹,尔惟盐梅"⑦,后渐以观赏为主,从"单瓣"的"果梅"中分化出"重瓣"的"花梅",又至"台阁"、"跳枝",有些品种甚至到最后只开花而不结果。对于罂粟而言,所谓"单叶者粟必满,千叶者粟多空"⑧,其"籽种"数量与"鸦片"产量的下降当在情理之中,这与"花梅"演进大体一致。

---

① 丁文江编:《徐霞客游记》(卷八),商务印书馆民国十七年(1928年)版,第14页。
② 王象晋纂辑,伊钦恒诠释:《群芳谱诠释》,农业出版社1985年版,第286页。
③ 高濂:《遵生八笺》(卷十六),《文渊阁四库全书·子部·杂家类杂品之属》。
④ 《中国画大师经典系列丛书·恽寿平》,中国书店2011年版;《郎世宁工笔花鸟》,四川美术出版社1996年版。两图与《宋人画册》罂粟图类似,故略图。
⑤ 连东:《今年花落颜色改——清嘉道年间罂粟种替换原因考》,《清华大学学报》(哲社版)2017年第1期。
⑥ 孟德尔:《植物杂种之研究》,林道容译,(台湾)商务印书馆民国二十五年(1936年)版,第52页。
⑦ 《商书·说命下》,《文渊阁四库全书·经部·书类书传(卷八)》。
⑧ 《群芳谱诠释》,第287页。

图 1-19　郎世宁笔下的罂粟花

那些继续流落野外的鸦片罂粟命运如何呢？一般而言，这是一种"容易生长成活的植物"，但在温度、湿度和光照三个方面要求苛刻，需要"温暖而湿度较低"和"长日照"的生长环境。① 唐代至宋初，我国气候温暖而湿润，即使现今干旱的西北地区也适于罂粟生存。宋雍熙二年（985 年）以后，气候急剧转冷，第三个小冰河期来临，江淮一带漫天冰雪，长安、洛阳一带柑橘果树尽皆冻死；长江太湖时有冰封，甚至车马可行。南宋初，不仅天气寒冷，且降水大增，长江流域尤其明显②。这样寒冷且多降雨的气候对罂粟生长极其不利，在没有人力遮雨排水的条件下，罂粟在野外很难存活。这一"在自然界中势将泯灭之变种"，或许只能"嗣因栽培得法"，"依人力而获存"吧。③

罂粟观赏化的发展趋势造成"千叶者粟多空"而产量不足。同时，罂粟所含生物碱也发生了变化。正常情况下，鸦片会包含糖、蛋白质、脂肪、水、袂康酸等基本物质和大量的生物碱。这些生物碱可分为 10 类 29 种，多与袂康酸结合成盐而存在。其中，吗啡被认为是反映鸦片特性的最重要的生物碱，占总重量的 4%—20%；可待因占总重量的 0.5%—3.5%；蒂巴因占 0.2%—2%；罂粟碱占 1%—2.5%；α-那可汀占 2%—13%。④ 不过，罂粟品种差异，甚至是不同的采集存储方法、土壤、气候等因素，都会使鸦片成分发生变化。如印度东部巴特那产的鸦片中吗啡含量为 3.98%，α-那可汀含量为 6.36%；印度西部麻洼产的鸦片中吗啡含量为 4.61%，α-那可汀含量为 5.14%；土耳其士麦那产的鸦片中吗啡含量为 8.27%，α-那可汀含量为 1.94%。⑤ 在这些生物碱当中，吗啡具有镇静、

---

① 《鸦片史》，第 2 页。
② 《中国历史上气候之变迁》，第 99—123 页。
③ 《植物杂种之研究》，第 53 页。
④ 综合以下资料提供的数据：*Final Report of the Royal Commission on Opium*, vol. Ⅵ, Part Ⅰ, Royal Commission on Opium, Eyre And Spoitiswoode, 1895, p.110; David Anthony Bello, *Opium and the Limits of Empire*, Harvard University Asia Center, 2005, p.26;《鸦片的传播与对华鸦片贸易》，第 7 页；[英] 罗伊·波特等：《历史上的药物和毒品》，商务印书馆 2004 年版，第 26 页。
⑤ *Royal Commission on Opium*, p.110.

镇咳、镇痛、麻醉作用,还能够抑制肠胃蠕动而导致便秘,从而可以止泻;同为吗啡类生物碱的可待因也具有镇咳和镇痛作用。① 因此,在治疗疼痛、腹泻、痢疾、哮喘、慢性咳嗽等疾病时,吗啡和可待因起着重要作用。α-那可汀和罂粟碱具有抗菌、酶抑制和抗布氏锥虫等原生动物作用。② 因此,在治疗疟疾等虫菌感染疾病时,则主要是靠α-那可汀、罂粟碱等异喹啉生物碱的力量。但从中医资料看,中国罂粟在经过千百年以园艺观赏为目的的栽培后,发生了生物碱变异,主要表现在吗啡和可待因含量的降低和α-那可汀等异喹啉生物碱的缺失。③ 简言之,中国的罂粟越来越不适合生产"标准"的鸦片了。因此,巧妇难为无米之炊,鸦片采集方法自然无法在华传播。

七、漂洋过海的鸦片

(一) 西太平洋和印度洋贸易网的形成

鸦片在传入印度后,又漂洋过海来到了东南亚。不过,罂粟却无法在东南亚的沿海地区生长,因为它适应不了那里的气候。因而,鸦片只是通过既有的贸易网,不断地被卖到东南亚的诸多海岛。

这一过程所依托的是中古时期的西太平洋和印度洋海上贸易网。从中国史料看,早在中国的秦汉时代,古代西太平洋交通贸易网便开始逐渐形成。公元前122年,张骞向汉武帝报告说,他在大夏看到从身毒运去的四川产品:邛竹杖和蜀布。大夏国商人还告诉张骞,"吾贾人往市之身毒。身毒在大夏东南可数千里。其俗土著,大与大夏同,而卑湿暑热"。因此,张骞猜想:"大夏去汉万二千里,居汉西南。今身毒国又居大夏东南数千里,有蜀物,此其去蜀不远矣。"④ 可见,当时中国西南地区已经同印度有了直接或者间接的贸易往来。⑤ 东汉时,据《汉书·地理志》记载:"自日南障塞、徐闻、合浦,船行可五月,有都元国;又船行可四月,有邑卢没国;又船行可二十余日,有谌离国;步行可十余日,有夫甘都卢国。自夫甘都卢国船行可二月余,有黄支国,民俗略与珠厓相类。其州广大,户口多,多异物,自武帝以来皆献见。有译长,属黄门,与应募者俱入海,市明珠、璧流离、奇石异物,赍黄金,杂缯而往。所至国皆禀食为耦,蛮夷贾船,转送致

---

① 《中药天然产物大全》,第6698—6710页。
② 《中药天然产物大全》,第6599、6770页。
③ 《今年花落颜色改——清嘉道年间罂粟种替换原因考》。
④ 《史记·大宛列传》。
⑤ 也有个别学者认为张骞看到的未必是蜀布和邛竹杖,见王友群:《西汉中叶以前中国西南与印度交通考》,《南亚研究》1988年第3期。

之。"①有学者认为,这里的黄支国就是指南印度康吉布勒姆(Conjeeveram)附近的建支。② 说明中印两国在东汉时已经建立了海路贸易。魏晋南北朝时期,各国船只的远航能力已大为增强,西太平洋南线的贸易网摆脱了"蛮夷贾船,转送致之"的状态。公元4世纪时,东晋时中国高僧法显由陆路往印度,由海路东归,其所乘坐者即为中国商人远航印度的大船。③

公元初年以后,印度洋的海上贸易也已经非常繁荣,罗马人每年从红海驶往印度的商船达120艘之多。④ 中古时期以后,印度洋的线形贸易通道已经发展成网络型通道,由阿拉伯、波斯、印度和东非斯瓦西里诸城邦的商船穿梭交织,组成了完整的印度洋贸易网。

7世纪以后,南海贸易大为繁荣,西太平洋贸易网与印度洋贸易网渐趋合一。印度、东南亚、波斯和阿拉伯的商人都纷纷来到中国开展贸易,唐王朝为此还专门设立了负责海上贸易的机构——市舶司。与此同时,波斯湾也时常出现来自大唐的商船。这些都说明印度洋和西太平洋的贸易网络已经打通而连成一片了。这一时期,随着阿拉伯帝国和伊斯兰教的崛起,波斯和阿拉伯的商人和中国商人一起成为海上丝绸之路的主导力量。宋元两代的统治者都对海上贸易十分重视。北宋在广州、泉州、杭州、明州、温州、秀洲、密州等沿海地区陆续设置市舶司。到南宋时,与中国通商的国家有50多个,中国商人海外贸易所至的国家有20多个,市舶收入在政府岁入中的比例一度跃升至20%左右。明代初年,朱元璋开始颁布严厉的海禁政策,规定"寸板不许下海","敢有私下诸番互利者,必置之重法"⑤。此后,海禁政策时断时续地维系近二百年之久。由此,中国在南洋贸易中的份额大幅萎缩,海上贸易的主导权也让给了阿拉伯商人。但阿拉伯商人主导下的南洋贸易却持续繁荣,元明之际,鸦片作为一种商品进入了东南亚。

(二)南洋的鸦片贸易

东南亚在中国史书中称为"南洋",包括现今的越南、老挝、柬埔寨、缅甸、泰国、马来西亚、新加坡、印度尼西亚、菲律宾、文莱、东帝汶11国。在地理上,该地区自然划分为中南半岛和南洋群岛两大部分。在世界历史进入近代之际,大陆地区主要有缅甸、暹罗(泰国)、安南(越南)等大国和马来半岛上的柔佛(今马来

---

① 《汉书·地理志》。
② 何芳川:《太平洋贸易网500年》,河南人民出版社1998年版,第23页。
③ 汪大渊著、苏继庼校释:《岛夷志略校释》,中华书局1981年版,叙论。
④ 《太平洋贸易网500年》,第5页。
⑤ 《明史》卷二○五;《明实录》洪武二十七年。

西亚柔佛)、大呒(今泰国北大年)、吉连丹(今马来西亚吉兰丹州)、丁机宜(或丁噶呶,今马来西亚丁加奴州)、彭亨(今马来西亚彭亨)、雪兰莪(今马来西亚雪兰莪)、霹雳(今马来西亚霹雳)、森美兰(今马来西亚森美兰)、吉打(今马来西亚吉打)、玻璃市(今马来西亚玻璃市)等诸小国;在今天菲律宾的吕宋、棉兰老、苏禄,印度尼西亚的苏门答腊、加里曼丹、爪哇、苏拉威西和摩鹿加(马鲁古或香料群岛)等岛屿上分布着众多的土邦。

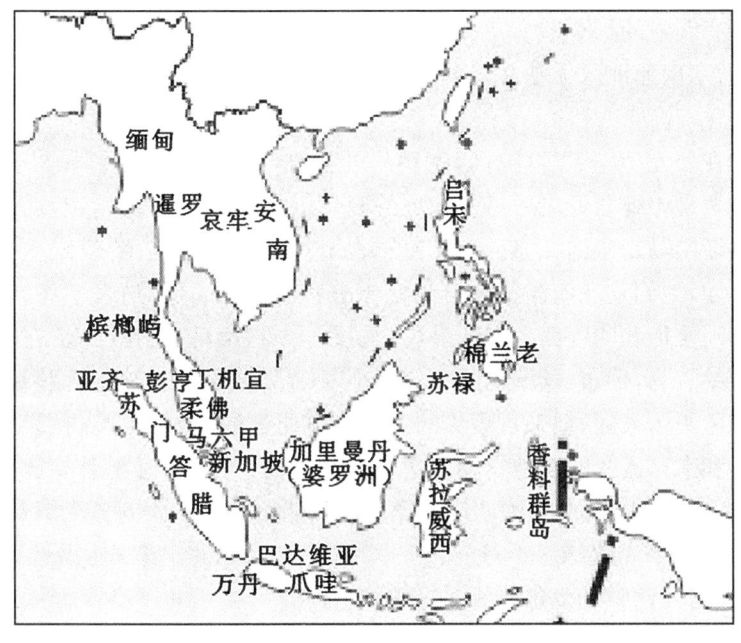

图 1-20 东南亚地图

公元 8 世纪后,西亚的阿拉伯世界与东方的中国建立了较为密切的经贸往来。马六甲海峡作为东西方的交通要冲,有人扎的穆斯林在这里定居下来,伊斯兰教开始传入东南亚地区。13—15 世纪,马来半岛、印度尼西亚群岛和菲律宾南部相继伊斯兰化。作为经贸交流的产物,鸦片消费方法很可能在这一时期传入东南亚。与印度不同的是,东南亚的大部分地区不适合种植罂粟。

这恐怕要归因于气候因素。罂粟对生长环境有着特殊要求,主要是雨水少但土地要湿润,日照长但不能干燥。东南亚与地中海地区同样濒临海洋,但气候却大不相同。"地中海气候"又称"副热带夏干气候",冬季丰沛的降水可以使土壤保持湿润,而夏季干燥少雨,云量稀少,又保证了充足的阳光。而东南亚群岛属于"热带雨林气候",大部分地区地处赤道附近,又被大面积的海洋分割为众多岛屿,形成了不利于罂粟种植的气候。首先是降雨过多。全年有两个降雨高峰期,年降雨量多在2 000毫米以上,"(两个降雨)高峰(之)间雨量较少,但没有一个月可以称为干燥期"①。其次是日照时间过短。"大部分东南亚地区,在全年大部分时间内,云量甚多,日照时间甚短……在新加坡,整体有一半以上时间太阳为云层所遮蔽。在雅加达有阳光时间不到可能日照时间的70%。"②只有缅甸、泰国等少数地区受到高纬度因素与大陆性气候影响,"产生比较东南亚一般地区为低的温度……除了海岸地带及局部影响形成丰沛雨量的高地外,全国大部分地方有明显的干季"③。因此,除缅甸、泰国、老挝等少数中南半岛上的地区以外,多数东南亚地区无法生产鸦片,鸦片在东南亚的传播主要是消费方法的传播。

大约在公元10—11世纪,印度鸦片开始被阿拉伯人出口到国外,④印度遂成为国际贸易中继西亚之后另一重要的鸦片供应地。11—15世纪,西亚和印度的鸦片逐渐向马来半岛、缅甸、东印度群岛和中国扩散。当16世纪欧洲人初到亚洲的时候,他们发现南洋鸦片贸易已十分活跃:在缅甸、马来半岛、东印度群岛上都有阿拉伯和印度商人在从事鸦片贸易。⑤ 在第乌,马拉巴人"在该港口装载着返航的货物,棉布、丝绸制品、马匹、小麦、蔬菜、棉花、芝麻油和鸦片,鸦片是从亚丁和孟买运来的,但来自孟买的不如来自亚丁的质量好"⑥。在科罗曼德海岸,"鸦片和来自孟买的其他货物能卖一个好价钱……但亚丁鸦片要比孟买鸦片贵出25%"⑦。在缅甸的勃固,"许多摩尔人驾船聚集在勃固的各个港口,带来了科罗曼德和孟买的棉布……还有鸦片和铜"⑧。16世纪末,勃固地区的沙廉(Cirion)还有从阿拉伯麦加运来的土耳其鸦片。⑨ 在爪哇,"商人们运来了……玫瑰花水、鸦片、红布……和其他的许多孟买货"⑩。在泰国,"鸦片和许多的孟买货都可以在这里卖个好价钱"⑪。马六甲在当时已经成为东南亚的大型商品集散地,包括鸦片在内的各种商品都是从这里转运各地的。麦哲伦的从弟杜阿尔特·巴尔伯萨曾写道,"这里(马六甲)迄今住着各种大批发商,有摩尔人,也有

---

① [英]道比:《东南亚》,赵松乔等译,三联书店1958年版,第27页。
② 《东南亚》,第25页。
③ 《东南亚》,第131页。
④ *The East India Company's Monopoly Industries in Bihar*, p.11.
⑤ *Historical Appendices*, p.9.
⑥ *Historical Appendices*, p.30.
⑦ *Historical Appendices*, p.30.
⑧ *Historical Appendices*, p.30.
⑨ *Royal Commission on Opium*, p.74.
⑩ *Historical Appendices*, p.30.
⑪ *Historical Appendices*, p.30.

异教徒,其中来自注辇者不少,有大产业的人,并且备有很多大舶……这些都是很好的四桅帆船;它们载来了大量的丝,很好的丝,许多瓷器、素缎、锦缎、各色绫罗……所有这些货物,他们用高价卖给这个国家的商人,而运回胡椒、香料……来自孟加拉的印花布和白布,银米、水银、鸦片"①。1585 年,英国的探险商人菲奇(Ralph Fitch)还提到缅甸人从孟买和孟加拉进口鸦片,也提到暹罗、马六甲等地有鸦片销售。② 另一些文献提到有中国人参与了当时马六甲的鸦片贸易:"中国人带着货物来到马六甲……返航时,他们会带回孟买鸦片和苏门答腊或马拉巴产的胡椒。"③这些文献足以证明:在 16 世纪前后的南洋贸易中,鸦片已经是一种重要商品。

八、西亚、欧洲的鸦片剂和"鸦片酊"

（一）西欧的"遗忘"

在世界历史进入近代之前,换言之,在亚欧大陆和美洲大陆开始接触之前,东南亚已经是罂粟可以扩展的极限。但在它的欧洲起源地,鸦片却一度成为被人忽视的东西。这还得让我们把目光再转向公元前后的中国北疆。

中国秦汉之际,游牧的匈奴人就在蒙古草原建立了国家,时常威胁中国北疆。秦筑长城、汉初和亲,以此弭乱。至汉武帝时,中国国力强盛,以卫青、霍去病为将远击匈奴,匈奴多次失败以致内讧,分裂为南北两部。南匈奴归附汉朝,与汉族逐渐融合。73 年,汉以窦固为将,深入北匈奴腹地,斩数千级。87 年,鲜卑进击北匈奴,斩单于。91 年,北匈奴分为两部,60 万人留居漠北,20 万人西迁乌孙之地。160 年前后,受鲜卑压迫,由乌孙迁康居。3 世纪中叶,受贵霜攻击,迁粟特。372 年,匈奴人击败阿兰人,继续向西进入东欧顿河流域。375 年,匈奴大败日耳曼人哥特部。此后,欧洲北方的日耳曼诸部落在匈奴人挤压下,大举南下,进入罗马帝国。

395 年,罗马皇帝狄奥多西临终时,遗命 18 岁的长子阿卡迪厄斯为东部皇帝,11 岁的次子霍诺留斯为西部皇帝,导致罗马帝国分裂为东、西两个罗马帝国。东罗马帝国以君士坦丁堡为首都,而其原来的名字为"拜占庭",因此东罗马帝国又名拜占庭帝国。

476 年,西罗马帝国军队统帅奥多亚克反叛,罢黜末代皇帝奥古斯都,西罗马帝国灭亡。但奥多亚克无法控制全国的政局,自己也被东哥特人杀死。这时,

---

① [英]温斯泰德:《马来亚史》,商务印书馆 1958 年版,第 65—66 页。
② *Opium, Empire and the Global Political Economy*, p.25.
③ *Historical Appendices*, p.31.

日耳曼诸部落纷纷反叛,意大利出现了东哥特王国,西班牙出现了西哥特王国、苏维汇王国,北非出现了汪达尔王国,法国德国一带出现了法兰克王国,英国出现了盎格鲁-撒克逊王国,法国东部出现了勃艮第王国。法兰克王国日渐强大起来,并在8世纪末臻于鼎盛,占领了今天法国、德国和意大利北部的广大地区。800年,法兰克王国查理与罗马基督教会结成政治联盟,被加冕为"罗马帝国皇帝",意指古罗马帝国的继承者,史称查理曼帝国。其子路易死后,路易的三个儿子争位,帝国三分:斯海尔德河、默兹河以西归秃头查理,称西法兰克王国,后来发展为法兰西;莱茵河以东归日耳曼人路易,称东法兰克王国,后来发展为德意志;中间的地区归罗退耳,并由他继承帝位,称中法兰克,后来帝国北部地区被东西法兰克瓜分,形成了意大利。

在一片纷争之中,罗马主教逐渐在西欧确立起凌驾于世俗之上的宗教权威。教会结成的网络伸向任何偏僻的角落,他们宣扬蒙昧主义,推行愚民政策,强调知识服从信仰,启示高于理性。教皇格列高利一世公开宣扬"不学无术是信仰虔诚之母"[①]。他们将古希腊和古罗马遗存的世俗文化加以毁灭,焚毁了藏书丰富的古罗马图书馆,破坏了许多古代的建筑、雕刻和绘画等艺术珍品,甚至刮掉了写在羊皮上的古代文献。罗马文明就这样湮灭在日耳曼人铁蹄扬起的尘埃和基督教会高高举起的权杖之下。于是,"在罗马城市生活逐渐消失之后,文化知识几乎完全被人遗忘了"。在这些被遗忘的知识里,当然也包括关于鸦片的知识。因此,南欧的"鸦片应用"也"随着罗马帝国的崩溃而消亡,并在中世纪早期一直空缺,直到十字军东征时才从他们与之作战的阿拉伯人那里重新获得有关知识而在南欧重新出现"[②]。

(二)谁是"波多力"

与西欧不同,东罗马帝国(拜占庭帝国)一直保留着将鸦片作为药品的传统。《旧唐书》记载,贞观十七年(643年),拂菻王波多力遣使来华;乾封二年(667年),拂菻遣使至大唐献底也迦。底也迦(theriac)是从古希腊时期就开始使用的一种通常含有鸦片、由数百种成分构成的解毒药。[③] 这一点早已是学界共识。但拂菻国在哪里?波多力又是谁?这一点上迄今为止都依然是个"哑谜",恐怕难以得出可以广为接受的答案。不过问题有趣,不妨来猜一下答案。

[①] 《世界古代中世纪史》,第534页。
[②] 《鸦片史》,第27页。
[③] [德]夏德:《大秦国全录》,朱杰勤译,大象出版社2009年版,第84页;《底也迦考——含鸦片合方始传中国的问题》。有些配方较为简单,如公元2世纪后期罗马皇帝奥勒略经常服用由马兜铃、沥青、芸香和苦野豌豆四种药组成的底也迦,就没有包含鸦片。见《鸦片的传播与对华鸦片贸易》,第39页。

《旧唐书》说拂菻国一名大秦,在西海之上,东南与波斯接。大秦又是哪里?《后汉书》讲,大秦国一名犁鞬,以在海西,亦云海西国。《魏书》讲,大秦国一名犁轩,都安都城。学者夏德认为安都就是安条克(Antioch)。安条克是塞琉古王国都城,现在是土耳其的安塔基亚。塞琉古王国是公元前323年亚历山大死后其部将塞琉古所建,至公元前64年被罗马所灭。因此,当《后汉书》等中国文献提及大秦时,当地已经是罗马帝国。公元395年,罗马帝国分裂为东、西两个罗马帝国。公元476年,西罗马帝国灭亡,西欧分裂为众多的日耳曼蛮族国家。因此,《新唐书》说拂菻古大秦也,这里的拂菻当指东罗马帝国。不过,也可能是中国古人对这个西方大国疆域的变动并不十分了解,仅用帝国东部地区的代名词代替整个国家的称谓,或者如夏德所说,拂菻或大秦仅指叙利亚。①

这本来无关紧要,反正拂菻就是指东罗马帝国或帝国的一部分。但问题是:635年,哈里发时期的阿拉伯帝国派素有"安拉之剑"之称的哈立德·伊本·韦立德在亚尔穆克河畔大败东罗马帝国5万大军夺取叙利亚。在拂菻王遣使入唐时,叙利亚已成为倭马亚王朝的首都所在地。那么这位"拂菻王波多力"的身份就成了问题。

王宏斌认为拂菻是指东罗马帝国,言下之意"拂菻王波多力"应当是指东罗马的皇帝。② 而苏智良认为叙利亚已归于阿拉伯帝国治下,将使者称为"阿拉伯使者"。③ 王纪潮认为是罗马教皇狄奥多斯一世(Theodorus Ⅰ),④ 赫布罗、夏德等则认为波多力古音应为 Bat-da-lik,可能是指阿拉伯、波斯及突厥文中每一教派或教会之基督大主教(Bathrik)。⑤ 当时虽然罗马帝国已经分裂,且西罗马帝国已经灭亡,但基督教会依然完整,分裂为罗马公教(天主教)和希腊正教(东正教)是在1054年发生的事。叙利亚主教在381年君士坦丁大会时位列基督教各主教位次之第四,称其为"王"也未尝不可。不过,叙利亚沦陷后,叙利亚、耶路撒冷、亚历山大(埃及)三人主教都是虚位,主教本人都在东罗与帝国居住。另一种可能,这里的"拂菻王"是指与伊斯兰教关系密切的基督教景教派大主教。但其主教居于驴分城,即埃德萨(今土耳其尚勒乌尔法)。⑥ 驴分城在当时和叙利亚

---

① 《大秦国全录》,第94页。
② 王宏斌:《禁毒史鉴》,岳麓书社1997年版,第11页。
③ 《中国毒品史》,第32页。
④ 《底也迦考——含鸦片合方始传中国的问题》,但狄奥多斯一世(通常新教译为奥多西一世,天主教则译为戴奥多尔一世)是642年至649年在位,而不是643年至656年。参见布鲁斯·雪莱:《基督教会史》,北京大学出版社2004年版,第572页。
⑤ 《大秦国全录》,第91页。
⑥ 《大秦国全录》,第91页。

一样,刚刚从东罗马帝国易手到倭马亚王朝治下。安都城则在638年向阿拉伯纳贡称臣,成为阿拉伯帝国的一个省。因此,夏德没有得出具体结论,仅将方向指向了叙利亚、耶路撒冷、亚历山大的三位罗马公教(天主教)主教和位于埃德萨的景教主教。

笔者以为:其一,中国当时将阿拉伯人称为"大食",料不会与拂菻相混淆,可以排除是"阿拉伯使者"的可能性。其二,叙利亚、耶路撒冷、亚历山大的三位天主教主教辖区尽丧,避难于东罗马帝国境内,地位远低于君士坦丁堡和罗马主教,恐既无动机又无能力派遣使者来华。其三,当时的罗马主教困受罗马孤城,深陷日耳曼蛮族包围之中,虽有部分蛮族国家皈依基督教,但还远不能与中世纪翻云覆雨的教皇时期相提并论。若从现实威胁的角度看,罗马主教的主要敌人在西方,而不是阿拉伯人,罗马主教遣使来华恐没有与世俗事务相关的动机。此外,天主教与中国最早的接触是在1246年时候的事情,起因是蒙古人西征对欧洲造成的强大威慑。[1] 换言之,罗马主教在唐代也没有在华传播基督教的意愿。其四,景教创始人是公元5世纪初的君士坦丁堡主教聂斯脱利(Nestorius)。因为他公开反对把马利亚称为"生神的人,神之母",进而把耶稣的神性和人性区分开来,所以又被称为基督二性二位论。东罗马的皇帝屈从于西方教会的压力,把聂斯脱利流放到埃及。他的一些追随者逃到波斯。498年,他们在波斯首都赛流西亚(Seleucia)集会,自行选举所谓的"大法主"。法主最初驻在赛流西亚,后于762年移驻巴格达。[2] 该教于唐贞观九年(635年),由叙利亚人阿罗本(Alopen)传入中国。唐太宗派宰相房玄龄接待了阿罗本,并由唐朝政府出资于638年修建了礼拜堂(大秦寺),允许阿罗本公开传教。聂斯脱利派在中国被称为景教,建于781年的"大秦景教流行中国碑"现仍存于西安碑林。如果说景教遣使来华进一步拓展传教事业是有可能的,但问题是,唐政府已熟知阿罗本,为何不称其为大秦景教法主,而称其为拂菻王?再者,景教法主在当时长期驻在赛流西亚(即泰西封对岸),埃德萨的景教主何以不经大法主而私自遣使来华?

因此,笔者猜测波多力就是东罗马帝国皇帝君士坦斯二世(Constans Ⅱ Pogonatus,公元641—668年在位)。他在位时,阿拉伯人曾多次发动对东罗马帝国的进攻。他甚至在663年(遣使献底也迦之前4年)离开君士坦丁堡以求躲避阿拉伯人的锋芒。因此,他极有可能亲自派遣使者或托以君士坦丁堡主教之

---

[1] 顾卫民:《中国与罗马教廷关系史略》,东方出版社2000年版,第4页。
[2] 连东:《基督教的传承与变异》,社会科学文献出版社2012年版,第188页。

名派遣使者联合东方大国以求牵制阿拉伯人。①

当然,再退一步讲,只要是从东罗马帝国(或刚刚被阿拉伯人占领的东罗马领土)有底也迦被送到中国,就说明在西罗马帝国灭亡了200年后,东罗马依然保留了古希腊和古罗马人的文化传统,鸦片始终作为药物存在于各类合方制剂之中。这种配方后来又被阿拉伯人继承,直至后来的《回回药方》中还可见到底也迦的成分。②

不过,关于东罗马帝国的鸦片记载十分匮乏,我们无从得知更多细节。从保存下来的拜占庭《农业法》等资料来看,"由于斯拉夫因素的影响,农民的生活几乎回到了地域性的农村公社时代","耕地归公社全体自由农民占有",这种农村公社直到9—10世纪才逐渐瓦解。③ 在村社中,农民主要的生活设施有住房、磨坊、谷仓、草垛、酒窖、饲料棚、车库,主要的生产区域是份地、林地、牧场、打谷场、菜园、果园,还有羊栏、马厩等家畜区和公共用地。④ 主要种植的粮食作物有小麦、黑麦、大麦、燕麦、粟等;主要栽培植物有葡萄、橄榄树、杏树、樱桃树、温柏树、无花果树、石榴树、草莓、胡桃树、梨树、苹果树、李子树等。其中,葡萄是最重要的经济作物,因为葡萄酒是拜占庭人一日三餐的必备品之一。⑤ 从当时国际贸易的情况看,东罗马对外出口的商品主要是各类农产品、丝绸、布匹、金银制品、雕刻的象牙、玻璃制品、玛瑙杯、珐琅花瓶、酒等。⑥ 因此,罂粟不是东罗马帝国的主要农作物,鸦片也并非人们普遍依赖的麻醉品。

根据上述信息判断,与古罗马的情况类似,罂粟在拜占庭帝国只是作为一种药用植物保存下来,成为各种合方制剂的一种成分,也依然在神祇崇拜中扮演着重要角色,但没有大规模的鸦片滥用。此外,"在11世纪突厥人到达安那托利亚之前的几个世纪里","罂粟一直是地区厨艺文化中的重要元素,其种籽被榨油、放在点心里或烤制";"花和叶作为动物饲料";"长长的罂粟秆每年从田地里收回后不仅可以作为点火做饭的燃料,还可以充作一种建筑材料;或者被用于制砖,或用于制作茅草屋顶"⑦。社会上没有出现大规模嗜好鸦片的人群。甚至到

---

① 公元588年,东罗马皇帝已令君士坦丁堡主教与罗马主教共享首席地位,且君士坦丁堡主教是后来东正教的牧首,与皇帝关系密切,受皇帝控制。参见:《基督教会史》,第185页。
② 《底也迦考——含鸦片合方始传中国的问题》。
③ 徐家玲:《试论拜占庭的拓殖运动》,《世界历史》2009年第2期。
④ 王翘等:《拜占庭〈农业法〉译注》,《古代文明》2011年第4期;陈志强:《拜占庭〈农业法〉研究》,《历史研究》1999年第6期。
⑤ 胡长江:《中古拜占庭若干农业问题研究》,《农业考古》2015年第1期。
⑥ 徐家玲:《拜占庭在中世纪地中海商业复兴中的地位》,《求是学刊》1997年第5期。
⑦ Kyle T. Evered, *Poppy Ecologies and Security in Euraisa: Lessons From Turkey's Past and Present*, Springer Science and Business Media, 2008, p.297.

19世纪初,当地人还只是将罂粟作为食物和饲料、将鸦片作为药品使用。①

(三) 鸦片从阿拉伯重返西欧

与西欧销毁古籍的情况相反,在阿拔斯王朝结束时,古希腊科学典籍的全部重要著作都已经译成阿拉伯文。这个庞大的帝国自9世纪中叶开始变得分崩离析。1055年,塞尔柱突厥人入主巴格达,阿拔斯王朝的哈里发已如同傀儡。随后,塞尔柱突厥联合南俄草原上的佩彻涅格人(突厥人一支)夹击东罗马帝国。东罗马帝国向西欧同属基督教的教会求援。罗马教皇号召西欧各国组织十字军征讨异教徒,1096年,第一支十字军走向战场。此后到1270年,西欧封建主共组织了8次向东方的远征,在西亚建立过耶路撒冷王国、埃德萨伯国、安条克公国等基督教国家,甚至还曾偷袭盟友东罗马帝国,建立起拉丁帝国。13世纪末,尼西亚人重新夺回君士坦丁堡,东罗马帝国复国;在西亚的耶路撒冷王国等也逐渐被穆斯林消灭。十字军远征结束。在这场历时近两个世纪的战争中,西欧十字军在劫掠东方财物的同时,也看到了那些用阿拉伯语保存了若干世纪的古希腊、古罗马典籍,并把它们重新带回欧洲。

刚开始时,"东征归来的战士常常告诉人们神秘的药草和药水的迷人故事,例如鞑靼军队的传令兵和他们战马的耐力随着鸦片的耗尽而消失;土耳其(突厥)士兵在战前用鸦片使他们自己坚强等等"②。随着这些古希腊和阿拉伯书籍的翻译,西欧人重新懂得了关于罂粟和鸦片的知识。不过,虽然包括阿维森纳《医典》等在内的阿拉伯医学著作后来被翻译为拉丁文,但关于鸦片的知识似乎仍只是在缓慢地传播。16世纪初,帕拉切尔苏斯(1493—1541年)由于使用了鸦片这种"新"药而声名鹊起。帕拉切尔苏斯是瑞士人,学习过炼金术和医学。他在临床上使用一种秘药,可以"让那些看起来已经死了的病人突然醒了过来"。后来处方公开后发现,包含了25%的鸦片,和天仙子、粉碎的珍珠、干尸(一种焦油状的阿拉伯药物)、牛黄、琥珀、麝香等③。帕拉切尔苏斯的成功推动了鸦片在欧洲的传播,此后诸如巴塞尔的普拉特拉斯、荷兰的德拉波、比利时的汉尔蒙特等名医都曾大量地使用鸦片。帕拉切尔苏斯秘药被称为鸦片酊,而17世纪60年代后,英国医生、临床医学的奠基人托马斯·悉登汉姆(Thomas Sydenham)用"鸦片酊"来称谓一种鸦片药酒。这种药酒的制作非常简单,就是把鸦片溶解在很浓烈的红酒或葡萄酒里,与《奥德赛》中所描述的海伦药酒极其相似。悉登汉姆高

---

① James Windle, "A Very Gradual Surpression: A History of Turkish Opium Control, 1933 - 1974", European Journal of Criminology, 2014(2), p.197.
② 《鸦片史》,第27页。
③ 《鸦片史》,第29页。

度评价鸦片和"鸦片酊"的药用价值,他声称"没有鸦片,医学将不过是个跛子","鸦片酊"由此在欧洲传播开来。① 此后一直到19世纪吗啡被提取之前,"鸦片酊"始终是欧美人消费鸦片的主要方式。由此,鸦片重回欧洲人心目中"万能灵药"的宝座。后来也有人批评鸦片,但"由于鸦片如此广泛地应用于各种疾病,嗜食鸦片也就是难以避免的事。但它(嗜食造成的成瘾及副作用)几乎没有被提及,而且作为解脱痛苦的代价一般地都为人们所接受"②。

除提取鸦片外,欧美人食用罂粟籽及榨油或将罂粟苗作为蔬菜的习俗也长期保留下来。作为园圃植物,荷兰、比利时、法国北部、德国南部、瑞士、奥地利、匈牙利、南斯拉夫北部、捷克、斯洛伐克、波兰、罗马尼亚和乌克兰等广大中欧地区都有罂粟种植,直至近代。南欧的罂粟种植较少,因为这里主要以橄榄榨油为主。③

九、奥斯曼崛起与葡萄牙东来

(一)奥斯曼国家的崛起

当蒙古大军西征之际,在阿姆河流域居住的奥斯曼突厥人被迫西迁。他们在与拜占庭相邻的安那托利亚定居下来,依附于罗姆素丹国。罗姆素丹国是原塞尔柱帝国旁支在花剌子模兴起后建立的一个小国,后臣服于蒙古伊儿汗国,1308年前后分裂。1299年,首领奥斯曼趁罗姆素丹国衰落之际独立,随之攻占了安那托利亚大部分地区。1331年从拜占庭手中夺取尼西亚,并迁都于此。此后,奥斯曼帝国越过拜占庭渡海进入欧洲,多次战败欧洲各国联军,征服巴尔干地区。后来受到亚洲帖木儿帝国牵制,放缓了进攻欧洲的步伐。到1453年,奥斯曼军队终于攻占了君士坦丁堡,并将其改名伊斯坦布尔。存在了1000多年的东罗马帝国灭亡。奥斯曼帝国在苏里曼一世时(1520—1566年在位)达到鼎盛,向西灭亡了埃及的马穆鲁克王朝,并进军利比亚和阿尔及利亚,接近非洲西海岸;向东与伊朗萨菲王朝接壤;向南占领阿拉伯半岛大部;向北直抵贝尔格莱德和维也纳,逼近欧洲心脏。

1453年,当奥斯曼突厥人灭亡了东罗马帝国后,继承了这片土地上消费鸦片的传统并"发扬光大"。法国博物学家皮埃尔·贝隆(1517—1564年)曾到小亚细亚旅行。他在1546年写道,"没有一个土耳其人(奥斯曼突厥人)不会将他的最后一分钱用于购买鸦片。无论战时还是和平时期,他们都会随身带着鸦片。

---

① 《鸦片史》,第33页。
② 《鸦片史》,第38页。
③ *Opium Production Throughout the World*.

他们食用鸦片,因为他们认为他们会因此变得更加勇敢,对战争危险的恐惧更小。在战争时期,人们购买量是如此之大,以致很难发现有存货"①。这为后来的土耳其成为世界鸦片生产大国奠定了基础(后文"土耳其"即指奥斯曼帝国)。

除把鸦片做成小药丸外,奥斯曼突厥人还把鸦片与蜂蜜、乳香和少许香料混合为浓稠糊状物来食用。这种糊状物被称作麦侃(macun)、博斯爱阿芙蓉(ber-i-afyon),或简称博斯(ber)②。

(二)南洋贸易主导权的易手

一个强大的信奉伊斯兰教的奥斯曼帝国完全阻断了欧洲和东亚地区的贸易线路。以西班牙和葡萄牙为代表的欧洲国家开始派出航海探险家,试图在大西洋上寻找通往东亚的道路,成为欧洲人探险活动的先驱。

这两个国家所在的伊比利亚半岛是中世纪西哥特王国和苏维汇王国的区域。711年,阿拉伯倭马亚王朝的军队进入半岛并确立统治。阿拔斯王朝兴起时,倭马亚王子阿布德拉赫曼死里逃生来到伊比利亚半岛,建立起后倭马亚王朝。1062年后,又被北非的伊斯兰国家控制。西哥特人的残余势力经过700多年的收复失地运动,最终于1492年才完全收复半岛,形成了西班牙和葡萄牙两个国家。紧接着,它们就成为欧洲列强殖民世界的先驱,疯狂地在世界范围内寻找着黄金、白银和一切牟利最厚的商品。这导致美洲新大陆的发现,史称"地理大发现"。根据教皇亚历山大六世划分的子午线,西葡两国在1494年签订了《托尔德西里雅斯条约》,据此,葡萄牙人垄断了东方贸易。

1498年,达·伽马率领葡萄牙船队首次驶入印度洋,并出现在印度的西海岸。③ 1509年,葡萄牙殖民探险的先驱阿尔布凯克(Albuquerque)到达印度,并于次年占领果阿(Goa)。葡萄牙人后来又分别在1530年、1535年侵占达曼(Daman)和第乌(Diu)。1509年,马六甲素丹曾在印度商人的挑唆下杀死30名葡萄牙人。葡萄牙人大举复仇,于1511年占领了马六甲。此后,葡萄牙人逐渐将触角向东伸向中国。

1514年,阿尔布凯克曾派遣阿尔瓦雷斯前往中国。阿尔瓦雷斯在抵达广州后曾在屯门岛立碑为志。当时的中国明王朝还在实行"海禁"政策,不允许私人海外贸易,但中国官方将葡萄牙人看作来天朝朝贡的新"夷"而于1517年允许其进入广州。不久,葡萄牙人就北上福建、江浙一带海域活动。葡萄牙人的"桀骜"

---

① 刘建宏主编:《全球化视角下的毒品问题》,人民出版社2014年版,第180页。
② Ibrahim Ihsan Poroy, *Expansion of Opium Production in Turkey and the State Monopoly of 1828-1839*, International Journal of Middle East Sdudies,1981(2),p.197.
③ Sinha Banerjee, *History of India*, A. Mukherjee & Co. Ltd., 1955, p.464.

激怒了明朝廷,下令予以驱逐。但是,葡萄牙人的海上走私贸易却并没有因此停止。1547年,主张"严贩海之禁"的朱纨巡抚浙江,"获通贩九十余人,斩之通都"①。而"滨海势豪,全以通番致素封"②,断绝中葡贸易非其所愿,这些人便千方百计谋算朱纨。朱纨最终被迫服毒自杀。自此,"中外摇手不敢言海禁事"③,走私贸易更加活跃。1553年,葡萄牙人再次来到中国,"夷舶趋濠镜(澳门)者托言舟触风涛,缝裂,水湿贡物,愿借地晾晒。海道副使汪柏徇贿,许之"④。葡萄牙人得到了南洋贸易的重要据点——澳门。此后,葡萄牙人北上日本,以长崎为商业基地,逐渐建立起里斯本—果阿—马六甲—澳门—长崎的大商帆贸易线。经过近百年的苦心经营,葡萄牙最终取代阿拉伯人,成为南洋贸易的主导力量。当然,也不能因此高估葡萄牙人对海上贸易的控制程度。葡萄牙人建立的是一个个孤立的商业堡垒,面对的是一个个拥有主权的国家。例如,葡萄牙人的马六甲基地就始终受到爪哇的淡目、苏门答腊的亚齐等地方强国威胁,冲突时有发生。

隆庆元年(1567年),明穆宗登基。福建巡抚涂泽民力主开放海禁,穆宗允准,史称"隆庆开关"。虽然日后仍有禁海令不时发布,但是印度洋和西太平洋贸易网基本上重新归于完整。

(三) 葡萄牙与亚洲鸦片贸易

葡萄牙人建立的大商帆贸易使得地区间的经贸联系日益密切,鸦片贸易更加活跃。葡萄牙人最初追逐的主要商品是欧洲市场上最热销的香料(胡椒、豆蔻、丁香等)。可葡萄牙人很快就发现鸦片是一种在印度和东南亚很受欢迎的东西。早在麦哲伦环球航行之前的1500年,继达·伽马之后卡伯拉尔率领葡萄牙舰队进行的第二次海外探险中,葡萄牙人就将一批印度鸦片运回了里斯本。⑤ 1513年,葡萄牙人阿尔布凯克率队航行。在他给国王的一封信中有如下一段话:"在印度,每法拉克里(faracolla)的阿芙蓉(鸦片)价值12帕多(pardoes)……阿芙蓉不是别的其他东西,只是罂粟汁。过去它们多来自开罗,现在已没有来自亚丁(湾)的阿芙蓉了。因此,我想请您下令去种植阿芙蓉,因为印度人每年能消费一船……如果印度人不服食阿芙蓉,他们就会迷失自己。请

---

① [明]张燮:《东西洋考》,中华书局1981年版,第131页。
② [明]沈德符:《万历野获编》,转引自谢国桢编《明代社会经济史料选编》(下),福建人民出版社2004年版,第50页。
③ [明]丁元荐:《西山日记》,转引自《明代社会经济史料选编》(下),第64页。
④ 郭棐:《广东通志》,转引自《太平洋贸易网500年》,第73页。
⑤ *Historical Appendices*, p.30.

下令吧,因为我不会给至高无上的您写一件没有意义的琐事。"①不知道葡萄牙国王是否采纳了阿尔布凯克的建议,但由此足以证明葡萄牙人已经发现了鸦片的经济价值。

1510年,葡萄牙人占有了印度的果阿,控制了麻洼鸦片的出海口,"成为最早操纵印度西海岸鸦片(麻洼鸦片)出口的欧洲国家"②;随后又于1511年占领马六甲。这样,葡萄牙人就控制了从果阿到马六甲的鸦片贸易。葡萄牙人用金银或欧洲商品低价购买或交换麻洼鸦片,再将鸦片从果阿等葡萄牙口岸运送到马六甲和新加坡换取丝绸、茶叶、胡椒和香料等欧洲市场的紧俏商品,这些鸦片则由各国商人转运各地。③ 至此,西亚鸦片在印度以东地区的市场份额逐渐被印度的麻洼鸦片所取代,南洋鸦片贸易的主导权也从阿拉伯人的手里转归葡萄牙人。此后,东南亚销售的鸦片主要是印度的麻洼鸦片。④ 孟加拉鸦片当时也有出口,但数量不大。葡萄牙人也是最早到孟加拉贸易的欧洲国家之一,⑤但未见有其涉足当地鸦片贸易的材料。

"隆庆开海"时,葡萄牙人为主导的鸦片贸易已十分活跃。美国学者马士曾说,"开始流入中国的外国鸦片,是葡萄牙人从卧亚(即果阿)和达曼贩运来的"⑥。鉴于阿拉伯和印度商人经营鸦片贸易的时间要早于地理大发现的时间,这种说法不够准确,但如果说葡萄牙是最早贩运外国鸦片来华的欧洲国家,应该问题不大。

十、南洋鸦片贸易对各国的影响

在19世纪之前,跨国鸦片贸易流主要发生在西太平洋和印度洋之间。从地图上看去,印度最南端的科摩林角大体上是这一贸易的分界点。科摩林角以西,既有鸦片生产区域的分布,又有鸦片消费市场;以东,除孟加拉湾北面的孟加拉外,就只有消费市场。而西太平洋的消费市场,以马六甲为枢纽进行中转。

鸦片流来自位于阿拉伯海的亚丁、孟买或果阿和孟加拉湾北边的孟加拉,销往孟加拉湾西面的印度科罗曼德海岸、缅甸,或在马六甲集中,转口到马来、东印度群岛和中国。

孟买和孟加拉都位于印度次大陆,鸦片贸易的活跃意味着印度鸦片除满足

---

① *Historical Appendices*,p.30.
② *Historical Appendices*,p.6.
③ *Historical Appendices*,p.34.
④ *Historical Appendices*,p.9.
⑤ *The East India Company and the Economy of Bengal From 1704 to 1740*,p.78.
⑥ 《中华帝国对外关系史》(第1卷),第198页。

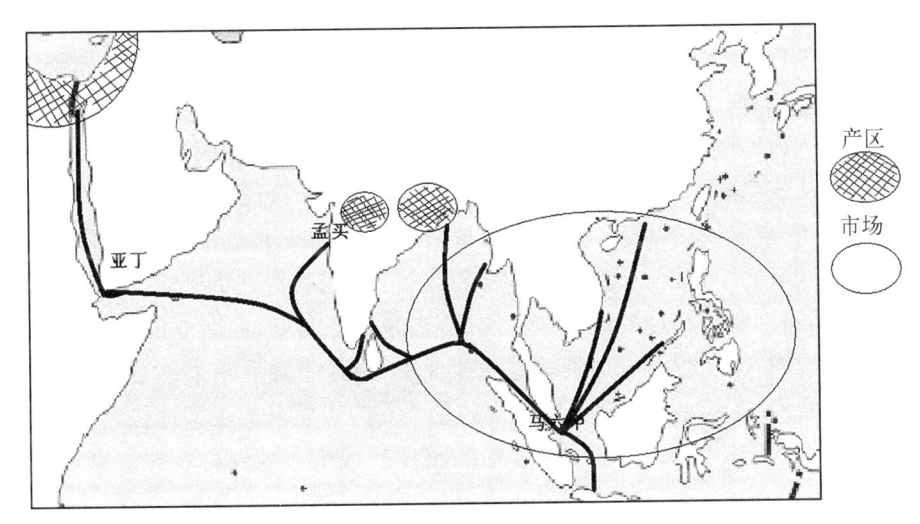

图 1-21　早期的鸦片国际贸易

南亚次大陆的需求外,还形成了规模可观的国外市场,印度的鸦片生产规模也随之放大。1584 年,来自英国的探险商人菲奇在他的游记中不仅提到了孟买鸦片,还提到了恒河流域的巴特那已成为大宗鸦片的贸易中心。巴特那属于比哈尔邦,是公元前三世纪印度孔雀帝国首都华氏城的旧址所在。菲奇称该城是"一座历史悠久的伟大城市,那里有着大宗的鸦片和其他商品的交易"①。当时的印度阿克巴政府为了更多地分享这笔巨额收入,在孟加拉的比哈尔地区设立监管鸦片产销的专营机构,建立起鸦片垄断体制。② 这恐怕是世界上最早的鸦片垄断制度。这说明在莫卧儿帝国的阿克巴时代(1556—1605 年),孟加拉鸦片产量和贸易量都已十分可观。鸦片垄断仅限于贸易领域:一部分商人每年向政府支付一笔钱后就被授予购买附近所产鸦片的特权。农民仍然可以自由地选择是否生产鸦片,可一旦生产了鸦片,就必须出售给领有国家特许权的包收人。包收人将生鸦片做进一步加工后再出售给出口商或国内鸦片零售商。③ 这种贸易垄断,既有利于商人压低收购价格,又可抬高出售价格,对特许商人和政府财政来说都是有利的。这时,鸦片收入已经成为莫卧儿帝国一种稳定的财税收入。④ 不过,在 1773 年英国人垄断孟加拉鸦片以前,这样的垄断体制没有在印

---

① *British Opium Policy in China and India*, pp.5,9.
② *British Opium Policy in China and India*, p.10; *Historical Appendices*, p.5.
③ *Historical Appendices*, p.10.
④ *British Opium Policy in China and India*, p.5.

度的其他地方出现过。①

除印度外,史料还将鸦片供应源指向了阿拉伯海的另一个重要的城市亚丁。其实,鸦片并非亚丁所产,因为近代的也门并非鸦片产地。亚丁是地中海地区国家经红海进入印度洋的门户。《后汉书·西域传》在提到从中国通往大秦国的海路时讲,"从安息陆道绕海北行出海西至大秦"。这里的海西即是红海。② 因此,可以说,亚丁自汉代后就是连接地中海与印度洋的锁钥,是地中海商品沿海路销往印度洋区域的中转枢纽,其地位不亚于马六甲。沿红海北上溯源,可以找到埃及、土耳其等重要的鸦片产地。据此推论,当时销往东亚、东南亚的西亚鸦片主要是由阿拉伯人从埃及、土耳其等地贩至亚丁,再经中转后东来。不过,当印度鸦片产量增加,尤其是葡萄牙人取代阿拉伯人在海上贸易的主宰地位后,国际鸦片贸易以印度鸦片为大宗,土耳其等地的鸦片就很少参与到科摩林角以东的贸易中了。

此外,从地理位置分析,波斯鸦片不可能汇集在亚丁之后再向东方销售,而史料中目前也没有发现从波斯起运鸦片的记载。可见,波斯当时的鸦片产量还不够大,在满足自身需求之后无法形成大宗商品出口。甚至直到1850年,波斯的鸦片生产都是边缘化的产业,主要为满足自身需要而生产,产量不超过10万磅(750箱)。③

从市场方面来讲,在远离鸦片产地的中国,当时卷入鸦片贸易的程度不深。成化年间的徐伯龄著有《蟫精隽》一书,书中说,"海外诸国并西域产有一药,名合甫融,中国又名鸦片。状若没药,而深黄柔韧,若牛胶焉。味辛、大热、有毒,主兴助阳事,壮精益气……尝令中贵出海南、闽浙、川陕,近西域诸处收买之,其价与黄金等"④。这说明在明代,中国人认为鸦片"兴助阳事,壮精益气",多将其视为滋补品来服用,但中国所需鸦片多购自海外,价格十分昂贵,接近每斤60两。⑤ 只有富贵之家才能较多地使用鸦片,普通人是无法问津的。这种鸦片价格高昂的局面既与国际鸦片贸易尚不发达有关,也很可能与当时明王朝执行严厉的海禁政策有关。但随着鸦片贸易的不断发展,输华鸦片数量逐渐增多,供给大于需求促成价格下降。到正德年间(1506—1521年),广东福建沿海的富绅地主食用鸦片已屡见不鲜。⑥ "隆庆开海"以后,国际鸦片贸易更加兴盛。万历十

---

① *Historical Appendices*, p.5.
② 《大秦国全录》,第 27 页。
③ *The History of Opium in Modern Iran 1850 - 1955*, pp.32,122.
④ 徐伯龄:《蟫精隽》,卷十。
⑤ 《鸦片经济》,第 44 页。
⑥ 《中国毒品史》,第 39 页。

七年(1589年)，鸦片首次被列入关税货物的范围，规定阿片(即鸦片)每十斤税银二钱。① 至万历四十三年(1615年)，"恩诏量减各处税银"，鸦片税额遂减为每十斤税银一钱七分三厘。② 政府不可能对一种不经常进口的货物规定税则。换言之，鸦片税的开征就说明鸦片在16世纪时已经成为中国经常进口的一种商品。再者，明代"征税之规有水饷，有陆饷"，"水饷者，以船广狭为准，其饷出于船商。陆饷者，以货多寡计值征输，其饷出于铺商"③。既然陆饷是按照货物价值征收的，那我们就可以根据税率计算出万历年间鸦片输入价格。当时陆饷"计值一两者，征饷二分"④，这即是说当时的陆饷税率为百分之二。据此，1589年的鸦片输入价格大致为每斤1两白银，1615年又降至每斤0.87两白银。⑤ 这种降价趋势既与明代海禁政策的不断松弛有关，也是国际鸦片贸易日渐活跃的结果。中国鸦片价格的下降应当会促使消费层次的下移和消费人数的增多，但在成化以后百年左右的时间里，中国鸦片消费数量却没有非常明显的增加。这应当主要归因于鸦片的消费方法和口味：鸦片在当时主要作为药材来使用，服用的主要方法是吞服。这种方法不仅致瘾性不高，而且在口感上"若牛胶"一般，且"味苦辣、臭恶可憎"⑥，并不适合中国人的口味。因此，通常由医家将其拌和其他药材，制成中药丸散后服食。食用时"每用小豆大一粒，空心温水化下"⑦。这样的消费方法限制了鸦片消费人群的迅速扩展。

在17世纪以前的东南亚，消费鸦片的数量也不算多。这里地处热带，潮湿酷热。在鸦片传入以前，服食槟榔果的习俗在这里颇为盛行。槟榔果是很早就被当地人发现的一种麻醉品。中国东汉的杨孚就曾在《异物志》中记述了岭南人将槟榔与扶留藤、古贲灰拌和嚼食的方法。⑧ 槟榔树"干直而高，为棕榈类之植物，结子于极顶，一朵数十枚，形圆色青，熟则略黄，极似橘。因其性能降气除湿，和以荖叶(槟榔叶)、石灰、甘蜜，为待客要品"，中国"昔年吃者颇多……在昔闽广各地，几无家不吃"；在暹罗，"无论男女皆嗜之"⑨；在丁机宜，"上族之家辄不复御酒……客至，以扶留藤、槟榔代茗"⑩。在东南亚海岛地区，人们通常将一小块

---

① 《东西洋考》，第142页。
② 《东西洋考》，第145页。
③ 《东西洋考》，第132页。
④ 《东西洋考》，第132页；参见《明神宗实录》(卷二一〇)。
⑤ 因为在1615年"恩诏量减各处税银"，所以不排除鸦片价格不变的可能性。
⑥ 曹炳章：《鸦片瘾戒除法》，上海中医书局1930年版，第39页。
⑦ 王玺：《医林集要》，见《本草纲目》(卷二十三)(第3册)，第88页；参见《中国烟业史汇典》，第51页。
⑧ 刘小斌等：《杨孚〈异物志〉与岭南药用动植物》，《广州中医药大学学报》2010年第4期。
⑨ 杨文瑛：《暹罗杂记》，商务印书馆民国二十二年(1933年)版，第64页。
⑩ 《皇明象胥录》、《东西洋考》，见余定邦、黄重言编：《中国古籍中有关新加坡马来西亚资料汇编》，中华书局2002年版，第117、123页。

槟榔果、一片蒌叶和少量酸橙混合在一起,一同咀嚼。因为蒌叶必须要保鲜才能食用,所以只能在市场附近种植。槟榔果则可以长途贩运。鸦片传入也并没有立即改变东南亚人对槟榔的依赖。从早期鸦片贸易的有关记载看,东南亚消费鸦片的地区虽然不少,但是因为消费方法也是吞服,致瘾性不强,加之这里毕竟不能生产鸦片,鸦片价格必然相对昂贵,所以无法成为槟榔的替代品。直到17世纪初,鸦片还只占东南亚麻醉品市场份额的很小一部分,主角依然是槟榔果。[1] 甚至在后来鸦片肆虐之时,东南亚对槟榔果的需求依然旺盛。1800年前后,仅北苏门答腊岛亚齐每年就向印度、中国和马来亚出口大约2 500吨槟榔果。[2]

  从中国和东南亚各地的消费情况看,当时国际鸦片贸易流的数量不会太大,更大的消费市场还是印度和西亚本身。

---

[1] [新]尼古拉斯·塔林编:《剑桥东南亚史》(卷一),云南人民出版社2003年版,第410页。
[2] 《剑桥东南亚史》(卷一),第409页。

第二编 毒品风潮三百年

第二章 "鸦片烟"与三角链
（1650—1780）

16世纪，鸦片罂粟已经分布于欧洲、北非、西亚、南亚等广大地区，由它所制的鸦片还流入了东南亚和中国，它那变异了的"重瓣花"姐妹也正在中国大地上傲然绽放。这一物种即将度过它漫长的"少年时代"。在它的"成人礼"上，它收到了来自大洋彼岸的"礼物"——烟草。收到这份"礼物"后，它从药品变成了毒品，从人类的朋友变成了人类的敌人，自此，印度、东南亚和中国之间的跨国"三角"贸易链条开始吱呀启动，从而扭转了人类历史的舵轮。

一、鸦片与烟草的结合

（一）烟草的传播

1492年8月3日，受西班牙伊莎贝拉女王资助的意大利航海家克里斯托弗·哥伦布率领3艘帆船起航西行。10月9日，已经绝望的船员们发现了美洲的一个岛屿。隔绝了不知多少世纪的新旧大陆的人们终于相遇了。不过，这对于新大陆的印第安人而言，却意味着噩梦的开始。处于萌芽状态的美洲文明很快被欧洲人毁灭。

"地理大发现"开启了欧洲人殖民美洲的历史进程，也开启了全球"人类各种族混合"的历程。欧洲人向新兴的南北美洲和大洋洲移民，俄国人越过乌拉尔山走向西伯利亚，非洲尼格罗人则被迫移民到美洲。人种混合的过程也伴随着全球动植物的大迁徙。美洲所产的玉米、马铃薯和花生传遍世界各地，成为今天人类的主要食品。美洲的棉花和烟草这两种重要的经济作物也开始风靡全球。这种全球性的物种大交换也改变了鸦片罂粟的命运，在此进程中，罂粟和烟草得以结识。

烟草（Nicotiana tabacum L.），原产南美洲，已经有3 500多年的历史，可药用，作麻醉、发汗、镇静和催吐剂。据说，当哥伦布第一次登上美洲大陆的时候，就发现了烟草。[①] 印第安人把它视为"神草"。每逢重大节会，他们便把烟斗点

[①] 张宜宾：《哥伦布与烟草》，《中国烟草》1981年第4期。

着,自上而下按等级依次传吸。吸食的工具是一种"Y"形管子,吸食时将有叉的两端插入鼻孔,另一端点燃烟草。① 这是一种一年生或有限多年生草本,其植物学特征为:全体被腺毛;根粗壮。茎高0.7—2米,基部稍木质化。叶矩圆状披针形、披针形、矩圆形或卵形,顶端渐尖,基部渐狭至茎成耳状而半抱茎,长10—30厘米,宽8—15厘米,柄不明显或成翅状柄。花序顶生,圆锥状,多花;花梗长5—20毫米。花萼筒状或筒状钟形,长20—25毫米,裂片三角状披针形,长短不等;花冠漏斗状,淡红色,筒部色更淡,稍弓曲,长3.5—5厘米,檐部宽1—1.5厘米,裂片急尖;雄蕊中1枚显著较其余4枚短,不伸出花冠喉部,花丝基部有毛。蒴果卵状或矩圆状,长约等于宿存萼。种子圆形或宽矩圆形,径约0.5毫米,褐色。夏秋季开花结果。在植物分类学中的位置为:

烟草:界　　植物界 Regnum vegetable
　　　　门　　被子植物门 Angiospermae
　　　　　纲　　双子叶植物纲 Dicotyledoneae
　　　　　亚纲　　菊亚纲 Asteridae
　　　　　　目　　茄目 Solanales
　　　　　　　科　　茄科 Solanaceae
　　　　　　　族　　夜香树族 Cestreae Dunal
　　　　　　　　亚族　　烟草亚族 Nicotianae Dunal
　　　　　　　　　属　　烟草属 Nicotiana L.
　　　　　　　　　　种　　烟草 Nicotiana tabacum L.

据说,是哥伦布首先将烟草带回欧洲大陆的。从此,烟草开始从美洲向世界各地扩散。1575年,西班牙人把烟草从墨西哥引入他们刚刚占领的菲律宾。菲律宾群岛旧称麻剌郎,菲律宾的名字是源自西班牙国王菲利普的名字。"在古代,各岛间并无交通,且有台风和其他天然的灾害,人口稀薄(少),故在政治上社会上并无统一团体……其政治团体是数十个家族的集团。"②"在唐宋时代,中国与菲律宾两地间的贸易已渐见发达。"③葡萄牙探险家麦哲伦在环球航行时发现菲律宾,并参与葡萄牙人侵略菲律宾的战斗,后与主将阿尔布凯克不合,投靠西班牙。1521年,麦哲伦带领西班牙人来到菲律宾,在与当地土著的冲突中丧生。1565年,西班牙人占领了宿务岛,在同一年,西班牙大帆船"圣巴布洛"号就从这

---

① 《中国烟业史汇典》,导言。
② 施良:《菲律宾研究》,正中书局民国三十六年(1947年)版,第32页。
③ 《菲律宾研究》,第35页。

里出发满载肉桂前往西班牙在美洲的殖民地墨西哥,开启了菲律宾同墨西哥的远程帆船贸易。① 1571年,西班牙人在莱加斯皮的带领下攻占吕宋,逐渐把菲律宾变为其殖民地。1575年,西班牙人就通过菲墨帆船贸易将烟草引入菲律宾。由于气候适宜,烟草在这里长势良好,逐渐开始向周边扩散,很快就在整个东南亚传播开来。最初只是爪哇、亚齐等地的统治者用长烟袋吸食,到17世纪末,烟草制成的方头雪茄在菲律宾、摩鹿加、缅甸、暹罗和印度尼西亚已成为男女皆宜的普通消费品。②

17世纪,烟草也传入了中国和印度。据说烟草是在1620年被西班牙人从菲律宾带到我国台湾的。③ 此说未必准确,但烟草在万历末年或天启初年(17世纪初)传入中国,却是学界的共识。这与烟草传入印度的时间大致相同。烟草传入中国之初被音译为"淡巴菰"、"丹白桂"等。还有人给烟草取了中国名字,如"相思草"、"淡肉果"、"烟酒"、"干酒"等,后来名称逐渐统一,称为"烟草"。烟草传入南方以后,因天启年间"辽左有事,调用广兵",烟草又传到了北方。至崇祯年间,吸烟之风已遍布大江南北,"北土亦多种之,一亩之收可以敌田十亩,乃至无人不用"④。

烟草之所以在中国受到如此厚爱,既与其自然特性有关,又与当时医家文人的宣传推崇有关。烟草的自然特性首先表现为一定的医疗效果。早期的许多医书多记载烟草有"辟瘴"、"祛寒"的功效。在有些著作中,这种功效被夸大,甚至歪曲了。如沈李龙《食物本草会纂》中说,"烟草火,味辛温,有毒。治风寒湿痹、滞气停极,利头目,去百病,解山岚瘴气。塞外边瘴之地,食此最宜"⑤。这里,烟草的疗效从"辟瘴祛寒"被神化到了"去百病"的程度。烟草的自然特性还表现为可以使人成瘾,以致有人声称"一日一餐必无怨,若购烟无资则泪如雨下"⑥。正是由于烟草的致瘾性和对烟草疗效的错误认识,时人将吸食烟草视为一种雅好。一时间,歌咏烟草的诗词涌现文坛。吸烟的感受被描述为"一吸四体和,悠然见神丰。摧刚化为柔,刓方以为圆。五味近乎辛,养恬兹取怜。餐霞自有容,吐火宁无仙。醉乡不到此,那识羲皇年"⑦。同时,烟草因其"相思草"的美名,还被引入描写男女恋情的诗歌中。有人就写下了这样的诗句:"开门郎不至,出门采巴菰。采采对荒圃,花叶交相舞。欢道巴菰淡,侬道相思苦。相思减红颜,尽日依

---

① 金应熙:《菲律宾史》,河南大学出版社1990年版,第150页。
② 《剑桥东南亚史》(卷一),第409页。
③ *Historical Appendices*,p.17.
④ 杨士聪:《玉堂荟记》(卷下),中华书局1985年版,第69页。
⑤ 沈李龙:《食物本草会纂》,载《中国烟业史汇典》。
⑥ 蔡家琬:《烟谱》,载《中国烟业史汇典》。
⑦ 诸锦:《草庐》,载《中国烟业史汇典》。

阑干。"医学著作中对烟草疗效的夸大其词、诗词歌赋中赞美烟草时令人联想到的美好意境，以及烟草本身的成瘾性，一起推动了烟草的广泛传播。

因为烟草传播过于迅速，所以自明代始，朝廷就不断降旨严禁。明崇祯十六年（1643年）规定，"私贩至论死"①。清崇德四年（1639年）的文告也规定吸食种植烟草者以"贼盗论"。② 但这些规定都被民间视同具文。③ 到清代中期，全国种烟之田有数百万亩，平均亩产约150斤。④ 1743年，户部议准民间种烟，同意"城堡以内闲隙之地"、"城外近城奇零菜圃"等处"可以听其种植"，不过在"肥饶"之地种烟仍然"通行禁止"。⑤ 自此，官方烟草禁令逐渐废弛。

（二）曼达克的发明

烟草在17世纪传入印度以后一度成为鸦片的替代品，一些地方的鸦片消费量有所减少。⑥ 久而久之，有人萌发了将烟草吸食方法引入鸦片消费的想法。于是，一种鸦片吸食方法便在印度东部地区应运而生了。这种经过加工以供吸食的鸦片被称为曼达克（madak或madat）⑦。曼达克发明的具体时间不详，制作方法如下：将生鸦片和水按1比4的比例加以混合，待其溶于水后用棉花过滤。接着，将过滤后的液体煮沸，使其减少至原有量的一半左右。然后，把剩余液体再次煮沸，并不断加入烧焦的绿豆壳，使其变稠、饱和。最后，把这些固状物制成小球，曼达克就做成了。1个单位的生鸦片可以做成2个单位的曼达克。吸食时将一个曼达克小球分成若干小丸，装入一种烟袋（hooka）的小锅（bowl）里，覆以一点烧红的焦炭，吸其冒出的烟雾。⑧ 不过，在曼达克发明后，吞服仍然是印度的各种鸦片食用方法中应用最为广泛的方式，吸食曼达克的方法流传并不广。

值得一提的是，印度人吸食烟草和曼达克所用的烟袋与中东地区和中国的水烟袋极

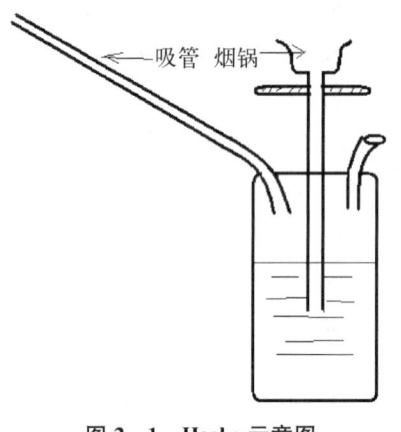

图2-1 Hooka 示意图

---

① 谈迁：《枣林杂俎》，载《中国烟业史汇典》。
② 《中国烟业史汇典》，第163页。
③ 《中华帝国对外关系史》（第1卷），第197页。
④ 许涤新、吴承明主编：《中国资本主义的萌芽》，人民出版社1985年版，第211页。
⑤ 陈琮：《烟草谱》，见《中国烟业史汇典》。
⑥ *Historical Appendices*, p.7.
⑦ *Royal Commission on Opium*, p.9.
⑧ Final Report of the Royal Commission on Opium, vol. V, *Consumption of Opium in India*, Eike And Spoitiswoode, 1895, p.99.

其形似。一般认为,中国的水烟袋起源于甘肃兰州。《青烟录》说,"烟既行百余年而水烟出矣。水烟者,起于甘肃之兰州。兰州五泉山下产烟草,既制,必隔水吸之,入腹而后吐,醉人尤易。其器曰壶,其烟必磁锡器盛者,盖湿食也"①。近年来,有人提出水烟袋是波斯人发明的,在乾隆中叶才传入我国,到道光年间传播渐广,兰州只是著名的产地而已。② 从《青烟录》所说的中国水烟起源时间看,"烟既行百余年"当在 18 世纪初,要晚于中东地区的水烟历史。据此,如果说中国的水烟吸食之法是国外传入的,印度曼达克吸食也是源自水烟吸食方法,是非常可能的。还有人依据唐译《毗耶那杂事律》,认为印度人自唐代起已经开始吸食鸦片,这是不对的,吸食曼达克应该是印度最早的鸦片吸食法。③

(三)"鸦片烟"的发明

烟草在东南亚的传播引发了传统麻醉品消费方法的大变革。

在马来半岛,人们将烟草引入传统的槟榔嚼食法。"大哖、吉连丹、丁噶呶、彭亨诸国……槟榔夹烟嚼,谷米和水吞。"④这种方法后来也传到东南亚的海岛地区。瑞典人彼得·奥斯贝克在 1751 年时的爪哇也曾见过这种消费方法。⑤

在爪哇,人们又将鸦片引入烟草吸食法。本来,鸦片在爪哇是用来吞服的。一位欧洲人曾如此描述爪哇人在吞服鸦片后的作战状态:"爪哇人从各个方向向我们冲来,他们不计其数,如疯狗一般。他们总在作战前服食鸦片。鸦片让他们完全疯了。"⑥烟草传入以后,爪哇人自然地想到了他们最喜爱的鸦片。李圭在《鸦片事略》中说:"明末,苏门答腊人变生食而吸食,其法先取浆蒸熟,滤去渣滓,复煮烟草叶为丸,置竹管就火吸之。"⑦具体讲就是先把生鸦片溶化在水中,煮沸后过滤,然后再熬成像糖浆一样的稠状物,将之与切成丝的烟草拌在一起用烟管吸食,或者与槟榔叶、麻葛等混在一起吸食。⑧ 德国医生甘伯佛耳(Kaempfer)在 1689 年也著书记述:"爪哇人有一种奇怪的鸦片用法。他们将烟草和鸦片水拌在一起(吸食),(据说)这可以让脑子更加灵活。在爪哇,我曾看到(有人)在一些芦苇(棚顶)的破房子里向路人兜售这种烟草。在巴达维亚,没有什么印度商品的销售比

---

① 王㐰:《青烟录》,见《中国烟业史汇典》。
② 袁庭栋:《中国吸烟史话》,山东画报出版社 2007 年版,第 69—70 页。
③ 《鸦片经济》,第 52 页。
④ 《海国闻见录》,见余定邦、黄重言编:《中国古籍中有关新加坡马来西亚资料汇编》,中华书局 2002 年版,第 216 页。
⑤ [瑞典]彼得·奥斯贝克:《中国和东印度群岛旅行记》,倪文君译,广西师范大学出版社 2006 年版,第 57 页。
⑥ *Historical Appendices*, p.33.
⑦ 李圭:《鸦片事略》,见中国史学会编:《鸦片战争》(第六册),神州国光社 1954 年版,第 205 页。
⑧ 仲伟民:《茶叶与鸦片——十九世纪经济全球化中的中国》,三联书店 2010 年版,第 99 页。

鸦片销售更能获利了。(如果)没有了鸦片,这些(鸦片)消费者将无法生活。没有这些从孟加拉和科罗曼德海岸运来鸦片的巴达维亚船只,他们也不会来(光顾这些店铺)。"①苏门答腊与爪哇一衣带水,隔巽他海峡咫尺相望,两种说法基本吻合。这种鸦片水与烟草的拌合物被称为鸦片烟,爪哇一带当为鸦片烟的发源地。

鸦片烟是什么时间被发明的呢?《鸦片事略》将发明鸦片烟的时间指向明朝末年。明末是一个比较模糊的概念,如果以崇祯皇帝1644年自尽为标志,再结合烟草的传播过程,当指17世纪30、40年代;如果以明代唐王、鲁王、桂王政权的灭亡为标志,则当指17世纪50、60年代。甘伯佛耳在1689年仍然认为爪哇人吸食鸦片烟是一种"奇怪"的用法,这至少说明在17世纪80年代,鸦片烟在东南亚各地还流传不广。据这些文献推断,笔者以为鸦片烟的发明大致应该在17世纪中叶,在17世纪下半叶才逐渐传播开来。

二、荷兰人与东南亚市场的形成

虽然东南亚在17世纪初已经卷入国际鸦片贸易之中,但是除亚齐、班达、摩鹿加、安汶岛,以及苏门答腊的巴邻旁、占碑等地有较多的鸦片需求外,东南亚整体的鸦片需求量仍然很少。② 不过,这一状况很快发生了改变。改变的原因之一是鸦片烟在东南亚各地的广泛传播,而另一个原因则是继葡萄牙和西班牙之后,又一批欧洲人的到来。在这批新来的欧洲人中有荷兰人、英国人、法国人和丹麦人,而最先改变鸦片贸易格局的是荷兰人。

荷兰本来属于西班牙领地尼德兰的一部分。1581年,尼德兰北部发生革命,成立荷兰共和国。荷兰成立初始就组建了多家以东南亚贸易为重点的公司。1596年6月,荷兰人德·豪特曼(de Hotman)率领四艘船只抵达西爪哇港口万丹,抢夺了当地人两艘船后被驱逐,由此掌握了前往东印度群岛的航线。1598年,范·尼克(Jacob van Neck)等将这里的香料贩运回荷兰后获利四倍,由此激发了荷兰人参与东南亚香料贸易的热情。1602年3月20日,由6个区的商会合并为荷兰联合东印度公司(Vereenig de Oostindische Compagnie,简称VOC),总部设在阿姆斯特丹。该公司被授予从好望角到麦哲伦海峡之间广阔区域为期21年的贸易垄断权,并享有订立条约、修筑城堡、拥有武装力量、设置法官的权力。③ 1612年,公司在印度建立了代理处。同葡萄牙人一样,荷兰人最

---

① *Opium, Empire and the Global Political Economy*, p.35.
② *Historical Appendices*, pp.34,35.
③ 沈燕清:《荷印殖民政府鸦片税收政策及其对爪哇华人社会的影响》,厦门大学出版社2013年版,第31页。

初追逐的目标也是在欧洲市场上非常畅销的胡椒等香料。早在1600年,荷兰人就同摩鹿加的安汶岛统治者签订条约,后者允许荷兰人在该岛修建城堡并垄断当地丁香贸易。此后,他们在万丹、班达、亚齐等许多地方设立商馆。1610年,公司设立总督,来领导各地商馆。为了最大程度地节约现银,荷兰人开始寻找在东南亚有良好销路的产品。于是,他们发现了鸦片。此后一百多年中,东南亚的鸦片市场空前拓展了。拓展的原因有二:一是荷兰人打败了葡萄牙,占领了东印度群岛的大部分地方,在荷兰人的刻意推动下,东南亚市场扩大了;二是鸦片烟在17世纪中叶被发明,大大加快了鸦片在东南亚的传播速度。

荷兰人最初非常热衷于马六甲的鸦片贸易。他们从这里将鸦片贩运到摩鹿加、爪哇、暹罗、勃固,甚至中国。1613年,荷兰人每年在摩鹿加群岛可以销售200磅鸦片。[①] 1619年,荷兰人与英国人发生了冲突,从英国人手中夺取了爪哇岛的查雅卡尔塔(今雅加达),并将其改名为巴达维亚。荷兰人起初想要把总督府设在万丹却遭到了拒绝,这时就把巴达维亚作为其总部所在地。当时的爪哇岛,鸦片消费已经非常普遍。1629年,在巴达维亚工作的荷兰医生雅克布·邦修斯(Jacobus Bontius)说道:"因为鸦片对痢疾、霍乱、发烧和呕吐反胃等症状都很有效,所以就医用来说,这种药品在热带国家非常宝贵。(但爪哇人过度依赖鸦片,以至于)使这个民族都浑浑噩噩的,商业和军队都很颓废。"[②]热衷于商业利益的荷兰人自然不会放过这样的获利机会。开始时是公司职员们私自经营,1631年后,荷兰东印度公司发现这种贸易获利丰厚,便由公司直接接管了巴达维亚的鸦片贸易。[③]

此时,荷兰与葡萄牙的关系非常紧张。这是因为荷兰在1581年从西班牙统治下独立出来,而葡萄牙在1580年被西班牙合并进去,直到1640年才重新独立。西班牙对独立后的荷兰采取敌视态度,双方的战争直到1609年才告一段落。在紧随其后的欧洲三十年战争中,双方再次出现对立。因此,荷兰与作为西班牙附属国的葡萄牙也处于长期的敌对状态。1641年,荷兰人从葡萄牙人手中夺得马六甲,打开了东印度群岛通往印度的海上通道,但他们不便从葡萄牙人控制的西印度得到麻洼鸦片,便将目光投向了孟加拉。1659年,荷兰人开始同孟加拉人打上了交道。"他们将训练好的锡兰象卖给孟加拉商人以换取鸦片和其他商品"[④],再把鸦片销

---

① *Historical Appendices*, p.34.
② *Historical Appendices*, p.32.
③ *Historical Appendices*, p.35;参见梁英明、梁志明等:《东南亚近现代史》,昆仑出版社2005年版,第124页。
④ *Opium, Empire and the Global Political Economy*, p.39. *British Opium Policy in China and India*, p.8.

往锡兰、马六甲和马来群岛来换取香料。① 此后,孟加拉鸦片被大量的销往东印度群岛,荷属东印度也因而成为孟加拉鸦片的主要市场,鸦片成为当时"最重要的盈利事业之一"②。这里的贸易模式是"用鸦片来换取锡、胡椒、金、银、珍珠、珍珠母和海蛤蝓"③。这样,受葡萄牙人操纵的麻洼鸦片被逐渐排挤出荷兰人控制的东南亚市场,在国际鸦片贸易中渐居次要地位。

此后,荷兰人一面经营着包括鸦片在内的各种贸易,一面缓慢地开拓着它在东印度群岛的疆域。1663 年,荷兰人控制了亚齐西海岸地区。1667 年,荷兰人征服了望加锡,控制了马鲁古群岛的香料贸易,到 17 世纪末才完成对马鲁古群岛的征服。1676 年,爪哇的马塔兰(Mataram)与邻国开战。因荷兰人在 1646 年曾与该国订有同盟条约,于是出兵并帮助马塔兰取得胜利。次年,为表达谢意,马塔兰素丹阿芒古特拉二世(Amangkurat Ⅱ)将该国的鸦片贸易垄断权给予荷兰公司。1678 年,荷兰人又从井里汶素丹那里得到了该国的鸦片贸易垄断权。1682 年,荷兰征服万丹,赶走了在这里经营鸦片生意的英国私商。1683 年,荷兰人宣布私自经营鸦片者将被处以死刑,当地鸦片贸易被荷兰人垄断。1684 年,荷兰人又将垄断体制推广到马六甲。④ 垄断体制建立后,荷兰人有意使鸦片成为爪哇的大众消费品,他们以较低价格将鸦片卖给华人商贩,由他们将鸦片销往爪哇各地。1600 年,爪哇的人均鸦片使用量只有 1/750 荷兰磅;1678 年已经达到 1/54 荷兰磅;而到 1707 年则进一步上升为 1/39 荷兰磅。⑤ 对于鸦片在东方盛行的原因,19 世纪初的一位英国医生这样分析,"鸦片是一种节省的药品,它使穷人能够忍受吃更少的食物,它的花销比酒精饮料或其他消遣品少"⑥。

荷兰人在向东印度群岛推销鸦片的同时,还大力开拓马来半岛及苏门答腊的鸦片市场。"荷兰人在马六甲的海峡对岸,(苏门答腊岛)班卡利斯(Bengkalis)河畔,有另一处代理行。公司每年在这里卖出大量的布匹和鸦片来换取金粉。荷兰人的这种贸易是从 1685 年开始的。这一年,荷兰公司驻马六甲的代理人卢卡斯(Lucas)在一个马来人的建议下去那里处理一批苏拉特巴福特(Baftees)产的蓝粗布和波拉姆(Berams)产的红粗布,还带了鸦片和茶叶。他发现那里的鸦片需求很大。在最初十年里,他自己包揽了这项生意,并借此赚取了 10 到 12 桶金子,大约 10 万英镑。后来,他向公司透露了这个秘密,公司就完全

---

① *British Opium Policy in China and India*,p.7;*Historical Appendices*,p.6.
② 《荷印殖民政府鸦片税收政策及其对爪哇华人社会的影响》,第 47 页。
③ *Opium*,*Empire and the Global Political Economy*,p.56.
④ *Historical Appendices*,p.35.
⑤ 《荷印殖民政府鸦片税收政策及其对爪哇华人社会的影响》,第 47 页。
⑥ 沈燕清:《19 世纪爪哇鸦片走私中的华侨包税商》,《华侨华人历史研究》2007 年第 2 期。

接手这一生意了。"①公司接手后,还将鸦片销售到苏门答腊岛的巨港(巴邻旁)(Palembang)。18世纪初,马来半岛和苏门答腊的鸦片市场已非常兴旺。有人说"马来亚(指马来亚和苏门答腊岛的亚齐)人非常喜爱鸦片,他们甚至不惜抵押自己所有值钱的东西去获取鸦片"②。当地的华人也嗜食鸦片,客人来访时递上鸦片烟是对客人最大的敬意。③

当鸦片在东南亚快速传播之际,走私贸易也发展起来。1741年,荷属东印度群岛的总督范·因霍夫(Van Imhoff)成立了一个叫作"鸦片协会"(Amfioen-Societeit)的股份公司,股东大多为东印度公司的职员。由荷属东印度从国外购买鸦片,售给"鸦片协会"来垄断销售,同时打击鸦片走私。④

当然,荷兰人也逐渐意识到鸦片的危害。他们禁止荷兰人自己吸食鸦片烟,对违反者的处罚措施是"将其吊在桅杆上,用炮打入海中"⑤。一些土邦的领导者也很早就意识到这一点,他们曾经试图去除这一毒瘤。如苏门答腊的巴邻旁在1708年规定:每年输入的鸦片不得超过480磅。但在1724年素丹马茂德·巴达鲁定(Mahmud Badaruddin)在位时这一规定被废止。⑥ 又如爪哇的万丹(Bantam):一个荷兰人在1756年写道:"你知道这里的人在鸦片上要花费多少钱吗?可现在这种生意开始萧条了,主要是因为王公贵族们反对这种贸易,普通百姓们跟随了他们首领(的态度)。"⑦不过,这一抵制措施最终也归于失败。19世纪末龙目岛的拉惹(Praja,印度教对领袖的称呼)也曾经因反对鸦片而被荷兰人流放。

不过,总体来看,荷兰人对东南亚鸦片市场的开拓主要是借助了鸦片烟的快速传播的力量,采取的是经济手段而非以武力为后盾的行政手段。因为直到19世纪中叶,荷兰才完成对整个爪哇岛的直接占领和统治。对于外岛,荷兰的力量拓展的速度则更慢。"17至18世纪,除直接控制了苏门答腊、西里伯斯及婆罗洲的部分城市外,荷兰无法进行全面的占领和直接统治。"⑧

荷兰人历年销售的鸦片数量如下:1640年,荷兰人共销售麻洼鸦片187磅(1.3箱);1650年,销售648磅(4.6箱);1659年后改销孟加拉鸦片,当年销售

---

① *Opium, Empire and the Global Political Economy*, p.37; *Historical Appendices*, p.34.
② *Opium, Empire and the Global Political Economy*, p.53.
③ 《中国毒品史》,第51页。
④ 《荷印殖民政府鸦片税收政策及其对爪哇华人社会的影响》,第50页。
⑤ 《荷印殖民政府鸦片税收政策及其对爪哇华人社会的影响》,第57页。
⑥ *Opium, Empire and the Global Political Economy*, p.54; *Historical Appendices*, p.34.
⑦ *Opium, Empire and the Global Political Economy*, p.54.
⑧ 《荷印殖民政府鸦片税收政策及其对爪哇华人社会的影响》,第33页。

1 312磅(8箱);1677年,销售12 025磅(75箱);1678年即得到马塔兰鸦片垄断权的第一年,销售达到67 444磅(420箱);在后来半个世纪里,荷兰人的鸦片销售额增加了三倍。从1728年到1739年,平均每年销售鸦片70吨(合156 800磅,980箱);1748年销售217 500磅(合1 360箱)。① 另有记载说,18世纪中叶,从加尔各答每年出口的鸦片达到了500—1 000箱,②而同时,荷兰人每年运往荷属东印度群岛的鸦片超过100吨,大约为1 400箱,价值10万英镑。③ 对于进口鸦片的荷兰公司来说,利润极其丰厚,通常是孟加拉收购价格的168%。1678年,利润总额为69 903荷兰盾;而到1740年,就增加到799 466荷兰盾。④ 这还仅仅是荷兰人在东南亚销售的数量,如果考虑到走私,真实数量可能会是这些数字的三四倍。17世纪末,除了荷兰东印度公司每年1 000箱的鸦片供应外,另有3 200箱的非法鸦片被运到巴达维亚。1708年,在一艘停泊在巴达维亚的英国船只上一次发现了600箱非法鸦片。⑤ 综上所述,在17世纪中叶至18世纪中叶这一百年间,鸦片烟的快速传播与荷兰人不遗余力的推销,终将东南亚开拓为重要的鸦片市场。

三、"怀土入华"

17世纪初,中国每年输入的鸦片数量仍然很少。这是因为吞服鸦片不仅致瘾性不强,口味不佳,而且超量使用还有生命危险。这些因素使得吞服鸦片的方法传播受限。不过,这一局面被鸦片烟改变了。

在爪哇生活着许多中国人,在当地被称为"唐人"。这些"唐人"多是来自福建漳州、泉州或厦门的移民。他们在爪哇人开始吸食鸦片烟后,在回乡时"怀其土入中国,依法制烟,流毒漳、泉、厦门",后"蔓延及台,虽禁不能遽绝"⑥。黄叔敬曾在《台海使槎录》中说台湾一带的"鸦片土出噶喇吧"⑦。噶喇吧就是现在的雅加达。可见,这些鸦片直接或间接地来自荷兰人之手。至于鸦片烟传入中国的时间,则尚有争议。一种说法出自美国人马士。马士说,当17世纪荷兰人盘

---

① 《剑桥东南亚史》(卷一),第410页;*Historical Appendices*,p.35.
② *Historical Appendices*,pp.33 - 34.
③ *Opium,Empire and the Global Political Economy*,pp.39,54;*British Opium Policy in China and India*,p.8;Peter James Marshall,*East India Fortunes: the British In Bengal in the Eighteenth Century*,Oxford University Press,1976,p.101.各数据虽略有出入,但500—1 000箱为加尔各答一地出口,而Peter James Marshall 的原文是从孟加拉买入1 400箱,二者也并不矛盾。
④ 《荷印殖民政府鸦片税收政策及其对爪哇华人社会的影响》,第39页。
⑤ 《荷印殖民政府鸦片税收政策及其对爪哇华人社会的影响》,第198页。
⑥ 刘良璧:《乾隆辛酉重修福建台湾府志》,卷十九。
⑦ 黄叔敬:《台湾使槎录》卷二。

踞台湾之际,吸食鸦片烟的方法传到了台湾,又经厦门传入了中国内陆。① 据此,鸦片烟应当在1624年至1662年间已传入台湾地区。但如前文所述,1689年时鸦片烟在东南亚尚未十分流行,笔者以为在17世纪60年代以前传入中国的可能性并不大。另一种说法是蓝鼎元在1724年写成的《平台纪略》中称鸦片烟"传入中国已十余年",有学者据此将鸦片烟传入中国的时间推断在康熙五十年(1711年)前后。② 笔者认为这一说法最为可信。17世纪中叶,当鸦片烟在东南亚开始传播、荷兰人疯狂开拓东南亚鸦片市场的时候,中国正经历着明末清初的大变动时期。当时,清军已经入关,抗清武装节节败退。为封锁抗清武装,清政府发布迁海令,基本断绝了中国大陆同外部的贸易往来。1662年,郑成功收复台湾,驱逐了当时世界上最大的毒枭——荷兰人。这些事件在一定程度上延迟了鸦片烟在华的传播时间。当1683年康熙皇帝解除海禁的时候,三藩之乱已平,台湾郑氏已降,国家政治局面趋于稳定,漳、泉、厦门之侨民在这时"怀其土入中国"最为可能。

18世纪初,吸食鸦片烟的方法开始在华迅速传播。鸦片烟的传播速度要快于吞食鸦片的传播速度,既要归因于其更强的致瘾性,也应归因于烟草吸食风气业已浓厚。1721年,御史黄叔璥奉诏巡抚台湾。他将当时所见写在1736年成书的《台海使槎录》中。他说:"鸦片烟,用麻葛同鸦土切丝于铜铛内,煮成鸦片拌烟,另用竹筒实以棕丝,群聚吸之。索值数倍于常烟。"③1722年,随军入台的蓝鼎元也曾对雍正初年台湾鸦片烟吸食情况作类似描述:"鸦片烟不知始自何来,煮以铜锅,烟筒如短棍。无赖恶少,群聚夜饮,遂成风俗。饮时以蜜糖诸品及鲜果十数碟佐之,诱后来者。初赴饮,不用钱。久则不能自已,倾家赴之矣。能通宵不寐助淫欲。始以为乐,后遂不可复救。一日辍饮,则面皮顿缩,唇齿龂露,脱神欲毙。复饮之,乃愈。然三年之后,无不死矣。"④对消费者而言,鸦片烟最初是一种奢侈品,但"吸一、二次后,便刻不能离","常有身被逮系,犹求缓须臾,再吸一筒者"⑤,"能改者百无一二"⑥,遂成为生活必需品了。

鸦片烟首先从台湾、福建传播到邻近地区,并逐渐殃及南方各省。到雍正年间,鸦片烟已从福建传到了广东。雍正六年(1728年),广东碣石镇总兵苏明良

---

① 《中华帝国对外关系史》(第1卷),第197页。
② 王宏斌:《罂粟传入中国及其医药价值研究》,《广东社会科学》2009年第5期。
③ 《台湾使槎录》卷二。
④ 蓝鼎元:《与吴观察论治台湾事宜书》,《鹿洲初集》(卷一),文海出版社1977年版。
⑤ 《台湾使槎录》卷二。
⑥ 薛福成:《答友人论禁洋烟书》,《庸盦海外文编》(卷三),载姚贤镐编:《中国近代对外贸易史资料》(第2册),中华书局1962年版,第865页。

上奏朝廷,认为一些"无赖闯棍勾引良家子弟"吸食鸦片烟,"及至家业荡尽,称贷无门,即相率为盗",所以"厦门、台湾盗贼之盛者,皆由于鸦片之根源",进而恳请雍正帝"敕部通行闽粤督抚,严禁洋商"①。该奏折朱批写道:"前为鸦片烟一事,业经有谕颁发。此奏系应行者,该部详议施行。"②可见,在苏明良上奏之前清廷已颁发有查禁"鸦片烟"的命令。雍正七年(1729年),清廷正式制定惩处条例,规定"兴贩鸦片烟,收买违禁货物例,枷号一个月,发近边充军。若私开鸦片烟馆,引诱良家子弟者,照邪教惑众律,拟绞监候"③。该条例明确了对贩卖出售鸦片烟罪名的处理办法。因为当时鸦片的进口数量不大,且不能单独吸食,所以禁烟矛头仅仅是指向鸦片烟,目的仅在于防止吸食者"相率为盗"而引发的社会动荡。这样,鸦片仍然可以进口,并作为药材在市场上买卖。

既然烟草没有禁绝,而且又允许鸦片作为药材继续进口,那么鸦片烟的传播就显然无法阻止。马士说,从1729年到1767年,中国进口鸦片从每年200箱增加到每年1000箱,平均每年约增加20箱。④ 20箱麻洼鸦片大约是2000斤。据记载,有吞服鸦片习惯的印度成年男子通常每天服用鸦片20喱,⑤约合0.003磅或0.002斤。比照印度人吞服鸦片的数量,中国吞服鸦片的瘾君子大约每年消费鸦片0.7斤。吸食鸦片烟时,因为鸦片水的稠度不同而无法具体估算,但其鸦片用量似应低于吞服用量。这样看来,每年2000斤的增长速度已经是非常惊人了。我们姑且按吞服时的用量对消费人群做一大体估算。1729年,200箱鸦片可供不足3万人吞服使用。1767年,1000箱鸦片可供约14万人吞服使用。考虑到消费鸦片烟的鸦片用量应小于吞服消费的鸦片用量,实际消费人群还要更多一些。

18世纪以前,虽然荷兰人推动了东南亚鸦片需求的快速增长,但是印度的鸦片生产规模无疑也在稳步提高,因此18世纪初的鸦片市价基本保持在万历年间的水平。清康熙四十三年(1704年),一艘英国船曾在苏门答腊的亚齐销售过一批鸦片,价格是每巴赫220两银。⑥ 一巴赫为382磅,中国计量单位一斤约等于1.33磅,即该售价约为每斤鸦片0.8两白银。雍正十三年(1735年),澳门的

---

① 中国第一历史档案馆:《雍正朝汉文朱批奏折汇编》,江苏古籍出版社1989年版,第13册,第851页。
② 《雍正朝汉文朱批奏折汇编》,第13册,第851页。
③ 《惩办兴贩鸦片烟及开设烟馆条例》,载马模贞主编:《中国禁毒史资料》,天津人民出版社1998年版,第5页。
④ 《中华帝国对外关系史》(第1卷),第198页。
⑤ *Royal Commission on Opium*,p.142.
⑥ 《东印度公司对华贸易编年史》(1、2卷合订本),第134页。

鸦片售价大约在每担 70 两至 225 两白银之间,①每斤鸦片的价值大约为 0.6—1.9 两白银。这与万历四十三年(1615 年)输入中国的鸦片价格基本持平。② 比照印度人吞服鸦片的数量,中国吞服鸦片的瘾君子大约每年消费鸦片 0.7 斤,按照上述价格计算,每年耗银 0.4—1.3 两左右。在中国,正七品的官员每月可以领到 12.4 两白银的俸银。③ 当时普通百姓的年收入在 5—12 两之间,扣除其家庭每年基本的生活费用大约 4 两白银,尚有 1—8 两白银的结余。④ 可见,如果忽略国内鸦片商提价因素,按每年花费 1 两银计算,鸦片消费虽显奢侈,但多数的普通百姓还是有经济支付能力的。

因此,从 18 世纪初的鸦片价格和社会收入看,鸦片几乎成为一种社会"低收入群体"都可以承受的寻常商品。与此同时,鸦片烟增强了鸦片的致瘾性,鸦片在中国人的生活中正在从一种非生活必需品转变为生活必需品。到 18 世纪中叶,鸦片贸易的份额已经在中外贸易中凸显出来。当时,中国对西方国家的进出口贸易总额为 550 万两白银,进口货计值 190 万两。⑤ 即使按每斤鸦片 1 两银计算,1 000 箱鸦片最少也价值 10 万两白银,占中国进口货物总值的十九分之一。只是由于中国仍然处于出超地位,才没有引起时人的足够重视。

鸦片的低价格和鸦片烟的快速传播决定了中国鸦片问题的基本走势:要么有某种力量可以让中国人认清鸦片的危害,从而远离这种毒品;要么增加国内的产量,走印度式的鸦片自给道路去单纯地避免白银外流问题。在既不能充分认识鸦片危害又不能有效增加自身鸦片产量的情况下,鸦片战争前的鸦片泛滥和白银外流问题的发生似乎已无法避免。

四、英国人也来了

当荷兰人刚刚组建了几个东南亚贸易公司的时候,英国人也开始试探性地在远东地区开展贸易。

英国位于西欧的不列颠岛。公元前 54 年,该岛大部被罗马帝国征服。西罗马帝国崩溃时,日耳曼人盎格鲁-撒克逊诸部落进入并建立了七个国家。这些国家后来都皈依基督教。827 年,威塞克斯国王埃格伯特成为苏格兰地区外的宗

---

① 《早期澳门史》,第 156 页。明清时每担为 120 斤。
② 鉴于美洲白银自 16 世纪中叶起大量涌入亚洲和欧洲国家,开始出现世界性的通货膨胀,鸦片价格在 100 年间维持不变意味着印度鸦片生产扩张的速度比市场需求增加的速度要更快一些,鸦片价格已相对降低。
③ 光绪汇典事例,转引自汤象龙《鸦片战争前夕中国的财政制度》,《财经科学》1957 年第 1 期。
④ 《鸦片经济》,第 64 页。
⑤ 1764 年数据。见《中国近代对外贸易史资料》(第一册),第 266—267 页。

主,号称英格兰国王。11世纪初曾短暂地被丹麦人统治。1066年英王爱德华死后无嗣,英国议会选举哈罗德为王,但法国诺曼底公爵威廉以亲属身份要求继承王位,遂率五千人征服英格兰,史称"征服者"威廉一世。1135年后,诺曼底王朝绝嗣,英格兰王位辗转传承,历经金雀花王朝、兰开斯特王朝、约克王朝。1485年,兰开斯特的继承人亨利七世建立都铎王朝。1558年,都铎王朝的女继承人伊丽莎白一世即位。在她治下,英国迎来了发展的"黄金时代":在政治上议会与王权协调配合,造就了强大的王权;在经济上采取"重商主义",振兴民族工业,并通过垄断形式控制着各种贸易往来;在军事上组建了常备军,在火炮技术的推动下,向近代化不断发展;在国际贸易中,鼓励造船业发展,积极拓展海外贸易。在这样的背景下,英国把目光投向了远东。

早在1584年,英国利凡特公司(Levant Company)的商人菲奇(Ralph Fitch)就带着女王伊丽莎白写给莫卧儿皇帝阿克巴的手笺前往印度。在波斯湾,菲奇被葡萄牙人逮捕,并被押往葡萄牙在印度的基地果阿。后被一英籍耶稣会教士救出,[1]菲奇得以进入印度内地。虽然菲奇没有见到阿克巴,但他搜集了大量的印度情报并于8年后返回英国。这是英国首次试图与印度进行官方接触。

1588年,英国在著名的英西海战中摧毁了西班牙的"无敌舰队",这场海战成就了英国的海上霸权。

1600年的最后一天,英国女王伊丽莎白允准成立"伦敦商人的东印度公司"(The Governor and Company of Merchants of London Trading into the East Indian),将东方的总部设在爪哇的万丹,这就是后来著名的英国东印度公司的前身。女王指派托马斯·史密斯爵士(Sir Thomas Smith)为第一任总经理,正式开始了与其他列强在远东的角逐。女王颁发的特许状赋予公司在非洲好望角以东地区享有贸易独占权、法律制定权和行政管理权等。次年,公司船队开始了向东方的第一次远航。

1612年,公司船队在印度苏拉特附近的海域击败了葡萄牙舰队,赢得了印度莫卧儿皇帝贾汉吉尔(Jahangir)的畏服。次年,公司胁迫贾汉吉尔允许其在苏拉特设立商馆。随着印度贸易的发展,苏拉特的地位日益重要,公司遂将印度内陆和西海岸的商馆都划归苏拉特商馆管辖。1618年,莫卧儿皇帝贾汉吉尔又允许公司在照章纳税的前提下在莫卧儿帝国全境自由贸易和开设商馆。于是,

---

[1] 耶稣会是罗马公教(天主教)修会,由西班牙人伊格纳修·罗耀拉(Ignatius Loyola)在1534年创建。该会反对宗教改革运动,把恢复罗马天主教会属灵权力和世俗权力作为其奋斗目标,在1540年正式得到教皇保罗三世批准。

图 2-2　英国东印度公司伦敦总部

公司又于1620年、1624年相继在孟加拉的巴特那和奥里萨建立了商馆。①

17世纪时,荷兰人在东印度群岛拥有强大的实力,英国尚无法与其匹敌。1623年,荷兰人以英国人阴谋夺取安汶岛(Amboina)为由,判处包括10名英国人在内的多人死刑,制造了所谓"安汶大屠杀"事件。在荷兰人的压力下,公司董事会于1626年决定,除在爪哇保留一个据点外,永远从东印度群岛撤退,专注于在印度的发展。

1639年,公司在印度东海岸的马德拉斯获得了租地权,遂着手建立圣乔治堡(Fort St. George)。1651年,因公司医生为孟加拉纳瓦布沙·舒贾治病有功,又被允许每年缴纳3 000卢比后在孟加拉免税贸易。② 东印度公司随即在孟加拉的加尔各答等地建立了贸易商站。1658年,公司把比哈尔、孟加拉、奥里萨以及科罗曼德海岸的所有商馆并归圣乔治堡管辖,逐渐形成马德拉斯管区③。1661年,英王查理二世与葡萄牙公主卡萨林结婚。双方达成了政治妥协:葡萄牙把其在印度的殖民地孟买作为陪嫁给予英王,英王则保证支持葡萄牙在东方与荷兰抗衡。1668年,英王又将孟买转赠东印度公司。此后,公司在西海岸的重心逐渐由苏拉特转到孟买,并于1687年建立孟买管区。同年,公司董事部决

---

① *Historical Appendices*, p.10.
② 1680年,莫卧儿皇帝奥朗泽布取消公司在孟加拉的免税权与公司与发生战争,1691年重新授予。
③ 当时所谓的管区,只是指散布于该地区为数不多的商馆和市场。1682年,孟加拉的代理处曾由公司董事部直接委派代理管理,但因管理不善,重新划归马德拉斯的圣乔治堡。参见 *The Administration of the East India Company*, p.70.

定,将孟买总督升格为全印度总督,管理公司在印度各地的所有殖民地和商铺。① 1698 年,公司以 1 200 卢比的代价买到了加尔各答商馆附近两个村的柴明达尔权,然后在这里修建了威廉堡(Fort William)。② 1715 年,比哈尔、孟加拉、奥里萨三处的商馆归于威廉堡管辖,正式设立孟加拉管区。至此,英国在印度的三大管区全部建立。③

1698 年,一批渴望分享东印度公司贸易独占权的商人,经国会批准成立了英格兰东印度公司(The English Company Trading to the East Indies)。为避免同业竞争,国会于 1702 年通过新的法案,使新旧两个公司合并为英商在印度贸易联合公司(The United Company of Merchants of England Trading to the East Indies)。后人经常提到的东印度公司通常就是指这个合并后的联合公司。公司总部设在伦敦的利得贺街(Leadenhall Street)。其最高管理机构为董事会,包括 24 名董事,其中一人为主席、一人为副主席。董事必须是持有 2 000 英镑以上公司股票的股东。24 名董事再分成若干委员会:主要有掌管联络事务的通讯委员会(Committee of Correspondence)、掌管法律事务的法律诉讼委员会(Committee of Law-suits)、掌管贷款分红等事的财政委员会(Committee of Treasury)、掌管进口的仓储委员会(Committee of Warehouses)、掌管现金股票账务的会计委员会(Committee of Accounts)、掌管出口的购买委员会(Committee of Buying)、掌管建筑修建的房舍委员会(Committee of House)、掌管船只租赁的船运委员会(Committee of Shipping)以及负责向私人颁发贸易特许状等事宜的私人贸易委员会(Committee of Private Trade)。④

18 世纪中叶的孟加拉已经是东南亚鸦片市场的主要货源地。这样一片沃土自然为各方列强所垂涎,而机遇在此时落在了英国人手中。1707 年,莫卧儿帝国皇帝奥朗则布(Aurangzeb)驾崩,其长子阿拉姆(Shah Alam)即位。阿拉姆在位期间,帝国日渐风雨飘摇,一些地方豪强纷纷拥兵自立。在奥朗则布生前,其次子阿柴姆(Azam)曾担任孟加拉的苏巴达尔(Subahdar),但因其长期停驻宫廷,致使大权旁落。孟加拉迪万默什德·库里·汗(Murshid

---

① *The Administration of the East India Company*, p.71.
② 林承节:《殖民统治时期的印度史》,北京大学出版社 2004 年版,第 24 页。
③ 这时的管区还只是商业管理,没有行政管理权。管区之下还设有小管区称为"商馆"(factory)或"分区"(subordinate)。在公司职员的管理中,也日渐演进出一套比较完善的人事管理制度。刚刚被公司录用的职员身份是学徒(apprentice)。学徒为公司服务五年,前三年很可能是没有薪俸的,后两年每年年薪 10 镑。之后,学徒晋升为书记(writer),再工作一年左右的时间,便可以成为公司代理(factor)。代理工作一定年限,可以晋升为商人(merchant),再工作一定年限可以晋升为资深商人(senior merchant)。参见 *The Administration of the East India Company*, p.69.
④ James Mill, *The History of British India*, Associated Publishing House, 1982, pp.111 – 114.

Quli Khan)把持着孟加拉和奥里萨的军政大权。① 奥朗则布死后,阿柴姆被杀,默什德成为孟加拉纳瓦布,孟加拉事实上成为一个地方割据政权。1727 年,默什德死后由其女婿舒甲乌德丁·穆罕默德·汗(Shuja-ud-din Muhammad Khan)即位为纳瓦布,又兼领比哈尔省。1739 年,舒甲乌德丁死,其子沙发拉孜·汗(Sarfaraz Khan)即位。1740 年,比哈尔副总督阿拉瓦尔迪·汗(Allavardi Khan)起兵反叛,杀死沙发拉孜·汗。同年 5 月,莫卧儿皇帝加封阿拉瓦尔迪·汗为孟加拉、比哈尔、奥里萨三省纳瓦布。② 1756 年 4 月,阿拉瓦尔迪汗去世。在其弥留之际指定小女儿的儿子西拉吉·乌德·陶拉(Siraj-ud-daula)继位。这引起其他两个女儿的不满,出现王位之争。这给英国人插手孟加拉内部事务提供了机会。

英国人选择了站在西拉吉的反对者一边。于是,这位年仅 23 岁的新纳瓦布决心铲除英国势力,对英国人发动了战争。1757 年,英国人从马德拉斯调来罗伯特·克莱武(Robert Clive)指挥英军。6 月,双方在胡格利河畔的普拉西陈兵对峙。因为西拉吉军队统帅米尔·贾法(Mir Jafar)暗中投敌,致使西拉吉兵败被杀。英军以伤亡 72 人的代价就赢得了胜利。③

普拉西战役成为孟加拉乃至印度历史的重要转折点。战后,英国人以贸易者和胜利者的双重身份出现在孟加拉,印度叛徒米尔·贾法被英方立为纳瓦布,贾法则投桃报李,加封英国指挥官克莱武为加尔各答省督。1760 年,正值英法七年战争期间,英国要求米尔·贾法提供更多的财政支持以抗衡法国在印度的势力,但贾法未予满足。公司遂废黜贾法,改立其女婿米尔·卡西姆(Mir Qasim)为新纳瓦布。④ 1763 年,卡西姆又与公司发生冲突,也被废黜,米尔·贾法再次被公司立为纳瓦布。当年 7 月,贾法又将布德万、米德纳普尔、吉大港等地割让给公司。1765 年,贾法病死,纳吉姆·乌德·陶拉(Najm-ud-daula)被立。此时的纳瓦布被要求只能维持一支"可捍卫其个人荣誉和征收省内税收"的军队,⑤已如同公司手中的玩偶。孟加拉在"名义上和表面上处于纳瓦布的管理之下,实际上则处于公司的控制之下"⑥。

1764 年,公司任命克莱武为孟加拉省督,同时建立一个由五名成员(包括省

---

① 迪万相当于财政大臣。
② 参见 Sinha Banerjee, *History of India*; James Mill, *The History of British India*,相关章节。
③ Janardan Kumar, *Company India: A Comprehensive History of India, 1757-1858*, Janaki Prakashan, 1980, p.10.
④ Sinha Banerjee, *History of India*, p.487.
⑤ Sinha Banerjee, *History of India*, p.490.
⑥ James Mill, *The History of British India*, p.482.

督自己在内)组成的特选委员会(Select Commitee)来辅佐省督工作。这样,孟加拉管区事实上脱离了孟买总督和参议会的控制。① 次年8月,克莱武从德里莫卧儿皇帝沙·阿拉姆二世那里得到了孟加拉、比哈尔、奥里萨三个区域的底瓦尼(Diwani,即行政和税收权)和尼柴玛特(Nizamat,即军事管理权)。阿拉姆二世的上谕写道:"鉴于值得我们信赖的帝国支持者(笔者按:英国公司)的忠诚和付出,我们将孟加拉、比哈尔、奥里萨三省的底瓦尼作为免费的礼物授予他们,时效上溯至孟加拉纪年1172年(公元1762年)……公司有义务每年给皇帝260万卢比的贡赋……而免除以往其他底瓦尼享有者应向朝廷交纳的赋税……同时,公司有责任保持一支军队来保障孟加拉等省份的安全。除交纳贡赋以外,公司有权任意支配上述省份的税收结余,来保证尼柴玛特权利的行使。"② 随后,公司又与孟加拉纳瓦布签署了补充协议。协议规定,公司每年给纳瓦布5 386 131.9卢比,其中1 778 854.1卢比用于纳瓦布家庭开销,另外3 607 277.8卢比用于维持士兵、战马等开销。③ 这样,"纳瓦布成了符号般的首脑,日常政务由公司提名的(副纳瓦布)仁扎·汗(Reza Khan)负责,大事则由英国在德巴(Durbar,印度诸侯的宫廷)的驻扎官决断"④。

从1765年起,莫卧儿帝国皇帝一直住在安拉哈巴德(Allahabad),受英国人控制。但是在1771年,马拉特人把皇帝接回德里,英国人遂停止向皇帝缴纳底瓦尼的贡赋。1772年,公司给予纳瓦布160万卢比的津贴养老,公司正式接手内政管理,孟加拉完全成为英国公司的殖民地。

五、孟加拉的鸦片垄断

(一) 英国人参与鸦片贸易的早期记录

还是在英国东印度公司第一次航行之前的1599年,英国人约翰·张伯伦(John Chamberlain)就提到,葡萄牙人和荷兰人常常进口鸦片,这似乎是一种可在东印度群岛进行贸易的商品。⑤ 不过,直到1609年的第六次航行中,公司才首次投资鸦片,将500磅鸦片带回伦敦市场。因为欧洲的鸦片市场一直较为狭小,且当时的英国还无力在东南亚与葡萄牙、荷兰等国抗衡,所以公司对鸦片贸

---

① *The Administration of the East India Company*, p.79.
② Arthur Berriedale Keith, *Speeches & Documents on Indian Policy, 1750－1921*, Vol.1, Oxford University Press, 1922. pp.20－21.
③ *Speeches & Documents on Indian Policy*, Vol.1, p.27.
④ Sinha Banerjee, *History of India*, p.493.
⑤ *Historical Appendices*, p.32.

易逐渐失去了兴趣。1637年①,英国东印度公司派遣韦德尔(Weddell)船长带领4艘商船来到广州。这是中英双方首次进行直接的商业接触。不过,英国人并没有就此开始鸦片贸易。直到1683年,公司才第二次命令其在孟加拉的代理处投资鸦片,②但这次投资的鸦片也只是被运到英格兰销售,而不是销往东方。③ 直到1772年以前,除将少量鸦片运往苏门答腊销售外,公司没有直接参与鸦片贸易的记录。④

不过,公司没有参加并不是说英国商人没有卷入鸦片贸易。18世纪初,孟加拉地区在鸦片生产中的地位日益突出。这里的鸦片加工基地巴特那几乎"能满足印度全部的鸦片需求",每年从加尔各答出口的鸦片达到了500—1000箱。⑤ 但该地经济地位日渐凸显的同时,莫卧儿帝国在这里的统治权力却日益丧失,帝国在比哈尔的鸦片垄断体制也随着帝国的解体而渐趋瓦解。1743年,马拉特军队横扫比哈尔南部,使莫卧儿帝国原有的垄断体制完全崩溃。⑥ 鸦片业的权力真空被迅速填补,一部分巴特那商人凭借着强大的财力,彼此协作,控制了孟加拉大部分的鸦片贸易。在当地的阿森月(Assin),这些大商人先与种植农订立合同并预付资金,到巴萨月(Bysakh),农民再按照当月鸦片价格将鸦片卖给商人,由大商人作进一步加工。不过,这种大商人垄断无法与莫卧儿的国家垄断相提并论。他们并不能控制所有的鸦片贸易,一些被称作皮卡(pykars)的小商人时常参与贸易。皮卡们所占的份额不多,有的小皮卡只能收购10—50蒙德的鸦片。孟加拉的鸦片生产和内部的鸦片贸易就控制在这些大大小小的印度土商手里,而出口贸易则掌握在欧洲商人的手中:当时最大的买家是荷兰人,⑦他们通常能占到总贸易额的40%左右;其次是英国人,⑧再次是法国人。由于荷兰人购货量很大,因而其收购价格通常要低于后二者。这一时期,随着政治局势的变动以及鸦片质量不同,鸦片价格波动非常剧烈。大体而言,这时的鸦片价格通常在每蒙德100—150卢比之间,最高时可以达到200卢比,最低时降到

---

① 《清史稿·邦交志二》记载说,"清康熙三十七年(1698年)置定海关,英人始来互市"。此说与英文文献不合,当有误。
② Historical Appendices, p.10.
③ Historical Appendices, p.33.
④ Historical Appendices, p.8. 当然,这并不是说公司职员没有以个人名义进行过对华鸦片贸易。例如在1733年,公司就曾命令船们不要再私带鸦片入华,该命令还提到"温德姆号"和"康普顿号"的船长和船员此前曾从事对华鸦片贸易。(参见[美]马士:《东印度公司对华贸易编年史》(1、2卷合订本),区宗华译,中山大学出版社1991年版,第214页)
⑤ Historical Appendices, pp.33-34.
⑥ The East India Company's Monopoly Industries in Bihar, p.13.
⑦ The East India Company's Monopoly Industries in Bihar, p.13.
⑧ 英国东印度公司的一些职员在18世纪时已开始以个人身份从事孟加拉的鸦片贸易。

70—75 卢比。①

在普拉西战役前夕，英国人曾被短暂地排挤出加尔各答，荷兰人成了孟加拉鸦片的主要买家。荷兰人此时出价很低，通常在每蒙德70卢比。② 这甚至使当地的鸦片生产出现一定程度的萎缩。

普拉西战役后，英国人控制了孟加拉，也揭开了英国征服印度的序幕。但英国人是天生的商人，正如印度学者拉尔所说："如果这当中不牵扯到金钱的话，他们肯定会撤销这一（征服）计划的。东印度公司在印度的贸易已不再有利可图，因为公司的利润并没有因为孟加拉的收入而增加，反而被行政管理成本给吞噬了。好在东印度公司推动了与中国的贸易，即用印度的鸦片来换取中国的茶叶，牟取丰厚的利润……这是东印度公司商业繁荣的基础。"③

英国控制孟加拉之后，荷兰和法国商人并没有放弃鸦片贸易，仍然派出代表去收购鸦片。三国商人相互间的竞争非常激烈，从而刺激了孟加拉的鸦片生产。1760年，比哈尔的鸦片价格已提高到每蒙德200卢比。④ 为缓和矛盾以便降低收购价格，英法荷三方于1764年达成协议：共同收购鸦片，再进行分配。⑤ 但这种新的平衡很快就被打破了，因为英国公司于次年从莫卧儿皇帝那里得到了底瓦尼权利。这样，英国人就可以名正言顺地将其他欧洲商人逐出孟加拉。但是，法国人和荷兰人却还是死死盯住孟加拉的鸦片贸易，依然偷偷委派自己的代理人深入孟加拉腹地收购鸦片。例如⑥，1768年有一群荷兰商人来到巴特那，收购了几乎印度土商手中所有的鸦片。这引起了价格飞涨和次年鸦片种植的迅速扩张。1757年，比哈尔的鸦片种植面积为12 000比加，而1768年达到了19 500比加。价格的上涨使英国商人蒙受了损失，而产量的增加也只是为荷兰人增加了货源。最终，公司被迫答应留出一定数量的鸦片给法国和荷兰公司，各方矛盾才有所缓和。

（二）鸦片垄断体制建立的原因

自1765年起，英国公司将许多管理事务交给印籍的公司代理人（苟马斯他Gomastah）负责。因为其效率极其低下，公司又于1769年设置了由英国人担任

---

① *The East India Company's Monopoly Industries in Bihar*, pp.23-25; *Historical Appendices*, p.36.
② *Historical Appendices*, p.36.
③ ［印］迪帕克·拉尔：《印度均衡：公元前1500—公元2000年的印度》，赵红军主译，北京大学出版社2008年版，第145页。
④ *The East India Company's Monopoly Industries in Bihar*, p.15.
⑤ *The East India Company's Monopoly Industries in Bihar*, p.15.
⑥ *The East India Company's Monopoly Industries in Bihar*, p.28.

的地方监督官职务。但是,管理状况仍然不能令人满意,公司遂把管理权完全交给了英籍的公司职员。① 鸦片贸易事务由巴特那管理委员会负责,可这些职员却常常为了自身利益,置当地法律甚至公司利益于不顾,几乎将各种贸易利润都窃为己有。

实际上,公司职员们这种无法无天的行为从他们最初掌握管理权的时候就开始显现了。早在1698年,公司刚刚买到加尔各答商馆附近两个村的柴明达尔权时,公司职员就"似乎成为天生的法官和土地财产的管理者。他们审理着自己作为当事人一方的诉讼案件。他们拥有权力而不负责任,进行裁决而不循法律。他们有对路上行人罚款、监禁乃至宣判的特权,虽然不能绞死莫卧儿人,但代替绞架的是鞭子"②。普拉西战役以后,公司职员更是变本加厉,目空一切。原来,只有公司的进出口贸易才准许免税;现在,公司职员私自经营的内地贸易也强求免税。公司职员和公司贸易代理人(苟马斯他)凭借公司的势力,"非但损害良民",还"藐视当地政权",在每一处经营场所,他们"买卖食盐、槟榔、黄油……烟草、鸦片以及其他许多货物……他们只付给货价的四分之一就抢走农民、商家等人手里的货物。他们使用暴力和强制手段逼迫农民拿出五个卢比购买他们只值一卢比的货物"③。他们如此贪婪,自然也不会漠视鸦片贸易的丰厚利润。事实上,在公司职员们接手鸦片贸易后,每年只有少量鸦片留给公司出口。这种局面引起了社会各界的普遍不满:本来可以成为公司利润的金钱却流入了职员们的口袋;想要参与鸦片贸易的独立商人遇到了既是贸易者又是贸易管理者的公司职员的压制;农民则对施于其身的种种勒索无处申诉。这一切预示着孟加拉鸦片生产体制即将发生变革。

1772年4月,瓦伦·哈斯丁斯(Warren Hastings)就任孟加拉省督。哈斯丁斯生于1732年,家境贫苦。其父生性懒惰,18岁便客死西印度。哈斯丁斯出生才几天,母亲也病死了。此后,哈斯丁斯先后跟随爷

图 2-3 瓦伦·哈斯丁斯

---

① *The Administration of the East India Company*, pp.80,81.
② *The Administration of the East India Company*, p.77.
③ 《英属印度经济史》(上),第21页。

爷、叔叔生活。① 自1750年起,他开始在公司任职,因其工作努力而扶摇直上。曾先后担任公司驻米尔·贾法政府驻扎官、马德拉斯参议员等要职。在担任马德拉斯参议员期间,哈斯丁斯因对公司财务管理制度进行大胆改革而博得盛名。公司给他的省督委任书说:"瓦伦·哈斯丁斯先生为公司服务多年,是一位能力超强、品格高尚的绅士。"②

哈斯丁斯担任总督一职,可谓受命于危难之际。当时,公司除面临鸦片事务的窘境外,最大的困难还在于财务状况已严重恶化。在英国国内,公司只能靠借债度日。为挽救公司,英国政府还特许公司茶叶在北美倾销。由此引发的"波士顿倾茶事件"成为美国独立战争的导火索。在孟加拉,公司债务在短短数年之内翻了三倍。威廉堡1771年的财政收入为954万卢比,扣除上缴董事会的利润,实际入库只有354万卢比,约合19万英镑,而此时仅孟加拉省的债务就已达61万英镑。③ 灾荒、瘟疫、贫穷困扰着这里,公司职员却都忙着填充自己的口袋,公司政府已濒于破产。④ 哈斯丁斯上任时被要求"保持印度的和平局面并保障公司税收及财产安全"⑤。为渡过财政危机,哈斯丁斯上任的当年就宣布对盐业予以垄断。⑥ 此时,鸦片垄断体制的实行已是箭在弦上。

(三) 鸦片垄断包收制的建立

1773年10月,哈斯丁斯正式向孟加拉参议会(Bengal council)提出三种鸦片管理方案。⑦ 第一种方案,通过一系列合同体系,让中间商包揽鸦片的收购,即合同包收制(monopoly by contract);第二种方案,鸦片的整个生产过程由公司直接派员管理,即代理处制(monopoly by agency);第三种方案,鸦片贸易向所有商人全面开放,实行自由贸易(free trade)。同时,哈斯丁斯还向参议会明确表达了他的个人见解。首先,他认为普通的商业活动可能在无政府干预的情况下达到最大程度的繁荣,但是自由贸易并不适合鸦片这样的非生活必需品。鸦片市场极其狭小,因此,不仅无须增加产量,而且要想取得丰厚利润,还应该限制其产量。想要限制其产量,最有效的手段就是垄断。也正是因为鸦片贸易不属于正常贸易,所以对它的垄断不会对任何人造成损害。其次,从可操作性来

---

① Lord Macaulay, *Historical Essays*, The Macmillan Company, 1926, p.254.
② Marguerite Eyer Wilbur, *The East India Company and the British Empire in the Far East*, New York, R. R. Smith, 1945, p.277.
③ *The History of British India*, p.459.
④ *The East India Company and the British Empire in the Far East*, p.278.
⑤ *The East India Company and the British Empire in the Far East*, p.280.
⑥ *Company India: A comprehensive History of India, 1757 - 1858*, p.31.
⑦ *Historical Appendices*, pp.8, 36; *Royal Commission on Opium*, p.122; *British Opium Policy in China and India*, pp.23, 25.

看,垄断鸦片的供应渠道要比规范一个自由贸易的鸦片市场要容易得多。再次,哈斯丁斯还认为自由贸易和商业竞争通常会导致种植者掺假行为的发生,这不利于维护孟加拉鸦片的市场信誉。此外,自由贸易也不利于限制孟加拉自身的鸦片需求。基于这种考虑,哈斯丁斯在信中明确表达了实施鸦片垄断的意见。同时,他将垄断体制归因于莫卧儿帝国时期的垄断传统,以期消除实施垄断政策的阻力。他说,"在比哈尔省,最近因抢购鸦片而发生了激烈的竞争,这促使我着手调查鸦片贸易的历史和现状。通过调查,我得知比哈尔鸦片最早的生产方式,至少可以说是持续了很多年的经营方式,就是垄断。当然,前提是必须拥有力量和影响力。这是我们的基本立足点"。就他提出的两种垄断方案而言,哈斯丁斯认为合同包收制与代理处制相比,前者的管理要更加方便,而且也更容易获利。

从哈斯丁斯的上述表态来看,这次鸦片政策调整的主要目的有二:首先是要将鸦片利润从公司职员手中转向公司财库,以提高公司的税收。当时,公司除了正常的商业活动以外,还有巨大的行政管理和军事开销。增加公司税收是作为省督的哈斯丁斯必须考虑的问题。其次是要规范鸦片产业的秩序、提高孟加拉鸦片的质量并限制孟加拉自身的鸦片需求,以便出口高质量的鸦片来赚取高额利润。

1773年11月23日,孟加拉参议会决定支持哈氏的选择,实行第一种方案。决议说:"参议会经过充分讨论和考虑,最终形成一致意见,在此关键时刻,要想不对农民和国家造成不良影响,就不能开放(鸦片)贸易。考虑到国家利益,如果继续实行垄断,就不能再为了一个代理处的利益而实行秘密交易的方式,而应该将贸易公开化。"①据此,参议会剥夺了公司职员私人垄断鸦片贸易的特权,宣布实行合同包收制,并指定贸易部(the Board of Trade)为具体管理部门。

以上就是1773年英国东印度公司进行鸦片体制改革的始末。国内的许多论著认为英印殖民政府在1757年占领孟加拉后就竭力发展对华鸦片贸易,并于1773年确立大量种植及向中国大量输入鸦片的政策,并给予东印度公司制造和专卖的特权。②事实上,这种观点和实际情况是有出入的。③首先,东印度公司此前一直享有英国政府授予的印度贸易独占权和法律制定、行政管理权等,并不存在英国政府对公司鸦片专卖的单独授权。其次,当时孟加拉鸦片的主要市场在东南亚,英国竭力发展对华鸦片贸易无从谈起。再次,公司也没有确立大量种

---

① *Historical Appendices*, p.37.
② 参见李侃等编:《中国近代史》,中华书局1994年版,第9页。
③ 参见连东:《1773年英国东印度公司垄断鸦片并非针对中国》,《河北师范大学学报》(哲学社会科学版)2010年第4期。

植鸦片的政策。相反,从哈斯丁斯的表态可以看出,公司希望降低产量,以期最大限度地提高价格,赚取超额利润。实际上,公司增加产量并试图对中国鸦片市场加以垄断是后话,与1773年的改制无关。

六、包收制的存续

(一)米尔·穆尼尔的合同(1773—1775)

第一份包收合同主要给予一个名叫米尔·穆尼尔(Meer Muneer)的印度人,还有少量包收计划留给了另一个叫做拉姆查德·潘迪特(Ramchand Pandit)的人。① 米尔·穆尼尔曾是早期和巴特那管理委员会签约的包收人之一,与公司关系密切。早在1769年,当大多数土商把荷兰人看作主要客户时,穆尼尔就一下卖给公司800箱鸦片,而只给荷兰人留了400箱,给法国100箱。② 哈斯丁斯就曾在1773年10月写给参议会的信中表达了对穆尼尔的支持:"你们都知道,穆尼尔已经履行了为公司(笔者按:巴特那管理委员会)收购800箱鸦片的合同。事实上,参议会及主席应赋予他排他性的贸易权利。当然,除满足公司的需求以外,应再给荷兰代理处每年留400箱,给法国驻扎官留100箱。"③对此,参议会在决议中作了具体安排:"(我们)将唯一的比哈尔省的鸦片收购权给予米尔·阿什夫(Meer Ashrof)的继承人米尔·穆尼尔。由他(穆尼尔)负责将比哈尔产的所有鸦片以每箱320新加卢比的价格卖给公司,同时收购干孜布尔(Ghazipur)和其他任何纳瓦布舒贾·乌德·达乌拉(Shuja ud Dowla)领土(笔者按:奥德土邦)上的鸦片,并以每箱350卢比的价格(卖给公司)……还要按照往常的价格和数量为荷兰人提供鸦片。(公司)将预先支付一半的费用,待收购完成并(将鸦片)交给公司后支付另一半价款。公司将满足巴兰邦岸岛(Balambangan)殖民地的鸦片需求,并按照拍卖中间价开具发货单,其余鸦片将被公开拍卖。"④此外,参议会还再次称赞米尔·穆尼尔,说他"被巴特那的先生们雇用并从事此项业务多年,且熟谙此项业务管理"⑤。

为保证收购业务正常开展,参议会还决定,非经包收人收购而从干孜布尔和

---

① *The East India Company's Monopoly Industries in Bihar*,p.32.
② *The East India Company's Monopoly Industries in Bihar*,p.28.
③ *Historical Appendices*,p.36.
④ *Historical Appendices*,p.37. 另外应当说明的是:舒贾·乌德·达乌拉是当时奥德邦的纳瓦布;"每箱350卢比"在欧文看来是"每蒙德350卢比",见 *British Opium Policy in China and India*, p.24.;巴兰邦岸岛是加里曼丹岛北部小岛,今属马来西亚。
⑤ Walter Kelly Firminger, *The Fifth Report From the Select Committee on the Affairs of the East India Company*, Vol.1, Neeraj Publishing House,1984, p.39.

舒贾·乌德·陶拉领土上运到加尔各答的鸦片,除缴纳正常出口税每蒙德30卢比(合每箱60卢比)以外,还要由海关部门征收每舍尔1卢比的附加税(合每箱80卢比);[1]并成立一个专门委员会,负责查缉包收人在印度市场上私售鸦片的行为。一旦查实,则由包收人缴纳市场价格与公司定价之间的差价。[2]

1773年12月2日,双方签订包收合同。1773—1774年度,穆尼尔共收购鸦片3 311箱。[3] 虽然垄断决议中只提到了给荷兰人留出一些鸦片,但后来的记录显示每年还给法国人留出300箱。[4] 1781年后,另给丹麦人留出200箱。法国大革命以后,公司停止给法国和荷兰拨付鸦片。到1815年拿破仑战争结束以后公司才重新给法国人拨付鸦片。[5]

公司只是对鸦片的购销领域予以垄断,鸦片种植仍然是相对自由的。整个体制的运转都建立在预付资金的基础之上:包收人先与公司订立契约并领取预付资金,再与农民分别订立合同并支付预付资金。农民使用预付资金组织生产。在每年的三月至五月,农民把收获的鸦片交给包收人,再由包收人进行加工,加工过程仍需费时六个月之久。最后,包收人把加工好的鸦片送到加尔各答,再将各方之间的账务结清。这样,一次完整的生产过程结束。加尔各答拍卖场的锤声落下,就标志着与公司脱离了关系。鸦片由竞买者运送出口,销往东印度群岛、伦敦和中国。[6] 与此相关联的生产关系是,鸦片种植农将所获利润的一部分以地租的形式交给地主,地主又将地租收入的一部分以田赋的形式交给公司。在整个鸦片包收过程中,包收人的成本约为每蒙德100卢比,净赚220卢比。[7] 但包收人承担的风险也不小,不仅要冒着农民携款逃跑的风险,而且还因为公司的垄断体制尚不健全,很多烟农把鸦片卖给其他私商,所以还有收购不足之虞。[8]

(二)关于体制改革的第一次讨论

公司曾在1773年财务状况日益恶化之时要求英国政府的帮助。"帮助得到了,但却以接受控制为代价。"[9]当年,英国国会通过了两个法案:第一个法案规

---

[1] *The East India Company's Monopoly Industries in Bihar*, pp.33,34.
[2] *The East India Company's Monopoly Industries in Bihar*, p.33.
[3] *British Opium Policy in China and India*, p.29.
[4] *Historical Appendices*, p.37.
[5] *Historical Appendices*, p.38.
[6] *British Opium Policy in China and India*, p.27.
[7] *British Opium Policy in China and India*, p.27.
[8] *Royal Commission on Opium*, p.122.
[9] George H. Doran company, *Famous Trials of History*, Garden City Publishing Co. INC,1926, p.163.

定政府按年息 4% 贷款 140 万英镑给公司，以济公司收支不能平衡的燃眉之急；另一法案是管理法案（North's regulating Act），由首相诺斯勋爵（Lord North）提出，亦称"诺斯法案"。该法案试图将公司所占领土纳入英国政府的管理之下，被认为是"以立法的形式认真地来对待印度事务管理的首次尝试"①，开创了英属印度的双重管理制度。根据法案，公司董事人数为 24 人，每年有四分之一的董事退职。"每一投票权所拥有的股票金额从 500 镑提高到 1 000 镑，而且任何一个股东不得在股东会中拥有 4 票以上的投票权。"一切从印度寄来的关于军政、民政和税收的函件要交给相关内阁大臣。② 同时，印度加尔各答的省督升格为印度总督，并和其他四名参议员组成参议会，总管原来的孟加拉、孟买和马德拉斯三个管区。总督和参议员任期五年，由公司提名并须经公司董事会和英国内阁共同批准。法案还规定在孟加拉设立英属印度最高法院，法官由政府任命。

　　1774 年，哈斯丁斯正式就任英属印度第一任总督。其他四名参议员分别是：公司职员出身的理查·巴维尔（Richard Barwell）、来自英格兰的克雷武将军（General Clavering）、蒙森上校（Colonel Monson）和菲力普·弗朗西斯（Philip Francis）。后三人迟至 1774 年 10 月 19 日才抵达加尔各答。③ 新的参议会面临的第一道难题是由"诺斯法案"引发的，即鸦片收入是应该被看作税收还是公司利润。"依照大不列颠立法，孟加拉税收和行政管理权属于总督和参议会，而商业事务则由公司的贸易部管辖。因此，如果包收合同被看作商业事务，其管理权就应该属于贸易部；但如果该项收入被看作税收，总督和他的参议会就应该担负监管职责。"④哈斯丁斯坚持认为鸦片收入是公司的商业投资。"他得到了巴维尔的支持。巴维尔并非是哈斯丁斯的故交，但是当两个老资格的公司职员面对从英格兰新来的几个参议会成员时便很自然地团结起来。"⑤这样，从英格兰来的克雷武、弗朗西斯和蒙森便形成另外一派，认为该收入应该属于税收。此时，巴特那的省参议会也提出，如果由他们管理鸦片事务，除给法国人的 100 箱和荷兰人的 450 箱外，他们可以弄到 3 300 箱不掺假的鸦片。⑥ 公司董事会最后做出了裁决："巴特那的参议会认为由他们管理鸦片事务比公司商业职员更为方便，有鉴于此，我们决定鸦片的供应交由你们（参议会）管理。但是，应该

---

① Alain Le Pichon, *China Trade and Empire*, Oxford University Press, 2006, p.2.
② 汪熙：《约翰公司：英国东印度公司》，上海人民出版社 2007 年版，第 241 页。
③ *The Administration of the East India Company*, p.86.
④ *Historical Appendices*, p.38.
⑤ *Historical Essays*, p.285.
⑥ *The East India Company's Monopoly Industries in Bihar*, p.38.

把主要成本提供给贸易部,由他们来负责鸦片拍卖并提供投资。"①此后,鸦片供应事务在总督和最高参议会下设的税务委员会(the Committee of Revenue)领导下具体交由巴特那参议会(the Patna Council)管理;②拍卖销售事务交由贸易部(the Board of Trade)管理;1775年5月,又规定由海关总长(Custom Master)负责查缉鸦片走私。③

次年春,米尔·穆尼尔与公司的合同即将到期,参议会再次展开关于垄断与自由贸易、合同包收与直接征收的争论。克雷武将军和蒙森上校赞成继续实行合同包收制,而弗朗西斯则坚持自由贸易的观点。哈斯丁斯和他的助手巴维尔赞同代理处制,主张由公司直接派员管理鸦片生产并废除拍卖制度,由公司来负责鸦片出口。据他们估计,如果能取消给法国人和荷兰人的鸦片供应并严查走私,每年至少能销售33 000箱鸦片④。但是,弗朗西斯的自由贸易观点被其他四人一致否决后,转而支持合同包收制。结果以三票对两票,参议会通过了继续实行合同包收制和拍卖制度的决议。⑤ 后来在1778年和1782年,伦敦的公司董事会曾两次致函加尔各答政府表达对鸦片垄断体制的不满,要求开放鸦片贸易并像其他出口商品一样征收关税,但终因印度方面的反对而无果。⑥

(三) 包收制的平稳运行(1775—1785)

1775年,新的包收合同首次采取了公开招标的方式。参加竞标的共有12人,8名印度人和4名英国人,其中包括巴维尔的朋友理查·格里菲思(Richard Griffith)。7月21日,这些商人的竞标申请书被呈至威廉堡的参议会。巴维尔事先把其余竞争者提出的条件私下透露给格里菲思。因此,其他竞标者出价在每箱197至350卢比之间,而格里菲思则提出自己可以以每蒙德95卢比(合每箱190卢比)的价格交货。于是,格里菲思得到了比哈尔和干孜布尔的鸦片的收购权。孟加拉邦的鸦片收购权则给予了一个叫约翰·威尔顿(John Wilton)的人。⑦

新合同的条款比以前有很大不同。首先,在巴特那成立了专门的质量检查机构。过去,鸦片由包收人加工完毕后再交给公司;现今则要求包收人将收购来

---

① *Historical Appendices*, p.39.
② *The East India Company's Monopoly Industries in Bihar*, p.34.
③ *The East India Company's Monopoly Industries in Bihar*, p.45.
④ *Historical Appendices*, p.39.
⑤ *British Opium Policy in China and India*, p.29; *Historical Appendices*, p.8.
⑥ *Historical Appendices*, p.8.
⑦ *The East India Company's Monopoly Industries in Bihar*, p.45; *British Opium Policy in China and India*, p.30.

的鸦片统一带到参议会指定地点,由参议会派专员监督包收人进行加工①。其次,公司支付的鸦片价格大幅下降。新合同规定格里菲思应每年从比哈尔收购鸦片 2 980 箱,每箱价格 180 卢比,另可得到加尔各答拍卖收入的 2.5% 作为佣金。仅就鸦片价格而言,每箱鸦片大约为两蒙德,合每蒙德 90 卢比,大致只相当于付给穆尼尔价格的 50%。规定威尔顿应每年从孟加拉本邦收购鸦片 1 000 箱,每箱价格为 240 卢比,但没有佣金。② 公司事先支付鸦片价额的一半作为预付金,待交货后再付款四分之一,剩余款项待拍卖结束后支付。③ 再次,合同还明确规定了针对履约结果应对包收人作出的奖惩。合同规定,如果包收人不能按照合同要求交货,将按缺货数量处以每蒙德 150 卢比的高额罚款;如严重不足,则有可能终止合同;如果包收人超额完成交货数量,超额部分每箱价格增加 50 卢比,除正常佣金外,超额部分还将在加尔各答拍卖后按每 100 蒙德 2 卢比 8 安那支付另外的佣金。④

此外,为保证包收工作顺利进行,公司还在 1775 年底通令所有公司职员、柴明达尔必须尽全力帮助包收人收购鸦片,并规定其他欧洲商人和印度土商不得私自收购鸦片,一经发现当即将鸦片没收充公。包收人也不得用暴力胁迫农民种植鸦片,不得私自将鸦片卖给荷兰人和法国人,一经发现此种私卖行为,将被处以 10 万卢比的巨额罚款。⑤

就在格里菲思的收购合同签订前夕,公司从奥德土邦得到了另外一片著名的鸦片产地——贝拿勒斯。⑥ 这里生产的鸦片后来在中国被称作刺班土,在 19 世纪 30 年代后的中国市场上曾风靡一时。1775 年 5 月,哈斯丁斯胁迫奥德纳瓦布阿萨夫·乌德·达乌拉把奥德的藩属邦贝拿勒斯割让给公司。贝拿勒斯的鸦片种植中心是干孜布尔。据早年的包收人拉姆查德·潘迪特后来回忆,1770 年时,贝拿勒斯的鸦片产量不超过 100 蒙德,多销往麻洼地区,为拉吉普特人消费。⑦ 1773 年后,由于公司包收人的收购,当地鸦片产量逐年增加。⑧

1777 年,当格里菲思的合同到期的时候,蒙森上校已经病逝,参议会成员只剩下了四位。这次,参议会没有讨论自由贸易和代理处制的问题,而是将焦点集

---

① *Historical Appendices*,p.39.
② *Historical Appendices*,p.39.
③ *The East India Company's Monopoly Industries in Bihar*,p.48.
④ *The East India Company's Monopoly Industries in Bihar*,p.48.
⑤ *The East India Company's Monopoly Industries in Bihar*,pp.33,34.
⑥ 奥德土邦位于孟加拉西北,大致相当于现在的北方邦,最终于 1856 年并入英属印度。
⑦ Kamala Prasad Mishara, "Growth of Opium Culture in Banaras 1775 - 1795, A Quantitative Study", in *Bengal Past & Present*,(vol. 91),1972.
⑧ 详见《鸦片经济》,第 85 页。

中在合同期限上。参议会在讨论后决定,合同的有效期原则上为三年,第一年是无条件给予,后两年中一旦出现废止鸦片垄断的决议,则随时可以终止合同。随后,参议会没有招标就把孟加拉鸦片的收购权给予了弗朗西斯的好友约翰·迈肯兹(John Mackenzie)。合同的条款对公司更加有利,但是公司却开创了没有公开招标就签订合同的先例。合同执行期间,参议会还把鸦片包装和运输的任务也交给迈肯兹负责。仅1780年,公司支付其包装与运输费用就达23 543卢比。[①] 对此,伦敦董事会表达了强烈不满:"你们已经有两年(应指进行招标已有两年)进行合同包收制的经验了,应该通过招标的方式确定公司支付给包收人的价格是否合理,以及是否有其他值得尊敬的人提出对公司更有利的条款。但如同我们看到的这样,你们没有这样做。对于一份如此重要的合同,你们没有通过招标,没有事先调查就签订合同。我们对此不能同意。"[②]不过,尽管公司董事会措辞严厉,合同还是生效了。合同不仅顺利地执行到1780年,而且参议会还不顾公司董事会的反对,又将合同延长了一年。

其间,公司在1780年对鸦片监管体制进行了调整:在税务委员会下设立鸦片销售监督和报告准备员的职位,负责监管合同的实施。

1781年,哈斯丁斯按照先例,又一次没有经过招标就与一位叫做史蒂芬·沙利文(Stephen Sulivan)的商人签订了新合同。新合同对史蒂芬·沙利文极其有利:合同期限延长为四年;违约处罚的条款也被取消。1775年在巴特那创立的质量检查机关也被撤除。[③] 原来,史蒂芬·沙利文的父亲是哈斯丁斯的密友,曾担任公司董事会主席,因与克莱武争夺对公司的控制权而损失了大量财产,此次派其子来印度的目的就是寻求赚钱机会来弥补家业亏损。但小沙利文完全没有在印度工作的经验,对鸦片贸易也一无所知,于是仅仅在合同订立几天之后便以4万英镑的价格将合同出售给一位买者,而那买者随即以7万英镑的价格再行转卖。[④]

这一事件完全超越了董事会的容忍限度,使得压抑已久的怒火爆发出来。他们强烈指责总督和参议会没有经过董事会就擅作主张的行为,痛斥该合同是"刺眼的奢侈物和不负责任的极大浪费",表示不能"容忍诸如此类蔑视董事会权威的不快事件",甚至要求完全废除鸦片垄断,实行自由贸易。[⑤] 1781年,哈斯丁

---

① *The East India Company's Monopoly Industries in Bihar*, p.55.
② *Historical Appendices*, p.40.
③ *Historical Appendices*, p.40.
④ *British Opium Policy in China and India*, p.32.
⑤ *Historical Appendices*, p.40.

斯的政敌弗朗西斯回到英国,也联合其他政治势力对加尔各答进行了连篇的口诛笔伐。1783年,英国议会第九调查报告表达了与董事会同样的意见。该报告没有提到由鸦片使用引发的道德问题,却列举了垄断体制对正常商业行为的限制、收购行为中拖欠甚至不予足额支付农民种植款等现象。这样,大讨论的重点就从一份鸦片包收合同转向鸦片垄断体制是否合理,并最终对公司的执政能力提出了质疑。这为英国议会插手印度事务管理提供了借口。次年,由首相庇特提议,议会通过了新的《东印度公司法》,史称"庇特法案"。该法案规定:在议会中成立印度事务管理部(Board of Control of India Affairs),简称印度部或管理部。该部有6名成员组成,包括1名主要的国务大臣和财政大臣,监督管理董事会的工作。在公司内部成立一个不超过3人的机密委员会,直接受命于印度部。此后,印度的税收、管理、战争和外交权划归印度部,公司董事会则继续保有文武职员的任命权和贸易权。① 这种分工一直持续到1858年。② 1785年2月,哈斯丁斯被解职,由约翰·麦克弗森(John Macpherson)爵士代理总督。6月13日,哈斯丁斯回到英国,从此拉开了长达九年的哈斯丁斯诉讼序幕。

(四) 关于体制改革的第二次讨论

1785年,广州特选委员会③因缺乏资金,无力投资中国商品,公司便打起了鸦片贸易的主意。代理总督麦克弗森提出了鸦片贸易管理的三种垄断方案④:第一种方案是将鸦片的制造和贸易权给予加尔各答的商人组织,为期五年。商人们负责将不少于3 500箱贝拿勒斯和比哈尔的鸦片销售到国外,并每年预先向公司的广州特选委员会提供80万西班牙元。按出口一箱鸦片向公司支付200卢比计算,公司最后将多余款项以卢比为单位偿还商人。二等和三等鸦片不适合出口,由商人自行销售,但每箱也要给广州方面缴纳100卢比。第二种方案是由公司职员垄断贸易。优先将鸦片卖给爪哇的荷兰人,并在东印度群岛建立一个仓库,将剩余鸦片运到那里以便随时供应中国及其附近地区(当时估计中国的需求量约为每年1 200箱)。最后,将货款交付广州方面。第三种方案,继续实行包收制,但必须通过招标方式进行。收购的鸦片在加尔各答公开拍卖,并在指定日期前以现银方式付给广州的公司大班。⑤

4月,参议会讨论时再次考虑了取消垄断的可行性,还增加了两种自由贸易

---

① *China Trade and Empire*, p.2.
② 公司对印度和中国的贸易独占权先后在1813年和1833年被取消。
③ 英国东印度公司常设广州的贸易机构。
④ *Historical Appendices*, p.42.
⑤ 大班,英文称supercargo,即船货管理员,后泛指西方在华贸易的商务代理。

方案。第一种方案是增加种植鸦片的田赋,第二种方案是对鸦片出口课以重税。增加田赋的方案与"董事会的愿望和情感比较一致"①,但那意味着公司要保持目前的鸦片利润需要把鸦片种植税提高四倍,必然会遭到柴明达尔地主和农民的激烈反对;增加鸦片出口税则很可能导致商人的掺假行为,引起鸦片质量下降,最终会损害产品声誉。哈斯丁斯提出的代理处制度也在会上予以讨论,但参议会认为包收制毕竟已实施多年,不宜轻易变更。几番权衡之后,参议会还是决定继续执行过去的合同包收制。因此,1785年的参议会会议虽然提出了用鸦片收入弥补对华贸易逆差的问题,但是由于当时中国的鸦片消费量依然很少,麦克弗森的三种方案都只能是以货币形式转移印度和东南亚的鸦片收入,来部分解决广州货款不足的问题。

(五) 包收制的调整(1785—1797)

麦克弗森为了避免受到与哈斯丁斯同样的指责,采取了公开招标的方式,将合同给予了威廉·杨(William Young)和帕特里克·黑特里(Patrick Heatly),有效期四年。对于此次合同的订立,董事会没有反对意见。合同规定②,包收人先将10 000卢比的资金存入公司账户。威廉·杨被要求按照每蒙德62卢比8安那的价格每年卖给公司6 400蒙德的比哈尔鸦片,黑特里则需要每年按每蒙德100卢比的价格售予公司1 580蒙德的孟加拉邦鸦片。多收鸦片,每箱价格提高50卢比。如鸦片收购不足或将鸦片售予他人,将被处以罚款。同时,公司还宣布地方征税官(Collector)负有"倾听农民对于包收人及其代理人所有抱怨"并作出裁决的职责。③

1786年,英国决策层决定更换印度总督。这一次,最高当局不再愿意提拔有着复杂公司背景的公司职员担任总督一职,而倾向于选择英国国内的优秀贵族成员。这种改变与内阁插手印度事务并最终取代公司管理印度的历史趋势是一致的。在这种背景下,康沃利斯伯爵(Earl Cornwallis)于当年9月被委任为印度总督。

查尔斯·康沃利斯于1738年12月31日生于伦敦,出身名门望族。其父为第一代康沃利斯伯爵,其外祖父是英国第一任首相罗伯特·沃波尔的妹夫汤森子爵。查尔斯早年毕业于剑桥大学,1757年以准尉身份入伍参加七年战争,从

---

① *Historical Appendices*, p.43.
② *The East India Company's Monopoly Industries in Bihar*, pp.61,62.
③ *The Fifth Report From the Select Committee on the Affairs of the East India Company*, Vol.1, p.40.征税官的职责是确保税务征收、提高农业生产、保护农民利益等。1786年时英属印度被划分为38个税区,以后随着英属印度的不断扩大,税区又有大量增加。税务官就是该税区的行政首长。参见 *The Central Adminstration of The East India Company 1773-1834*, pp.154-162.

此开始了他的军事生涯。1762年,其父病故,袭父爵。1775年他晋升少将,率部赴北美平叛,几度出任英军副司令官。英军在北美战败后,议会对其依然宠爱有加,改任英印总督。贵族出身并长期担任政府官员的康沃利斯到任后立即着手推动英属印度的管理体制改革,使东印度公司从一个商业实体向着地方政府的角色快速转变。在康沃利斯之前,"公司主要仍是一个将管理各邦作为附带职能的商业实体。很多公司服务人员认为,他们的主要任务就是赚钱,而公共精神则是附属品。康沃利斯改变了这一切。公司被划分成商业和政治两个部门……若是商人,你仍可以以个人身份进行贸易;但若是官员,你就必须满足于丰厚的薪水"①。

康氏还对鸦片的生产贸易状况进行了调查。他发现许多地方存在农民被强迫种植鸦片的情况,甚至有些农民因为不愿意种植鸦片而丧失了土地经营权,这说明农民的处境亟待改善。但出于对公司税收减少、贸易失衡及白银外流等问题的忧虑,康沃利斯在经过一番权衡后仍然选择了包收制垄断。② 1789年和1793年,公司两次与包收人签订了包收合同。1789年,比哈尔的鸦片包收合同给予了詹姆斯·林赛·罗斯(James Lindsay Ross),孟加拉鸦片的合同给予了科林斯(Collins)和桑德斯(Saunders)。后来,罗斯去世,比哈尔鸦片的合同先是转给了奥斯瓦德·车特斯(Oswald Churters)和詹明(W. J. Champain),后来又转给了大卫·卡文(David Colvin)。

不过,合同与过去相比有了很大的不同。③ 首先,合同条款加大了对公司利益的保障力度:第一,进一步压低了公司的鸦片收购价格。如1789年的合同规定罗斯应按照每蒙德70卢比的价格卖给公司6 400蒙德比哈尔鸦片,科林斯和桑德斯则以每蒙德82卢比8安那的价格卖给公司1 513蒙德孟加拉邦鸦片;第二,增加了确保鸦片质量的条款。如1793年的合同要求每年在贸易部储存比哈尔鸦片、孟加拉邦鸦片各3箱作为样品,以便与次年的鸦片进行比照;第三,1793年后将包装、加工、运送的费用推给了包收人;第四,对公司预付款进行了细化,将公司向包收人支付的预付款分作六批,这使得公司对包收人占据了更大的主动。其次,在合同内增加了大量保护农民利益的内容:第一,规定了包收者必须支付给农民的鸦片价格。规定包收人应按照每舍尔1卢比4安那到2卢比的价格支付给农民,超产部分每舍尔应多付10安那;第二,规定"包收人不得强

---

① 《印度均衡:公元前1500—公元2000年的印度》,第90页。
② 《鸦片经济》,第93页。
③ *The East India Company's Monopoly Industries in Bihar*,pp.64 - 69;*Historical Appendices*,p.45.

迫农民增加鸦片种植面积";第三,规定称量器具必须由地方征税官予以年检并封印标注,且称量时不得再以手提挂器具,必须将器具固定于地面装置之上以确保公允;第四,鸦片产量必须由包收人代理与当地两位种植农商议确定,如因自然灾害导致农民不能交货,应按年利息8%再次拨付相应比例的预付款。再次,为防止包收人的利益遭到过度损害,也增加了一些保护包收人的条款:第一,如果因为农民自身原因致使交货不足,预付款的拨付应按年息12%计算;第二,农民将鸦片转售他人的,鸦片没收,并处以每舍尔10卢比的罚款;第三,如果鸦片掺水,经鉴定后农民应补偿包收人的相应损失;第四,如果在鸦片内掺入其他物质,鸦片归包收人所有,但农民可在没收后三周内向地方法官提出申诉,到期不诉的,不予受理;第五,1793年的合同规定,如因自然灾害造成歉收,包收人可以得到年息为8%的二次预付款,但须在灾害发生5天内报告当地征税官。

(六) 包收制的基层运作

公司管理鸦片事务的基层单位是库台(kootie)。每个库台都由一个印度籍官员管理,称苟马斯他(Gomastah)。苟马斯他的办公地点通常设在辖区的中心,其具体职责是测量鸦片种植农的土地并确定相应的产量、向农民支付预付款、收货、称重,还得负责将鸦片运往公司指定地点。苟马斯他下面的办事人员还有扎马达尔(Jamadar)和提拉达尔(Tilladar),他们的职责是协助苟马斯他完成以上工作。库台是公司政府设立的职能管理部门,官员都领有政府工资,一个苟马斯他的月收入大约为10—15卢比。[1]

包收人在各地区聘请自己的代理人,他们遵照包收人的指示,通过库台的官员们同种植农发生联系。

在农民和库台官员之间还有一种联系人被称作麻头(Mahtoe)。麻头有两种,一种叫萨德麻头(Sudder Mahtoe),另一种叫盖恩麻头(Gayn Mahtoe)。前者是公司雇用的基层代理,后者是农民指定、由公司雇用的农民代理人,他们都按照鸦片产量领有薪水,大约为每蒙德4安那。[2] 麻头们都是种植农民的同村人,熟悉当地的人情世故,一方面,他们会千方百计地劝说农民种植鸦片,为公司利益服务;另一方面,他们会为种植鸦片的文盲老乡们记录缴纳的数量,维护其利益。麻头们的具体职责是将苟马斯他下拨的预付款分发给农民,[3] 记录农民

---

[1] *The East India Company's Monopoly Industries in Bihar*,p.50.
[2] *The East India Company's Monopoly Industries in Bihar*,p.50.
[3] 向农民支付的预付款大约为估算产量价值的一半。如果是首次种植,农民还会领到额外的一笔土地准备费。见 *The East India Company's Monopoly Industries in Bihar*,p.50.

缴纳的鸦片数量,还会在农民不愿意种植鸦片的时候劝说甚至是强迫农民种植鸦片。①

鸦片种植农大多属于低等的寇瑞(Koeri)种姓②。这是因为种植鸦片需要大量的劳动力非常辛苦的劳作。由于传统观念的束缚,其他种姓的农民,如婆罗门、拉吉普特等,多羞于让女人从事田间劳作,所以在种植鸦片时必须雇用帮工,而寇瑞种姓的农民则会动员全家参加劳作,这样就可以节省货币支出。直到1883年,英国鸦片事务调查团还评论说,"想要种好鸦片,需要比种植其他作物更多的劳力。其他种姓的人可能也种鸦片,但主要的种植者是寇瑞"③。

---

① *The East India Company's Monopoly Industries in Bihar*, p.53.
② Koeri 是北印度一低等种姓,同类种姓还有 Luniya, Barai, Kewat and Bhar 等。
③ *The East India Company's Monopoly Industries in Bihar*, p.75.

第三章 "单吸鸦片"与权力的冲突(1780—1843)

18世纪80年代,某位中国人的发明让鸦片罂粟进入了"壮年"时代。此时,英国东印度公司对孟加拉鸦片的垄断已经为大规模生产优质鸦片准备了条件,大片大片的罂粟花开始在印度大地上遍野绽放。中国、东南亚和印度之间的鸦片贸易"大三角"完全形成了。虽然英国人为了最大限度地攫取利润,起初努力压制着鸦片的产量,但其他的毒品贸易参与者却并不打算接受英国人制定的规则。围绕着高额的鸦片利润,英国、荷兰、葡萄牙、法国殖民者和大大小小的烟贩展开了激烈的角逐。他们喧嚣着、吵闹着,最终,清政府奋力顶着的国门轰然倒下,扬起一室的尘土。

一、去掉烟草更可怕

(一)单纯吸食鸦片方法的发明与在华传播

乾隆年间,"鸦片烟"在中国各省流传开来,当然也包括广东。在当时人看来,这与吸食烟草相比,可能也没有什么不同。不过,在1785年前某个看似平常的一天,一个妇人的举动竟影响了世界的历史。[①]

据说她是广东东部的一位富家女,因年少丧夫而出家为尼,后因精神压抑而得了重病,以致瘫痪在床。家人就四处寻找奇珍异宝供其玩乐。一天,她在这些物件中找到了鸦片膏,就放在灯上烤炙,并嗅了飘出的烟气。[②] 于是,毒品史上划时代的一幕出现了:单纯吸食鸦片的方法就此发明。后来经人改进,这一过程逐渐规范:吸食者先将生鸦片切碎放在锅里,加水熬成黏液,然后倒在小银罐中。再以一尖头平尾的银签沾些鸦片汁在灯上烘烤,等烘干后再沾汁烘烤。如此反复多次,直到银签上形成一小球,称为"烟泡"。把烟泡放在烟枪末端的烟斗中,尔后将烟斗部分置于带有玻璃罩的灯火上烧烤,待烟泡遇火成烟后将烟吸入胸腔。[③] 烟枪"用竹,长如横吹(横笛)而粗,两头以铜饰之,其中近上处凿一孔,

---

① 《鸦片经济》,第100页。
② 汪康年:《庄谐选录》卷三,转引自《禁毒史鉴》,第25页。
③ 《禁毒史鉴》,第23页。

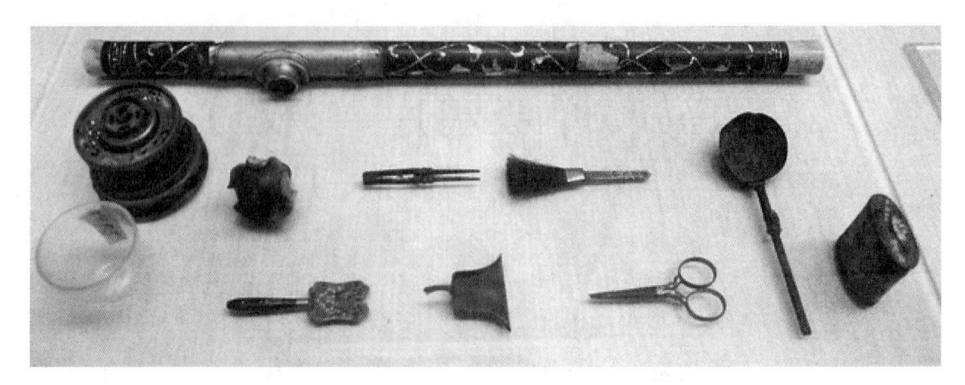

图 3-1 鸦片吸食烟具

烟碗(烟斗或烟锅)直插其上。碗用泥大如指顶,而其中仅容米粒许。筒中用棕榈毛胆之,以防烟烬之突出";烟灯"或洋玻璃,或广锡为之"①。

　　故事不一定真实,但发生的时间地点是可信的。这种单纯吸食鸦片的方法将"鸦片烟"里的主要成分烟草去掉了,只留下了致瘾性极强的鸦片。过去吸食鸦片烟,"初服数月犹可中止"②,而今单纯吸食鸦片,只需吸食"十余口后,乃觉其味醇醇,每欲请益"③,真所谓"一吸香作兰桂馥,再吸味似醇醴熟,三吸四吸不得足,栩栩梦蝶互相逐"④。种种描述,可见其致瘾性远非过去吸食之鸦片烟可以比拟。这使吸食者一旦沾染恶习就很难戒除,从而加速了流毒的蔓延。同时,这种吸食方法还使鸦片消费量极大地增加了。以这种方式消费鸦片,消费者平均每人每天约吸 1 至 2 钱,多者达 6 至 8 钱,个别人甚至可以达到 1 两。⑤ 以此估算,如果说每人每年的鸦片消费量在 3—6 斤之间⑥,应该是比较合理的。这一数量是吞服鸦片用量的 4—9 倍,较吸食鸦片烟时的鸦片用量则增加更多。

　　于是,中国的鸦片输入量出现了第一次跳跃式增长。从 1729 年到 1780 年间,中国的鸦片进口量从 200 箱增加到 1 500 箱,年均增长率仅为 4.0%;此后,中国输入的鸦片数量激增,仅"1786 年最少有 2 000 箱运入中国,不仅价格高,而且比前六年每年都多出 500 至 600 箱"⑦,1790 年增加到

---

① 王忻:《青烟录》,载《中国烟业史汇典》。
② 朱景英《海东札记》卷三,《记习气》,转引自《禁毒史鉴》,第 22 页。
③ 张昌甲:《烟话》,载阿英编:《鸦片战争文学集》(下),古籍出版社 1957 年版,第 777 页。
④ 周乐:《鸦片烟歌》,载《中国禁毒史资料》,第 247 页。
⑤ 《英国议会文件:皇家鸦片委员会文件集》,转引自石楠:《略论港英政府的鸦片专卖政策》,《近代史研究》1992 年第 6 期。
⑥ 《禁毒史鉴》,第 87 页。
⑦ 《东印度公司对华贸易编年史》(1、2 卷合订本),第 460 页。

4000箱,从1780年到1790年间年均增长率高达10.3%。[1] 需求的突然增加,导致印度鸦片供不应求,市场价格也同时上涨,从1780年的200多元一箱上涨到1791年的380元一箱。

表3-1　1780—1791年中国沿海鸦片价格表[2]

年度	鸦片价格	发生地	年度	鸦片价格	发生地
1780	200—240元/箱	广　州	1785	320—500元/箱	广　州
1781	240—300元/箱	广　州	1786	388元/箱	广　州
1782	210—290元/箱	广　州	1787	320—350元/箱	广　州
1783	270—300元/箱	广　州	1791	380元/箱	广州或燕子湾
1784	210—240元/箱	广　州			

如果按1785年的价格计算,撇去国内提价因素,吞服鸦片的年支出为白银1.3两,而单纯吸食鸦片的年支出可以达到5.7两。[3] 在清代的社会各阶层中,官员们无疑可以以任何方式消费鸦片。他们的收入除俸银和禄米以外,还在雍正以后另加数十倍甚至百倍于官员薪俸的巨额养廉银。一个最低级别的县级官僚每年除150两的俸银和禄米之外,还会领取600两的养廉银。区区每年五六两银的鸦片吸食费用对他们来说不在话下。但是,吸食鸦片对于社会"低收入群体"而言则非常奢侈。如前文所述,大多数普通百姓的年收入约在5—12两之间。18世纪末的粮价已上涨至每石七八钱银。[4] 我们仍按五口之家最低消费口粮11石计,其家庭每年基本的生活费用达到8—9两银。可见,绝大多数的普通百姓糊口已属不易。对于他们来说,吞服鸦片尚有可能,但基本上没有吸食鸦片的经济能力。不过,地主、富商等"高收入群体"和年收入达数十两银的高级工匠、年收入在50两银左右的上层士兵等"中等收入群体"还是有经济能力吸食鸦片的。此外,当时崇尚奢靡的社会风气可能也起到了推波助澜的作用。鸦片作为舶来品,恐怕也是上流社会追逐的对象。

正是因为鸦片在当时并非十分昂贵之物,而单吸鸦片的致瘾性又使吸食者欲罢不能,所以吸食风气迅速在中国南方各省流传开来。鸦片消费者究竟有多

---

[1] 1799年前的鸦片贸易数据可参见:《东印度公司对华贸易编年史》(第1、2卷合订本),第398—400、460页;《中华帝国对外关系史》(第1卷),第198、199页;*Opium, Empire and the Global Political Economy*, p.51; *Documents relating to Opium. &. c.* Vol.V, p.63.
[2] 《东印度公司对华贸易编年史》(1、2卷合订本),第460、506页。
[3] 《鸦片经济》,第100页。
[4] 《明清江南人口社会史研究》,第164页。

少呢？因为两种消费方法的并存，给估算带来相当大的难度。笔者大体估算，1786年时消费人数不低于27万人，1790年时不低于35万人。① 因此有人说，当时的广东，鸦片消费已是"四民中，唯农民不尝其味"②的局面了。虽有夸张，但足可反映当时情形的严重。

这一情况引起了官方的重视，清政府为防止白银外流，于嘉庆元年（1796年）颁布禁止鸦片输入上谕。③ 1799年，粤海关再次发布禁烟文告指出，鸦片"为无业流氓所嗜好。并煮熬为膏，设店销售。吸食鸦片者，初只限于流氓与下流之辈，彼等常聚而吸用此项物品，及后蔓延于仕宦之家尊长及其后辈，并波及生员以至官吏……此项物品花费金钱亦至巨至大。烟膏每钱常值八九钱银两，故日常吸食所费，加以日吸日增，巨额田地财产亦无法支应，是故不出数年，即尔败坏殆尽。于是老弱者填乎沟壑，饥寒而死；少壮者铤而走险，为盗为贼……以前吸食鸦片流毒，初只限于福建与广东两省，渐而遍及全国各省，各地买卖及吸食此物者之多，甚至超过原来两省"④。

（二）鸦片主市场的转移与"三角贸易"的形成

中国市场的扩展，开始逐步改变国际鸦片贸易格局，印度鸦片的主要消费市场开始从东南亚转向中国。

孟加拉鸦片在18世纪上半叶主要被荷兰人销往东印度群岛。普拉西战役以后，英国人控制了孟加拉鸦片的出口，荷兰人的出口份额逐渐减少。1762—1763年度，荷兰人只得到了210箱鸦片，1763—1764年度是418箱，而这年英国私商向马六甲海峡出口了500箱。⑤ 1773年后，荷兰人的份额被英国东印度公司确定在每年450箱，而且只能以加尔各答拍卖的平均价格获得。1785年，缅甸同暹罗发生战争。吉打国王不愿卷入战争，遂寻求英国人的保护，于1786年将槟榔屿割让给英国公司，这是英国人入侵马来半岛之始。1795年，英人又占据马六甲，将荷兰势力逐出马来西亚。自此，英国人控制了从孟加拉到马来半岛和马六甲的鸦片贸易。⑥ 这一连串的打击，使荷兰人气急败坏，他们试图减少荷

---

① 1785年前的消费量按鸦片烟消费计算，后增部分以单纯吸食鸦片计算。见《鸦片经济》，第102页。
② 雷瑨：《蓉城闲话》，载中国史学会编：《鸦片战争》（卷一），第318页。
③ Historical Appendices, p.18.
④ 《东印度公司对华贸易编年史》（1、2卷合订本），第654页。
⑤ East India Fortunes, p.101. 这里的英国私商当主要指公司职员的私人贸易。
⑥ 有人认为"1757年英国占领印度的鸦片产地孟加拉后，便竭力发展对华鸦片贸易。十年后，英国输入中国的鸦片增加到每年1 000箱"。（见李侃等编：《中国近代史》，中华书局1994年版，第9页）这一看法是完全错误的（参见《鸦片经济》，第104页）。

属东印度群岛的鸦片消费来报复英国人,但没有成功。①

不过,英国人直到18世纪90年代只是从荷兰人手中接管了鸦片贸易控制权,孟加拉鸦片销售的主要市场还是东南亚。1773年的东印度公司鸦片垄断决议中特别提到尽可能调制马来亚人口味的鸦片,并强调说,"鸦片贸易成功与否,主要是依靠它的品质和出口量。任何(一批产品)出现问题,马来人将对我们全部(的产品)产生怀疑,导致需求减少,最终会损害孟加拉的商业。代理人(指合同包收人和相关负责人)一定要特别注意这一点"②。在许多的英文文献中,"马来"一词泛指马来半岛和东印度群岛中的伊斯兰土邦。可见,公司此时还是将注意力放在了荷属东印度群岛和马来半岛等传统市场,并没有关注当时还相对狭小的中国鸦片市场。据估计,在18世纪80年代,英国东印度公司每年在马六甲海峡附近可销售1 500—2 000箱的鸦片,甚至连荷兰人的老窝巴达维亚也充斥着英国人贩来的鸦片。在90年代,每年通常从加尔各答运到爪哇的鸦片约为1 000箱,运到苏门答腊800箱,马来亚700箱,婆罗洲(今加里曼丹岛)500箱。③ 这样每年合计有3 000箱的孟加拉鸦片被运往中国以外的地方,而当时每年在加尔各答拍卖的鸦片在3 000—4 600箱之间。④ 因此,如果说直到18世纪80年代初,中国消费的鸦片仍然不足孟加拉出口鸦片的一半⑤,是可信的。在18世纪80年代之前,孟加拉鸦片的主要市场还是爪哇等东南亚市场。当时,中国市场销售的鸦片数量不大,且主要是葡萄牙人从果阿和达曼运来的麻洼鸦片。⑥

麻洼地区在14世纪初被德里素丹国的穆斯林政权征服。14世纪末,当地总督自立为王,建立高瑞(Ghori)王朝。1526年,古吉拉特的艾哈迈达巴德大君巴哈得·沙(Bahadur Shah)灭亡了高瑞王朝,麻洼地区遂成为古吉拉特的一部分。1570年,阿克巴率领大军灭掉古吉拉特,麻洼地区又并入莫卧儿帝国。莫卧儿帝国后期,群雄逐鹿,马拉特人建立的马拉特联盟日渐强大。1758年,马拉特人建立起一个东至奥里萨、西至艾哈迈达巴德、北抵拉合尔、南临果阿的一个庞大帝国,麻洼地区也被囊括于马拉特联盟之中。⑦ 马拉特联盟的首都设在浦那(Poona),以首相(佩什瓦)为最高领导人,由诸多马拉特土邦构成。麻洼地区在并入马拉特联盟后,逐渐形成众多的马拉特土邦。

---

① *Opium, Empire and the Global Political Economy*, p.54.
② *Historical Appendices*, p.37; *Royal Commission on Opium*, p.122.
③ *East India Fortunes*, pp.101 - 103.
④ *Historical Appendices*, p.61.
⑤ *Historical Appendices*, p.18.
⑥ 《中华帝国对外关系史》(第1卷),第198页。
⑦ Sinha Banerjee, *History of India*, p.449; *Royal Commission on Opium*, pp.26 - 27.

生产鸦片的麻洼土邦主要有瓜略尔、印多尔、博帕尔、达尔、德瓦斯、乌代浦尔、基尚加尔等。在这里,鸦片是自由种植的,种植面积由农民自行确定,其产品也可以随意出售。不过,这里的农民通常要依附于某些高利贷者或大商人,所以烟农多将鸦片卖给他们。瓜略尔邦的乌贾因市(Ujjain)是主要的加工中心,商人们收购的鸦片半成品多被送往乌贾因作进一步加工。在麻洼,土邦政府的鸦片收入主要有两项:一是高额的鸦片田赋①;二是鸦片过境税。随着出口数量的逐渐增加和相应的种植扩展,鸦片产业日益成为麻洼诸邦重要的经济支柱。

早期的麻洼鸦片出口贸易被阿拉伯人操纵。16世纪初,葡萄牙人占领了麻洼附近的果阿、达曼、第乌等港口,逐渐控制了当地的鸦片出口。17世纪,荷兰人开始介入麻洼鸦片贸易。②为摆脱葡萄牙人的控制,荷兰人从17世纪中叶起主要从孟加拉进口鸦片。因此,麻洼鸦片被逐渐从荷兰人掌控下的东南亚市场上排挤出去,主要销往印度内陆、阿拉伯和波斯等地区。特别是在印度内陆,古吉拉特、巴罗达等土邦及英属印度等地,每年都要消费大量的麻洼鸦片。③虽然中国不是麻洼鸦片的主要市场,但是在中国市场上很早就有麻洼鸦片销售:1729年葡萄牙人运到中国的麻洼鸦片是200箱,1767年增加到1 000箱。④1775年,英国曾利用马拉特人内乱之际挑起第一次英马战争(1775—1782年)。英马战争一度削弱了麻洼的鸦片生产能力,但鸦片出口却并未因此而间断。

当麻洼鸦片行销中国时,英国东印度公司甚至还没有认真对待过中国市场。实际上,一直到18世纪80年代,公司才开始重视中国鸦片市场,而最初的关注也并不是因为中国市场的突然拓展,而是形势使然。1781年,当时英国在海上与法国、荷兰、西班牙作战,加尔各答市场停止了对这些国家商人的鸦片供应;在印度内陆又与迈索尔和马拉特联盟作战,使大量英国商船被雇来向马德拉斯运送作战物资;海上航行还遭遇到巴达维亚等地海盗的袭击,使得鸦片拍卖价格大跌而出口量锐减,甚至以每箱400卢比的价格也不能售出。⑤在此背景下,沃森(Watson)中校和一位叫库波特·肖黑尔(Cudbert Thornhill)的人先后提出不必依靠散商,而用公司自己的船只向中国运销鸦片。为摆脱困境,印度总督哈斯丁斯决定采纳他们的建议。于是,两艘船装载鸦片扬

---

① 当地政府对种植鸦片的土地征收比其他土地更高的田赋。
② *Royal Commission on Opium*, p.27.
③ *British Opium Policy in China and India*, p.82; *Royal Commission on Opium*, p.27.
④ 《中华帝国对外关系史》第1卷,第198页。
⑤ *Historical Appendices*, p.41.

帆东驶。一艘是肖黑尔的单桅帆船"贝特西号",载鸦片1 466箱,另一艘是沃森的私人战船"嫩实兹号",载鸦片1 601箱。① "贝特西号"奉命在马来沿岸兜售鸦片,将余下的送往广州。"嫩实兹号"到广州后,恰逢葡萄牙刚刚向澳门输送了一大批麻洼鸦片(笔者按:当时公司并不知道这是什么种类的鸦片),只能以长期赊欠的形式按每箱210头像银圆售出200箱,其余1 400箱又带回马来一带出售。② 公司董事会对此项赔本生意非常恼火,后来在审判哈斯丁斯时这一事件也被作为其罪证之一。

18世纪80年代以后,单纯吸食鸦片方法的发明才使得对华鸦片贸易逐步放大,也使得英国人开始重新考量中国市场。"1786年最少有2 000箱运入中国。"③紧接着,1792年,仅孟加拉鸦片就有2 500箱的巨量登陆中国。④ 需求增长不仅拉动了进口数量的增长,也带动了价格的高涨。鸦片价格从1780年的每箱200元涨到了1791年的380元。高价格把原本销往东南亚的鸦片引流到中国。此后,孟加拉鸦片的主要市场从东南亚转移到中国。中国禁止鸦片输入以后,东印度公司在其广州大班的劝告之下,随即禁止公司船只载运鸦片来华,但却继续向私商颁发对华贸易的执照,也没有采取措施阻止私商对华输入鸦片。⑤ 于是,孟加拉鸦片仍然被私商源源不断地运往中国。

在英国人开始将中国作为主要市场的同时,麻洼鸦片也开始被商人们大量运往中国。1783年前后,麻洼鸦片出口一改持续了几个世纪的规模,出口量开始增加。出口量增加的原因是"来自第乌、库奇、马拉巴、马来沿岸和中国的陌生人经常购买"。据估计,1803年,仅在乌贾因加工出售的鸦片已达到3 000—3 500箱,价值150万卢比,⑥但运抵孟买出口的麻洼鸦片只有1 233苏拉特蒙德,因苏拉特蒙德单位较孟加拉为小,该数量不会超过600箱规模。这说明绝大多数出口的麻洼鸦片是从英属印度以外的地区流向包括中国在内的国际市场。

至此,印度生产鸦片而中国和东南亚消费鸦片的"三角贸易"格局正式形成了。

---

① 另一种说法是"贝特西号"载鸦片1 450箱,"嫩实兹号"载鸦片2 000箱,见 Historical Appendices, p.41.
② Historical Appendices, p.9;《东印度公司对华贸易编年史》(1、2卷合订本),第398—400页。这里的头像银圆当指西班牙银圆,早期银币铸有查理三世头像。
③ 《东印度公司对华贸易编年史》(1、2卷合订本),第460页。
④ Opium, Empire and the Global Political Economy, p.51.
⑤ Historical Appendices, p.18.
⑥ British Opium Policy in China and India, p.82; Historical Appendices, p.48.

二、代理处制度

(一) 转型的原因

中国市场的突然扩展,致使鸦片供给不足,引发价格上涨,从而将原本主要流向东南亚的孟加拉鸦片引向中国市场,东南亚的鸦片价格也随之上涨。东南亚人口不多,市场潜力不足,鸦片市场趋于萎缩;而中国人口众多,市场潜力巨大,使国际鸦片市场的高价格得以维持。在高价格的驱使下,沉寂已久的麻洼鸦片再次增加产量涌入中国市场,成为孟加拉鸦片的竞争对手。迟至1803年,英国人才得知中国市场上居然还存在这样一个对手。双方的竞争成为此后数十年中鸦片"三角贸易"关系的主线。在这场旷日持久的竞争当中,英国人在孟加拉的垄断体制不再是包收制的形式,而是采取了垄断程度更高、更有利于提高鸦片质量和产量的代理处制度。

不过,英国人最初采用代理处制度的原因并不是公司需要应对来自麻洼的竞争,而是公司、包收人与鸦片种植农三者的关系在包收制后期已非常紧张,而这种紧张的关系已经影响到孟加拉鸦片的质量和价格。在18世纪90年代初,孟加拉鸦片因其高品质而赢得了声誉,以至于中国和马来的鸦片商仅看到箱体外部的公司商标即可放心收货。[①] 然而好景不长,在中国市场鸦片价格上涨的同时,加尔各答的鸦片拍卖价格却中止了此前几年连续上涨的势头,转而开始下跌。公司的鸦片收入也随之大幅减少,从1793—1794年度的190万卢比下降到1796—1797年度的30多万卢比。[②] 加尔各答鸦片出口价格下跌的第一个原因是包收合同中不断增加保护农民利益的条款,这对包收者越来越不利。包收者为保持其利润,大量的掺假行为开始出现。这使得孟加拉鸦片的信誉每况愈下,价格降低,市场不断萎缩。商人们也不再仅凭公司商标便放心收货了,而是要开箱验货。[③] 第二个原因是法国大革命爆发后,英国参与镇压。战争也影响到东南亚,使得公司的海上运输出现困难。二者之中,第一个是主因。

包收制早期运行平稳。但是,公司为寻求利润的最大化,开始引入招标的竞争方式,以便最大限度地降低收购价格。由于招标引起的竞争,合同条款对公司越来越有利。为挽回因竞标产生的损失,包收人就把这些损失转嫁到农民身上,结果就引起了鸦片种植农的普遍不满,加剧了农民与包收人之间的矛盾。因此,在康沃利斯担任总督以后,逐渐在条款内添加了很多保护农民利益的条款。这

[①] *British Opium Policy in China and India*, p.43.
[②] *British Opium Policy in China and India*, p.44.
[③] *British Opium Policy in China and India*, p.43.

样,处于"夹板"中的包收人的处境越来越不利,"特别是当包收人向公司提供鸦片的价格低于他自己的收购价格时……结果就会证明这些合同的错误"①。包收人为保持其利润,就只能在鸦片中掺假以求降低成本。同时,由于包收人经济拮据,其代理人的利益也不可避免地受到损害,他们在工作中日渐消极,越来越不负责任。例如,鸦片在烈日下暴晒多日而无人问津,有时沾满尘土,有时甚至被烧毁。② 这些都使得孟加拉鸦片的质量出现明显下降。不仅如此,包收人还在现有条款内寻找漏洞,尽可能地压榨农民。如前所述,1789 年合同中为保障农民利益曾规定"包收人不得强迫农民增加鸦片种植面积",这就被包收人解读为可以强迫农民种植与上一年等同的种植面积,③许多想要放弃鸦片种植的农民被迫继续种植,这就违背了公司希望农民自愿种植的初衷,加剧了农民同包收人和公司的矛盾。

1793 年后,当这些包收制的内部矛盾已经显现为公司鸦片收入急剧减少的时候,包收制的改革就被正式提上议程了。

(二)代理处制度的建立

1793 年,已经晋升为侯爵的康沃利斯卸任回国,有着公司背景的约翰·肖尔(John Shore)代理英印总督。肖尔于 1751 年 10 月 5 日生于伦敦。其曾祖是一名医生,因为曾为查理二世画肖像而得到赏识,被授予爵士爵位。从肖尔的祖父开始,其家族便效力于东印度公司。约翰·肖尔年少时曾就读于霍克斯顿学校(Hoxton Academy),与后来的印度总督莫依拉勋爵(哈斯丁斯侯爵)是校友。1768 年,肖尔得到一份东印度公司书记的工作,先后在秘密政治部、穆尔希达巴德(Murshidabad)参议会、最高税务委员会(Supreme Committee of Revenue)等部门任职。④ 因鸦片事务长期归属税务部门管辖,肖尔应当深谙此道。⑤

1795 年 5 月,肖尔写信给伦敦董事会专门反映鸦片质量下降的问题。次年4 月、10 月,董事会两次复信询问用代理处制度代替包收制的可能性,并对鸦片收入的迅速减少表示出极大关切。⑥ 为给董事会一个满意答复,肖尔组织了关

---

① *The Fifth Report from the Select Committee on the Affairs of the East India Company*, Vol.1, p.41.
② *The East India Company's Monopoly Industries in Bihar*, p.54.
③ *The East India Company's Monopoly Industries in Bihar*, p.66.
④ *The Fifth Report from the Select Committee on the Affairs of the East India Company*, Vol.2, introduction p.10.
⑤ 根据公司董事会 1785 年的一项指示,1781 年设立的最高税务委员会在 1786 年被撤销,其原有职能由新建立的税务部(the Board of Revenue)来行使。参见 *The Central Adminstration of The East India Company 1773 - 1834*, p.134.
⑥ *The East India Company's Monopoly Industries in Bihar*, p.87.

于鸦片垄断管理体制的大讨论。在此基础上,肖尔"为复兴和改进这一重要的公共税收体制",在参议会上正式提出将包收制改为代理处制(直接征收制)的主张。① 实际上,代理处制度最早由哈斯丁斯提出,1785年后又经多次讨论,但终因合同包收制的弊端没有充分显露而被否决。此时,肖尔认为代理处制已经在盐务部门实行并取得良好效果,因此也应该在鸦片产业中予以引进。该建议得到了参议会的批准,并最终被1799年孟加拉第六号管理令赋予法律效力。

1797年,最后一份包收合同到期,代理处制开始实行。公司重新以贸易部(the Board of Trade)为具体管理部门,贝拿勒斯的鸦片事务则交由该地商务驻扎官(the commercial resident)负责。此后,公司作为地方政府的职能进一步增强,管理机构逐渐从商业模式向政府模式转变。19世纪初,公司已俨然成为英国内阁管理下的"印度政府"(组织结构图见图3-2)。为适应这一转变,孟加拉管理机构于1819年再度调整,建立海关、盐务和鸦片税务部(The board of revenue in the customs, salt, and opium)。鸦片事务的管辖权遂由贸易部转交

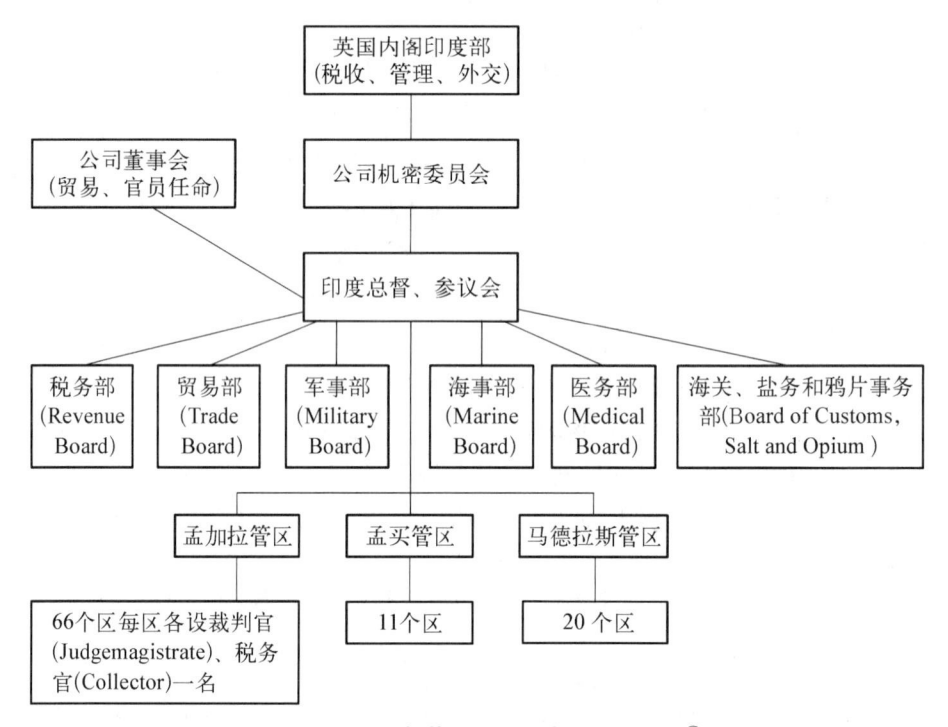

图3-2 1820年英属印度政府组织结构图②

---

① *Historical Appendices*, p.45.
② 据 *Company India: A Comprehensive History of India*, 1757-1858, pp.186-188 绘制。

海关、盐务和鸦片税务部,鸦片收入也正式被归在税收项下而不再被作为贸易获利。1835年,贝拿勒斯商务驻扎官取消,在干孜布尔(Ghazipur)设立了专职的贝拿勒斯代理处(the Benares agency),专门管理当地的鸦片事务。

代理处制实行后,领有工资的公司职员直接同种植农民发生联系。与包收制相比,垄断程度进一步增强。包收制下,公司只是对鸦片的购销予以垄断,而现在则进一步垄断了鸦片的种植和加工。对种植和加工的垄断进而为公司的鸦片购销垄断提供了保障。这时的农民仍"可以自由地选择种植或不种植鸦片"①,但想要种植鸦片的农民则必须向公司提出申请并得到许可,在收获后按照公司预先定好的价格卖给公司,如果没有能按照协议执行,将被处以三倍于预付款的罚款;没有执照的农民私自种植的鸦片要被铲除,并将被处以巨额罚款。1799年后,公司正式允许鸦片内销,进而规定孟加拉的鸦片零售商也必须持有公司颁发的执照,按零售价从公司购买鸦片,以满足英属印度自身的鸦片需求。鸦片加工则完全由公司负责。

该体制下,公司具体的鸦片管理事务是通过地区代理进行的。公司在各地区设立了鸦片代理(Opium-Agent)职务,最初只设有比哈尔鸦片代理和贝拿勒斯鸦片代理两职。后来比哈尔的鸦片种植面积逐渐扩大,1816年又在代理职位下设立两位鸦片副代理(Deputy Opium-Agent)职位,办公地点分别在恰布拉(Chapra)和阿拉(Arrah)。1820年,公司决定在麻洼地区购买鸦片,在该地区增设孟买鸦片代理和印多尔鸦片代理两个职位。1822年,公司又指派孟加拉管区各地之田赋征收官兼任鸦片副代理。代理的职责包括:审批农民的鸦片种植申请、检查核对种植面积并预估产量、颁发种植执照、支付预付资金、收获后检查鸦片品质并按照公司定价收购鸦片,然后将鸦片送到公司的鸦片加工厂,还得负责查稽走私、保护农民不被强迫,等等。② 大量的苟马斯他和麻头都在代理的领导下展开工作。为保证代理的廉沽,在其任职之初要宣誓并签名,誓词内容大致是除公司公开给予的收入外不谋求自己的私利。③ 为了让代理们对他们的收入感到满足,公司还实行高薪养廉制度。代理的月薪为2 500卢比,还按照其提供的鸦片量在加尔各答销售后提成2.5%,是公司工商业体系中收入最丰的官员。④

代理处制的实施产生了立竿见影的效果。鸦片价格迅速上升,1796—

---

① *The East India Company's Monopoly Industries in Bihar*, p.88.
② *British Opium Policy and Its Result to India and China*, p.49.
③ The Fifth Report from the Select Committee on the Affairs of the East India Company, Vol.1, p.52.
④ 提成后来降为2%,1808年9月后又降为1%,见 *The East India Company's Monopoly Industries in Bihar*, p.137.

1797年度鸦片价格为每箱264卢比,第二年每箱426卢比,再一年达到750卢比。从1800年起到1840年,鸦片价格都维持在1000卢比以上。① 鸦片税收也从1794—1795年度的40万卢比迅速攀升到1798—1799年度的237万卢比。②

表3-2　1795—1800年公司鸦片纯收入表③

年　度	鸦片纯收入（卢比）	年　度	鸦片纯收入（卢比）
1794—1795	414 869	1797—1798	983 814
1795—1796	484 518	1798—1799	2 370 708
1796—1797	892 053	1799—1800	2 302 764

1812年,英国议会下院特选委员会曾如此评价代理处制度,"鸦片贸易会受到很多偶发因素的影响,如自然灾害、东方市场的状况等,所以这种收入的多少在本质上是波动的。但是,代理处制度和包收制相比,它的优点在于保证了鸦片的纯度(质量),这是它最本质的东西"④。

（三）代理处制度下的鸦片种植与收购

在包收制下,与包收人签订了种植协议的鸦片种植农必须严格地履行协议,未与包收人签订协议的农民也可以以自用的名义种植鸦片。而在代理处体制之下,种植鸦片必须要得到公司的允许并与公司立有协议。公司在鸦片种植区域内每一千平方英里左右的土地上就设有一个鸦片称量站（weighment place）⑤。每年8月或9月,想要种植鸦片的农民到附近的称量站申报当年想要种植鸦片的土地面积。⑥ 获准后,就可以与公司签订种植协议并领取执照。同时,称量站的工作人员要根据申报的种植面积估算鸦片产量,并按照每比加土地4卢比的定额付给农民预付金。11月份,农民开始播种,种植农此时会得到第二笔款项,比例是每比加土地3卢比。1月到2月,鸦片快要收获的时候,公司再次按照每比加土地3卢比的比例给予农民一笔款项。前三笔预付资金大约相当于预计产量一半的价值。3月末,鸦片正式收获。4月,农民再次赶到称量站,将鸦片交给那里的公司职员称量造册。之后,称量站的职员再把鸦片送到巴特那的鸦片加工厂（贝拿勒斯的称量站把鸦片交到干孜布尔的加工厂）。加工厂的工作人员负责查

---

① *British Opium Policy in China and India*, p.45.
② *British Opium Policy in China and India*, p.45.
③ *The East India Company's Monopoly Industries in Bihar*, p.136.
④ *Historical Appendices*, p.45.
⑤ 原文是农民住所距离称量站平均约20英里。
⑥ 殖民统治后期改为四年。见张力《论近代鸦片经济中的印度农民状况》,《南亚研究季刊》1986年第3期。

验鸦片质量,主要看里面的水分多少,还要看里面是否掺入泥沙或木灰等杂质,最后根据鸦片的纯度、香度、色泽和稠度,给鸦片定级以最终确定单价。干孜布尔加工厂制订的水分含量标准是30%,水分大于30%的鸦片要降低价格,反之则提高价格。巴特那加工厂的水分标准则更为严格,是25%。在定价之后,价格单被发回各称量站。7月,农民第三次到称量站,按照发回的单价结算剩余款项。①

据说每比加土地大致可以生产6—7舍尔的鸦片,约合0.15—0.17蒙德。在18世纪公司刚刚建立垄断体制的时候,农民种植鸦片所得约为每舍尔2卢比。1822年,鉴于地租已经有了较大幅度的上涨,比哈尔和贝拿勒斯的两位官员建议增加鸦片种植农的收入。于是,公司将鸦片收购价格提高到了每舍尔2卢比8安那,而此时公司在加尔各答的鸦片拍卖价格折算为每舍尔50卢比以上,利润率接近1 900%。后来,公司鸦片收购价格又增加到每舍尔3.5卢比,约合每磅3先令6便士。到19世纪下半叶,鸦片收购价格基本保持在每舍尔5卢比的水平。②1894年后又增加到每舍尔6卢比。③孟加拉鸦片的种植面积如下:

表3-3 英印鸦片种植面积及产量表④

年　　度	种　植　面　积		产量(蒙德)
	比　加	英　亩	
1773—1774	44 147	—	6 622
1800—1801	60 933	—	9 140
1806—1807	45 584	30 359*	—
1807—1808	45 579	30 355*	—
1808—1809	45 736	30 460*	—
1809—1810	45 540	30 330*	—
1810—1811	45 537	30 327*	—
1811—1812	45 358	30 208*	—
1812—1813	45 620	30 383*	—

---

① *The Administration of the East India Company*, pp.681,685; *Royal Commission on Opium*, pp.153,154.
② *The Administration of the East India Company*, p.681; *The East India Company's Monopoly Industries in Bihar*, p.168.
③ *Royal Commission on Opium*, p.138.
④ 带*号数字为折算数据。《鸦片经济》,第116—117页。

续 表

年　度	种植面积 比加	种植面积 英亩	产量（蒙德）
1813—1814	45 737	30 461*	—
1814—1815	44 117	29 382*	—
1815—1816	46 488	30 961*	—
1816—1817	46 518	30 981*	—
1817—1818	46 510	30 976*	—
1818—1819	45 492	30 298*	—
1819—1820	47 297	31 500*	—
1820—1821	49 480	32 954*	—
1830—1831	74 533	—	11 180
1835—1836	197 426	—	29 614
1840—1841	232 133	—	34 820
1845—1846	274 040	—	41 106
1848—1849	388 044	242 527	62 994
1849—1850	373 616	233 510	60 935
1850—1851	412 173	257 608	61 053
1851—1852	460 322	287 701	70 598
1852—1853	546 031	341 269	87 457
1853—1854	616 257	385 161	96 278
1854—1855	595 711	372 319	78 796
1855—1856	582 848	364 280	78 895
1856—1857	543 897	339 936	59 975
1857—1858	400 733	250 458	54 867

最后还要补充的是，学界经常有人站在弱者的立场认为印度烟农完全是被英国殖民者强迫才种植罂粟的，甚至可以举出大量印度农民反抗的例子加以证明。实际上，这并不完全符合真实的历史。英国殖民统治时期情形也与莫卧儿时期的情形类似。在莫卧儿时期，鸦片种植面积的大小与粮食价格的高低密切相关，当粮食作物带来的收益高于鸦片种植时，农民就倾向于种植粮食，反之则愿意种植罂粟；在英国殖民统治时期，当满足自身需求以外的剩余农产品不能转

化为商品带来收益,或其收益不及公司提供的鸦片收益时,农民就自愿种植罂粟,而当遭遇粮荒等自然灾害或者剩余农产品可以转化为商品且能够带来比鸦片价额更高收益的时候,农民就不愿种植鸦片,甚至撕毁曾经自愿与公司签订的种植合同,表现为各种形式的反抗。①

(四) 代理处制度下的鸦片加工

在代理处制实行之初,公司只在巴特那设立了一个鸦片加工厂。1820年,公司又在干孜布尔(Ghazipur)设立了另一处鸦片加工厂,专门负责对贝拿勒斯鸦片进行加工,而安排巴特那的鸦片加工厂专门承担加工比哈尔鸦片的任务。在两个加工厂之下,还设有若干分厂(kuthis)②。这种状况一直持续到20世纪初。

收购来的生鸦片被送到鸦片加工厂后③,首先要被放进大木柜中存放一段时间,直到其所含水分合乎标准为止。接下来,生鸦片要被加工成球状或块状。具体做法是在一直径约6英寸的铜杯中一层层铺上干好的罂粟花瓣,将每张花瓣用一种掺有鸦片的涂剂层层粘合。当花瓣铺有半英寸厚的时候,将称好的一团鸦片放进去。然后一边捣实,一边用花瓣把鸦片包起来。19世纪30年代后,偶尔也用布或帆布做包装,但价格要低一些。④ 包好的鸦片团在用罂粟秆、叶研磨成的罂粟渣中滚几下,鸦片球就做好了。这些包装鸦片用的花瓣也是公司从鸦片种植农那里收购来的。农民在罂粟花瓣快落时,将花瓣采下。用文火烤热陶盆,再把花瓣铺在陶盆上烤干,最后和鸦片一起卖给公司。

每年的7月底,所有鸦片球都做好了。鸦片球在太阳下晒三天,放入仓库的架子上继续干燥。10月是鸦片装箱的时节。箱子用芒果木制成,"长约三尺,高宽半之"⑤,内分上下两层,每层有20个"鸽巢"样的间隔,可容纳40个鸦片球,净重约164磅,即80舍尔。装箱时,在箱底铺一层罂粟渣,箱外涂沥青。为保护烟箱,巴特那加工厂用牛皮包裹烟箱,在贝拿勒斯是用粗麻布包裹。⑥

除这种普通包装的鸦片外,还有一种精装品,在中国被称为小公班。"每箱贮八十个,其式样比常行之公班较小,而个数倍之,故每箱斤两不相上下。每个用洋布包裹,制造亦较精致","系最上之烟,价值极贵"。⑦

从11月到来年3月,鸦片被陆续运抵加尔各答的拍卖市场。

---

① 《鸦片经济》,第263页。
② *Company India: A Comprehensive History of India*,1757-1858,p.209.
③ 加工过程参见龚缨晏:《鸦片的传播与对华鸦片贸易》,东方出版社1999年版,第138页。
④ *China Trade and Empire*,pp.100,108.
⑤ 《钦差大臣林则徐等奏报销化烟土已将及半折》,《中国禁毒史资料》,第153页。
⑥ *Chinese Repository*,Vol. V,1837-4,见《中国近代对外贸易史资料》(第1册),第317页。
⑦ 《钦差大臣林则徐等奏报虎门销毁鸦片已一律完竣折》,《中国禁毒史资料》,第160页。

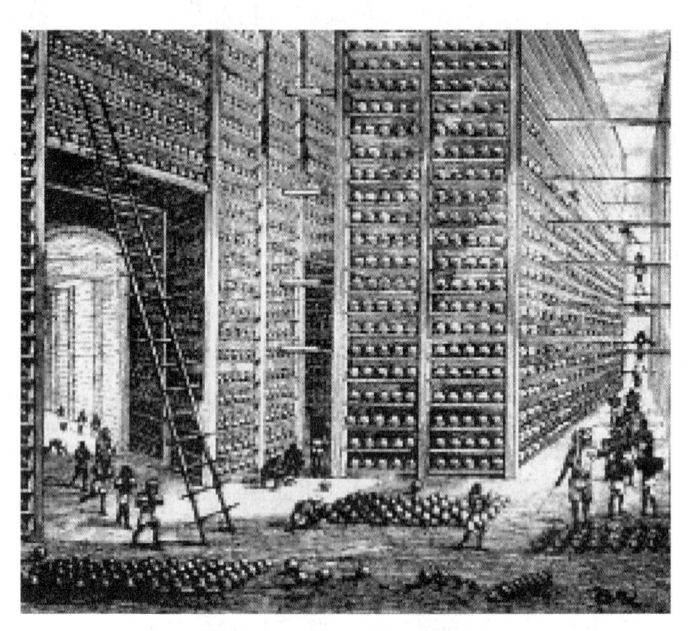

图 3-3　鸦片加工场景图

表 3-4　1829—1864 年专供鸦片生产数量及成本表[1]

年　度	专供鸦片生产量（箱）			每箱平均成本（卢比）
	比哈尔产量	贝拿勒斯产量	总箱数	
1829—1830	5 350	2 215	7 565	291
1830—1831	5 385	2 541	7 926	299
1831—1832	7 500.5	3 140	10 640.5	289
1832—1833	8 526	4 000	12 526	285
1833—1834	8 631.5	4 400	13 031.5	300
1834—1835	9 905	5 400	15 305	290
1835—1836	11 235	6 084.5	17 319.5	303
1836—1837	12 370	6 759	19 129	306
1837—1838	12 848.75	7 363	20 211.75	316
1838—1839	11 365.75	5 443	16 808.75	326

---

[1]　B. P. P. *Opium War and Opium Trade Sessions 1840－1885*，(Vol. 31) Irish University Press, 1971, p.384.

续 表

年 度	专供鸦片生产量(箱) 比哈尔产量	专供鸦片生产量(箱) 贝拿勒斯产量	专供鸦片生产量(箱) 总箱数	每箱平均成本(卢比)
1839—1840	12 641.5	6 188	18 829.5	306
1840—1841	13 015	5 349	18 364	309
1841—1842	9 700	5 470	15 170	310
1842—1843	12 545	5 807	18 352	308
1843—1844	14 886	6 639	21 525	306
1844—1845	15 604	6 463	22 067	305
1845—1846	15 206	6 445	21 651	313
1846—1847	21 962	9 333	31 295	313
1847—1848	26 629	9 833	36 462	291
1848—1849	25 000	10 385	35 385	295
1849—1850	23 755	10 664	34 419	302
1850—1851	23 013	10 550	33 563	295
1851—1852	26 465	13 000	39 465	285
1852—1853	34 275	14 047	48 322	285
1853—1854	36 546	16 775	53 321	281
1854—1855	32 210.5	12 231	44 441.5	281
1855—1856	30 500	13 407	43 907	268
1856—1857	22 026	10 667	32 693	285
1857—1858	23 000.5	4 175	27 175.5	311
1858—1859	15 247	6 120	21 367	309
1859—1860	14 665	6 762	21 427	328
1860—1861	15 745	13 650	29 395	364
1861—1862	22 351	17 305	39 656	421
1862—1863	27 387	22 341	49 728	415
1863—1864	35 038	29 231	64 269	407

另外值得一提的是,公司最初的主要市场是马来半岛等东南亚地区,鸦片制作时更加注重马来人的口味。但是,中国市场后来居上,成为公司主要的鸦片出口市场。1826年,在比哈尔鸦片检察官弗莱明(Flemimg)的建议下,公司开始改进鸦片加工过程,使之更加适合中国人的口味。① 公司的这种努力此后一直没有停止,而"这种高水平的质量控制是开发巨大的中国鸦片市场的关键"②。如在1835年,贝拿勒斯鸦片检察官巴特(D. Butter)就曾在写给鸦片代理的一封信中提到了一些具体建议:"孟加拉鸦片代理处的主要任务就是要提供一种特别适合中国人口味的鸦片。中国人鉴别鸦片,要看鸦片受热水浸泡后残余物的比例。当他们吸食鸦片时,喜欢纯净而猛烈的味道。所以,我们应尽可能地保持鸦片的原味和其在热水中的可溶性⋯⋯众所周知,在糖类⋯⋯的各种加工方法中,真空蒸馏是保持其原味、可溶性及提取物药效的有效方法。这是因为它消除了大气的化学和物理作用、结晶迅速且相对低温⋯⋯基于以上事实可以得出结论:从化学角度说,在真空中蒸馏鸦片是可取的⋯⋯我毫不怀疑,这样的加工方法会极大地提高鸦片吸食时的劲力和纯度,并使鸦片保持良好的可溶性和强大的麻醉作用。"③此外,该信件还深入讨论了种植、收获等环节上的改进措施,如提到割鸦片用的小刀宜用水洗而不宜用油,理由是水可以蒸发,而油只会损害鸦片的口味。④ 诸如此类,可见公司为占领中国市场真可谓煞费苦心。

另据当代学者研究,鸦片成分的差异除与加工方法以及环境因素(如气候、土壤等)有关外,甚至还与收割用具、收割的季节甚至收割时间以及存放鸦片的器具等都有关系。印度人存放鸦片浆汁的容器莎克里(Shakora)、毛恩(Mon)等均为陶制容器,这些陶制容器可以过滤出大量的吗啡。此外,印度人用于收割鸦片的小刀奴卡(Nukha)有三个刀刃,而土耳其人收割鸦片用得是一个刀锋的小刀,据说多刃小刀也会降低鸦片的吗啡含量。19世纪时英国人对各种鸦片吗啡含量的鉴定,也可以证实印度,尤其是孟加拉鸦片的吗啡含量要低于土耳其鸦片。⑤ 除人为因素外,不同种类罂粟的基因也决定着鸦片间的品质差异。通过对当代印度鸦片和土耳其鸦片的研究发现,印度鸦片的可待因含量为3.5%,而土耳其鸦片的可待因含量则不足1%。在各种能够产生镇痛、舒适、欢娱和其他心理效果的各种生物碱中,吗啡是最主要的一种,但含量过高,会让吸食者感到

---

① *The East India Company's Monopoly Industries in Bihar*,p.140.
② *Opium and the Limits of Empire*,p.28.
③ *Documents Relating to Opium. & c. Vol. V*,p.51.
④ *Documents Relating to Opium. & c. Vol. V*,p.53. 信中还提到麻洼地区鸦片就是用油洗刀,以致口味不佳。
⑤ *Royal Commission on Opium*,p.110.

十分刺鼻，毒性也更重。与土耳其鸦片相比，印度鸦片吗啡含量较低，这会使可待因等相对较弱的生物碱的作用增强，吸食起来更觉醇美。①

总而言之，印度鸦片本身的植物基因、早期形成的传统收割方法以及公司后来的刻意努力，共同造就了一种适合中国人口味的鸦片品牌。

（五）代理处制度下的鸦片拍卖

自1773年起，孟加拉鸦片就在加尔各答市场上拍卖出口。出口鸦片最初的主要目的地是东南亚，后来主要是中国，还有一部分销往阿拉伯地区和波斯湾，少量的作为药品销往孟买、马德拉斯和英国②。公司对这种拍卖制度基本上是满意的。只是在1775年，一位巴特那的税收官曾建议公司废止拍卖制度，而由公司自己的船只运送出口。据他估计，如果断绝对法国和荷兰的鸦片供应并严查走私，公司在当时就可以生产出33 000箱的鸦片供应市场③。该建议遭到公司拒绝。18世纪末，清政府下令禁止鸦片贸易，公司上下便再也没有人敢于反对拍卖制度了。在1797年代理处制度建立以前，公司设在这里的机构还肩负着检验鸦片质量的职能。代理处制建立以后，公司经常指派专人对运到加尔各答的鸦片进行抽样检查。④

拍卖制度建立之初，每年2月和12月两次拍卖，后来次数逐渐增加，到1848—1849年度，每月拍卖一次成为定例。一般来说，公司在加尔各答的拍卖价格是公司成本的百分之二百以上。⑤ 商人购买的鸦片可以在公司仓库内储存3个月（1838年后改为1个月），但必须在竞拍成功后3天内交足储存费用。⑥ 关于早期拍卖数量的记载现已缺失。从产量估算，加尔各答最初的拍卖箱数应该在3 000箱上下。1787年以后，每年的拍卖数量开始有明确的记载。从1787年到1830年，平均每年出口鸦片4 000箱左右。⑦ 1820年后，拍卖数量逐渐增加。1830年后，加尔各答的鸦片出口数量开始迅速增加。直到1855年，孟加拉鸦片的出口量都保持了这种较快速度的增长。即使是在鸦片战争期间，加尔各答的出口也没有受到大的影响。

---

① Paul Winther, Personal Communication, April 16, 2004. 转引自 *Opium and the Limits of Empire*, pp.27,28.
② *The East India Company's Monopoly Industries in Bihar*, p.200.
③ *Historical Appendices*, p.8.
④ *The Administration of the East India Company*, p.687.
⑤ S. N. 古塔：《英国人：印度最大的剥削者》，转引自张力：《论近代鸦片经济中的印度农民状况》，《南亚研究季刊》1986年第3期。
⑥ *China Trade and Empire*, p.338.
⑦ *Royal Commission on Opium*, p.123.

表 3-5　1787—1841 年印度鸦片拍卖价格数量表①

年　度	拍　卖　箱　数			孟加拉鸦片平均价格（卢比）
	比哈尔鸦片	贝拿勒斯鸦片	麻洼鸦片	总箱数
1787—1788	3 113	580	—	3 693	470
1788—1789	1 907	423	—	2 330	569
1789—1790	1 963	504	—	2 467	588
1790—1791	2 267	572	—	2 839	553
1791—1792	2 474	750	—	3 220②	525
1792—1793	2 152	832	—	2 982③	632
1793—1794	2 979	881	—	3 860	569
1794—1795	3 502	1 148	—	4 650	559
1795—1796	4 749	1 287	—	6 026	245
1796—1797	5 331	1 233	—	6 564	264
1797—1798	3 450	722	—	4 172	426
1798—1799	3 325	729	—	4 054	750
1799—1800	3 665	905	—	4 570	718
1800—1801	3 148	799	—	3 947	831
1801—1802	2 570	722	—	3 292	1 383
1802—1803	2 224	616	—	2 840	1 378
1803—1804	2 380	779	—	3 159	1 950
1804—1805	3 004	832	—	3 836	1 608
1805—1806	3 278	848	—	4 126	1 039
1806—1807	3 649	889	—	4 538	1 583
1807—1808	3 420	788	—	4 208	1 276
1808—1809	3 793	767	—	4 560	1 460
1809—1810	3 970	998	—	4 968	1 557
1810—1811	3 885	1 006	—	4 891	1 549
1811—1812	3 959	1 007	—	4 966	1 328

---

① *Historical Appendices*, p.61.
② 原文似有误,应为 3 224。
③ 原文似有误,应为 2 984。

续　表

年　度	拍卖箱数 比哈尔鸦片	贝拿勒斯鸦片	麻洼鸦片	总箱数	孟加拉鸦片平均价格（卢比）
1812—1813	3 844	925	—	4 769	1 955
1813—1814	3 023	649	—	3 672	2 554
1814—1815	3 381	849	—	4 230	2 257
1815—1816	3 571	747	—	4 318	2 091
1816—1817	2 885	800	—	3 685	2 289
1817—1818	8 863①	689	—	3 552	1 876
1818—1819	3 095	611	—	3 706	2 221
1919—1820	3 161	783	—	3 999②	2 479
1820—1821	2 537	508	1 600	4 605	4 283
1821—1822	3 327	573	1 600	5 520	3 489
1822—1823	2 661	699	4 000	7 360	2 062
1823—1824	4 148	1 242	4 000	9 390	1 383
1824—1825	2 836	974	4 200	7 810	1 990
1825—1826	4 982	1 588	4 000	10 570	1 385
1826—1827	4 698	1 652	3 065	9 415	1 846
1827—1828	5 287	2 174	—	4 761	1 328
1828—1829	6 149	2 429	—	8 578	1 357
1829—1830	5 101	2 214	—	7 315	1 763
1830—1831	5 384	2 540	—	7 924	1 482
1835—1836	11 867	6 090	—	17 257	1 498
1840—1841	13 014	5 248	—	18 362	811

三、鸦片"商行"

代理处制度的正常运行还必需一个外在条件，那就是参与海上贸易的散商。可以说，对华鸦片贸易，除很少的几次外，都是由散商来完成的。他们的发展壮

---

① 原文似有误，应为 2 863。
② 原文似有误，应为 3 944。

大经历了一个长时期的演进过程。

在普拉西战役后,英国私商在孟加拉的贸易就日趋活跃。在中国,早在18世纪中叶的广州就出现了第一批英国散商。不过,1813年以前的印度贸易以及"直到1834年为止,关于向中华帝国疆域输入或输出商品的业务,其贸易和经营的独占权,就英国臣民来说,在法律上是属于公司的"①,换言之,这些年度里参与南洋贸易的英国散商,从法律上讲都必须持有公司颁发的执照,对华贸易时还必须通过公司驻广州的代理行进行贸易。但事实上这并没有完全防止私商们参与中印贸易。对英国商人而言,他们有三种方式可以参与中印贸易:第一种,他们可以向公司申请执照,从事印中之间的贸易;第二种,没有执照而冒着被公司处罚的风险私自经营中印贸易;第三种就是以其他国家公民的身份进行贸易。早在18世纪60年代,公司大班为防止散商越过公司自行贸易,便发出过未经公司许可不得逗留广州的警告。80年代,散商为摆脱公司控制,开始打着其他国家的旗号进行贸易。1782年,英国人约翰·里德弄到一份奥地利驻华领事的委任状,与亨利·柯克斯合办了第一家代理行。此后,更多的英国商人争相效仿。1813年,东印度公司对印度贸易的垄断权被取消。1815年,拿破仑战争宣告结束。经济上的开放和大国间的和平促使更多的欧洲商人加入到港脚贸易的行列中。到19世纪20年代,在印度马德拉斯有不少于10家的商行,孟买15家,加尔各答46家,这还不包括在伦敦注册的27家商行也在参与东方贸易。② 在东印度公司对华贸易也即将废止的1833年,英国在华行号达到66家。③ 1834年4月,东印度公司的对华贸易垄断权被取消,除参与印度事务管理外,其"主要功能仅是保持其他商业主体从事贸易的条件","使整个世界都对英国商人组织自由开放"④。于是,散商们从公司手中接过了对华贸易的主导权,散商行号像雨后春笋般发展起来。到1837年时英国在华行号增至156家。⑤ 这些在华行号就是开展中印鸦片贸易的主力军。

自1773年起,孟加拉鸦片就在加尔各答市场上公开拍卖,而公司并不关心这些鸦片的去向。直到18世纪末嘉庆禁烟时,除少数几次外,公司基本"将它的活动只限于在印度的鸦片生产,而不参与鸦片在中国的分配"⑥,把向中国市场输送鸦片的任务留给散商。不过,公司大班在这段时间里时常充当"印度散商的

---

① 《鸦片战争前中英通商史》,第16页。
② *China Trade and Empire*, p.6.
③ 《鸦片战争前中英通商史》,第170页。
④ *China Trade and Empire*, pp.4,191.
⑤ 《鸦片战争前中英通商史》,第170页。
⑥ 《鸦片战争前中英通商史》,第99页。

代理人"①来参与鸦片贸易。嘉庆禁烟以后,公司严禁自己的职员经营鸦片贸易,散商中的"冒险集团"成为中印鸦片体系的真正桥梁。② 1833 年,英国在华行号进口的货物总值中已经有一半是鸦片价值。③ 没有他们,"中印鸦片贸易不可能达到其最终的规模"④。

在这些行号中经营鸦片生意的大型行号有怡和洋行、颠地洋行、柯瓦斯济洋行、麦凯洋行、弗巴斯洋行、伦敦东印度中国协会、曼彻斯特商会和美国的旗昌洋行等。怡和洋行后来被称作"洋行之王",是经营鸦片走私的最大行号。其前身就是 1782 年成立的柯克斯·里德行,1817 年改名麦尼克行。1825 年威廉·查顿(William Jardine)入伙。查顿于 1784 年出生在苏格兰顿弗里郡的一小农场主家庭。18 岁时,他从爱丁堡大学毕业,成为一名医生。1803 年,查顿谋到东印度公司一艘船上医生助理的职位。此后 14 年,他一边充任公司船医,一边经营自己的小额贸易。1817 年,查顿辞去东印度公司工作,正式成为独立的港脚商。在查顿加入麦尼克行后不久,另一年轻的英国人詹姆斯·孖地臣(James Matheson)入伙。1832 年该行改名查顿·孖地臣商行。该行实力雄厚,在对华鸦片贸易中扮演着重要角色,在伶仃洋贸易时期,曾在中国沿海建立起规模空前的走私网络。他们以伶仃洋为基地,派遣"杨少校"号(Colonel Young)、"奥斯汀"号(Austin)两艘满载鸦片的大船停泊沿海各处,作为流动鸦片仓库,再以轻型船只从伶仃洋运送鸦片为二船提供补给,用小船往来沿海将大船鸦片销往各地。鸦片战争前,该行用以贩运鸦片的船只不下十艘,除上述两艘大船外,往来信件中经常提到的还有"大力士"号(Hercules)、"赫兹夫人"号(Lady Hayes)、"红色漫游"号(Red Rover)、"芬德利州长"号(Governor Findlay)、"希腊"号(Hellas)、"欧米茄"号(Omega)和两艘小型蒸汽轮船"查顿"号(Jardine)、"哈里特"号(Harriet)等。⑤ 林则徐后来曾指称查顿"盘踞粤省夷馆,历二十年之久,混号'铁头老鼠',与

图 3-4 威廉·查顿像

---

① 《鸦片战争前中英通商史》,第 17 页。
② 《鸦片战争前中英通商史》,第 101 页。
③ *China Trade and Empire*,p.13.
④ Hunt Janin,*The India-China Opium Trade in the Nineteenth Century*,McFarland Company,Inc.,1999,p.57.
⑤ *China Trade and Empire*,p.244.

汉奸积惯串通。鸦片之到处流行,实以该夷人为祸首"①,该行在鸦片贸易中的地位可见一斑。颠地洋行又称宝顺洋行。该行是仅次于怡和洋行的一家鸦片走私公司,老板颠地是与查顿齐名的鸦片走私贩子。

这些商行不仅经营鸦片贸易,还经营茶叶、棉花等其他生意,有时还相互之间互为代理,甚至相互提供资金支持,形成一张强大的贸易网络,②为平衡东印度公司在中国的贸易逆差起到了至关重要的作用。因此,英国政府和东印度公司在必要的时候甚至不惜出动军舰为他们保驾护航。例如在英荷战争期间,麦尼克行为首的四家洋行于1831年1月联名写信给伦敦的东印度贸易委员会,信中说,"鉴于大不列颠已经开始卷入战争,我们要提醒的是,许多船只装载着大量的鸦片财富停泊在伶仃洋上,这些主要是英国名下的、由印度部予以保证的财富将暴露在很大的危险之下。我们在中国没有殖民地,为防止首次敌对行为的发生,请派遣一支海军来保护每年价值2—3百万英币(sterling)的财产"③。10月,一艘420吨位,安装着18门炮的单桅战船"克莱武"号即从孟买驶来,停泊在伶仃洋上。④

在这些参与鸦片贸易的散商中,除了英国、美国等西方国家的商人外,还有一批亚洲国籍的鸦片贩子也活跃在中印之间的海路上。

这些亚洲籍的鸦片贩子中有巴斯人。巴斯人即印度的琐罗亚斯德教(又称袄教)徒,他们相互之间多有联系,主要从事麻洼鸦片贸易,也偶尔从事加尔各答的出口贸易。据说他们曾占广州口岸"夷商"的三分之一,人数仅次于英国人。⑤ 这些人中不乏鸦片世家,如帕斯托杰·伯曼杰·瓦迪(Pestonjee Bomanjee Wadia)家族曾从事印度西海岸的鸦片贸易达数世纪之久;他们当中也不乏实力雄厚的巨富豪商,如大鸦片商人拉斯特杰·库瓦斯杰·班纳杰(Rustomjee Cowasjee Banajee),不计算在中国沿海游弋的鸦片船只,单就他拥有从事港脚鸦片贸易的船只就多达39艘。⑥

鸦片贩子中还有亚美尼亚人。直到19世纪初,从加尔各答到澳门的鸦片贸易中有很大部分被这些印籍的亚美尼亚人所操纵。约翰·塞尔克斯、塞尔克斯·欧文等都是亚美尼亚鸦片巨商的代表人物。他们常以极低的价格在中国市场销售鸦

---

① 林则徐:《林文忠公政书》,载中国史学会编:《鸦片战争》(卷二),第142页。
② 参见 China Trade and Empire 各章节。
③ China Trade and Empire, p.124.
④ China Trade and Empire, p.125.
⑤ 郭德焱:《巴斯商人与鸦片贸易》,《学术研究》2001年第5期。
⑥ The India-China Opium Trade in the Nineteenth Century, p.66.

片,以致公司参事会曾决定禁止葡萄牙船在孟加拉搭乘亚美尼亚乘客。①

鸦片贩子中还有犹太人。最著名的是艾拉本·约瑟夫(Den Eziben Joseph)、艾扎克尔(Ezekiel)和大卫(David)等。他们在1820年前后到达加尔各答,均通过鸦片贸易起家。②

鸦片贩子中还有巴特那的印度商人③,甚至还有中国人。中国商人很早就开始从事鸦片贸易了,而这一贸易似乎一直没有间断。1829—1830年度,正值中国严禁鸦片之时,到新加坡贸易的中国帆船有9艘,"计来自广州者1艘,潮州2艘,上海2艘,厦门4艘……帆船所载的主要货物有陶器、土布、砖瓦、羽缎、伞、少量烟草,以及干果……他们的回程货物包括燕窝、樟脑、海参、檀香、乌木、玳瑁、沙藤、鱼翅、海参和鸦片,还有少量的欧洲毛织品,以及棉布"④。甚至在鸦片战争前后,这种贸易还在进行。从1839年至1841年,每年到新加坡的中国帆船有"150至250艘,每艘载重50—500吨不等,完全由中国人驾驶。它们当然是趁季节风而来,在一、二、三月间到达新加坡……由这种帆船输出的货物主要是原棉、棉纱、棉布、鸦片、海参……近来每年贩购的数量如下:……鸦片2000箱,每箱164磅……在四月里趁最后的东北季节风到达的许多小帆船,是快速帆船,专为贩购鸦片而来,他们都用现银支付。在五月初就离港北旋,到了广州,照例向官老爷们纳贿之后便走私入境了。所有的大型帆船都在六月底启程北归。在1841年,有些大船拖延到七月中旬才启程,为的是希望能以比先启程的船只便宜一些的价钱贩购鸦片,但在南海遇到了飓风,有一两艘连船带货都沉了。这个教训对后来的船只作用很大,从此他们再也不敢冒险了"⑤。除了那些直接从事外洋鸦片贩运的中国人外,还有一些中国人参与了外国鸦片贩运组织。在伶仃洋外停泊的鸦片趸船上,"看银师、木匠及船上的水手、厨子、仆人等,都是中国人"⑥。

最后要说的是,这些洋行的行动是自由的。他们虽然是英国在印度实行的代理处制度的必要延伸,但有时又会做危害英国公司利益的事情。例如,查顿·孖地臣商行不仅会从英印进口鸦片到中国,在合适的时候还会从别处进口鸦片,从而减少印度鸦片的在华销售量。

---

① 《鸦片战争前中英通商史》,第104页。
② 张力:《鸦片对华贸易与印度近代资本主义的兴起》,《南亚研究季刊》1986年第4期。
③ *The East India Company's Monopoly Industries in Bihar*, p.143.
④ 1830年3月25日《新加坡报》,载《中国近代对外贸易史资料》(第1册),第68页。
⑤ G. F. Davidson, *Trade and Travel in the Far East*,载《中国近代对外贸易史资料》(第1册),第70页。
⑥ W. C. Hunter, The "Fan Kwae" at Canton,载《中国近代对外贸易史资料》(第1册),第334页。

表 3-6　查顿·孖地臣商行等公司输入中国的土耳其鸦片数量①

年　度	数量(担)	年　度	数量(担)	年　度	数量(担)
1824—1825	7	1829—1830	198	1834—1835	13
1825—1826	135	1830—1831	131	1835—1836	395
1826—1827	1 023	1831—1832	195	1836—1837	60
1827—1828	915	1832—1833	1 602	1837—1838	403
1828—1829	179	1833—1834	151	1838—1839	290

四、英国政策调整与市场变动

(一) 供应紧缩与鸦片在华蔓延

1. 孟加拉鸦片的"限产增利"

代理处制度实行以后,孟加拉鸦片的市场竞争力得到极大提高。中国市场的价格上涨很快就传导到加尔各答,当地的鸦片拍卖价格也迅速上升,1796—1797 年度每箱 264 卢比,第二年每箱 426 卢比,再一年达到 750 卢比。鸦片税收也从 1794—1795 年度的 40 万卢比迅速攀升到 1798—1799 年度的 237 万卢比②。而公司此时的想法是:如果产量增加必然会导致供大于求,从而引起价格下跌。基于这样的认识,公司于 1797 年制定了"限产增利"的政策,即压缩生产规模,确保鸦片质量,尽力提高价格,进而扩大利润空间。参议会制定的 1797 年第一号管理令(Regulation I of 1797)就是这一政策的具体体现。根据该法令,每年的鸦片产量被确定为 5 000 箱。③ 这一政策被后来的孟加拉总会计师乔治·塔克(George Tucker)在 1829 年加以总结,"很多年以来……(公司鸦片)政策就是以最低的成本在能够生产高质量鸦片的地区种植罂粟,把鸦片的生产数量限制在相对合理的程度——很少超过 4 500 箱,并尽可能阻止在自己领土上非医用鸦片的使用和销售"④。

孟加拉邦所产鸦片的质量相对低劣,在 1797 年春,最高售价仅为每箱 50 卢比⑤。公司因此在 1799 年颁布法令,终止该邦鸦片生产,终止范围还包括比哈尔邦鲍格乐布尔(Boglepur)的兹拉(Zillah)。同时,公司烧毁了近 2 000 箱鸦片

---

① *Expansion of Opium Production in Turkey and the State Monopoly of 1828-1839*, p.193.
② *British Opium Policy in China and India*, p.45.
③ *British Opium Policy in China and India*, p.46.
④ *British Opium Policy and Its Result to India and China*, p.42.
⑤ *British Opium Policy in China and India*, p.46.

以减轻市场压力。此后,虽然孟加拉仍有非法的鸦片生产,但影响不大。1803年,公司又进一步禁止了西北省的鸦片种植。①

孟加拉鸦片的产量在1797年被确定为每年5 000箱,而到1801—1802年度的产量仅为4 800箱。此后15年间,年产量不仅没有增加,甚至还在减少。"限产增利"政策造成的供给不足与中国单纯吸食鸦片方法发明后引起的需求扩大,导致中国市场上的鸦片价格在1801年后再度提高,且长期居高不下。② 数十年间,高价格使公司鸦片收入在产量不变的条件下几乎翻了三倍。③ "限产增利"的政策和代理处制的实施为东印度公司取得了丰硕成果,英国议会和公司对此十分满意。

2. 对麻洼鸦片的"封锁控制"

英国人制定的"限产增利"政策原本是希望通过限制产量来进一步提高价格,而麻洼的鸦片商和鸦片种植农们却并不这么想。当中国市场的鸦片价格上涨后,自然就拉动了当地收购价格的相应上涨,从而刺激了鸦片产量的增加。这些鸦片经由葡萄牙人控制的达曼等地出口到中国的澳门进行销售。

直到1803年,印度总督亨利·卫斯理(Henry Wellesley)才知道中国市场上有麻洼鸦片在销售。④ 颇为讽刺的是,这一情况还是澳门的葡萄牙当局告诉公司的。葡萄牙当局之所以要"自毁前程",是因为有些商人居然把一批鸦片卸货在黄埔(Whampoa)出售,没有给澳门的葡萄牙当局缴税。葡澳当局给驻在广州的英国公司特选委员会写信说,"'洛杰家族号'(Lowjee Family)曾经运入100担通常称为马尔瓦(麻洼)或孟买的鸦片,而本季度早期来船也运有同样的或更大量的鸦片进来……各船停靠果阿(Goa)",进而提醒说"显然对贵公司利益会有重大损害"⑤。时任公司广州特选委员会主席的多林文迅速把情况通报印度总督并建议说,"禁止它的继续运销没有什么不妥"⑥。这是公司首次发现在中国市场上有麻洼鸦片。

亨利·卫斯理在得知此事后,当即委托孟买政府对麻洼鸦片贸易展开全面调查。孟买政府驻巴罗达驻扎官于当年8月24日报告说,"麻洼鸦片开始种植的年代似乎非常久远,它的起源可能像当地的棉花种植 样早。那里的气候和土壤都非常适宜鸦片种植。……鸦片出口十分简便,想要用法律手段予以阻止会十分困难。大量的麻洼鸦片从卡提阿瓦出口,主要出口地是阿拉

---

① *The Administration of the East India Company*, p.681.
② *Royal Commission on Opium*, p.123.
③ *British Opium Policy in China and India*, p.86.
④ *British Opium Policy in China and India*, p.82.
⑤ 《东印度公司对华贸易编年史》(1、2卷合订本),第735页。
⑥ 《东印度公司对华贸易编年史》(1、2卷合订本),第736页。

伯和波斯。……其余的被运到孟买和柯坎(Konkan),从那里再转运(印度)半岛内陆"①。孟买的海关负责人于当年8月27日也报告说,"麻洼鸦片的出口贸易已经存在了若干世纪,苏拉特的商人早就在经营此种贸易。但出口量一直变化不大,只是在18到20年前才略有增加。这种增加是因为许多来自第乌、库奇、马拉巴、马来沿岸和中国的陌生人经常购买……当前从事这种贸易的主要是各种印度教徒、穆斯林和一些犹太人,大约有三四百人……两种鸦片输入(孟买)最多,一是麻洼鸦片,另一种是从红海各口岸运来的上埃及产的鸦片。麻洼鸦片从苏拉特转运出口的价格是每舍尔5.5卢比,主要销往马拉巴和其他印度地区、马来半岛和中国,上埃及的鸦片是每舍尔7.25—8.25卢比,主要销往旁遮普的木尔坦(Multan)"②。孟买政府向总督报告了这些情况后进一步补充,"从1800—1801到1802—1803年度,从苏拉特、古吉拉特北部各港和阿拉伯湾输入孟买并转运出口的鸦片大约为3 700苏拉特蒙德,年均1 233蒙德。这些鸦片主要是麻洼地区生产的,一些次等鸦片生产于古吉拉特北部地区,另有一小部分是从土耳其转来的"③。卫斯理在听取汇报后,当即下令禁止在孟买管区之内种植鸦片,同时禁止从英国控制下的孟买、苏拉特等口岸出口鸦片。随后又于1805年颁布孟买第一号鸦片管理条例(Bombay Regulation I),规定无论在任何地区,严禁一切悬挂有英国国旗的船只装载孟加拉鸦片以外任何种类的鸦片④。同年,政治上依赖英国的吉克瓦尔(Gaekwar)率先与公司签订了限种协议,并承诺其国内的鸦片销售价格不低于英属印度的市场价格。

英国在第二次英马战争中的胜利为全面封杀麻洼鸦片创造了条件。原来,马拉特联盟内部在1802年发生了内乱,马拉特佩什瓦请求英国支援,并与公司签署了"军费补助金联盟"条约。马拉特联盟各邦王公对此极为不满,遂起而抗英。1805年战争结束,大批麻洼土邦沦为英国附庸。于是,英印总督亨利·卫斯理决心凭借有利的政治形势,对麻洼鸦片进行封锁,以"阻止这种商业的进一步发展,并将其完全消除"⑤。

1806年,公司全面启动与葡萄牙和各土邦的谈判。公司首先与葡萄牙达成协议,禁止从达曼、第乌等葡萄牙口岸出口鸦片。古吉拉特的马赫坎特哈(Mahi Kantha)和吉克瓦尔也分别于1812年和1817年作出承诺:此后鸦片过境出口

---

① *Historical Appendices*,p.47.
② *Historical Appendices*,p.47.
③ *Historical Appendices*,p.46.
④ *Royal Commission on Opium*,p.27.
⑤ *British Opium Policy in China and India*,p.83.

均需得到公司许可。稍后,巴罗达也同意禁止鸦片过境与出口。① 在此后相当长的一段时间内,麻洼鸦片的出口确实被有效遏制②。这是因为:首先,公司在孟买管区的禁种、禁运法令,以及同一些土邦签订的封锁鸦片出口的协议,确实在一定程度上阻止了麻洼鸦片向西海岸的运输。其次,公司于1804年占领了古吉拉特沿海的狭长地带,从而阻断了麻洼鸦片出口的捷径。再次,1800年后发生的马拉特内战和第二次英马战争破坏了麻洼地区的鸦片种植业。最后也是最重要的一点是,封锁政策得到了葡萄牙当局的配合。

当时的欧洲正笼罩在拿破仑战争的阴霾之中。1789年,因法国议会要求限制王权而爆发内战。1793年1月,革命派处死法国波旁王朝国王路易十六,建立法兰西第一共和国。1799年,以拿破仑·波拿巴为代表的军人势力发动"雾月政变"上台,并于1804年改共和国为法兰西第一帝国。在此前后,法国先后占领荷兰及意大利部分地区。1807年10月,拿破仑派遣大将朱诺远征葡萄牙。11月,葡萄牙王室远遁巴西。以英国、普鲁士、奥匈、沙俄为首的王权国家多次组成反法联盟,致使拿破仑最终于1815年滑铁卢战役中失败,帝国灭亡。由此,葡萄牙自1807年后在复国及恢复王位等问题上需要英国的支持,便在许多重大问题上追随英国。在印度,葡萄牙政府命令其在果阿的总督配合英国东印度公司的封锁计划。

不过,封锁政策得以实施的条件在1815年后渐渐不复存在③。首先,麻洼鸦片通往西海岸的道路毕竟没有完全阻断。出口的鸦片可以从古吉拉特直接取道达曼,也可以绕道贾萨米尔(Jaisalmer),穿越信德后抵达印度河口的卡拉奇(Karachi),再由海路运抵葡萄牙港口达曼。其次,中国市场对鸦片的需求量有所增加,而孟加拉鸦片的产量仍然保持在过去不足5 000箱的水平。这使得鸦片市价维持在相对高位,绕道运输的走私鸦片仍然可以在中国市场获得暴利,从而刺激了鸦片走私出口。再次,拿破仑战争于1815年结束,维也纳会议宣布葡萄牙布拉冈扎王朝复辟,葡萄牙不再有求于英国。因此,葡萄牙当局不再像以前一样与英国通力合作。1815年,公司驻果阿公使斯凯勒(Schuyler)少校向孟买当局报告,"据说,葡萄牙总督抱怨他前任的安排对他辖区的税收和葡萄牙海岸殖民地的商业是不公正和有害的,并已经让佩雷拉(Antonio Periera)少校带着一艘小型双桅战舰将69箱鸦片从达曼运到了果阿,再运到中国的澳门"④。但这还只是葡萄牙当局不配合政策的开始。1817年,英印总督哈斯丁斯侯爵要求

---

① *British Opium Policy in China and India*,p.84.
② *Royal Commission on Opium*,p.28.
③ *Royal Commission on Opium*,p.28.
④ *Historical Appendices*,p.49.

董事会促成英葡两国政府就此问题进行谈判,阻止孟加拉鸦片以外的其他鸦片在澳门贸易。但董事会觉得这是小题大做,认为"不必要向国王陛下的政府提出建议","除了以合适的价格和更好的产品满足市场以外,没有更实用的办法"①。这样,从1814年到1818年间,质量大为改进的麻洼鸦片终于成为孟加拉鸦片在中国市场的强劲对手,加之孟加拉鸦片质量在1817年到1818年间有所下降,导致了1814年后公司收入急剧下滑。

1817年,马拉特人不满臣服英国的现状而再次起兵反抗,第三次英马战争爆发。到1818年春,战事基本结束。马拉特佩什瓦的领土被英国人兼并,佩什瓦本人在得到养老金后被迫退休。这样,马拉特诸邦完全丧失了统一的精神领袖,被英国人彻底征服了。但是,这种主从关系也为英国人继续执行对麻洼鸦片的封锁政策带来不便。

1819年,参议会对这一问题展开讨论。与会者一致认为土耳其鸦片不构成威胁,中国市场的挑战主要来自麻洼鸦片。他们估计中国市场的总消费量大约为8 100箱左右,而孟加拉鸦片的总产量仅为4 000箱,这样会出现4 000箱左右的缺口。对此,参议会提出几种解决的办法:第一,允许孟加拉邦恢复鸦片生产。第二,公司每年购进并在孟买拍卖4 000箱麻洼鸦片,②这样既可以满足中国市场的需要,又顾全了土邦的利益。第三,麻洼鸦片的超量种植要加以控制。但是,"控制超量生产"这一措施因有干涉土邦内部事务之嫌,执行起来有一定难度,最终被暂时搁置。③ 于是,公司开始加大孟加拉鸦片的产量,并开始主动在麻洼购买鸦片投放中国市场,英国"紧缩"印度鸦片生产的年代结束了。

3. 鸦片在中国的蔓延

清政府在嘉庆元年(1796年)颁布的禁止鸦片上谕改变了鸦片贸易的性质,但并没有对鸦片贸易产生实质性的影响。1802年,东印度公司广州委员会曾发给公司一份报告,就很生动地描述了当时鸦片市场的状况。报告说,"尽管政府(清政府)下令禁止,而鸦片的销路无疑大量增加。约在十五年前,每年进口额约2 000箱,从该时期起,当价格平稳时,有好几次达到4 000箱,但当(公司)减少种烟并在加尔各答限制销售数量时,结果对孟加拉的(鸦片)购买者和中国的(鸦片)消费者的价格都增加,便减为3 000箱,这个数目,可以作为是当前的市场需要额"④。这说明,供求关系对中国市场的鸦片价格起到了决定性影响,而清政

---

① *Historical Appendices*, p.49.
② 有时亦在加尔各答拍卖。
③ *Historical Appendices*, p.52.
④ 《东印度公司对华贸易编年史》(1、2卷合订本),第674页。

府徒有虚名的禁烟政策并没有对鸦片价格及进口数量施加太大影响。

从1797年至1819年,公司对孟加拉鸦片的生产采取了"限产增利"政策,而对麻洼鸦片的出口采取了单纯的"封锁"政策。这导致了供远小于求的局面。于是,一方面是鸦片供给的恒定乃至减少,而另一方面是单纯吸食鸦片方法引起的需求持续增长,中国市场上的鸦片价格被向上拉动。1785年,广州鸦片批发价格平均约为每斤1.9两白银,①到1800年上涨为每斤3.5两银,10年以后,又上涨到每斤7两白银以上。②

18世纪80年代的中国,一个瘾君子单纯吸食鸦片的年支出大约在5—6两白银。虽然大多数的普通百姓已无法承受这种新的鸦片消费形式,但对于百姓中相对富裕的阶层来说,吸食鸦片虽显昂贵,但还有可能。在以后15年左右的时间里,麻洼鸦片供给的增加在一定程度上稳定了中国市场的鸦片价格。截至1800年,孟加拉鸦片在澳门的售价是525—590元,与1785年时最高500元的价格大体持平。但在19世纪初的10年之中,广州鸦片批发价格从1785年的每斤1.9两银已经攀升至每斤7.2两银,从而使吸食鸦片的年支出从每年5.7两升至20余两。按卖价最低的麻洼鸦片计算,每年支出也在10两银以上。因为数字是按批发价格计算的,消费者的实际支出必然会更大一些。我们以手工业者为例。与乾隆初年相比,手工业工人的工资水平略有提高,大致年收入在7—12、13两银之间,收入高的能有数十两甚至100两以上,收入低的却只有4、5两左右。③ 嘉庆年间的粮价已上涨至每石1两银以上。④ 我们仍按五口之家最低消费口粮11石计,其家庭每年基本的生活费用达到11两银。以此推断,吸食鸦片方法已经无法在民众中间快速传播了,这时也只有那些已经染上毒瘾的人再继续吸食鸦片,只有那些官僚、地主、富商等"高收入群体",至少是护军领催等上层士兵或有手艺的高级工匠等"中等收入群体"才有可能成为新的"瘾君子"。1810年到1822年,鸦片价格有涨无跌。特别是1820—1822年间,广州鸦片批发价格创下每斤15两白银的最高纪录,几乎是一两鸦片一两银。当时消费者用于鸦片消费的实际年支出当在50两以上。可见在这一时期,连高级工匠等"中等收入群体"也已经丧失了吸食鸦片的可能性。⑤

不过,在19世纪最初的20年间,鸦片流毒逐渐从广东、福建等南部沿海逐

---

① 按当年价格计算。《东印度公司对华贸易编年史》(1、2卷合订本),第460、506页。
② 《鸦片经济》,第159页。
③ 《鸦片经济》,第168页。
④ 《明清江南人口社会史研究》,第164页。
⑤ 《鸦片经济》,第169页。

渐向全国蔓延。从长江中下游地区到北京、山西等华北省份皆不能幸免。1807年后,在北京朝阳门、广宁门多次查获违禁贩卖鸦片案件,以致嘉庆皇帝颁发上谕,言"近闻购食者颇多,奸商牟利贩卖接踵而来",要求"步军统领、五城御史于各门禁严密访查"①。然而,仍有广东东莞贡生卢赞、广州骁骑校兴亮携带鸦片进京的案件不断破获,说明北京的鸦片消费并未因皇帝的一纸上谕而停止。同时,苏州、太谷、介休等地的许多富商豪强也逐渐开始吸食鸦片。正是各地的富豪大贾等"高收入群体"不断加入鸦片消费者行列,才最终使得印度鸦片在华的销量和高价格得以维持。②

(二) 供应宽松与中国市场的拓展

1. 孟加拉鸦片的"增产保利"

1819年,英国东印度公司按照参议会决议,开始增加孟加拉的鸦片产量,实行"增产保利"政策,孟加拉鸦片由此开始了大规模生产的时代。

公司在扩展比哈尔等原有产区的同时,开始允许孟加拉邦生产鸦片。为刺激农民的生产热情,公司还将鸦片收购价格从过去的每舍尔2卢比提高到2卢比8安那。此后,加尔各答的鸦片出口量开始逐步增加。在增加产量的同时,公司更加注重鸦片品质。1822—1823年度,加尔各答的一家报纸曾评论说,"加尔各答第三次和第四次拍卖会上拍卖的鸦片质量低劣,已使买家在购买巴特那鸦片时感到胆怯"。经过改进,到1824—1825年度,鸦片品质已经大为改善,出口商对孟加拉鸦片的信心也得以恢复。③

2. 对麻洼鸦片的"管控"

1819年,公司按照参议会决议,对麻洼鸦片采取软硬两手双管齐下的策略。一方面,公司主动从麻洼购买4 000箱鸦片投放中国市场;另一方面,继续对出口的麻洼鸦片实行封锁禁运和限制种植。

就封锁政策而言,鉴于葡萄牙人已经拒绝合作,公司只能全力争取土邦的配合。此时,公司已经相继征服了迈索尔(Mysore)、海德拉巴(Hyderabad)和马拉特诸邦,英属孟加拉、孟买、马德拉斯三管区连为一体,在印度各政治实体中,真正游离于英国控制之外的只有信德和旁遮普等寥寥数邦了。因而公司在与各土邦的谈判中占据了绝对优势。1820年,早已与公司订有限种协议的吉克瓦尔又承诺本地内销鸦片实行政府许可证制度,而且允诺除符合1818年孟买第一号管理条例规定的鸦片(即每苏拉特舍尔纳税12卢比)外,不允许有任何鸦片输入英

---

① 《著步军统领等于京城各门严查鸦片烟物事上谕》,载《中国禁毒史资料》,第9页。
② 《鸦片经济》,第171页。
③ *The East India Company's Monopoly Industries in Bihar*, p.163.

属古吉拉特。① 1821年,卡提阿瓦(Kathiawar)各邦同意除从英国货栈购买一定数量的鸦片满足自身消费外,禁止鸦片进口。虽然协议中没有提到鸦片禁种,但此后卡提阿瓦各邦的鸦片生产实际上处在公司的严密控制之下②。不久,古吉拉特各邦、巴罗达(Baroda)、巴伦布尔(Palanpur)、科塔(Chota)、乌代布尔(Udaipur)、拉吉皮普拉(Rajpipla)、马赫坎特哈和库奇等土邦也与公司签订了类似协议。不过,条约体系内并没有包括瓜廖尔(Gwalior)、印多尔(Indore)、贾萨米尔(Jaisalmer)以及信德(Sind)等土邦。这样一来,麻洼鸦片仍然可以取道曼德萨尔(Mandasor)和巴利(Pali),然后用骆驼转运到贾萨米尔,再花费一月时间抵达印度河口的卡拉奇,最后由海路运抵葡萄牙港口达曼,整个运输过程大概需要两个月的时间。虽然路线曲折,运费增加,但是仍然获利不小③。这就为公司的封锁甚至是购买计划都埋下了隐患。

就购买麻洼鸦片的计划而言,也出乎公司所料。因为公司购买的鸦片可以径直运往孟买,而土邦走私者只能将鸦片辗转迂回地运到信德等地,所以公司起初认为可以凭借低廉的运费轻松击败对手。可惜事与愿违。1820—1821年度是公司购买麻洼鸦片的第一年,公司把购买任务交由驻各邦的使节来完成。不过,任务完成的并不理想。公司遂派遣专职人员在各邦直接向种植农购买鸦片,由泰勒(Taylor)担任麻洼地区购买鸦片的总代理。总督哈斯丁斯侯爵最初确立的购买原则是"不要购买那些完全不可能与公司鸦片发生市场竞争的鸦片,也不要以私商无法支付的高价购买"④。但泰勒担心出价过低会使农民把鸦片卖给其他公司或私人,就出高价来购买。公司最初拟定的购买价格是每箱700卢比,但最终的平均购买价格达到每箱1 500卢比,一年多一点的时间里几乎花费了公司1 000万卢比。⑤ 尽管如此,这一价格与中国市场的售价还是相差甚远。1822年,麻洼鸦片在广东的售价是1 350西班牙元,⑥合2 800卢比以上。⑦ 换言之,土商即使以1 600卢比的价格收购,加上运费成本,每箱仍然至少可以获利数百甚至上千卢比。这样,公司和土商竞相高价收购,结果是极大地刺激了麻洼鸦片的生产,达曼的鸦片出口贸易也达到了前所未有的繁荣。⑧ 不仅如此,公司

---

① *Historical Appendices*,p.52.
② *Royal Commission on Opium*,p.28.
③ *British Opium Policy in China and India*,p.89.
④ *Historical Appendices*,p.54.
⑤ *British Opium Policy in China and India*,p.90.
⑥ 《东印度公司对华贸易编年史》(4、5卷合订本),第70页。
⑦ 不同时期兑换率有所不同。
⑧ *British Opium Policy in China and India*,p.90.

虽以每箱1 500卢比的高价收购,却仍然输给了土商,未能购买到足额的4 000箱鸦片,而且因为公司运作成本要高于私商,因而公司购买的麻洼鸦片在广东市场的卖价通常要高于从达曼输入的麻洼鸦片一二百元,①所以销路也不如后者。新政策本来是要削弱麻洼鸦片在中国的竞争力,现在却适得其反。为了进一步使公司的麻洼鸦片政策与孟加拉鸦片垄断体系相协调,公司于1823年将本来由孟买政府负责的麻洼鸦片事务转交加尔各答的海关、盐务和鸦片税务部负责。行事"鲁莽"的泰勒也被总督撤职,改由萨缪尔·史云顿(Samuel Swinton)继任。② 但是,结果还是一样,买得越多,种得越多。

1824年,公司开始实行新的麻洼鸦片政策:既从土邦购买一些鸦片,又要支付给土邦一些款项来换取土邦对多余鸦片生产和出口的禁令。乌代布尔地处麻洼东北部通往信德的咽喉要道。1824年春,公司与乌代布尔女王达成协议,公司以每年4万卢比的代价,换取乌代布尔对非公司特许鸦片的禁运和禁卖。后来,公司又与邦迪、科塔、印多尔等大多数生产麻洼鸦片的土邦签订了禁止鸦片过境和限制鸦片种植的条约。但是,该体系从建立伊始就遭到土邦既得利益者的强烈反对。科塔政府的抗议文件提到,因鸦片价格暴跌,该邦与英国人的协议使其税收减少了6万卢比,严重损害了该邦的正常商业。而在未与公司签订协议的相邻地区,鸦片价格则几乎不受影响。③ 这使得那些与公司签订协议的土邦农民和鸦片商贩都要求恢复鸦片自由贸易,走私屡禁不止,冲突时有发生。④ 此外,诸如瓜廖尔、斋浦尔(Jaipur)、博帕尔和基尚加尔等麻洼土邦和信德仍然拒绝与公司签订条约,这就使从麻洼取道卡拉奇通往达曼的道路依然开放,使麻洼封锁体系存在着致命的漏洞。据估计,公司代理们为购买3 500箱都愁眉不展的时候,会有10 000箱以上的鸦片运到达曼。⑤ 贩运路线上的缺口注定了封锁计划的失败,最终使公司的巨大开支徒劳无功。

1828年初在邦迪土邦发生的一起事件终于促成了公司鸦片政策的彻底改变。当年1月,一群山地居民组成的非法武装在押送非法鸦片到斋浦尔的途中与邦迪政府军遭遇。双方血战半日,大君的一位近亲也在冲突中阵亡。⑥ 三个月后,代理英印总督威廉·贝利与公司驻各邦代表就麻洼鸦片问题进行磋商,对废除封锁政策达成初步共识。1829年6月12日,英印总督威廉·班廷克勋爵

---

① 例如1823年价格,见《东印度公司对华贸易编年史》(4、5卷合订本),第88页。
② *Historical Appendices*, p.54.
③ 《鸦片经济》,第148页。
④ *Historical Appendices*, p.15.
⑤ *British Opium Policy in China and India*, p.98.
⑥ *British Opium Policy in China and India*, p.96.

(Lord William Bentinck)提出,"我们在中印度的鸦片垄断对参与各方都造成了损害",而且"由于信德势力的介入,做出(麻洼政策的)全面布置是不可能的。只此一点,我们阻止中印度大规模鸦片走私的希望必将破灭……因此,我们不可避免地得出以下结论:出于正义和诚信的最高考虑,我们应该全面取消对中印度鸦片种植和过境的干涉",但是应该保持"对我们自己领土、古吉拉特、卡提阿瓦和库奇的出口限制,这一任务由孟买政府具体负责"①。随后,参议会批准了班廷克的提议。

3. 中国市场的拓展

从1819年至1828年,公司对孟加拉鸦片的生产采取了"增产保利"政策,而对麻洼鸦片的出口采取了购买与"封锁"相结合的政策。不过,1818年后的最初几年,中国的鸦片供给并没有实质性增加。这是因为:第一,1816年至1818年的品达利战争和第三次英马战争再次破坏了麻洼鸦片的生产能力,被战争摧毁的生产能力不可能迅速恢复。第二,英国人在战后着手建立新的麻洼鸦片封锁体系。卡提阿瓦、古吉拉特各邦、巴罗达、巴伦布尔、科塔、乌代布尔、拉吉皮普拉、库奇等土邦都被纳入新的封锁体系之中。虽然瓜廖尔、印多尔、贾萨米尔及信德等一些土邦仍游离于封锁体系之外,但是新的封锁措施毕竟在一定程度上限制了麻洼鸦片的运输,也控制了一些土邦的鸦片产量。第三,公司虽然改变了"限产增利"的政策,但孟加拉鸦片的产量不可能立即提高,因此其出口量在1820年以前并没有增加。这些因素使得从1816年至1820年这段时间里,中国鸦片市场上仍然面临着供求关系紧张的局面,价格上涨趋势得以维持。直到1820年至1822年间,鸦片的价格仍在高位徘徊不下,甚至出现了每斤鸦片15两白银的历史高价,其主要动力则是商人们的推波助澜,是"商人们在市场上掀起的一个涨风"②。1823年后,商人们的鸦片投机开始崩溃,鸦片价格大幅下挫,由此开始了长达20年的下跌走势,主要原因是公司"新的白皮土(麻洼鸦片)政策"③。

公司于1819年放弃"限产增利"政策并主动购买麻洼鸦片。1822年,仅加尔各答拍卖的孟加拉鸦片已经达到5 500余箱。公司的购买政策还变相鼓励了麻洼鸦片的出口。从1821年到1824年,公司每年出口的麻洼鸦片从4 000箱增加到6 000箱,达曼出口的麻洼鸦片也从不足700箱增加到2 000箱左右。这使每年输入中国的鸦片总量从不足6 000箱的水平翻了一倍,达到12 000多箱。

---

① *Royal Commission on Opium*, p.29.
② 《鸦片战争前中英通商史》,第108页。
③ 《鸦片经济》,第162页。

源源不断运往中国的鸦片超过了当时中国市场的需求总量。鸦片价格从1823年起出现暴跌,从最高时的每斤15两迅速下跌到1830年时每斤6两的水平。① 鸦片价格下跌的同时,商人之间的价格竞争还越演越烈。到1830年,伶仃洋存放的鸦片已经达到22 591箱,单是堆积在这里的存货也够一年销售了。②

从1822年到1832年前后,广州的鸦片批发价格一路下滑,从最高时每斤15两银跌到每斤3.5—7两银。按照先前的估算,这就使得高级工匠、上层士兵等"中等收入群体"重新具有了吸食鸦片的可能性。1832年,湖广道监察御史冯赞勋上奏说,"粤、闽各省兵丁吸食鸦片烟者甚多,即将弁中食者亦复不少。以故相率效尤,愈食愈众。将不能禁弁,弁不能禁兵,远近成风,恬不为怪……查弁兵吸食鸦片烟盛于粤、闽、云、贵、川、浙,其余各省恐亦不免"③。可见,当时吸食鸦片的风气已经在南方中、高收入群体中蔓延开来。中国南方鸦片市场在当时的价格水平下渐趋饱和。正是这种局面迫使外国烟贩北上寻求新的贸易地点。④

实际上,外国烟贩们径直到广州以北海域进行鸦片贸易的活动由来已久。早在1824年,当广州的鸦片价格刚刚"崩溃"的时候,就有一些外国烟贩前往北方海域进行冒险。⑤ 此后,随着低价格逐步拓展了南方鸦片市场,外国烟贩们北上开拓新市场的欲望并不强烈。直到1829年,外国烟贩直接在广州以北海域进行的鸦片贸易额还不足贸易总额的2%。⑥ 但是,19世纪30年代初的南方鸦片市场在当时的价格水平下趋于饱和,这激起了外国烟贩北上的欲望。恰在此时,东印度公司在广州的高级大班林赛接到上级训令,要他带船北上贸易,"查明这个帝国可以渐次对不列颠商业开放最适宜的北方口岸有多远,以及土著和当地政府对此事的好感程度"⑦。1832年3月至9月,林赛率领公司商船"阿美士德号"成功在厦门、福州、宁波和上海等地贸易,并"受到最大的热情和友好的接待",还在一些"官员的默许下做了一些买卖"⑧。这一事件无疑成为烟贩们效法的榜样。于是,在"阿美士德号"返航不久,威廉·查顿就先后派遣"气仙号"、"詹姆西亚号"、"约翰·比加尔号"鸦片船沿海北上开拓新的鸦片贸易点,并在上海、天津、福州、泉州等地成功交易。⑨

---

① 《鸦片经济》,第163页。
② 《鸦片经济》,第164页。
③ 《湖广道监察御史冯赞勋奏请严行查禁弁兵吸食鸦片折》,载《中国禁毒史资料》,第45页。
④ 连东:《19世纪初外国烟贩北上的原因与影响》,《兰台世界》2010年第13期。
⑤ 《东印度公司对华贸易编年史》(4、5卷合订本),第98页。
⑥ 《东印度公司对华贸易编年史》(4、5卷合订本),第195页。
⑦ 《东印度公司对华贸易编年史》(4、5卷合订本),第344页。
⑧ 《东印度公司对华贸易编年史》(4、5卷合订本),第346页。
⑨ 《鸦片战争前中英通商史》,第126页。

(三) 供应激增与鸦片在华泛滥

1. 孟买过境税制度的建立

1829年,英国东印度公司解除对麻洼鸦片的封锁并没有给自己带来好运。大量的麻洼鸦片从达曼等地出口中国,致使公司的鸦片收入急剧下降,出现了所谓"1829年危机"。为应对危机,公司在印多尔的驻扎官斯图尔特(Stewart)的建议下,开始在市场上购买麻洼鸦片并在孟买拍卖。但是,当年印度市场上鸦片价格很高,公司以770卢比一箱的高价仍然无法买到足够的鸦片。①

1830年7月,公司决定停止购买麻洼鸦片,并允许该种鸦片按照指定路线从孟买通过,前提是必须缴纳过境税(transit duty)。同时,公司开始大量增加孟加拉鸦片的产量,并力求在收入不减的前提下降低拍卖价格。这样,"过境税制度"(the transit duty system)建立了。公司建立这一制度的主要目的不是从麻洼鸦片中抽取利润,而是抬高麻洼鸦片的成本,削弱其市场竞争力,从而尽可能地维持孟加拉鸦片的高价格。② 鉴于麻洼鸦片从信德出口的道路依然畅通,过境税的税额必须低于其取道信德到达曼的运费。起初,公司规定每标准箱(含140磅)鸦片缴纳过境税175卢比。为防止商人在箱中运载超量鸦片,公司还规定每箱中叶子和尘土之类的重量不得超过4盎司(0.25磅),否则额外征费。③

开征过境税的第一年(即1830—1831年度),收入只有80万卢比多一点,令公司较为失望。④ 第二年,政策的合理性开始体现。据估计,只有不足十分之一的麻洼鸦片运到葡萄牙控制的口岸。⑤ 1834—1835年度,又出现了问题:只有7 000箱麻洼鸦片通过孟买,而通过达曼的鸦片达到了5 600箱。⑥ 公司将过境税调整为每箱125卢比。此后八年间,过境税没有再行调整,孟买成为麻洼鸦片出口的首选口岸。

过境税制度的建立,实际上意味着"封锁麻洼"政策的最终失败。首先,公司没有能够成功地将麻洼鸦片挤出中国市场。其次,公司也没有能通过孟买过境税杠杆提高麻洼鸦片在中国市场的售价。当过境税征收额度一旦超过鸦片取道信德至达曼的运费后,运销路线马上就会改变。因此,过境税制度的建立只是公司在不能遏制麻洼鸦片流入中国市场的前提下最大限度地分享了麻洼鸦片的市场利润而已。该制度建立以后不仅为麻洼鸦片提供了最便捷的出口路线,而且

---

① *Historical Appendices*, p.59.
② *Royal Commission on Opium*, p.124.
③ *Royal Commission on Opium*, p.30.
④ *British Opium Policy in China and India*, p.101.
⑤ *British Opium Policy in China and India*, p.101.
⑥ *British Opium Policy in China and India*, p.101.

还因为过境税必须要低于麻洼鸦片取道信德的运费,在一定程度上降低了麻洼鸦片的运销成本,这就使得麻洼出口数量迅猛增长。此后一直到鸦片战争爆发前,麻洼鸦片输入中国的数量一直大于孟加拉鸦片的输入数量。① 在这种情形下,公司要想占领中国市场,就必须让孟加拉鸦片的产量增加、质量提高、价格降低。于是,供应充足、价格低廉且质地优良的鸦片像决堤的潮水般涌向中国。

2. 孟加拉鸦片的"大生产"

此时,孟加拉鸦片也早已从垄断定价和"限产增利"的轨道里脱离出来。从1830年起,公司提出每年要生产12 000、16 000,甚至20 000箱孟加拉鸦片,即使税收没有增加也在所不惜。② 要迅速增加产量,就必须开辟新的种植区域。1830年,总督班廷克勋爵在税务部负责人的陪同下视察了恒河上游地区,决定在该地区试种鸦片。从1830年到1839年,先后有15块新的种植区域被开拓出来(少数地区失败)。③ 1827—1833年间,公司在开拓新种植区域的同时,还多次提高收购价格,对超产部分提供奖赏,以刺激农民种植鸦片的热情。此外,公司还采取了其他措施:如允许海关、盐务和鸦片税务部从尼泊尔和奥德购买鸦片;在阿拉哈巴德(Allahabad)投入几千卢比为鸦片种植农挖掘深井以利灌溉;1836年,公司创设了基层鸦片代理(sub-opium agent)的职位,全天候地专职监管鸦片种植。这些政策的实施,使孟加拉鸦片的产量大幅增加。1831—1832年度,孟加拉鸦片产量为前十年平均产量的两倍。于是,由于麻洼鸦片的自发增加和孟加拉鸦片在公司刻意努力下的增加,输入中国的鸦片数量在1835—1836年度达到前所未有的30 000箱。

3. 鸦片在中国的泛滥

除了印度的孟加拉和麻洼两大鸦片外,还有许多其他品类的鸦片也涌向了中国。所有这些鸦片可以分为"大土"和"小土"两种。"大土"就是英国东印度公司生产的孟加拉鸦片,每个包装箱上都印有公司的心形标志: 。每箱内含有40个鸦片球,净重164磅,约合120斤。根据口味和产地的不同,"大土"又可再分为两种,产自比哈尔的鸦片称"公班",又名"乌土",皮色黑,是鸦片中的上品;④产自贝拿勒斯的鸦片称"叭第咕喇"、"剌班"或"姑泥",皮色略发红。"小

---

① *British Opium Policy in China and India*, p.109.
② *British Opium Policy in China and India*, p.106.
③ *British Opium Policy in China and India*, p.107.
④ 《筹办夷务始末》(道光朝)(卷一、卷七);李圭《鸦片事略》;谢清高口述、杨炳南笔录、安京校释:《海录校释》,商务印书馆2002年版,第64页。

土"是对麻洼鸦片、土耳其鸦片和波斯鸦片的统称。麻洼鸦片在中国又被称为"白皮",通常每箱鸦片含400—500饼,净重140磅,约合105斤左右,其皮色黄里透红而质地柔软。① 鸦片战争前后,中国市场上销售的麻洼鸦片至少有三十种以上的品牌。② 土耳其鸦片在中国被称为"金花"。19世纪初,在中国市场上鸦片高价格的刺激下,美国商人开始将土耳其鸦片输往中国。波斯鸦片在中国被称为"新山"或"红肉",也是19世纪以后由美国人贩运来的。③

除了"大土"和"小土"之外,中国市场上还有中国的土产鸦片以及西北地区输入不知产地的鸦片。鸦片战争前,中国生产鸦片的省份已为数不少。当时著名的土产鸦片品种有浙江台州府所产之"台浆"、广东所产之"广浆"、福建所产之"建浆"、云南所产之"芙蓉膏"等。此外,"因查拿烟土烟膏甚严",鸦片贩子还"创造一种烟物,名为七宝琉璃散",但"与鸦片烟名异实同"。④ 除这些省份外,新疆地区也有少量鸦片生产,吸食者将其与西北地区输入的国外鸦片统称为"羌土"。

印度鸦片的疯狂生产导致了价格的大幅下挫,因而英国东印度公司的利润只是维持在100万英镑上下,并没有实现相应增长,⑤但所有这些鸦片充斥中国市场,却给中国带来了灾难。广州的鸦片批发价格从最高时1822年的每斤15两银一路掉到了鸦片战争前夕的每斤3—4两银。⑥ 价格下跌促使南方市场拓展,在市场饱和后又迫使外国烟贩北上,使北方价格水平与南方趋于一致,从而推动了北方市场的拓展。此前的鸦片运抵广州,多由"闽粤烟贩"转运至京津地区,中间多了一道环节,不可避免地要提高价格,使得北方鸦片价格比南方高出不少。例如在1831年,天津的鸦片批发价格是广东批发价格的3倍以上。⑦ 但从1832年起,"气仙号"等外国海船的到来,减少了"闽粤烟贩"这一中间环节,从而降低了北方鸦片市场的价格。外国烟贩们在北方兜售鸦片的价格几乎与广州相同,但这里以现金方式结算,又不必支付经纪人的佣金,对比当时供大于求的广州市场,这无疑是外国烟贩求之不得的美事。1833年,北方鸦片价格比已经下降到1831年时的三分之一,甚至是五分之一。⑧ 低价格逐渐开拓出广阔的中国北方市场,推动了消费人群的"下移",外国烟贩在广州以北海域的

---

① *Historical Appendices*, p.31.
② *Sales of Opium*, ancient account-book, written in hand.
③ 丁名楠等:《帝国主义侵华史》(第一卷),科学出版社1958年版,第14页。
④ 《著各直省将奸徒另造之七宝琉璃散与鸦片一律严拿究治事上谕》,载《中国禁毒史资料》,第124页。
⑤ 《鸦片经济》,第166、217页。
⑥ 《鸦片经济》,第161、166页。
⑦ 《鸦片经济》,第173页。
⑧ 《鸦片经济》,第174页。

鸦片销售额已达到贸易总额的7%。① 1838年，随着供应量的不断增加，广州的鸦片批发价格已经回落到18世纪末期的水平。与此同时，北方市场的批发价格已接近南方。这使鸦片在全国范围内泛滥成为可能。

在19世纪30年代初，鸦片流毒已经在南方沿海各省开始泛滥，而北方的鸦片消费还主要在社会"高收入群体"中流行。地处西南内地的川贵各省则因为距离海口较远，只是"间有吸食鸦片烟之人"②。而到30年代末，情况发生了很大的变化。"山西、陕、甘、口外各处，均有汉镇转贩。该处奸商，以售卖皮货为名，实皆收藏烟土。又，山西太谷县习俗奢靡，县城内外开设烟馆者多至数十家，男妇大半吸食，此其彰明较著者"③。"奉天沿海一带，无业闽（民）人较多，恶习传染日久，以致商贾、愚民渐次吸食，甚至宗室觉罗、官员兵丁内亦不无有吸食者"④。十几年前还因"番舶不通"而少有吸食的广西、四川、云南、贵州等西南省份，现在则"皆由本地民田遍栽罂粟，熬炼成土"⑤，"开设烟馆之事"屡见不鲜⑥。大量的印度低价鸦片充斥中国市场和土产鸦片的出现，造成了"上自官府缙绅，下至工商优隶，以及妇女、道士，随在吸食，置买烟具，为市日中"⑦的局面。

如果忽略当时数量不大的土产鸦片，按照每年有35 000箱鸦片运入中国计算，当时全中国的鸦片消费者约有127万人，占当时全国人口4.1亿的0.31%。⑧这与后来清末时的鸦片泛滥程度相比，仍然不算严重。其中原因还是在于鸦片价格。即使按1839年广东沿海的批发价格每斤3两计算，消费者的年支出还是要在10两以上。据林则徐说，如果按零售价格计算，吸食鸦片的年支出会达到36两银。⑨而普通一般民众每年收入充其量也不过12两银，其中较高收入的年收入也只有40两银左右，根本无力承受。另外，中国是一个农业大国，19世纪30年代以后的粮价下跌使本来就收入微薄的农民群体也被挡在鸦片消费的大门之外⑩。因此，鸦片战争前的鸦片泛滥仍然只是发生在社会

---

① 《东印度公司对华贸易编年史》(4、5卷合订本)，第353、383页。
② 《贵州巡抚嵩溥奏为查明黔省现无种植鸦片并report禁烟等情折》，《四川总督鄂山奏为酌议查禁鸦片烟章程折》，载《中国禁毒史资料》，第37、40页。
③ 《陈书曾奏为请饬各省督抚严查各海口夹带鸦片商船片》，载《中国禁毒史资料》，第82页。
④ 《盛京将军耆英奏为体察情形严行查禁鸦片烟土缘由折》，载《中国禁毒史资料》，第120页。
⑤ 《著云贵川桂等省于所管地面严禁栽种罂粟熬烟事上谕》，载《中国禁毒史资料》，第107页。
⑥ 《著贵州巡抚严饬各州县严行查禁栽种、吸食鸦片烟》，载《中国禁毒史资料》，第49页。
⑦ 《鸿胪寺卿黄爵滋奏请严塞漏卮以培国本折》，载齐思和整理：《黄爵滋奏疏许乃济奏议合刊》，中华书局1959年版，第69页。
⑧ 《鸦片经济》，第178页。
⑨ 《湖广总督林则徐奏为钱票无甚关碍宜重禁吃烟以杜弊源片》，载《中国禁毒史资料》，第88页。
⑩ 《鸦片经济》，第180页。

上的中、高收入群体中间。"夫吸食鸦片者必系富庶之家,而贫民糊口尚难,又何能吸食鸦片"①。

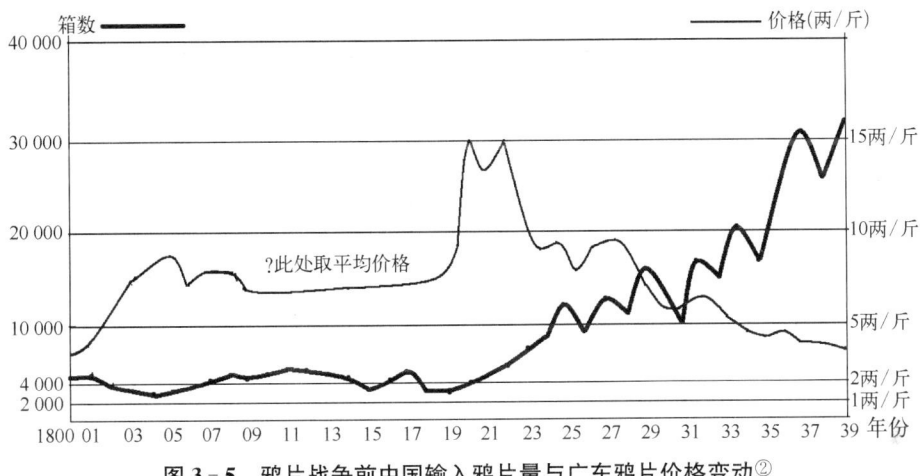

图 3-5　鸦片战争前中国输入鸦片量与广东鸦片价格变动②

(四) 在围堵中发展的麻洼鸦片

19 世纪初,麻洼地区的鸦片生产和销售仍然维持着自由状态。在中国市场的鸦片价格上涨以后,麻洼鸦片出口量逐渐增加,产量也随之逐年攀升。1803 年,仅在乌贾因加工出售的鸦片已达 3 000—3 500 箱左右。③

面对麻洼鸦片的崛起,英国东印度公司从 1803 年起开始对麻洼鸦片实行封锁政策。不过,由于麻洼地区本身就是一个巨大的鸦片消费市场,加之从达曼等地运销海外的出口通道依然存在,这就使麻洼的鸦片生产不仅没有受到破坏性的影响,相反还在不断发展。

麻洼的鸦片生产是由诸多大商家分别进行的,因此造成了麻洼鸦片品牌众多且质量不一的局面。麻洼鸦片当时至少有二十种以上的品牌。④ 各种品牌的鸦片标记各异,诸如:DIR、KPA、JSM、CM、MM、AJS、JP、J^{R}M、^{E}RM、KPG&Co.、MN&Co.、LC、JR、J^R_MS、CD、[JM/D/BJ]、[A/Ⓐ]、S[JH/S]R 等,但装箱规格却

---

① 《黑龙江将军哈丰阿奏复塞漏培本首应严禁白银出洋并责令地方官严拿烟犯折》,载《中国禁毒史资料》,第 72 页。
② 根据以下资料绘制(价格取各时期最高价格):《鸦片经济》第 159—166 页,各表;连东、程慧:《学界关于英印鸦片输华数量分歧之原委》,《历史教学》(高校版)2009 年第 2 期。
③ *British Opium Policy in China and India*, p.82; *Historical Appendices*, p.48.
④ *Sales of Opium*, ancient account-book, written in hand.

大体一致，通常为每箱400—500饼，净重105斤，合140磅。① 随着产量的增加，原有的鸦片加工厂已经不能满足需要，麻洼地区形成了众多的鸦片加工中心。除传统的加工地乌贾因外，印多尔、科塔、帕坦(Patan)、乌布代尔、博帕尔、达尔、爪拉(Jaora)和勒德兰等地都发展成为重要的鸦片加工中心。生产的规模化程度不断提高，促进了麻洼鸦片品质的改进。19世纪初还被斥为"品质极坏"的麻洼鸦片，到1822年时开始被英国东印度公司的董事会赞称"已经达到甚至有时超越了比哈尔鸦片的品质"②。

1819年后，英国东印度公司"封锁麻洼"的政策逐步解除。麻洼的鸦片产业迎来了大发展的"黄金时期"。据不完全统计，到1820年，麻洼鸦片种植面积已经达到87 221比加，远远超过英属印度的49 480比加。③ 鸦片产业已成为当地土邦政府主要的经济支柱。用于出口的麻洼鸦片这时主要在葡萄牙控制下的达曼、果阿、第乌等地装运出口。在这些口岸，鸦片贸易被印度的祆教徒商团（巴斯人）和马尔瓦利商团所控制。两大商团中不乏鸦片世家和商业巨头。早在1756年，祆教徒商人雷迪蒙星(H. Jivanji Readymoney)就到达中国，数十年后他成为有代表性的港脚贸易商人之一。马尔瓦利商团主要来自麻洼地区，他们的原始资金大部分来自贷款。这两大商团与麻洼土邦的统治者关系密切，其势力甚至可以延伸到麻洼的鸦片产区。孟买过境税制度建立以后，麻洼鸦片找到了最便捷的出口路径。在1843年英国吞并信德以前，麻洼鸦片的生产和出口规模有增无减。

表3-7　1820年麻洼鸦片种植面积④　　　　　单位：比加

地　　区	种植面积	地　　区	种植面积
曼德索尔(Mandsaur)	26 301	温迪沙(Vidisha)	6 200
勒德兰(Ratlam)	8 082	塞豪尔(Sehore)	3 535
乌贾因(Ujjain)	16 417	博帕尔(Bhopal)	160
德瓦斯(Dewas)	3 078	扎巴(Jhabua)	91
达尔(Dhar)	3 747	扎拉瓦(Jhalawar)	3 133
沙迦布尔(Shajapur)	4 961	奇托格尔(Chittaurgarh)	3 770
拉贾格尔(Rajgarh)	2 972	另外9个波古纳(parganas)	4 774
		合　　计	87 221

---

① Chinese Repository, Vol. V, 1837-4, 载《中国近代对外贸易史资料》(第1册)，第317页。
② Historical Appendices, p.54.
③ Opium, Empire and the Global Political Economy, p.77.
④ Opium, Empire and the Global Political Economy, p.77.

(五) 英国政策调整与东南亚市场变动

东南亚市场在18世纪中叶已渐趋饱和。在18世纪90年代,每年从加尔各答运到爪哇的鸦片约为1 000箱,运到苏门答腊800箱,马来亚700箱,婆罗洲(今加里曼丹岛)500箱。① 东南亚人口在1600—1800年间一直维持在2 330万左右,此后超过1%的年均人口增长率才成为总的发展趋势。② 如果忽略当时主要销往波斯、阿拉伯和印度内陆地区的麻洼鸦片,我们可以据此大致估算一下东南亚各地的鸦片消费人数。当时东南亚的鸦片消费以吞服和鸦片烟为主,因此仍按照每人每年吞服0.7斤来计算,可知爪哇鸦片消费人数约为17万,占总人口的4.3%;苏门答腊13.7万,占总人口的5.7%;马来亚12万,占总人口的24%;婆罗洲8.5万,占总人口的12.7%。爪哇的消费人数最多,但消费人数占比最低;马来亚的消费人数占比最高。这些数据早已超过鸦片战争前夕中国的鸦片消费者所占总人口的比例。

表3-8 1600—1800年东南亚人口数量表

地 区	人 口	地 区	人 口
越南中北部	470万	苏拉威西	120万
柬埔寨	123万	巴厘	60万
老挝	150万	小巽他	60万
缅甸	310万	马鲁古(香料群岛)	16万
马来亚	50万	吕宋和米沙鄢	80万
苏门答腊	240万	棉兰老和苏禄	15万
爪哇	400万	东南亚总人口	2 330万
婆罗洲	67万		

18世纪末,单纯吸食鸦片方法在中国流行开来,引发了鸦片进口量和价格的双增长。在中国市场鸦片价格上涨的带动下,东南亚的鸦片价格也迅速攀升。此后,由于英国东印度公司在孟加拉实行"限产增利"政策并对麻洼鸦片出口予以封锁,导致市场供给不足,高价格得以维持。当鸦片在中国高收入人群中逐步扩散的时候,人口稀少的东南亚市场在高价格的打击下日渐萎缩,鸦片不再是那种"东方普通劳动力支付得起的慰藉品"了。18世纪90年代,孟加拉鸦片每年

---

① *East India Fortunes*, pp.101–103.
② 《剑桥东南亚史》(卷一),第379页。

要在东南亚销售3 000—4 000箱,而在19世纪初,孟加拉鸦片在东南亚的年销售量一度下跌到1 000箱左右。当20年代公司逐步增加产量时,东南亚与中国的鸦片价格同步回落,东南亚的鸦片消费量才开始逐渐回升。

表3-9 1800—1830年输入东南亚的鸦片数量表①

年份	箱数	年份	箱数	年份	箱数	年份	箱数
1796	4 103	1805	1 026	1814	1 059	1823	893
1797	3 247	1806	1 526	1815	868	1824	1 286
1798	1 514	1807	1 777	1816	1 120	1825	1 710
1799	1 624	1808	1 171	1817	947	1826	536
1800	2 059	1809	1 416	1818	794	1827	707
1801	1 539	1810	1 172	1819	724	1828	562
1802	1 723	1811	1 317	1820	1 345	1829	1 651
1803	1 035	1812	1 887	1821	1 556	1830	2 235
1804	937	1813	1 504	1822	655		

以爪哇为例,也可以清楚地看到这种变化的脉络。不过,这时的爪哇鸦片市场,除受国际鸦片价格波动的影响外,还在一定程度上受到了第四次英荷战争和拿破仑战争的影响。英荷两国自17世纪中叶起就不断发生争霸战争。在美国独立战争期间,因为荷兰支持美国独立,双方发生第四次争霸战争。1784年,战争以荷兰的失败而告终,从此荷兰丧失了海上大国的地位。在荷属东印度,"鸦片协会"于1792年被解散,后来连荷兰东印度公司也因负债累累于1799年破产了。在拿破仑战争期间,荷兰再次遭到重创。1795年,荷兰本土被法国占领,直到1814年才重新独立。荷属爪哇也在1811年被英军占领,直到拿破仑战争之后才归还荷兰。因而作为荷属殖民地的东印度群岛又先后经历了宗主国法国、英国占领军的短暂统治。

在荷兰本土被法国吞并之前的1794年,以爪哇为主的荷属东印度共销售了973箱鸦片。② 1799年,尚未发生战事的荷属东印度只销售了399箱鸦片,这明显是受到了国际鸦片价格上涨的影响。1811年,英国为打击法国,占领了当时

---

① *Chinese Repository*. Vol.6.
② 《荷印殖民政府鸦片税收政策及其对爪哇华人社会的影响》,第53页。

作为法国殖民地的荷属印度。受战事影响,在国际市场上本来就已经涨到1 300西班牙元一箱的鸦片,在爪哇的零售价格竟达到每箱4 000—5 000西班牙元,年销量因而也降到了50箱以下。当时英国驻日惹(Yogyakarta)长官约翰·葛罗福(John Crawfurd)说,"当英国人(在1811年)刚占领该岛(爪哇)时,(鸦片)零售价格是每箱5 000西班牙元,每年只能销售30箱。当价格降到4 000元时,销量增加到50箱。当价格最终降到3 500元时,销量增加到100箱。当价格趋于适中时,许多以前不吸鸦片的人也来购买了。当价格极高时,瘾小者干脆戒掉了,瘾重者也只能寻找其他的土产麻醉品来代替,更有害也更不舒服"①。当英国东印度公司于20年代逐步增加产量时,东南亚与中国的鸦片价格同步回落,荷属东印度的鸦片消费量在1822年开始回升到757箱。② 1828年,荷兰贸易公司表示,"很高兴看到,(鸦片)这种几乎已经失败的贸易现在已经开始恢复了"③。这一变化过程正是当时东南亚鸦片市场变动的缩影。

(六) 英属印度的内销政策及其影响

1. 英属印度的内销政策

印度自身的鸦片消费由来已久,英属印度自然也不例外。英属印度自身的鸦片消费与英国人希望将印度鸦片销往外部市场从而牟取暴利的想法是相互矛盾的。因此,公司对英属印度的鸦片消费采取了严格的限制措施。这些措施在一定程度上遏制了当地的鸦片消费,却导致了鸦片供不应求局面从而引发价格上涨,高价格又引来了麻洼鸦片。在英国人殖民印度的大部分时间里,在英属印度鸦片市场上始终存在着错综复杂的缉私与走私的斗争。一方面,英国人力图通过缉私将尽可能多的孟加拉鸦片运往中国等国外市场而将尽可能少地留给自身市场,并试图阻止麻洼鸦片进入辖区;而另一方面,一些走私者千方百计地想把麻洼鸦片运往英属印度,另一些走私者则试图绕开公司直接把孟加拉鸦片运到国外市场。

鸦片垄断体制于1773年建立后,公司规定所有未经公司许可而销售鸦片的行为属于非法。不过,因为当时并没有出台严厉的查禁措施,所以这种非法的走私贸易屡见不鲜。1797年,当公司试图禁止孟加拉邦和比哈尔邦部分地区生产鸦片的时候,大量有组织的鸦片走私事件发生了。由于不能完全取缔鸦片使用,公司决定阻止外来鸦片的输入,并在限制使用数量的前提下建立专卖垄断。于是,公司颁布1797年第一号令,禁止所有外来鸦片输入孟加拉、比哈尔、贝拿勒

---

① *Opium, Empire and the Global Political Economy*, p.80.
② 《荷印殖民政府鸦片税收政策及其对爪哇华人社会的影响》,第53页。
③ 《荷印殖民政府鸦片税收政策及其对爪哇华人社会的影响》,第54页。

斯和奥里萨;①又于1799年首次批准在巴特那开设鸦片零售店。②

1803年,公司在调查麻洼鸦片一事时,孟买海关也报告说印度西部存在着较为普遍的鸦片消费。③鉴于无法消除内部的鸦片消费,公司便于1813年制定了第一部孟加拉内销鸦片管理条例(Bengal Regulation X. of 1813),正式确立了鸦片内销体制(被称为承包体制 the farming system 或旧体制)。此后为满足自身需求而生产的鸦片被称为"内销鸦片"(excise opium),以区别于为出口而生产的"专供鸦片"(provision opium)。根据条例④,吞服和饮用鸦片正式得到允许,但是吸食曼达克的方法则被禁止。⑤各地区零售商店基本上限制在每个区域的一两个重要市镇内,商店数量由公司规定。若商人欲开设零售店,需向公司政府提出申请,获批后还要为专卖权的取得支付巨款,由公司政府颁发执照。执照的有效期通常为一年,特殊情况下可以延长到三年。有鸦片销售权的商店可以在公司货栈直接购买孟加拉鸦片,也可以在指定货栈购买已纳过税的麻洼鸦片,购买价格最初定为每舍尔10卢比。⑥同时,公司对各省、各零售店及个人能够拥有鸦片数量的上限也作了规定。最初规定,每个零售店每年允许销售10蒙德鸦片,后来改为由地方税务部门上报所需的鸦片数量,由贸易部按照成本价将鸦片转给税务部,再由税务部分发给各零售店。⑦在承包制下,零售商实际上需要支付两笔不同性质的费用,一笔钱是为了获得专卖权,另外一笔是鸦片价款。1816年,总督在给董事部的一封信中阐述了这种体制的指导思想和管理原则,"要清楚政府介入的目的是控制鸦片的滥用而不是希望增加一种新的销售收入……我们的目的是要把它局限在医疗领域",伦敦董事会对此表示赞赏。⑧

1814年,公司对印度贸易的垄断权被取消,大量的外来鸦片一时充斥英属印度市场,给公司的内销垄断带来不小的冲击。1815—1816年度,一批土耳其鸦片被进口到孟加拉和孟买。将土耳其鸦片输入孟买的商家福布斯公司(Forbes & Co.)被东印度公司告上法庭。⑨但法庭判东印度公司败诉。法院认

---

① *Historical Appendices*, p.45.
② *The East India Company's Monopoly Industries in Bihar*, p.80.
③ *Royal Commission on Opium*, p.27.
④ 条例内容见 *Royal Commission on Opium*, p.8;*Historical Appendices*, p.49.
⑤ *Royal Commission on Opium*, p.22.
⑥ 当时在加尔各答每舍尔孟加拉鸦片的出口价格也只有12—15卢比左右,参见《东印度公司对华贸易编年史》(第3卷),第336页。
⑦ *The East India Company's Monopoly Industries in Bihar*, p.174.
⑧ *Historical Appendices*, p.50.
⑨ 该条例规定无论在英国还是其他国家的港口,严禁一切悬挂有英国国旗的船只装载孟加拉鸦片以外任何种类的鸦片。

为,禁运条款已经随着公司对印度贸易的垄断权取消而失效。于是,公司为维持公司对印度鸦片市场的垄断地位,立刻以政府身份颁发了1817年孟加拉第十六号管理条例和1818年孟买第一号管理条例。前者规定对所有输入孟加拉的外来鸦片征收每舍尔24卢比的进口税,折合每磅12卢比,仅税额就是孟加拉鸦片国内售价的将近3倍;后者规定对输入孟买管区的外来鸦片征收每苏拉特舍尔12卢比的进口税。① 除此之外,公司还试图全数收购输入印度的土耳其鸦片,以期减轻印度鸦片市场的压力并防止其通过再出口的形式流入中国市场。② 在打击外来鸦片的同时,公司适度放宽了对内部鸦片消费的限制。1816年孟加拉第十三号管理条例和1818年孟加拉第十一号管理条例相继出台,将个人可拥有的鸦片量从2陶拉(tola)增加到5陶拉,医疗目的使用鸦片的可超过5陶拉。③ 1847年,因为走私活动日益猖獗,非法输入的低价鸦片充斥市场,严重影响了公司鸦片的销售,所以公司对旧体制进行了改造,取消了专卖费用,免费地为那些"值得尊重的人和能担负责任的人"颁发执照,从而降低了市场零售价格,遏制了走私的蔓延。不过,这一政策却在一定程度上刺激了英属印度的鸦片消费。④

1826年,公司通过第一次缅甸战争兼并了缅甸的阿拉干(Arakan)和丹那沙林(Tenasserim,今德林达依),并将这两个地区划归孟加拉管区。1852年第二次缅甸战争结束后,下缅甸的勃固(Pegu)被英印吞并,由印度总督委托直辖。1885年,英国发动了第三次缅甸战争,缅甸全土成为英国殖民地,其内销制度被推广到缅甸。总体来看,英印政府在缅甸实行了较为严厉的"旧体制"。

19世纪下半叶,在内外舆论的压力下,英印政府加强了对鸦片消费的控制。1853年,除旁遮普、信德等少数地区外,公司禁止在孟买管区内种植鸦片。1878年,英印当局又对马德拉斯管区的鸦片种植、销售和消费加以限制。⑤ 19世纪末,除克钦等少数地区外,英印政府宣布在缅甸禁种鸦片。⑥ 与此同时,英印政府开始在整个英属印度严查曼达克和阐都的吸食,大量该类烟馆被关闭,英属印度的鸦片消费得到比较有效的控制。

2. 内销鸦片政策对市场的影响

在英国人垄断鸦片之前,印度人消费鸦片是完全自由的,价格也比较便宜。1609年8月30日,一封从苏拉特寄出的信笺提到了当时的鸦片价格,"在印度,

---

① *The Administration of the East India Company*, p.681. *Historical Appendices*, p.51.
② *The East India Company's Monopoly Industries in Bihar*, p.152.
③ *Historical Appendices*, p.60. 陶拉为印度重量单位,1陶拉约等于11克。
④ *Royal Commission on Opium*, p.75.
⑤ John F. Richards, "Opium and British Indian Empire", *Morden Asian Studies*, 2002(2).
⑥ *Royal Commission on Opium*, p.84.

一蒙德的鸦片价值80马木迪(mamoodies),有时达到一蒙德120马木迪,从开罗……运来的发白的鸦片是每舍尔16马木迪"①。折算下来,一磅印度鸦片的价格在0.6至0.9卢比之间,而开罗鸦片的价格接近每磅5卢比。有吞服鸦片习惯的印度成年男子通常每天服用鸦片20喱,②约合0.003磅,年吞服量为1.1磅左右。以此计算,当时个人消费鸦片的年支出只有1卢比左右,当然服食进口的开罗鸦片要花费5卢比。

18世纪初,当巴特那商人控制着孟加拉鸦片贸易的时候,孟加拉的鸦片价格是一蒙德100到150卢比。③每磅鸦片大约在1.2—1.8卢比之间。当时印度鸦片消费者每年用于鸦片的支出仍不足2卢比。

1773年,英国公司确立了鸦片垄断体制,未经公司许可而私自销售鸦片的行为被视为非法。此后,公司不断采取措施限制英属印度自身的鸦片消费。这些限制措施可以分为三个方面:第一是实行鸦片内部销售专卖制度,努力提高鸦片价格并限制供应量;第二是严查未经公司许可的鸦片种植;第三是查缉走私入境的麻洼鸦片。大体来看,公司限制英属印度鸦片消费的政策是比较成功的。1868年,当时中国的鸦片消费量为50 000箱,英属印度消费鸦片(包括麻洼鸦片)只有约3 400箱。④ 按每箱160磅、每人每年消费1.1(0.5公斤)磅算,消费人数在50万人左右,而这时(1872年)的英属印度人口为1.85亿,⑤鸦片消费者占人口比例的0.27%,与鸦片战争时中国吸食人群所占比例大体相当。直到1907年,英属印度的鸦片使用者依然维持在83万人,而当时英属印度总人口达2.32亿(不含缅甸),鸦片消费者仅占总人口的0.36%,依然与鸦片战争时中国吸食人群所占比例大体相当。⑥ 在一个有着悠久鸦片消费历史的国度,这一比例已经是很低了。不过,这一成绩的取得靠的却不是垄断造成的价格上涨。实际上,英属印度的鸦片消费者面临的主要问题是供给不足。在这里,各地区鸦片零售商店的数量极其有限,基本上限制在每个区域的一两个重要市镇内,而且即使赶往零售商店,每次也只能购买1陶拉的鸦片。对鸦片供应量的限制才是公司内销政策取得较大成效的主要原因。⑦

---

① *Historical Appendices*,p.33.文中提到1 mamoodie=11d.sterling。
② *Royal Commission on Opium*,p.142.
③ *Historical Appendices*,p.36.
④ *British Opium Policy and Its Result to India and China*,p.45.
⑤ John F. Richards,"Fiscal Strains in British Indian 1860-1914",in *International Economic History Congress* XIV,Helsinki,Session57,Duke University,2006.
⑥ 桑迪普·绰拉编:《一个世纪的国际药物管制》,联合国毒品和犯罪办公室《麻醉品公报》,2009年,第47页。
⑦ 《鸦片经济》,第184页。

当然,我们也不能过分夸大公司限制消费政策的成效,该政策在执行中的问题也不少。首先,公司是禁止鸦片吸食的,然而,非但吸食曼达克的行为没有消除,后来连中国人吸食鸦片的方法也传入了印度。这种供吸食的中国式鸦片膏被称为阐都(chandu 或 chandul)。阐都是在十九世纪传入印度的,具体时间不详,但应当是1813年以后的事情。① 曼达克的吗啡含量仅有0.18%—0.21%,而阐都的吗啡含量可达9.07%—10.17%。② 好在这种方法没有在印度大规模地流传开来。直到19世纪末,阐都都只限于城镇中使用,③瘾君子们常聚集在某些被称为吸食俱乐部(somking club)的地方展开社交活动,集体吸食阐都或曼达克。④ 其次,各种形式的鸦片走私屡禁不止。实际上,公司垄断政策的初衷已注定走私不可避免。一方面,"只要政府想要通过垄断去寻求利润,就必须压低给予种植者的价格,"以"不至于令种植者放弃种植"为限⑤;另一方面,垄断的目的就是寻求高额利润,尽可能地提高销售价格。这样自然会出现一个巨大的利润空间,这不能不引来各种各样的投机者,走私行为便无法避免。

1773年后,非公司经营的鸦片贸易成为非法。也就从那时起,这种非法贸易就从来没有停止过。1790年2月,公司进一步加大对走私的打击力度。总督下令说,如果发现英国臣民从事鸦片走私,将被遣送回国;如果是印度人从事鸦片走私,将被处以每蒙德375卢比的巨额罚款;如果在柴明达尔土地上发现该类行为,柴明达尔负连带责任,将被处以每舍尔10卢比的重罚。⑥ 1793年,公司又规定,如果种植者私售鸦片,鸦片没收,并处以每舍尔4卢比的罚款。⑦ 1799年甚至规定从事鸦片走私者要判处监禁。⑧ 除立法禁烟外,公司还按照每舍尔12安那的比例实行"告密有奖"的政策。在该政策的鼓励下,甚至还出现了一种专门的告密职业,当地人把他们叫做"苟因答(Goindahs)"。可尽管公司已经使出了浑身解数,走私还是屡禁不止。最主要的原因是经济动因。以1822年为例,公司付给烟农的收购价只有每舍尔2.5卢比,而农民给走私皮卡们可以得到3卢比,经过层层倒手,卖给消费者的最终价格为每舍尔20卢比,如果运到东孟

---

① *Royal Commission on Opium*, p.22.
② *Royal Commission on Opium*, p.117.
③ *Royal Commission on Opium*, p.118.
④ *Royal Commission on Opium*, p.144.
⑤ *The Fifth Report from the Select Committee on the Affairs of the East India Company*, Vol.1, p.41.
⑥ *The East India Company's Monopoly Industries in Bihar*, p.77.
⑦ *The East India Company's Monopoly Industries in Bihar*, p.78.
⑧ *The East India Company's Monopoly Industries in Bihar*, p.172.

加拉的吉大港,鸦片最终的零售价甚至可以达到每舍尔 55 卢比。① 于是,从烟农、皮卡、地主柴明达尔,再到大的鸦片经销商,无不趋之若鹜。

据估计,1814 年后每年被走私出境的孟加拉鸦片不少于 300 箱。② 走私路线的起始点多为巴特那,再由此沿四个方向展开。③ 向东的路线有四:第一条路线,沿恒河出达卡;第二条路线,沿恒河和胡格利河经穆尔希达巴德(Murshidabad)到加尔各答,再由此或向南进入米德纳普尔(Midnapore)和奥里萨,或转口吉大港,或直接出口或内销;第三条路线,沿恒河至蒙吉尔(Monghyr),再转运至朗布尔(Rangpur),由朗布尔分散至卡罗丘陵(Garo Hill)、阿萨姆(Assam)和中国的西藏;第四条路线亦是沿恒河至蒙吉尔,再经特里普拉(Tipperah)山区运抵吉大港。向南路线除上述经加尔各答入奥里萨的路线外,还有两条陆路:一是经苏力(Suri)到米德纳普尔附近的拉姆基班普尔(Ramjibanpore),二是经班古拉(Bankura)到拉姆基班普尔,再从拉姆基班普尔进入奥里萨,或内销或经克塔克(Cuttack)到布里(Puri)出口。向西则穿越密林进入今天的中央邦,再经西部口岸转售到中国。向北走私便流入尼泊尔,流入尼泊尔的部分鸦片又从这里流入西藏。

五、中国的走私与反走私

(一) 脆弱的禁毒体系

除东南亚的一些土邦外,中国是第一个禁止鸦片贸易的国家。然而,在实行禁毒政策以后的四十多年里,鸦片流毒从南到北、从沿海到内地蔓延到中国大部分地区。这不能不归因于清政府脆弱的毒品防御体系。

清政府在嘉庆元年(1796 年)颁布禁止鸦片上谕并废止鸦片输入关税。此后,鸦片贸易在中国成为非法。1813 年,嘉庆皇帝再次颁布上谕,规定对吸食鸦片者予以惩戒:"侍卫官员买食鸦片烟者,革职,杖一百,加枷号两个月;民人等杖一百,枷号一个月;均照所议办理。"④ 这一法令开创了惩办鸦片吸食者的先例。不过,清廷的禁烟法令虽然"雷声"很大,但是"雨点"并不多。在 1838 年发起全国范围的禁烟运动之前,只有阮元和邓廷桢两位两广总督分别在 1820—1822 年间和 1836—1837 年发起过声势浩大的禁烟运动。除此之外,多数的禁烟运动都

---

① 《鸦片经济》,第 189 页。
② The East India Company's Monopoly Industries in Bihar, p.172.
③ The East India Company's Monopoly Industries in Bihar, p.172; Balai Chandra Barui, "The Smuggling Trade of Opium in the Bengal Presidency: 1793 - 1817", in Bengal past and Present (Serial No. 179), 1975.
④ 《清通鉴》(卷三),第 299 页。

流于形式，主要原因是统治阶层的无知和整个官僚体制的腐败。

统治阶层的无知首先表现在其扭曲的禁烟目的上。清政府的禁烟目的就是要杜绝白银外流，而从不把鸦片对人民的毒害放在心上。嘉庆元年所颁禁烟上谕的原文虽无法查对，但从外文文献来看，鸦片引起的白银外流问题似乎在当时已经引起了清政府的重视，并将其作为禁止鸦片的理由之一。① 在1838年那场禁烟大讨论中，官员们则明确表达了对鸦片消费者生命的漠视，所谓"海内生齿日众，断无减耗户口之虞"②，"包括黄爵滋在内的三十个人，绝大部分都毫不隐瞒地表示禁烟目的是防止银漏，而提到消除鸦片对人民毒害的奏折，也都将此放在次要的地位上。由此可见，整个统治阶级在为什么禁烟这个问题上，立场是一致的，都是要解决银荒问题，禁烟不是目的，而是手段"③。其次，统治阶层的无知还表现在对贩毒势力认识不清。例如，当时战斗在禁毒斗争最前线的两广总督阮元于1821年向道光皇帝上奏，"臣访得鸦片来路，大端有三：一系大西洋，一系英吉利，一系米利坚。大西洋住居澳门海，每于赴本国置货及赴别国贸易之时，回帆夹带鸦片，回粤偷销。英吉利鸦片，访系水梢人等私置，其公司舡主尚不敢自带。独米利坚国因少国王钤束，竟系舡主自带鸦片来粤"④。用"大西洋"一词指称葡萄牙，而又以为英国公司"舡主尚不敢自带"鸦片，有赞许之意，又反映出其根本不了解印度的鸦片就是东印度公司生产制造的。

禁烟运动流于形式还因为官僚体制的腐败，内部存在既得利益集团。当时的一些政府官员也曾认识到"外洋海船及各处商船，每因海口淤垫，船身吃水太深，不能近岸，或远在数十里，或百余里之外，停船海中。一切货物，概用渔船驳船起拨，而鸦片烟土即由各拨船夹带于偏僻处所，上岸销售，不由海口正路而行。然无营汛包庇，必不敢乘隙登岸也"⑤。对于此等腐败问题，两广总督松筠早在1811年就曾上奏说，粤省各府"巡役并不认真巡缉，转滥索商民船只，或勾匪贩私，包运鸦片硝磺等物，"而"地方官讳匿不办"⑥。1822年，御史尹佩棻也上奏指责官匪勾结的情形，"鸦片烟之来福建、浙江、江南通海口地方，俱有私带，总以来自广东者为最，一由于地方官不认真查拿，或差一二武弁巡查，徒为该弁肥囊之计；一由于粤海关之包税洋船一到，即有包揽上税者，将烟雇载渔船，先行寄顿，

---

① *Historical Appendices*，p.18.
② 文庆等编《筹办夷务始末》（道光朝）（卷一），文海出版社1966年版，第41页。
③ 吴义雄：《关于一八三八年禁烟争论的再探讨》，《福建论坛》（人文社科版）1985年第6期。
④ 《两广总督阮元奏为严禁外商夹带鸦片请旨摘去洋商顶戴折》，载《中国禁毒史资料》，第18页。
⑤ 《山东巡抚讷尔经额奏为遵旨酌议查禁鸦片章程折》，载《中国禁毒史资料》，第36页。
⑥ 《著两广总督松筠等严定章程防范官匪勾结包运鸦片等物事上谕》，载《鸦片战争档案史料》（第一册），第4页。

然后查船"①。如果说早期的行贿受贿还是偶发事件的话,那么在19世纪20年代以后的广东沿海则已成风气。1822年,当阮元将鸦片趸船逐出黄埔、鸦片趸船湾泊伶仃洋及澳门急水门后,已经领教厉害的鸦片贩子们就专门建立起一笔贿赂基金,用于向清政府的查缉官员行贿。"议定规银每箱若干,自总督衙门以及水路文武官员皆有之,惟关口所得最多,或在船上来取,或在省城交收"②。从历年清政府查处的腐败分子看,上至朝廷四品大员,下至普通士兵,几乎遍布政府的各个系统,地区分布也十分广泛。这些大大小小的贪官污吏"既利其烟,复贪其贿,则巡查奉为虚文,断绝非其所愿"③。正是在他们的保护伞之下,鸦片贸易才得以横行无阻。

以下这段话就是当时腐败官僚与烟贩勾结进行鸦片贸易的生动写照:"粤省总办鸦片之人,据设窑口,自广东以至各省沿途关口,声势联络。各省贩烟之人,其资本重者,窑口沿途包送,关津胥吏容隐放行。转于往来客商,藉查烟为名,恣意留难、勒索。其各府州县开设烟馆者,类皆奸猾,吏役兵丁勾结故家大族不肖子弟,素有声势,于重门深巷之中,聚众吸食。地方官之幕友家人半溺于此,未有不庇其同好。"④

(二) 鸦片走私贸易

1. 从"烟犯"到"烟匪"——涉毒黑社会的雏形

鸦片贸易合法时期,从事贸易者就是商行;鸦片贸易非法时期,就只有亡命之徒冒险贩运。这些违法者日益聚合,就成为近代涉毒黑社会。中国是最早禁毒的大国,当然也是涉毒黑社会最早形成的地方。查阅史籍,涉毒黑社会的形成过程依稀可见。

广东沿海早期的鸦片走私情况大抵如此:"内地奸民每于夷船初泊外洋,即乘深宵雨夜,私赴洋面,潜向夷船接买,由偏僻港汊,偷运各处售卖。又或商渔船只,拢近偷销",如遇盘查,则多以行贿为手段,使"吏役兵丁等得规庇纵"⑤。这种以贿赂为手段,偷偷摸摸地进行鸦片交易的行为较为普遍。在官府的往来公文中常将这些走私分子称为"奸民"或者"烟犯",但是19世纪30年代以后,在官府文书中出现了一个新的名词——"烟匪"。虽一字之差,但说明鸦片走私已不再是个人行为,而是有策划有组织的武装贩运。

---

① 《粤海关志》(第3册),第1297页。
② 《澳门月报》,载中国史学会编:《鸦片战争》(卷二),第530页。
③ 《吉林将军祥奏复禁绝鸦片章程应先塞其源复竭其流折》,载《中国禁毒史资料》,第74页。
④ 《粤海关志》(第3册),第1323页。
⑤ 《道光朝外洋通商案》,载中国史学会编:《鸦片战争》(卷一),第82页。

1831年湖广道监察御史冯赞勋有如此一段描述,"近缘奉禁綦严,……该夷改于虎门之大鱼山洋面,另设夷船,囤积烟土,称为鸦片趸。……然其货远在洋面,奸商不敢出洋贩买,夷人亦不敢私带入关,于是勾通土棍,以开设钱店为名,其实暗中包售烟土,呼为大窑口,……奸商到店于夷人议价立券,以凭到趸交货,谓之写书。然其货仍在洋面,难以私带也,则有包揽走漏之船,名曰快鞋。船之大可容数百石,帆张三桅,两旁尽设铁网,以御炮火。左右快桨凡五六十,来往如飞,呼为插翼。星夜逦行,所过关津,明知其私带,巡丁呼之则抗不泊岸,追之则去已无及,竟敢施放枪炮,势同对敌,瞬息脱逃,官吏无如之何,惧干重咎,匿不报官。是以白昼公行,肆无忌惮。闻此种快鞋,现有一二百只之多,凡由趸船至窑口者,皆系此船包揽……其由大窑口分销内地,则有奸民串同各衙头役,开设私局,是为小窑口。散布各城乡市镇,指不胜屈,所在皆有"①。这种"土棍"们乘坐的武装走私船只被称为"快鞋",或"快蟹,亦名扒龙,炮械毕具"②,可以装一百箱鸦片,大帆和前帆多用席竹和藤条做成,船上的武器装备有大炮、铁链、花枪以及鸟枪③。通常情况下,"所过关卡,均有重贿",但如果"遇兵役巡船向捕,辄敢抗拒,互致杀伤"④。鸦片运抵后,通常并不在窑口储存,而是"另藏于他屋地窖,房

图 3-6　停泊在伶仃洋的鸦片趸

---

① 《湖广道监察御史冯赞勋奏陈夷人夹带鸦片烟入口积弊请饬查禁折》,载《中国禁毒史资料》,第31页。
② 《两广总督卢坤等奏为遵旨查明英船贩烟及查办情形折》,载《中国禁毒史资料》,第48页。
③ 威廉·亨德:《广州番鬼录》,载中国史学会编:《鸦片战争》(卷一),第255页。
④ 《筹办夷务始末》(道光朝)(卷一)。

屋最深,妇女亦多"的地方,等小烟贩在窖口"先兑现银"后,于"夜间将烟送交于客(小烟贩)所居之处"①。这些小烟贩再将鸦片带到"散布各城乡市镇"的小窖口。小窖口则依托当地官府的"保护伞",直接向消费者兜售鸦片。这样,在鸦片交易中心广州,反而很难找出"一个铺子卖鸦片烟,或者一个人可藉以判明在何处买到鸦片或吸烟的标记"②。

在毒品需求存在的前提下,"禁毒行动"与"涉毒黑社会"是一对如影随形的双胞胎。只要毒品需求一定,"禁毒"越严厉,毒品价格越高,对犯罪分子吸引力越大。当依靠单个人的力量无法完成贩毒工作时,有组织的武装贩毒就会应运而生。

19世纪30年代以后,内地各省也逐渐成为重要的鸦片市场,这意味着内地的众多小窖口与沿海大窖口相距遥远,原有的鸦片走私网络已经不足以保证鸦片输送的安全。于是,从沿海到内地的道路上出现了众多的贩毒组织。这当中有富商大贾组成的商帮。他们资本雄厚、势力强大,以闽粤商人和山西商人最为重要。③而更重要的贩毒群体是一些由社会底层无业人员构成的武装集团。

在一些官兵防卫薄弱的穷山辟野,他们甚至敢于结党成群,冲关夺隘。如在1839的云南,"内地奸民托名贸易,勾结四川啯匪,或三四十人,或百十人不等,结党成群,每人携带朴刀、矛头、手杖,前往夷地贩烟,冲关夺隘而出。汛地千把兵丁不过数十人,墩房哨卡兵丁不过数人,往往畏其凶横,不敢盘诘"④。江西抚州等处也有鸦片烟贩成群结伙,包送鸦片,"经过州县,目睹凶顽,莫可如何。缘此辈横暴成性,利之所在,罔恤身家。且声气相通,稍有衅端,一呼百喏,蜂屯蚁聚,恃众抗官"⑤。1841年时,更有明目张胆举旗护送鸦片的。如"云南永昌府有匪徒贩卖烟土,聚党辄数百人,手持枪炮,各带红旗,上书将本求利、舍命取财二语,往来四川,肆行无忌"⑥。但在一些有较多官兵驻防的市镇中心,他们就将所贩烟土或藏在夹板箱、雨伞柄夹层、竹箩底内,或棉袄高底鞋内,从而采取较为隐蔽的方式。⑦

---

① 《鸿胪寺卿黄爵滋奏英人勾通吏役行商贩烟及水师作弊等情片》,载《鸦片战争档案史料》(第一册),第190页。
② 威廉·亨德:《广州番鬼录》,载中国史学会编:《鸦片战争》(卷一),第256页。
③ 林满红:《银与鸦片的流通及银贵钱贱现象的区域分布(1808—1854)》,载(中国台湾)《中央研究院近代研究所集刊》第22期。
④ 《江南道监察御史陆应谷奏请于滇省近边要口稽查烟贩折》,载《中国禁毒史资料》,第190页。
⑤ 《黄赞汤自纂年谱》,转引自《禁毒史鉴》,第82页。
⑥ 《四川总督宝兴奏请派员查拿川滇交界烟犯等情片》,载《中国禁毒史资料》,第227页。
⑦ 《刑部侍郎麟魁等奏为遵旨查明江西拿获贩烟会匪情形折》,载《中国禁毒史资料》,第222页。

"太平帮"、"广福会"等是形成较早且内部组织较为严密的涉毒黑社会。① "太平帮"活跃于鸦片战争前后,由福建永定人李正昌(化名张正昌)创立,以福建为基地,活动范围大致在福建、广东、江西、湖南一带,与广东"长生帮"关系密切。吴禧顺为李正昌重要助手,掌管帮会厘金,握有财权。该会以红布为标记,又称红会。帮主下设有九个分号,每号领有红旗一面,四分号头领为江禄华、五分号头领江八满,其余头领大致为漳平人张七、永定人张罗,及林福茂、江华云、邹亚昌、邹占梅、江阿华、廖文彩、薛亚生等。每号头领各自招兵买马,因此下属人数不等。江禄华率领52人,张七手下则有400多人,张罗手下亦有数百之众。帮会成员均携有利器防身,并领有红布一条。相互识别的方式是将"顶心长发各薙月牙形",并解开第二颗衣扣,而将红布系在第四颗衣扣上。分发销售鸦片后,每包鸦片要为总头目抽取厘金洋银一元。"广福会"又称大顺会或万顺会,起源于福建,亦活跃于鸦片战争前后的闽广赣湘一带,比"太平帮"势力更大。大头领姓名不详,称"禧顺老主"。下辖18牌,每牌竟有千人,以红、蓝、青等色洋呢布料镶在衣服领口、袖口之处来标记在会中的地位级别。"广福会"与福建"双福会"关系密切。"双福会"也以红蓝洋呢镶衣来分别官级,区别是"双福会"成员还会上双福字钱一枚。"二会暗通夷匪",与海上外国贩毒势力关系密切。两会成员动辄万人,应当是当时势力最大的贩毒集团。最后要提的是,官府在抓获"广福会"、"双福会"和"太平帮"等成员时,经常发现其带有红布或呢料制成的袋子,有的在袋子上写着"五显大帝",有的在袋子里装有纸符香灰,据说是在"海船上敬神后佩戴在身,以避风险"。"五显大帝"是闽广一带客家人崇拜的重要神祇,这说明在这些帮会内部,宗教信仰可能还是维护帮主权威并维系帮会团结的重要精神纽带。

鸦片被这些贩运团伙运到销售地点后转入各个烟馆销售。出于零售鸦片的需要,烟馆老板们不再使用武力对抗政府。他们勾结地方官,在官府的保护下开设烟馆。"其各府、州、县开设烟馆者,类皆奸猾,吏役兵丁勾结故家大族不肖子弟,素有声势,于重门深巷之中,聚众吸食"②。如1839时,"大津县蠹役王治明,绰号王老虎,把持衙门,与历任门丁串通一气……吸食贩卖"③。又如广东人王振高,他先靠走私鸦片起家,捐都司职衔,然后又开始"管驾巡船,包庇走私,每烟土百斤,收规洋四十元",致富后通过"交通水师营兵、府县差役"建立起自己的关

---

① 《中国禁毒史资料》,第211—234页。
② 《粤海关志》(第3册),第1323页。
③ 《著直隶总督琦善严查天津隐匿囤积之鸦片并速拿蠹役王治明事上谕》,载《中国禁毒史资料》,第167页。

系网,在关系网的庇护下在广州"永清门外向北",开窑口一座,店名宝记;还"与罗姓在新豆栏廻澜桥开东昌洋行"①。这样的例子不胜枚举,他们之所以敢于坐地经营鸦片生意,就是在地方上有强大的关系网,"恃兵差通同一气"②。

2. 鸦片走私网络的形成

这些遍布沿海和内地各省的"烟匪"编织出一张强大的、覆盖全国的鸦片走私网络。这张网的形成始自葡萄牙治下的澳门,这里是外国鸦片贩子在中国最早的贩毒基地。葡澳政府垂涎鸦片带来的高额利润,便规定在澳门经营鸦片贸易必须由葡萄牙人代理。这不仅使葡萄牙人提取了数额不小的代理佣金,而且还使鸦片贸易受制于葡澳当局。英国商人对此极为不满,试图绕开葡萄牙人自行贸易。1780年,英国商人在澳门西面大横琴岛上一个叫燕子湾(也称云雀湾)的地方建立了鸦片储运站。1794年,因为燕子湾离广州太远,又经常受到海盗干扰,有一艘鸦片船便驶向黄埔,开创了外国鸦片船直接开往黄埔港的先例。③ 不过,将黄埔作为鸦片贸易基地,对英国人来说并不理想。1803年,东印度公司又派遣驻广州大班剌佛出使越南,企图取得土伦港西南约二十海里的卡拉岛或坎贝罗斯岛。公司之所以做出这一决定是因为公司认为"拥有这个地方会有助于扩展鸦片的销售,如果与葡萄牙人发生战争,可使澳门这个口岸不再成为该项货物的一个商站"④。这一使命由于在越南"服务的法国人和澳门来的可鄙的葡萄牙人尽力设法使国王敌视英国人"而破产⑤。1820年,两广总督阮元发动了声势浩大的禁烟运动,将鸦片交易成功地逐出了黄埔,英国人丧失了鸦片贸易唯一的陆上基地。但是,英国商人的鸦片贸易并没有停止,伶仃洋贸易时期由此开始。

伶仃洋在"蛟门以外,水路四通"⑥,是外国船只进入珠江内河的必经之地,早在1819年便"已成为船运正常的集合场所"⑦。在鸦片船被从黄埔逐出后,这里便成为鸦片贸易的新集散地。"每年五六月间移泊急水门(后改为金星门),十月驶返伶"⑧。在这里,大大小小的鸦片船组成了鸦片舰队。这些船只可以分为

---

① 《给事中姚庆元奏请严缉私开窑口之赤广沙等人片》,载《鸦片战争档案史料》(第一册),第231页;林则徐《信及录》,载中国史学会编:《鸦片战争》(卷二),第232页。
② 《给事中姚庆元奏请严缉私开窑口之赤广沙等人片》,载《鸦片战争档案史料》(第一册),第231页。
③ 《鸦片的传播与对华鸦片贸易》,第193页。
④ 《东印度公司对华贸易编年史》(第1,2卷),第737页。
⑤ 《东印度公司对华贸易编年史》(第1,2卷),第740页。
⑥ 《筹办夷务始末》(道光朝)(卷一),第40页。
⑦ 《东印度公司对华贸易编年史》(第3卷),第358页。
⑧ 《中国近代对外贸易史资料》(第1册),第329页。

三类[①]：飞剪船(Clipper)是一种构造特殊的船，可以逆季风而行，主要负责从印度向中国运送鸦片；趸船(receiving ship)，船身宽敞，备有坚固的缆索、巨大的武器库和威猛的舷炮，是戒备森严的海上鸦片仓库；沿海航船(Coaster)多是双桅方帆船或纵帆船，吃水较浅，可以在沿海地带航行，主要负责把鸦片运到中国沿海城镇和乡村。

19世纪30年代初，广州鸦片市场出现供大于求的局面，鸦片销售陷入困境。1832年，威廉·查顿派鸦片船沿海北上，先后在上海、天津、福州、泉州等地成功交易。[②] 随后，其他外国烟贩也争相效仿。在这一过程中，厦门附近的鸦片贸易首先活跃起来，成为继广州之后"鸦片贸易的又一分支"[③]。"有几只属于广州两个洋行的中型船只停泊在靠近厦门的泉州、金门、甲子门及南澳岛"，由伶仃洋出发的双桅船及小帆船补给鸦片。[④] 实际上，沿海鸦片贸易并不局限于广州和厦门附近的洋面。

早在外国烟贩在北方海岸拓展贸易之前，闽粤土商早已开始在北方各海口兜售鸦片。他们的足迹遍及北方各个省份，"宁波、上海、登州、天津及奉天各处海口，皆由闽、粤商船夹带售卖"[⑤]。以山东为例，该省之"胶州、即墨、荣成、莱阳、海阳、利津等州县，各有海口，均为海船聚集之所"，鸦片销售在所难免[⑥]。1838年，奉天"锦县所属之天桥厂，海城县所属之没沟营、田庄台，盖平县所属之连云岛，金州所属之貔子窝，岫岩所属之大孤山，此数处海口，为山东、江、浙、闽、广各省海船停泊交易之所，明易货物，暗销烟土"[⑦]。到19世纪30年代，中国沿海地带就形成了澳门、广州、伶仃洋、厦门、上海和天津等鸦片贩运基地，北方口岸中以天津和上海规模最大，印度鸦片就从这些地方运往全国各地。

从广州输入的鸦片主要分为四支：向东经惠州、饶平、澄海转售于福建，福建鸦片再由蒲城、福鼎、寿宁进入浙江，或经光泽、长汀、宁化而转入江西；向东北经南雄、大余流入江西，"然后分路投售：一由湖广、陕、甘出西口，一由河南、山西出北

[①] 参见 Basil Lubbock, *The Opium Clippers*, 载《中国近代对外贸易史资料》(第1册)，第332页。
[②] 《鸦片战争前中英通商史》，第126页。
[③] 威廉·亨德《广州番鬼录》，载中国史学会编：《鸦片战争》(卷一)，第256页。
[④] 威廉·亨德《广州番鬼录》，载中国史学会编：《鸦片战争》(卷一)，第256页。
[⑤] 《陈书曾奏为请饬各省督抚严查各海口夹带鸦片商船片》，载《鸦片战争档案史料》(第一册)，第333页。
[⑥] 《山东巡抚讷尔经额奏为遵旨酌议查禁鸦片章程折》，载《鸦片战争档案史料》(第一册)，第91页。
[⑦] 《掌山东道监察御史汪于泗奏请严饬查缉奉天海口鸦片折》，载《鸦片战争档案史料》(第一册)，第423页。

口"①；向北经乐昌、连州、郴州等地流入湖南，"复由省城（长沙）贩运至湖北"，湖北"武昌之汉口镇，为囤聚之所，人烟稠密，行销更广"，鸦片从此地再转运至山西、陕西、甘肃乃至口外（长城以北地区）②；向西溯西江而上，经肇庆、梧州、浔州（今桂平）转售广西、贵州。输入厦门一带的鸦片，或投东北运到延平（今南平）；或向西运到江西南部；或经福州运往浙江的温州；再由这些地方北运至长江流域乃至北方各省。③ "上海地方为闽广各商贸易之所，系烟土进口门户。"④鸦片"由海路运至上海县入口，转贩苏州省城并太仓、通州各路，而大分则归苏州，由苏州分销全省及邻近之安徽、山东、浙江等处地方"⑤。天津输入的鸦片通常先囤积于当地的鸦片窑口。最有名的囤积所是"潮义客店"、"大有客店"和"岭南栈房"等。⑥ 当来自北京、直隶、河南、山西、陕西等地的"商贾来津销货"时，"转贩烟土回籍"⑦。

鸦片除从上述沿海口岸入口以外，还有少量的鸦片从中国的新疆和西藏等西部地区进入境内。向新疆等西北地区输入鸦片的外国商人中包括来自克什米尔、阿富汗、印度、俄国和浩罕国等许多国家的商人，而"此等夷商惟克什米尔、巴达克山音底为尤甚"⑧。他们通常将鸦片贩卖给新疆商人，再由他们转卖给内地客商。⑨ 内地客商再沿河西走廊将鸦片转运至山西、陕西和河南等地。据说，"山西忻州人往回疆贸易，每每夹带羌土，由嘉峪、哈密等关潜入内地，并有贩至陕西、河南各省者，而山西一省为尤异"⑩。西藏也有少量鸦片流入。早在18世纪，哈斯丁斯就曾先后派遣苏格兰人乔治·鲍格尔（George Bogle）和自己的表亲撒母耳·特纳（Samuel Turner）两次入藏，希望与西藏发展经贸，但都无果而终。虽然没有英国东印度公司的鸦片直接进藏，但是每年仍有数量不多的走私鸦片由巴特那出发，经蒙吉尔、朗布尔等地流入西藏。⑪

---

① 《掌江西道监察御史许汝恪奏请严申烟禁折》，载《中国禁毒史资料》，第234页。
② 《陈书曾奏为请饬各省督抚严查各海口夹带鸦片商船片》，载《鸦片战争档案史料》（第一册），第333页。
③ 林满红：《银与鸦片的流通及银贵钱贱现象的区域分布(1808—1854)》，(中国台湾)《中央研究院近代研究所集刊》第22期。
④ 《江苏巡抚陈銮奏为遵旨稽查吴淞海口鸦片章程折》，载《中国禁毒史资料》，第128页。
⑤ 《江西道监察御史狄听奏为请饬苏抚查禁上海洋船夹带烟土并议稽查章程折》，载《中国禁毒史资料》，第96页。
⑥ 《江西道监察御史狄听奏请查禁来津洋船夹带烟土并铺户代为囤销事折》，载《鸦片战争档案史料》（第一册），第351页。
⑦ 《著署直隶总督琦善严密查办奸商囤贩鸦片等事上谕》，载《中国禁毒史资料》，第83页。
⑧ 《叶尔羌参赞大臣恩特亨额等奏为筹议南疆各处禁烟章程折》，载《中国禁毒史资料》，第194页。
⑨ *Opium and the Limits of Empire*, p.6.
⑩ 《工科给事中张秉德奏请查禁回疆烟土入关折》，载《中国禁毒史资料》，第203页。
⑪ 《鸦片经济》，第213页。

六、东南亚的"包税制"

(一)包税制的特点及典型代表

当清政府因为鸦片贸易而焦头烂额的时候,东南亚的各殖民政府则采取了"杀鸡取卵、竭泽而渔"的短视政策。他们坐视东南亚的财富因鸦片贸易而流失,乐得在这种贸易中分享一杯残羹。于是,在东南亚逐渐形成了颇具特色的鸦片销售包税制度。

所谓包税制,就是某个人或组织"事先支付给政府的一种经商议的固定价格,以换取进行某项服务或从事某一特定活动以牟利的垄断权"[1]。在东南亚,各国都曾将某些关键项目宣布为垄断,如暹罗对槟榔的垄断和马六甲对锡的垄断等。

进入19世纪以后,东南亚各殖民政府相继采取包税制方式来销售鸦片。东南亚的鸦片包税制度基本一致:政府将鸦片包税权承包给出价最高的人,通常以三年为期。这些包税人几乎都是当地最富有最有权势的华人。他们中标后就可以独揽某一区域乃至一国的鸦片进口,也可根据自己的需要寻找二级承包人或代理人。进口的鸦片由包税人出售给领有政府执照的烟馆。在法律上,包税人享有该国的鸦片进口垄断权,如该权力受到侵害,包税人可以求助于司法程序。不过,这一权力在实践中的保障还得靠包税人自己,政府通常不负责查缉走私。因此,包税人必须拥有自己的私人警察队伍。[2] 虽然东南亚各地的包税制度比较接近,但是包税权的获得和包收人的具体销售手段有所差别,据此可以将其分为爪哇体制和马来亚体制。[3]

在爪哇,鸦片贸易的垄断权在"鸦片协会"解散后曾经转移到一个名为"鸦片管理"(Amfioen-Directie)的政府管理机构手中。这一机构的主任是荷属东印度服务机构的高级官员,下设两个助手及出纳、会计等人员。该机构统一购进鸦片,并将全年所需鸦片量公开整批拍卖。[4] 1809年,总督丹德尔斯开始改革,在"努力不改变旧条例的基础上制定新规则"。他撤销了"鸦片管理"这个机构,但仍由政府统一购进鸦片,以各地驻扎官作为区域鸦片分销的唯一代理,让他们从政府仓库里购买鸦片,再卖给政府认可的零售店向公众出售。英国人于1811年

---

[1] 《荷印殖民政府鸦片税收政策及其对爪哇华人社会的影响》,第60页。
[2] *Opium, Empire and the Global Political Economy*, p.139.
[3] *Opium, Empire and the Global Political Economy*, p.142.
[4] 《荷印殖民政府鸦片税收政策及其对爪哇华人社会的影响》,第51页。

至1815年短暂地统治这里,但"没有进一步对包税制度进行较大改动"①。1824年,"商人国王"威廉一世创办了荷兰贸易公司(NHM),总部设在海牙。次年,爪哇人民发动起义,并一直持续到1830年。为镇压起义,荷兰殖民政府花费巨大,导致赤字增加。1827年,荷属东印度政府将进口鸦片的特权授予荷兰贸易公司,授权其以每年250万荷兰盾的执照费和分享鸦片零售利润份额的条件经营鸦片垄断贸易,而该公司则以竞标的方式将权利分解给下一级承包商。②

这些承包商多为华人组织。他们财力雄厚,早在17、18世纪就包揽着爪哇的关税和食盐加工销售。当鸦片包税权拍卖时,这些最有权势的华人往往都会来参与竞争,因此被称为"王者之战"③。为赢得胜利,竞拍者常会私下里给政府要员行贿。

在爪哇,华人和荷兰人的人数都不多。华侨在1815年约为0.02%;1880年约为0.01%;1905年约为0.1%,④荷兰人在当地的人口比例更低,只有华人的七分之一。⑤荷兰人中偶有鸦片消费者,但只是凤毛麟角,华人吸食虽众但人口有限,因此爪哇的鸦片消费者以当地人为主。在爪哇土人中,鸦片消费者不乏上层贵族,他们把"提供鸦片给客人作为好客的标志",因此"中爪哇的男性吸食者在贵族宴会上被习惯性的招待以鸦片"⑥。但整体来看,土人贵族消费者也是少数,普通的爪哇土人才是这里最主要的鸦片消费群。大量从事繁重体力劳动的爪哇平民缺少卫生习惯和医疗条件,长期遭受发热、疟疾、腹泻、痢疾、伤寒、水痘、麻疹和各种疼痛等疾病的威胁,只有鸦片才能让他们"略感轻松"⑦。因此,"爪哇鸦片市场大部分是分散的,由成千上万的个体组成,每个个体每天仅花费几便士来吸食鸦片。所以,爪哇鸦片消费的主要特点是大量的爪哇人有规律地或断断续续吸食非常少量的弱吗啡鸦片,他们的消费水平取决于乡村的现金流通并随着一般的经济情况而波动"⑧。基于此,包税人在获得垄断权利以后,主要通过正常的零售业销售鸦片。

19世纪以后,中国单纯吸食鸦片的方法也传到了东南亚。传入的具体时间不详,但叫法却与印度一样,也把鸦片膏叫做阐都。爪哇的包税人把备吸食之用

---

① 《荷印殖民政府鸦片税收政策及其对爪哇华人社会的影响》,第75页。
② 沈燕清:《19世纪末爪哇鸦片税收专卖承包制研究》,《南洋问题研究》2006年第4期。
③ Opium, Empire and the Global Political Economy, p.150.
④ 沈燕清:《新加坡与爪哇华侨鸦片包税制比较研究》,《南洋问题研究》2007年第3期。
⑤ 《荷印殖民政府鸦片税收政策及其对爪哇华人社会的影响》,第83、91页。
⑥ 《19世纪爪哇鸦片走私中的华侨包税商》。
⑦ 《荷印殖民政府鸦片税收政策及其对爪哇华人社会的影响》,第87页。
⑧ 《新加坡与爪哇华侨鸦片包税制比较研究》。

的鸦片分为若干等级①：最好的鸦片是用孟加拉鸦片加工成的阐都（chandu）；第二等的鸦片被称为"卡卡可"（cacak），由较便宜的土耳其鸦片、烧焦的蔗糖、柠檬汁以及烧剩的鸦片灰渣混合而成，用来满足大众消费；第三等鸦片叫"积精"（jijing），实际上就是烧过的鸦片灰渣，在香港被称为"二沙"的东西，主要卖给下层群众；还有最差的一种叫作"惕克"（tiké），由少量的阐都、碎叶子和其他添加物混成。因为上等的鸦片极贵，所以只有那些富有的爪哇人和华人才有可能成为吸食鸦片的瘾君子，而贫穷的爪哇人只能消费较次的麻醉品，或从他们微薄的收入中挤出一部分来购买小块鸦片，掺进卷烟里吸食②。

鸦片包税制为荷兰殖民政府带来丰厚的利润，从 1816 年到 1925 年，鸦片税收长期占荷属东印度总收入的 35% 左右。③ 但对于这些华人包税者而言，鸦片贸易并非是稳赚不赔的生意。他们不仅需要一个庞大的市场网络，而且还需要建立一支强有力的缉私力量，因此运作成本极高。从中国输入或经新加坡转口而至的走私鸦片被官员、冒险家、船员、小商贩等各类人群带入爪哇，使包税人疲于应付，甚而破产。如在 1872 年，三宝垄华人甲必丹（荷兰人任命的华侨首领）陈宗淮在包税竞标时出价过高，恰逢经济不景气而导致亏损，最终被迫拍卖地产，还因此丧失了甲必丹的职位。④

马来亚体制以马来亚各邦最为典型。在这里，英国殖民统治的建立经历了一个漫长的时期。英国先于 1786 年占槟榔屿；1795 年又占据马六甲；1819 年取得新加坡；最终于 1826 年将三处合并为海峡殖民地。在海峡殖民地外的马来亚各邦长期享有相对独立的地位。直到 1874 年至 1888 年间，英国才先后将霹雳（Perak）、雪兰莪（Selangor）、森美兰（Sembilan）和彭亨（Pahang）变为英国的"保护邦"，并于 1896 年合并为马来联邦。1909 年，英国人又从暹罗手中得到吉打（Kedah）、玻璃市（Perlis）、吉连丹（Kelantan）、丁机宜（Terengganu）四个土邦的管辖权。⑤ 1914 年，英国最终迫使柔佛（Johor）接受英国顾问，从而完成了对整个马来亚的统治。在这些地方，包税人基本上都是经营着某一实业的中国人，而主要的鸦片消费者也以华人为主。下层马来人通常不会吸食鸦片，因为他们多为"种稻农民，一年到头也见不到几个铜板，根本没有能力消费鸦片"⑥。不过，有些土邦的上层统治集团也是重要的消费群体。如西婆罗洲的三发

---

① *Opium, Empire and the Global Political Economy*，p.151.
② 《剑桥东南亚史》（卷一），第 410 页。
③ 《一个世纪的国际药物管制》，第 15 页。
④ 《19 世纪末爪哇鸦片税收专卖承包制研究》；《19 世纪爪哇鸦片走私中的华侨包税商》。
⑤ 该四邦于 18 世纪末时臣服暹罗。
⑥ *Opium, Empire and the Global Political Economy*，p.52.

(Sambas)，整个土邦统治集团的成员都吸食鸦片。①

那么，大量的中国人为什么要远渡重洋来到东南亚呢？他们又是如何成为马来亚体制下主要的鸦片消费群体的？原来，早在13世纪，苏门答腊岛上就有了东南亚最早的华人居留地。②地理大发现以后，尤其是西方发生工业革命以后，东南亚所产木材、锡、橡胶、珍粉、黑儿茶、烟草、蔗糖、咖啡、胡椒等日益成为西方的畅销商品。因此，西方列强不遗余力地开发当地的矿业和种植业。正当东南亚的人力资源日益紧张的时候，中国的人口压力却与日俱增，于是，大批的华人开始移居海外。这种移民潮从18世纪初开始涌动。18世纪末，大量的华侨涌向暹罗和越南，从事胡椒、槟榔和蔗糖的生产种植以及金、锡矿的开采。以此为纽带，华商在这些国家的贸易也开始活跃。当他们给东南亚带来勃勃生机的同时，也很可能带来了单纯吸食鸦片的方法。

在19世纪中叶的马来半岛，槟榔屿的华商经营马来的锡矿，新加坡的华商经营着柔佛和苏门答腊的种植园；而霹雳和暹罗南部的鸦片吸食者多为开采锡矿的中国苦力；柔佛的鸦片吸食者多为胡椒或黑儿茶种植园里的中国农业工人。这些苦力背井离乡，远赴南洋，生活的艰辛可想而知。对家乡的思念，生活的单调、劳作的辛苦、疾病的困扰及工作和居住环境的恶劣，都使他们陷于痛苦，而他们在工作之余能够发现的只有老板们为他们开设的烟馆。于是，鸦片日益成为当地华工们的"工作药品"③。可在东南亚，鸦片价格并不便宜。1862年以前，新加坡的鸦片零售价是每新加坡两（tahil）1西班牙元，1864年涨到每新加坡两2元。④1新加坡两为37.6克，按每人每年吸食3斤计，即每人每年应吸食40新加坡两的鸦片，价值40西班牙元。这些穷苦人怎么会有经济能力消费这么昂贵的奢侈品呢？实际上，苦力们是根本无法支付这笔开销的。他们几乎都是作为"猪仔"，由经纪人代办船票来到南洋的。他们来到这里时已经欠了15—20西班牙元的债务，而他们每月的收入却只有3—4元，全年收入也只不过40元左右。⑤债务尚难偿还，何谈鸦片消费呢？解决的办法是，老板把鸦片赊给他们。这样，苦力们以赊欠的形式来消费鸦片，老板们以鸦片的形式来支付工资，这就是马来亚体制的特点。

实际上，对于既是经济实体经营者又是鸦片包税人的老板来说，最大的利益

---

① *Opium, Empire and the Global Political Economy*，p.52.
② H.A.西莫尼亚：《东南亚的中国居民》，见陈翰笙主编：《华工出国史料汇编》（第五辑），中华书局1984年版，第69页。
③ *Opium, Empire and the Global Political Economy*，p.55.
④ *Opium, Empire and the Global Political Economy*，p.147.
⑤ *Opium, Empire and the Global Political Economy*，p.55.

在于矿业和种植业带来的收益,而垄断形式的鸦片为他们提供了几乎是无偿占有劳动力的手段。劳工们在劳作、成瘾、欠债、死亡的怪圈里循环。据说,在暹罗南部从事矿业的中国劳工的死亡率达到60%以上。① 老劳工们死了,还有更多的年轻劳工到来,如此周而复始。19世纪末,随着城市化的发展,鸦片开始在城市中扩散,这种与某一行业密切联系的现象才开始改变。

综上所述,爪哇体制和马来亚体制的包税人主要都是华人群体,二者的区别主要在于:爪哇的华人包税者以分散的土人为销售对象,依托广泛的零售网络进行销售,主要存在于爪哇、暹罗中部及法属印度支那;而马来亚的包税者则直接参与矿山、种植园等产业,以鸦片的形式支付"工资",主要的销售对象是华工,主要存在于马来诸邦、暹罗南部、苏门答腊、婆罗洲、菲律宾和澳大利亚部分地区。

(二)各国鸦片销售包税制的建立

早在爪哇建立包税制之前,英国人就于1792年在槟榔屿建立起鸦片包税制度。② 1819年,英国人又从柔佛国王那里得到新加坡(旧称息力)的管理权,随即宣布这里为免税贸易的自由港。新加坡面积不大,几乎没有农业和其他生产,税收也很少。为增加收入,第二任长官威廉·法克(William Farquar)于1820年开始设立烟馆、酒馆和赌场,来对外承包。1823年,法克的继任者约翰·克劳福德(John Crawfurd)正式实行鸦片包税制,并认为这是在"经济和社会发展某一阶段的一些具有某种普遍性和必要性的东西"③。1824年,英国东印度公司仅以6万元的代价就最终使新加坡成为英国的殖民地。1826年,公司将槟榔屿、马六甲和新加坡合并为海峡殖民地。此后,鸦片税收就成为海峡殖民地主要的税收来源。

这里的包税人也多为华人,且大多受到"华人洪门(会党)的支持",通常"不是会党首领就是与会党有千丝万缕联系的人"。华人会党在当地拥有强大的影响力,自1806年起,鸦片和酒类"就是华人秘密会党的专利",他们的势力甚至可以延伸到暹罗等其他国家和地区。如福建漳州人许泗漳最初在槟榔屿发展,后于1844年获得暹罗西海岸拉廊地区的锡垄断权,并在十余年后成为当地的省长。1880年,许氏又成为暹罗在槟榔屿的独家锡代理。19世纪末,其子许心美建立的辛迪加还得到了曼谷的鸦片垄断权。④

---

① *Opium, Empire and the Global Political Economy*, p.145.
② 沈燕清:《英属马来亚华人饷码制度探析》,《东南亚研究》2013年第4期。
③ 《英属马来亚华人饷码制度探析》。
④ 沈燕清:《槟城福建华人五大姓氏饷码经营探析》,《八桂侨刊》2013年第4期。

19世纪下半叶,随着城市化的推进和人口的增加,新加坡已不仅是一个巨型鸦片批发基地,而且自身也成为一个巨大的鸦片消费市场。1879年,新加坡"鸦片与酒,亦归一公司包税承办,每年收捐银四十二万两"①。1880年,"该埠共入鸦片 8 774 箱,其间姑烟 8 352 箱,公烟 335 箱,金花 88 箱。转运于南洋各岛苏门答剌、亚哇、吕宋者 7 375 箱,运销香港、西贡者不在此数,是本埠尽销 1 399 箱"②。1884年,"进口货税以鸦片、洋酒为大宗,每岁额征银 124 万元,全坡制用,胥恃乎此"③。鸦片税入长期占到当地税入的 40%—60%,是所有英国属地中比例最高的。1906年,当地有 43 300 人吸食鸦片,占人口比例的 16.4%,人均消费量 325 克,是当时中国大陆人均消费量的三倍。④

菲律宾的包税制建立较晚。这里的西班牙殖民政府自 1781 年起就将烟草作为政府专卖品,却不大重视鸦片收入。这是因为"菲律宾的土著人很少有吸食鸦片的,这在很大程度上是由于贫困造成的,而不是因为统治者有高尚的道德"⑤,而作为主要鸦片消费者的华侨到 1863 年也还不足 30 000 人。⑥ 因此直到 19 世纪末,菲律宾消费鸦片尚不足 400 箱。⑦ 尽管如此,西班牙殖民者后来还是在这里建立起鸦片包税制度。1828年,西班牙当局要求所有鸦片必须积存于一个由海关监管的仓库里,在提取时要额外缴纳其价值 25% 的税收。⑧ 1847年,西班牙当局正式建立包税制度。设立鸦片吸食窝点的特权每两年拍卖一次,包税人有权在缴纳每箱 40 比索的关税后自行进口鸦片,且可以逮捕任何走私贩卖鸦片的人。在此制度下,西班牙当局每年可获得大约 60 万比索的收入,但其所占总收入的份额相比其他东南亚地区要低很多。⑨

与这些很早就殖民地化的海岛地区相比,东南亚的大陆国家拥有更强大的政权力量,他们都试图利用国家机器阻止毒品泛滥,但未能成功。在禁毒失败以后,这些国家才在 19 世纪下半期陆续采用鸦片销售包税制度。

在东南亚的大陆国家中,暹罗是在近代西方列强扩张的大背景下唯一保持独立的东南亚国家,也是较早建立鸦片包税制的国家。早在 17 世纪的阿瑜陀耶

---

① 《欧游杂录》,载《中国古籍中有关新加坡马来西亚资料汇编》,第 296 页。
② 《南行记》,载《中国古籍中有关新加坡马来西亚资料汇编》,第 297 页。
③ 《南游日记》,载《中国古籍中有关新加坡马来西亚资料汇编》,第 318 页。
④ 《一个世纪的国际药物管制》,第 15、46 页。
⑤ *Opium, Empire and the Global Political Economy*, p.89.
⑥ 《菲律宾研究》,第 236 页。
⑦ *Royal Commission on Opium*, p.48.
⑧ 沈燕清:《从门户开放政策看美属菲律宾政府的鸦片政策》,《南洋问题研究》2011 年第 3 期。
⑨ *Opium, Empire and the Global Political Economy*, p.139;《从门户开放政策看美属菲律宾政府的鸦片政策》。

王朝时,这里就盛行着各种包税制,如枪支、白银、胡椒、锡、铅、象牙等都实行包税垄断。中国广东人郑镛在雍正年间从中国来到暹罗,在30年代就是靠承包赌博税起家。① 1767年,缅甸贡榜王朝出兵灭亡了阿瑜陀耶王朝。次年,郑镛之子郑信领导暹罗人驱逐了缅甸占领军,建立吞武里王朝。但该王朝在1782年起义中被推翻,郑信被处死。大将军却克里称王,即拉玛一世,建立了延续至今的却克里王朝。

在暹罗,人们"最好纸烟,尤喜雪加(茄)之强味,或以国(暹罗)产强烈之纸烟,包于芭蕉叶食之。妇女有啮槟榔子实之习惯,自朝起床,至夜就寝,二六时中不绝于口"②,但很少有人喜爱鸦片,只是占暹罗人口三分之一的中国人多有吸食鸦片的习惯。③ 1811年9月14日,却克里王朝的拉玛二世下令禁止鸦片贩运和吸食,规定"从今以后,绝对禁止任何人吸食鸦片,违令者将受鞭笞三顿,陆上游街示众三天、船上示众三天的刑罚,其妻儿财产,还要全部查抄归官"。继位的拉玛三世也发誓要让吸食鸦片的行为在暹罗彻底消灭。④ 但他们的努力均未能奏效。一些华人烟贩继续收接鸦片,部分供应当地华侨,部分转运中国,还有将鸦片贩到越南的情况。⑤ 把持走私贸易的是一个被称为"红旗军"的华人地下黑帮。暹罗政府在围剿"红旗军"的同时,还在第一次《暹英条约》中与英国约定不将鸦片输入暹罗。但经过多年的斗争,暹罗政府仍然无法消除鸦片贸易。

1851年,一些华商要求在曼谷等地建立鸦片包税制度,并承诺将销售范围严格限定在华人群体之中。暹罗国王拉玛四世最终予以批准,并规定销售商每年应向政府缴税5 000英镑。⑥ 不过,为了限制泰人吸食鸦片,拉玛四世同时还规定,吸食鸦片的泰国人必须蓄辫子并缴纳华人三年一次的人头税,理由是一个人一旦染上了华人的恶习,他就丧失了作为泰人好身份的一切权利,因此泰人鲜有养成吸食鸦片的习惯。⑦ 1855年,英国强迫暹罗签订《鲍林条约》,规定英国商人可以向暹罗免税输入鸦片,但应售予政府指定的包税人。自此以后,英国商人主要从新加坡购头鸦片,包揽了暹罗的鸦片输入,而鸦片销售则由华人包税商负责。于是,暹罗鸦片包税制度得以强化。

---

① 《荷印殖民政府鸦片税收政策及其对爪哇华人社会的影响》,第65页。
② [日]山口武:《暹罗》,陈清泉译,商务印书馆民国十三年(1924年)版,第210页。
③ 《暹罗》,第59页。
④ 沈燕清:《暹罗曼谷王朝时期的鸦片问题》,《东南亚纵横》2012年第1期。
⑤ 林满红:《银与鸦片的流通及银贵钱贱现象的区域分布(1808—1854)》,(中国台湾)《中央研究院近代研究所集刊》第22期。
⑥ *Opium, Empire and the Global Political Economy*, p.151.
⑦ 《暹罗曼谷王朝时期的鸦片问题》。

包税制度为包税人带来了丰厚的利润,使得竞争十分激烈。竞拍者为赢得胜利常常不择手段,不仅会私下里给政府成员行贿,而且还会通过与暹罗贵族通婚的方式来得到某种头衔,以求在竞争中增加成功的机会。包税制度也给暹罗政府带来了高额的税入。19世纪末,暹罗每年要从新加坡进口1 000—1 200箱鸦片。① 1901—1902年度,暹罗鸦片包税收入500万铢,占总收入3 600万铢的13.9%;1905—1906年度,鸦片包税收入1 000万铢,总收入5 200万铢,鸦片收入在总收入中的比重达到19.2%。②

越南的鸦片销售包税制最先是由法国殖民者建立起来的。16世纪中叶,已有西班牙人在越南口岸进行贸易;1614年,葡萄牙人开始在会安等地开设商铺,鸦片输入在所难免。1677年,越南进入郑阮纷争时期。1771年,阮氏所辖地区发生阮岳兄弟起义。1776年,阮岳起义军先攻灭南方阮福映政权,后又于1787年灭北方郑黎联合政权,统一安南。1802年,阮福映依靠法国人的力量镇压了阮岳起义军建立的西山王朝,重新统一安南,国号南越。1804年,嘉庆皇帝派员宣封阮福映为国王,正式改其国号为越南。1817年,阮朝允许法国人在越南自由通商与传教。1820年,阮福皎即位,转而改变亲法政策,实行闭关锁港,也希望以此禁绝鸦片贸易。1843年后,法越关系开始恶化。1858年,法国正式发动侵越战争。到1862年,越南被迫签订《西贡条约》,割地开埠。

还在1861年,法国人就开始将越南南部之交趾支那的鸦片贩卖权向外出租,建立了鸦片包税制。鸦片垄断权先是租给了两个法国人,1864年又租给了西贡的一个华人集团。③ 这些包税人直接从加尔各答购进鸦片,到19世纪80年代,年进口量在1 000箱左右,鸦片收入占到法属交趾支那总收入的30%。④《西贡条约》签订以后,越南政府无力赔款,也派华人侯利贞征收从广平至北圻的鸦片税,每年鸦片税收入达302 200贯。⑤ 1883年底,法国为吞并越南与清政府爆发战争。清政府在中法战争中失败后退出越南,阮朝政府名存实亡,越南成为法国的殖民地。法国建立的印度支那联邦涵盖了老挝、柬埔寨及越南,也把鸦片包税制度推广到这些国家。

在缅甸,缅族人雍籍牙于1752年建立贡榜王朝。19世纪,吸食鸦片的风气也传到了缅甸。缅甸政府和当地的佛教人士都一致反对鸦片吸食,政府甚至宣

---

① *Royal Commission on Opium*, p.48.
② *Opium, Empire and the Global Political Economy*, p.138.
③ 《剑桥东南亚史》(卷二),第126页。
④ *Opium, Empire and the Global Political Economy*, p.138.
⑤ 郭振铎、张笑梅:《越南通史》,中国人民大学出版社2001年版,第608页。

布对缅族吸食者处以死刑,但法令难以落实,人们"仍然能很容易地以低价格买到鸦片"①。后来,英国分别于 1824 年、1852 年、1885 年发动了三次侵略战争,使缅甸最终沦为英国的殖民地,其鸦片消费体制遂趋同于印度的消费体制,因而没有建立起鸦片包税制度。在英国治下,政府后来禁止了下缅甸的罂粟种植,而当地人也把吸食鸦片看作一种恶习,从而基本消除了鸦片流毒。但在掸邦等上缅甸地区,"农民为自身需要而生产鸦片",1907 年时,年消费鸦片 69.7 吨。②

七、美国商人与西亚鸦片

在亚洲东部的鸦片贸易中,还常常能见到来自西亚的鸦片。它们通常是由美国商人贩来的。

美国本来是英国在北美建立的殖民地。英国人在 16 世纪就曾派人在北美进行殖民探险。在英国东印度公司后成立不久,英国商人就于 1606 年成立了弗吉尼亚公司,得到国王授权后开始了美洲的殖民贸易。此后至 1733 年,英国人陆续在北美建立了 13 个殖民地。1773 年,英国东印度公司发生严重的财政危机,在确立孟加拉鸦片垄断以便提高财政收入的同时,还提请英国政府通过《救济东印度公司条例》,允许其在英属北美殖民地倾销茶叶。由此引发的"波士顿倾茶事件"成为美国独立战争的导火索。1774 年,北美各殖民地在费城召开了"第一届大陆会议",要求英国政府取消对北美的经济限制。在遭到拒绝后,1775 年列克星敦的枪声标志着北美殖民地开始公开反抗其母国的统治。1776 年 7 月,各殖民地签署了《独立宣言》,这被认为是美国建立的开端。战事进行到 1781 年基本结束,美国最终摆脱了英国的控制,走上了独立的发展道路。

在美国独立之初,美国的工业还"主要以手工业为基础,规模很小,也很脆弱",远远落后于欧洲列强。特别是由于长期战争,美国出现了严重的通货膨胀,物价飞涨、债务激增。1783 年时,美国的债务总额高达 3 100 多万美元。为摆脱危机,美国政府一方面"利用集中的有组织的社会暴力"推进残酷的西进运动,一方面积极开拓海外市场,发展对外贸易。③ 1784 年 2 月 22 日,一艘由战船改装而成的美国商船"中国皇后号"在船长格林带领下,满载人参、毛皮、棉花等货物从纽约港出发,于 8 月 28 日达到广州,12 月 28 日该船满载着中国的茶叶、丝绸和瓷器返航。这次航行标志着美国对华贸易的开始。

同欧洲人一样,美国人也会将鸦片作为药材使用。由于地理接近,美国商人

---

① *Royal Commission on Opium*, p.75.
② 《一个世纪的国际药物管制》,第 48 页。
③ 李守郡:《浅谈美国早期对华鸦片贸易》,《历史档案》1983 年第 2 期。

很早就从土耳其(奥斯曼帝国)进口鸦片。1796年,波士顿的帕金斯(Perkias)家族就曾在土耳其从事鸦片贩运。① 19世纪初,在中国市场高价格的刺激下,美国商人开始将土耳其鸦片输往中国。关于首次输入的时间有两种说法:一说是1805年,美国人克里斯托夫·甘特(Christopher L. Gantt)首次将46箱另53盒土耳其鸦片运抵广州。② 另一说法认为是1806年。英国东印度公司驻广州委员会在1807年的一份信件中说,"美国人从士麦那(即土耳其伊兹密尔)将鸦片运入中国进行投机……第一批直接从地中海运输鸦片来中国的船只,是去年6月和7月之间到达的那几艘"③。1820年,又有费城的2家、波士顿的2家美国商号参与土耳其鸦片的贩运。1827年,巴尔的摩的4家商号也加入进来。④ 输入中国的土耳其鸦片数量也在不断增长,1816—1817年度有568箱,到1828—1829年度达到了1 256箱。⑤

当时的美国疆域还只局限于大西洋沿岸的北美东部,连通地中海和红海的苏伊士运河也没有开通,美国对华贸易路线是经由好望角、印度洋和马六甲进入南中国海的。这样,美国商船专程赴土耳其购买鸦片转运中国会造成高昂的成本,因而往往会在与对土贸易时将鸦片运回美国商埠,在对华贸易时再将鸦片运往中国。因此,丹涅特说,"最初,自土耳其直接(将鸦片)运往中国还不太普遍。普通是将鸦片自土耳其直接运到美国商埠,留下一部分供应美国市场,然后再运往中国"⑥。

土耳其的罂粟种植有着悠久的历史。大约在迈锡尼文明时期,罂粟就传到了土耳其。⑦ 在安那托利亚地区比塞萨坦(Beycesultan)的一幢烧毁的宫殿下,曾发现当时的罂粟种籽。这里后来被置于罗马帝国的统治之下。在东罗马帝国时期的667年,帝国还向唐王朝敬献了含有鸦片成分的底也伽。15世纪,奥斯曼土耳其人攻灭了东罗马帝国,这里被置于信奉伊斯兰教的突厥人统治之下。在苏里曼一世时(1520—1566年在位)奥斯曼帝国达到鼎盛,建立起横跨欧亚非三洲的庞大帝国。16世纪中叶后,帝国逐渐衰落,在对外征战中屡见败绩。1612年,在与伊朗(波斯)萨菲王朝作战时失败,放弃了高加索地区的宗主权。1699年,又被奥地利、波兰联军打败,丧失了乌克兰、匈牙利等大片国土。在

---

① 《约翰公司:英国东印度公司》,第211页。
② *The India-China Opium Trade in the Nineteenth Century*, p.62;绍溪:《十九世纪美国对华鸦片侵略》,三联书店1952年版,第18页。
③ 《东印度公司对华贸易编年史》(第3卷),第69—70页。
④ 《约翰公司:英国东印度公司》,第211页。
⑤ *Expansion of Opium Production in Turkey and the State Monopoly of 1828 - 1839*, p.192.
⑥ 丹涅特:《美国对华的鸦片贸易》,见杨家骆主编:《鸦片战争文献续编》,鼎文书局1973年版,第298页。
⑦ *On the Trail of Ancient Opium Poppy*, p.249.

18世纪与俄国的多次战争中也多以失败告终,逐步丧失了对黑海的控制。18世纪末,埃及等北非地区又被法国拿破仑帝国临时占领,此后逐步丧失对埃及的控制。不过,国家的衰落并没有影响鸦片的生产。

土耳其人将罂粟作为食物或饲料,而将鸦片称为迷思拉克(measlac),主要用作药品。与印度人相似,土耳其人也有吞服鸦片的习惯。因此,土耳其鸦片主要在当地消费,另有一部分相对次等的鸦片销往欧洲。[①] 19世纪初,这里的鸦片年产量约为2 000箱。随着商品经济的发展,土耳其鸦片也形成了众多的商业品牌,在中国销售的主要有♡、XXX、AAA、ΦX、SAS等,被中国人统称为"金花",其中XXX牌鸦片的售价相对较高,当是品质较优的一种。[②] 因为土耳其鸦片是"次等的和经常掺假的"[③],所以在华销量不大。从1805到1839年,美国走私到中国的土耳其鸦片共有9 684箱。[④]

美国人的贩运活动刺激了土耳其鸦片的发展。面对可观的利润,奥斯曼素丹马哈茂德二世于1828年建立起鸦片贸易的国家垄断制度(Yed'i Vahit)。1829年5月,奥斯曼政府再次颁布法令,详细阐明垄断制度的细则:其一,只有得到授权的商人才可以从烟农手中购买鸦片;其二,鸦片由政府定价交易:每车克(çeki=1.76磅)优质鸦片的价格为45库鲁什(kuru),普通鸦片(rakoze)为每车克22库鲁什;其三,传统鸦片税分为地方税和称量税两种,税率均为每车克3库鲁什。在此基础上新增土地种植税,每德南(dnüm)土地征税1库鲁什;其四,指定伊兹密尔为唯一的鸦片出口港。[⑤] 但新的垄断制度在执行中却并不成功,地方官将鸦片卖给私商的现象屡禁不止。据估计,私贩鸦片数量达到合法鸦片数量的三分之一。与此同时,奥斯曼帝国的国运日衰也加大了维持垄断的难度。

在马哈茂德二世统治时期,奥斯曼帝国江河日下,埃及、阿尔及利亚、希腊一步步走向独立。1838年8月,英国胁迫奥斯曼土耳其签订《英土商业条约》(Anglo-Ottoman Treaty,又称《巴尔塔李曼条约》),其中第二款明确规定"英王陛下的臣民及其代理人应被允许在所有奥斯曼领土上购买任意种类的商品,全无例外"[⑥]。据此,奥斯曼帝国的鸦片垄断体制在维持了11年后,在货源短缺、

---

① *Documents Relating to Opium*. &. c. Vol. V, pp.45,50.
② *Sales of Opium*, ancient account-book, written in hand.
③ *Historical Appendices*, p.54.
④ 《中华帝国对外关系史》(第1卷),第238页。因为一些美国商人还充当着港脚贸易参与者的角色,还向中国输入了印度鸦片。因此这并非美国输华鸦片的全部。
⑤ *Expansion of Opium Production in Turkey and the State Monopoly of 1828-1839*, p.198.
⑥ https://en.wikipedia.org/wiki/Treaty_of_Balta_Liman#Convention_of_Commerce.2C_1838.2C_Balta_Liman.

官员腐败、管理低效和走私贩运等诸多因素的影响下,最后又在英国的胁迫下,于1839年彻底崩塌了。①

除土耳其鸦片外,美国商人后来还曾将波斯、印度所产的鸦片运到中国。

波斯在萨菲王朝之后,又历经阿夫沙尔王朝和恺加王朝的统治。1722年,来自阿富汗的吉尔扎伊部落灭亡了萨菲王朝。1736年,霍拉桑地区的突厥首领纳迪尔驱逐了阿富汗人,建立起阿夫沙尔王朝。纳迪尔在1747年死后,诸侯并起,卡里姆汗建立的赞德王朝一度称雄。1794年,突厥恺加部落的阿加·穆罕默德击败赞德王朝和阿夫沙尔王朝的残余势力,建立恺加王朝。连年的战乱使波斯的鸦片生产大幅下降,但鸦片消费却没有明显的中断。② 此后的波斯历史,开始由古代转入近代,国力不断衰落,在英、俄两大势力南北夹击下逐渐沦为半殖民地社会。

19世纪上半叶,波斯被纳入世界资本主义的经济体系当中,对外贸易总值增长了3倍,其出口货物的70%都是手工业品。鸦片在当时出口份额中所占比例不大,对华出口最迟可以追溯到1817年。当年,美国亚斯忒(John Jacob Astor)洋行在波斯采购鸦片运往中国。次年,美国普金斯洋行马上跟进,买了8万磅鸦片在广州销售。③ 在中国,波斯鸦片被称为"新山"或者"红肉"。④ 在英国东印度公司封锁麻洼鸦片的年代,波斯鸦片也成为印度鸦片的一个竞争者。1819年后,受到孟加拉鸦片增产的影响,波斯鸦片对华出口量下降。当英国东印度公司在孟买开征过境税后,为限制来自波斯、奥斯曼等西亚国家的鸦片,英国政府对从海路进入孟买港的鸦片征收极高的税收,这一税收甚至比中国市场的鸦片价格还要高。而在当时,囿于航海技术的限制,从西亚前往东亚市场的商船必须在孟买进行补给,除此之外别无选择。这几乎阻断了西亚鸦片进入中国的渠道。因而直到1860年,波斯的鸦片生产都不超过10万磅(750箱,约45吨)。⑤

八、征服信德就是打败"麻洼"

(一) 英国对信德的征服战争

亚洲是19世纪上半叶国际鸦片贸易的主要舞台,而在这一舞台上演出的"三角贸易"大戏是以孟加拉鸦片与麻洼鸦片的市场竞争为主线的。1842年至1843年,英国对信德土邦发动战争并将其并入英属印度。这意味着麻洼鸦片必

---

① *A History of Turkish Opium Control*, p.197.
② *The History of Opium in Modern Iran 1850-1955*, p.22.
③ 《十九世纪美国对华鸦片侵略》,第22页。
④ 丁名楠等:《帝国主义侵华史》(第一卷),科学出版社1958年版,第14页。
⑤ *The History of Opium in Modern Iran 1850-1955*, pp.20,31,88.

须经过英国辖区才能出口海外。这样,英国人通过孟买过境税这件有力武器自如地调控着麻洼鸦片的成本,麻洼鸦片与孟加拉鸦片相互竞争的格局终结了。英国发动这场战争的前提是英国内阁完全接管了印度的管理权。

1834年,英国议会出台了新的印度管理法案,对印度的管理方式进行了重大改革。根据法案,东印度公司成为专职的印度政府。由24名董事组成的公司董事会被分为财务委员会、政治和军事委员会、税务和司法委员会等三个委员会,掌握着印度的行政大权。监督权则由国王任命的督察委员会操纵。"凡是有重大政治意义的行动,包括战争与和平在内,都由国王的大臣直接指挥。指挥方式是通过东印度公司机密委员会直接通知印度最高当局。这样,机密委员会就完全不受东印度公司董事会的约束。"①换言之,英国政府已经踢开公司董事会而亲自管理印度事务了。

1837年,波斯在俄国支持下企图占领阿富汗的战略要地赫拉特。而英俄两国此时正在中亚地区展开激烈角逐。英国政府随即与波斯断绝外交关系,并派遣军队占领波斯湾的哈尔克岛。1838年9月,波斯因久攻赫拉特不下而撤军。英国人鉴于俄国已控制了波斯,便试图控制阿富汗与俄国抗衡。1839年,英国政府通过监察委员会向印度总督奥克兰勋爵(Lord Auckland)下达命令,让他出兵喀布尔。当年8月,英军占领喀布尔后扶植起了傀儡政权。但在1841年,阿富汗发生反英大起义,英国驻阿军队遭到惨败。一万六千人的军队或被阿富汗人炮火打死,或在风雪中冻死、饿死,只有军医布莱顿一人逃回。② 1842年,英军大举复仇,借道信德再次进入喀布尔建立了傀儡政权。这就是第一次英阿战争。但是战争一结束,英国掉头就对昔日的盟友信德开战。在1842年的米亚尼(Miani)战役中,信德埃米尔(Amir)率领不足三千人的军队与十倍于己的英军进行决战,惨遭失败。1843年3月,埃米尔的军队被彻底消灭,信德被正式并入英属印度版图,当地的鸦片生产也被立即禁止。至此,除卡提阿瓦等少数土邦之外,印度西部的沿海地区尽为英国所占。换言之,麻洼鸦片必须经过英国辖区才能出口海外。这就意味着英国垄断麻洼鸦片出口贸易的时机成熟了。

(二)战后的孟买过境税制度

英国吞并信德以后,其麻洼鸦片政策的核心就是用尽可能高的过境税遏制甚至"杀死"麻洼鸦片贸易。③ 1843年10月,孟买过境税被提高到每箱200卢比。在1845年、1847年,公司又两次提高过境税。这样,孟买过境税征收总额

---

① 《下院1852年报告》,转引自《英属印度经济史》(下),第151页。
② 《英属印度经济史》(下),第6页。
③ *Historical Appendices*, p.15.

迅速攀升。为防止偷漏税款，公司在艾哈迈达巴德、印多尔等地设立了十余处称量站，规定分散生产的麻洼鸦片如果需要出口，则必须到英属印度当局设立的站点重新称量。① 1840—1843 年，公司征收的过境税平均每年为 22.5 万英镑，而过境税增加后，每年过境税达到 35 万—60 万英镑，到 1848—1849 年度，更是达到了 88.7 万英镑。过境税的提高成功地遏制了麻洼鸦片的生产和出口。经销商在生产土邦、途径土邦和英国公司的层层盘剥之下，成本高昂，获利日益微薄。古吉拉特的艾哈迈达巴德停止了鸦片生产，凯拉（Kaira）和坎迪什（Candeish）的鸦片生产也几乎停顿。② 但是，麻洼鸦片的出口贸易还是顽强地坚持下来了，这或许是"因为鸦片产业特别适合于这一地区，而且这些经营者不知道放弃了鸦片他们还有什么可以经营吧"③。

表 3-10 孟买过境税调整及通过箱数表④

年　度	每箱过境税	年通过箱数	年　度	每箱过境税	年通过箱数
1831—1835	175 卢比	8 000—16 000	1859—1860	600 卢比	约 35 000
1835—1842	125 卢比	8 000—16 000	1860—1861	700 卢比	约 35 000
1843—1845	200 卢比	8 000—16 000	1862—1879	600 卢比	约 35 000
1845—1847	300 卢比	8 000—16 000	1879—1883	750 卢比	
1848—1858	400 卢比	16 000—34 000	1883 以后	650 卢比*	
1858—1859	500 卢比	约 35 000			

* 期间曾调至 600 卢比。

公司虽然没有能够利用过境税制度最终"杀死"麻洼鸦片，但是随意增加的过境税已经极大地提高了麻洼鸦片的成本，从而削弱了该种鸦片的市场竞争能力。从这个意义上讲，公司已经垄断了所有的印度鸦片。与此同时，大量的过境税流入公司账户，给公司带来了极其丰厚的利润。孟买过境税与孟加拉垄断利润构成的鸦片收入成为仅次于地税的英属印度第二大税源，占总税收的八分之一。不过，加尔各答的拍卖收入仍然是鸦片收入的主要来源。1835 年到 1850 年，平均每磅孟加拉鸦片使公司获利 7 先令 6 便士，而公司对每磅麻洼鸦

---

① *Royal Commission on Opium*，p.39.
② *The Administration of the East India Company*，p.682.
③ *Historical Appendices*，p.15.
④ *British Opium Policy and Its Result to India and China*，p.56；*British Opium Policy in China and India*，p.103. *Royal Commission on Opium*，p.30.

片的征税平均为 5 先令 8 便士。① 在 1851—1852 年度,孟加拉鸦片专卖收入约 2 997 万卢比,扣除预付和其他费用约 1 036 万卢比,净收入约 1 961 万卢比。孟买过境税征收 727 万卢比。从净利润来看,孟加拉收入占 73%,孟买收入仅占 27%。②

表 3-11　公司于孟加拉鸦片获利与孟买过境税比较③

年　度	每箱孟加拉鸦片纯利润(英镑)	每箱麻洼鸦片过境税(英镑)
1848—1849	71	40
1849—1850	64	40
1850—1851	83	40
1851—1852	69	40
1852—1853	48	40
1853—1854	46	40
1854—1855	61	40
1855—1856	83	40
1856—1857	117	40
1857—1858	136	40

---

① *The Administration of the East India Company*, p.683.
② 据 *The Administration of the East India Company*, p.148 数据计算。
③ Finance and Revenue Accounts, No. 69, No.71, 见 *British Opium Policy and Its Result to India and China*, p.307.

第四章　鸦片、吗啡、海洛因与开放的东西洋（1842—1909）

英国对信德的征服战争结束了孟加拉鸦片与麻洼鸦片相互竞争的局面。在此之前，英国还对中国发动了鸦片战争，维持了中国市场对印度鸦片的开放，并最终胁迫中国承认鸦片合法，这使得罂粟花在中国遍野绽放。与此同时，吗啡提取成功带动了欧美吗啡制造业的发展，为西亚鸦片的繁荣也创造了机会，跨地中海——大西洋鸦片贸易开始与远东的"大三角"鸦片贸易并行运转。纵观寰宇，鸦片罂粟得以堂而皇之地在全世界任何可以生长的地方自由生长，东西方都对鸦片开放了市场。从欧洲到北非，从西亚、南亚到东亚以至北美，这一物种开始了历史上空前绝后的"全盛时代"。

一、中英鸦片战争与战时贸易

（一）中国禁烟运动与鸦片战争

长期的鸦片输入在中国引发了严重的社会经济问题。首当其冲的是白银外流。在 1800 年前的两个半世纪里，中国瓷器、丝绸、茶叶出口量不断增加，而中国作为一个自给自足的农业国，很少进口外国货物，这使得白银不断流入，以致日本和美洲的白银可能有一半或者至少三分之一流入中国，总量达 6 万吨之巨。[①] 进入 19 世纪后，鸦片走私进口量不断增长。虽然鸦片商取得白银后往往将其兑付给其他商人，从而以货物的形式从中国输出，但终因鸦片进口量的增长远快于茶叶等商品出口量的增长速度，最终逆转了中国外贸的顺差。统计显示，中国对外贸易从 1827 年起由白银入超正式转变为出超，19 世纪 30 年代后，白银外流数量越来越大。[②]

1836 年秋，礼部侍郎朱嶟、兵科给事中许球先后上奏清政府，请求严禁鸦片。此时的道光皇帝终于痛下决心要解决这一萦绕多年的问题。他谕令两广总

[①] 《茶叶与鸦片》，第 256 页。
[②] 《中国近代经济史统计资料选辑》，第 36 页。

督邓廷桢将"贩卖之奸民、说合之行商、包买之窑口、护送之蟹艇、贿纵之兵丁,严拿密查各情节,悉心妥议,力塞弊源"①。截至1838年底,因贩烟被投入监狱者不下2 000人,每日处死者也有三四个之多②。在广州地方当局的严厉打击下,"中国鸦片走私者完全从伶仃洋和黄埔水域消失了"③。但鸦片贩子们并不甘心失败,他们开始直接将鸦片运入内河或绕开黄埔到其他地区销售,还美其名曰为"一场完全意义的革命"④。这种走私方式有三种途径:其一,将鸦片载于商船上偷偷运入内河;其二,通过原来在广州与澳门之间航行的、一般用于人员交通及运送生活用品的平底船将鸦片运入内河;其三,派遣更多船只到中国沿海兜售。⑤ 为减少风险,鸦片贩子还尽量减少运送次数。而像查顿·孖地臣这样的大商家,则凭借着巨量的存货与强大的武装船队,做起了大宗的批发生意。他们通常是先等待中国经纪人拿到巨额订单后,才出动船队将鸦片一次性运到其指定地点。⑥

鉴于走私活动仍然得不到有效禁止,道光帝于1838年12月31日又谕令湖广总督林则徐为钦差大臣,前往广东"查办海口事件"⑦。林则徐是福建侯官人,幼年家贫,以科举走入仕途,历任江南道监察御史、江苏按察使、江苏巡抚、湖广总督等职,为官清廉、忠于职守。他在受命以后,丝毫不敢懈怠,星夜南下,于次年3月抵达广州。

林则徐一到广州便向外商表明,"鸦片一日未绝,本大臣一日不回,誓与此事相始终",并责令其"呈缴鸦片"、"切实甘结"。⑧ 官兵立即行动,查缴烟土。6月3日,林则徐将缴获的一万九千余箱鸦片在虎门当众销毁。6月15日,清政府又颁布了《钦定严禁鸦片烟条例》,进一步加大了查禁力度。⑨ 通

图 4-1 林则徐像

---

① 《著两广总督邓廷桢等议奏查拿贩烟之奸商等事上谕》,载《鸦片战争档案史料》(第一册),第210页。
② *China Trade and Empire*, p.351.
③ *China Trade and Empire*, p.325.
④ *China Trade and Empire*, p.325.
⑤ 吴义雄:《邓廷桢与广东禁烟问题》,《近代史研究》2008年第5期。
⑥ *China Trade and Empire*, p.330.
⑦ 《筹办夷务始末》(道光朝)卷五,第132页。
⑧ 林则徐:《信及录》,载中国史学会编:《鸦片战争》(卷二),第243页。
⑨ 《粤海关志》(第3册),第1336—1428页;中国史学会编:《鸦片战争》(卷一),第395页;罗运炎:《毒品问题》,商务印书馆1936年版,第45页。

过这些措施,社会风气得以整肃,"官吏不敢再行玩纵,人民狃于积习,尚存观望者,虽然不少,但……各省雷厉风行,认真查办,人民自动戒除烟癖者,确实甚多,所以一时颇收成效"①。

这些禁烟措施对贩毒势力意味着什么呢?19世纪末,印度旁遮普议会代表杰西·拉姆(Jaishi Ram)在接受英国国会关于禁毒问题调查时曾说,"现在,有数以千计的人在从事(鸦片的)种植和贸易。如果禁种或任何的法律介入,结果会使那些人在突然之间全体失业"②。这次的调查报告书也明确提到,即使政府给予补贴也无法完全弥补禁种给(种植鸦片的)地主和佃农所带来的损失,更重要的是没有一种手段可以代替(鸦片)这种获利丰厚的出口商品与国外进行贸易。③ 想必这些论调也很适合鸦片战争前夕英国的处境。于是,英国维多利亚女王于1840年1月在议会发表演说,声称中国禁烟事件使英商蒙受了巨大经济损失,影响了英王的尊严。2月,英国政府任命乔治·懿律(Geotge Elliot)为全权代表和侵华英军总司令。同一天,外交大臣帕麦斯顿向清政府发出照会,提出赔偿货价、割让岛屿、偿还商欠的战争要求。至4月,英国议会通过了战争决议。

"冲突在不对等的双方之间爆发了。一方只拥有自己的权利,一方则拥有物质上的优势。第一个基督教强国,大不列颠,真的向异教徒君主发动了战争,而这个君主只是想铲除对其臣民有害的邪恶。这场战争在中国人看来,在任何真诚的历史学家看来,都会被称为'鸦片战争'。"④在这场战争中,"只拥有权利"的中国似乎注定要失败。一场大雨都可以把广州城城门冲走,⑤其他地方的守备自然也不会好到哪里。而英国已经经历了工业革命的洗礼,船坚炮利,装备精良。双方的战争持续到1842年,《南京条约》在长江的江面上签订。那位遵旨办事的林则徐则成为战争失败的替罪羊,在留下"苟利国家生死以,岂因祸福避趋之"的悲壮诗句后被发配伊犁,效力"赎罪"。

虽然《南京条约》没有对鸦片贸易作出明确规定,可实际上,中国即将关闭的鸦片市场大门被再次推开。1843年10月,道光皇帝自我解嘲地说,"耆英奏,通商事竣,夷酋恳请抽取鸦片烟税。该大臣以夷务甫定,操纵两难,密片具奏,所见真切。朕反复深思,鸦片烟虽来自外夷,总由内地民人逞欲玩法,甘心

---

① 《毒品问题》,第51页。
② *Royal Commission on Opium*,p.66.
③ *Royal Commission on Opium*,pp.56,58.
④ Ellen N. La. Motte,*The Opium Monopoly*,New York:Macmillan Company,1920,p.68.
⑤ "最近一场暴风雨就冲走了一座(广州)城门。"载《早期澳门史》,第277页。该篇序言写于1835年1月,此事当发生在1834年。

自戕,以致流毒日深。如果令行禁止,不任阳奉阴违,吸食之风既绝,兴贩者即无利可图"①。既然皇帝都认为应该把重点放在整治吸食上,那满朝大臣又何必去追究兴贩之人呢?鸦片贸易从此畅行无阻。

这个结果是英国政府和东印度公司希望看到的,从这个意义上说,英国胜利了。但是,还有个结果可能是侵略者始料未及的,那就是此后中国鸦片的产量开始增加,最终成为印度鸦片的强大竞争对手。

(二) 鸦片战争期间的"三角贸易"

当林则徐查缴鸦片的消息传到印度时,立刻人心惶惶,新产的白皮土在孟买200元就可以买到。当印度鸦片价格暴跌的时候,中国沿海一带的鸦片交易也"几乎已经完全停止"②。不过,对鸦片贩子来说,这时的销售量虽然较少,但因中国市场的价格上涨,利润却非常高。1840年6月,英国舰队开到广东海面,战争爆发。受战事影响,中国市场的鸦片价格急速上涨。据怡和洋行的档案记载,1840年5月,澳门的巴特那鸦片价格为每箱380—390元,麻洼鸦片为450—500元,7月,麻洼鸦片涨到550元。③ 与此同时,由于战争期间外国烟贩不敢轻易北上,北部沿海的鸦片价格出现暴涨。200元买进的一箱鸦片可以卖到800元以上,最高时甚至达到每箱2500元。④ 1840年11月前后,天津鸦片黑市的价格已经达到每斤60两银。⑤ 在印度鸦片拍卖价格暴跌的背景下,鸦片贩子们着实大赚了一笔。

1841年1月初,英军攻占了大角、沙角炮台,控制了珠江口。大批的鸦片贩子尾随侵略军的军舰,在战火中疯狂地兜售鸦片。他们"实鸦片于轮舟,尾其兵船以入","约窑户快艇泊其旁,乘战酣载运","迨炮收烟散,则货已售尽矣"。⑥ 在英军的保护下,南部沿海的鸦片贸易逐渐恢复正常,鸦片价格也逐渐下降。当月,澳门的巴特那鸦片价格下降到每箱390元,旧有巴特那鸦片存货每箱355元,新贝拿勒斯鸦片每箱360元,麻洼鸦片在每箱420—430元间。⑦ 1月25日,英军占领香港。孖地臣在22日就迫不及待地写信给查顿,"香港即将被我们的军队占领……懿律说,他不反对我们在那里囤积鸦片。新年假期一结束,

---

① 《著钦差大臣耆英仍申明鸦片禁令有犯必惩并不准舒恭受带罪当差等事上谕》,载《中国禁毒史资料》,第239页。
② 《禁毒史鉴》,第134页。
③ *China Trade and Empire*, pp.434,447.
④ 《禁毒史鉴》,第134—136页。
⑤ 《鸦片经济》,第225页。
⑥ 梁廷枏:《夷氛闻记》,中华书局1959年版,第58页。
⑦ *China Trade and Empire*, p.461.

我就开始修建"①。当年6月7日,鸦片第一次在香港土地上拍卖,②香港从此成为新的鸦片贸易中心,伶仃洋贸易时代正式终结。

虽然战争没有对鸦片贩子们的收入造成太大影响,但是却使东印度公司的鸦片收入损失不小。战争期间,孟加拉鸦片输入中国的数量骤然减少,从战前的14 499箱,减少到最低时的3 755箱。东印度公司只得在槟榔屿等地降价倾销。③ 输入东南亚的鸦片量从每年3 000多箱激增到近15 000箱,使公司鸦片出口总量得以维持。尽管出口数量没有出现大的变化,可由于加尔各答的拍卖价格暴跌,公司收入最低时只有不足65万英镑的年收入,还不足战前的四分之一。④《南京条约》签订以后,中国鸦片市场重新恢复,而对东南亚的鸦片出口量也回落到4 000—5 000箱的水平。

东南亚的鸦片市场在鸦片战争期间表现出极强的"弹性",这一现象的产生主要与马来亚的包税制度有关。在马来亚体制下,鸦片消费者甚至不具有消费鸦片的经济能力,而是以赊欠的形式消费鸦片。因此,在东南亚购买鸦片的并不是鸦片消费者,而是那些资本雄厚的包税人。因为鸦片的保质期通常都在三年以上,而包税人想要得到的只是鸦片的价值而不是其使用价值,所以他们完全有可能在价格较低时将鸦片大批量地储备起来,以便择机赚取更高的利润。

二、中国的鸦片解禁与逐利的中国烟农

(一) 鸦片战争前后的土产鸦片生产

在鸦片战争中的失败使清政府逐渐放弃了禁毒政策,这为中国土产鸦片的兴起扫平了障碍。中国土产鸦片究竟始于何时,目前还没有定论。从现有史料看是在19世纪初。

唐代传入的罂粟被不断以观赏为目的加以改造和选育,至清代已经不适合鸦片生产了。罂粟不仅因"单叶者粟必满,千叶者粟多空"而丧失了大量产生鸦片的功能,而且其鸦片中所含的生物碱也已经异化,吗啡、可待因和α-那可汀含量都不足。在这三种生物碱中,吗啡虽然是能够产生愉悦感的主要生物碱,但含量过高会使吸食者感到十分刺鼻。相反,吗啡含量较低的鸦片会使α-那可汀、可待因等相对较弱的生物碱作用增强,吸食起来更加醇美。因此,中国吸食者更

---

① *China Trade and Empire*, p.464.
② *China Trade and Empire*, p.464.
③ 该地在此时已成为英国殖民地。1786年,马来半岛的吉打邦将槟榔屿割让给英国。1805年,槟榔屿提升为管区,与印度的孟买、加尔各答、马德拉斯三个管区并列。1826年,英国东印度公司将槟榔屿、马六甲与新加坡合并为海峡殖民地。
④ 《鸦片经济》,第226页。

加偏爱吗啡含量约为 4% 而 α-那可汀含量高达 6% 的印度巴特那鸦片,而不是吗啡含量为 8.27% 而 α-那可汀含量为 1.94% 的土耳其鸦片,就是这个原因。① 这样,无论中国罂粟中吗啡含量如何,单凭其缺少了 α-那可汀,就不是中国瘾君子喜爱的品种。当民间逐利之徒明白了"华种攒瓣,如芍药;惟夷种单瓣,故结实尤大"②的道理后,在 19 世纪初从印度引进了新品种。这时正是鸦片价格接近每斤 10 两创出新高的时候。这一引进过程主要从陆路的云南和海路的福建、广东等地开始,自南向北逐渐扩展。

目前看来,记述国内近代鸦片生产的最早文献是包世臣的《安吴四种》。据该书记载,"嘉庆十年(1805 年)后,浙江台州、云南土司亦有种罂粟取膏者"③。此后,鸦片制取方法从浙江向福建等周边地区扩散,从云南向两广蔓延。四川的罂粟种植可能是由云南、广东两个方向传入的。与云南毗邻的会理州等川南地区由云南传入④;川东地区则是在道光中由涪陵"客粤者购罂粟籽种,归如其法试之"⑤。

直到 1823 年,清政府发现在云南的"迤西迤东一带"有人"将罂粟花熬为鸦片",才下令禁止民间私自种植。⑥ 但在厚利驱使之下,鸦片的熬炼之法仍然在悄然传播。到 20 年代末 30 年代初,报告种植罂粟和提取鸦片的奏折已如雪片般飞往京师。如广东潮州府"有种植罂粟花之事"⑦;"浙江台州府属,种着最多,宁波、绍兴、严州、温州等府次之"⑧;四川"会理州、平武州一带,毗连番界,尚有种植罂粟花处所"⑨;"贵州风俗素为淳朴,近日渐有吸食鸦片烟之人及栽种烟草、开设烟馆之事"⑩;云南某地方官(Heu Szekeě)因包庇私种鸦片之人被撤职查办⑪;甚至远在内地的山西也有人在制取鸦片,"太谷县详报拿获熬卖鸦片烟人犯李三一起"⑫。面对各地土产鸦片蜂拥而起的严峻形势,清政府应御史邵正笏的奏请再次颁布禁种鸦片上谕,命令"各省督抚于所辖地方严密查访,倘有内

---

① 《鸦片经济》,第 100、122 页。
② 任可澄等:《贵州通志》,转引自秦和平:《鸦片在西南地区的传播及其种植面积考订》,《中国农史》2003 年第 2 期。
③ 《安吴四种》(卷第二十六)。
④ 秦和平:《鸦片在西南地区的传播及其种植面积考订》,《中国农史》2003 年第 2 期。
⑤ 《涪陵县续修涪州志》(卷七·风土志),转引自朱庆葆、蒋秋明、张士杰:《鸦片与近代中国》,江苏教育出版社 1995 年版,第 3 页。
⑥ 《酌定失察鸦片条例事上谕》,载《中国禁毒史资料》,第 24 页。
⑦ 《粤海关志》(第 3 册),第 1306 页。
⑧ 《两广总督李鸿宾等奏为遵旨查禁鸦片并酌议章程折》,载《中国禁毒史资料》,第 34 页。
⑨ 《四川总督鄂山奏为酌议查禁鸦片烟章程折》,载《中国禁毒史资料》,第 40 页。
⑩ 《著贵州巡抚严饬各州县严行查禁栽种、吸食鸦片烟》,载《中国禁毒史资料》,第 49 页。
⑪ *Chinese Repository*, Vol.1 - 1833(4).
⑫ 《山西巡抚阿勒清阿奏复遵旨查禁鸦片种卖情形折》,载《中国禁毒史资料》,第 44 页。

地奸民种植售卖鸦片",便由督抚们"责成地方官立即查明惩办"①。但形势并未因此好转,到 30 年代末,土产鸦片已有燎原之势。福建、广东、浙江、山东、云南、贵州等省,均有鸦片种植,②而且初步形成了以浙江为中心的东部沿海地带和以云南为中心的西南各省两大鸦片产区。罂粟在浙江"每年 10 月下种,次年 4 月成熟……每亩所产 4—5 斤……大量的流动小商贩知法犯法,公开兜售。种植罂粟获利十倍于米……(这里的)男女老少都在从事鸦片的生产与销售"③。该省台州府种鸦片者最多,其次为宁波、绍兴、严州、温州等地。在西南地区,"广西、四川、云南、贵州等省番舶不通之处,皆由本地民田遍栽罂粟,熬炼成土"。其中贵州"民苗杂处,多有栽种罂粟、熬膏售卖之事。外省奸商每于栽种出土之初,亲来看估,预付银两。乡愚惟利是图,甘蹈法网……郎岱、普定、清镇、贵筑各厅县先后查明,民苗私种者,或数亩、十数亩不等"。广西梧州、宣化、怀集、太平、泗城、镇安、思恩各府都有鸦片生产。④ 云南的鸦片产量最大,年产量有数千箱之多,⑤且因"其价廉于他省,近复贩运出境"⑥。当时著名的鸦片品牌有云南的"芙蓉膏"、浙江的"台浆"、四川的"葵浆"、广东的"广浆"、福建的"建浆"等。不过,因为当时的土产鸦片皆由民间私种,"未敢公然设立厂局讲求制法"⑦,所以土产鸦片的品质还远远不如进口鸦片,多"食之不能过瘾",而被"搀和洋烟,希图重利"⑧。在鸦片战争前夕,有人估计中国的鸦片产量为 5 000 箱。⑨

《南京条约》签订后,清廷内部的一部分官员认为,既然外国鸦片可以输入,就应当允许农民生产鸦片,以减少白银外流,便在暗中鼓励农民种植罂粟。⑩ 在这些地方官的纵容下,土产鸦片的生产规模进一步扩大。

(二) 鸦片贸易合法化的主张与实践

以土产鸦片替代进口以期减少白银外流的主张,被称为"弛禁"主张。最早

---

① 《东印度公司对华贸易编年史》(4、5 卷合订本),第 241 页。
② Documents Relating to Opium. &. c. Vol. V, p.46.
③ Documents Relating to Opium. &. c. Vol. V, p.46.此处的邵清吴很可能就是邵正笏,因为邵正笏原籍即是浙江,姓名发音也近似于 Shaou Ching-hwuh。
④ 《著云贵川桂等省于所管地面严禁栽种罂粟熬烟事上谕》、《著贵州巡抚贺长龄饬属亲查种植罂粟之处从重惩处毋稍宽纵事上谕》、《著奖叙广西查获鸦片有功官员并著严禁栽种罂粟熬烟事上谕》,载《中国禁毒史资料》,第 107、123、124 页。
⑤ Chinese Repository, Vol. 5, p.393.
⑥ 《著云贵总督伊里布等严禁云南种植罂粟并贩卖鸦片事上谕》,载《鸦片战争档案史料》(第一册),第 419 页。
⑦ 马建忠:《适可斋纪言纪行》(纪行卷三),光绪二十二年刻本,第 10 页。
⑧ 《鸿胪寺卿黄爵滋奏请严塞漏卮以培国本折》,载《黄爵滋奏疏许乃济奏议合刊》,第 69 页;《中国禁毒史资料》,第 63 页。
⑨ 《一个世纪的国际药物管制》,第 19 页。笔者没有见到这一估计数字背后的依据,对此不置可否。
⑩ 《禁毒史鉴》,第 225 页。

提出鸦片弛禁主张的是广东顺德乡绅何太青和嘉应名士吴兰修。1833年,何太青提出"纹银易烟出者不可数计,必先罢例禁,听民间自种罂粟……夷至者无所得利……不出二十年,将不禁自绝"①。吴兰修随后又写了《弭害》一文,也提出了类似观点。时任广东按察使的许乃济对二人的议论大加赞赏,并向两广总督卢坤推荐。1834年,卢坤委婉地向道光皇帝转述了这种看法。他在奏折中提到,"有谓应弛内地栽种罂粟之禁……其说均不无所见",最后又谨慎地说道,"然与禁令有违,窒碍难行"②。很明显,卢坤在试探道光皇帝对弛禁意见的看法,但没有得到道光的答复。1836年,调任太常寺少卿的许乃济按照《弭害》的观点写成奏折,径直奏请道光皇帝允许内地百姓栽种罂粟,认为"闽、广、浙东、云南,向有栽种罂粟、制造鸦片者,叠经科道各官奏请严禁,内地遂无人敢种,夷人益得居奇,而利薮全归外洋矣",因此,应在"早晚两稻均无妨碍"的情况下"准听民之便"种植鸦片。③ 两广总督邓廷桢等上奏表示支持。不过,道光帝最终采纳了林则徐等人的"严禁"主张。

《南京条约》签订以后,道光帝虽然默认了鸦片贸易的存在,却并没有解除对国内鸦片生产的禁令。其后的咸丰皇帝仍然表示要继承乃父的禁烟政策,1850年8月,他甚至颁布了一份措辞相当严厉的上谕,要求所有吸食者于当年年底前彻底戒绝。然而时隔未久,太平天国起义爆发,给清政府带来了空前的统治危机。

1843年,多次科举落第的广东花县人洪秀全在吸收部分基督教教义后创立拜上帝会,并于1851年在广西发动金田起义,建号太平天国。此后,太平军先后取永安、岳州等地一路北进,在攻克武昌后沿江东下,定都南京。直到1864年洪秀全病死,南京城才被清军攻陷,其余部一直坚持到1868年最终失败。

太平天国活动的长江流域是清政府主要的赋税来源,这块区域的动乱使清朝税收大受影响,而镇压起义又需大量军饷,由此,清政府深陷财政危机之中。御史杨云松、御史张炜、给事中吴廷溥先后上奏,请求对鸦片"酌定课税",以应对财政危机。④ 由此再一次引发了鸦片弛禁大讨论,但讨论的结果是"鸦片为流毒之物,税不宜增,定例有专立之条,刑无可减"⑤,弛禁主张被再次否定。

1855年后,随着太平军西征的胜利,清政府统治危机更加严重。7月,河南

---

① 《夷氛闻记》,第8页。
② 《道光朝外洋通商案》,载中国史学会编:《鸦片战争》(卷一),第133页。
③ 《太常寺少卿许乃济奏请弛内地民人栽种罂粟之禁片》,载《中国禁毒史资料》,第52页。
④ 《道光咸丰两朝筹办夷务始末补遗》,转引自夏笠:《关于鸦片贸易合法化的几个问题》,《上海师范大学学报》(社科版)1990年第4期。
⑤ 齐思和等编:《第二次鸦片战争》(一),上海人民出版社1978年版,第406页。

布政使英棨再次奏请,"内地罂粟,听民自种,使外洋烟价日贵,内地烟价日贱,庶免居奇。人皆舍贵就贱,则银两仍在内地流通,银价自平,商民完纳粮课较易,奸商不得把持利权,而实银无从偷漏,库款日渐充盈。且罂粟熬烟,其利甚薄,吸食者受害亦浅,又收成最早,既收之后,仍可种稻,于国计民生,不无裨益",提出"以不开为禁而开愈广,何如以不禁为禁而禁自严"的主张,再次呼吁鸦片弛禁。① 此后,一些地方官员开始在私下征收鸦片税。"1855年8月,帝国海关的头脑上海道台一方面威吓着要没收没有经他允许就上岸的鸦片,另一方面又对他所允许上岸的鸦片密索每箱二十五元的税款。没收和征收都被中国商人所拒绝,但是经过一年的争论之后,在1856年10月,这件事情就在每箱纳税二十元的基础上获得妥协。飘扬着官方旗帜的小船,停在吴淞鸦片船只附近,以便收取这种最后定为十二两银子的税款,但是那带着鸦片的趸船,却并不比以前受到更多的干涉。"②之后,太平军进入福建,"闽督奏请援照江苏(指上海)从权办理……浙江之宁波……其他若江西之河口、安徽之屯溪,即以此为厘金大宗"③。一时间,农民纷纷为适应市场需要生产鸦片,遂使土产鸦片迅速泛滥。不仅原有产区的种植规模日益扩大,还波及许多原本不产鸦片的省份。如在1856年时,"云贵四川境内之罂田,连畦接畛,种植罂粟花,借以渔利。近年此风尤甚"④。道光末年,有甘肃人"购种于陕,要试种之,居然成熟。凉州之武威、古浪所属大靖,产烟最多,其味亦浓"⑤。到1857年时,甘肃已是"罂粟花遍地栽植,五六月间,烂如锦绣,妇孺老稚,用铜罐竹刀,刮浆熬炼,江、浙各客贩,挟资云集"⑥。这样,鸦片"由印度传至云南,而南土兴矣。展转传至四川,而有川土,又传至甘肃,而有西土。由是而至贵州,由是而至陕西、山西……种莺(罂)粟一亩所出视农田数倍,工力又复减省。州县因之添设陋规,私收鸦片土税,亦数倍于常赋。官民皆有所利,以致四处蔓延,积久而种莺(罂)粟者男妇相率吸食"⑦。

1856年,英、法两国挑起第二次鸦片战争,逼迫清政府于1858年签订《天津条约》。同年10月,清政府派大学士桂良赴上海与英、法等国议定通商税则。中英谈判时,英方代表额尔金提出了鸦片贸易合法化的建议。清政府没

---

① 英棨:《请收鸦片烟税折》,载《第二次鸦片战争》(一),第413页。
② 《关系史》(1卷),上海书店出版社2006年版,第598页。
③ 夏燮:《中西纪事》(卷4),页10—11,转引自《中国近代对外贸易史资料》(第2册),第844页。
④ 《翁同书通筹财用大源敬陈管见疏》,载《中国禁毒史资料》,第259页。
⑤ 慕寿祺:《甘宁青史略正编》,转引自《鸦片与近代中国》,第2页。
⑥ 张集馨:《道咸宦海见闻录》,中华书局1981年版,第214页。
⑦ 《郭嵩焘请禁鸦片烟第一疏》,载《中国禁毒史资料》,第282页。

有反对,只是做了一些特殊规定。如《中英通商章程善后条约》的《关税则》第五款规定:"洋药准其进口,议定每百斤,税银 30 两","惟该商止准在口销卖,一经离口,即属中国货物;只准华商运入内地,外国商人不得护送"①。至此,鸦片贸易在中国由非法变为合法。"鸦片贸易合法化为英印鸦片打开了中国的大门,但从长远看,它对英国鸦片贩子的帮助并不大,反而是鼓励了针对印度鸦片的竞争。"②

1859 年,清廷重新颁布的鸦片章程虽然继续禁止兵丁、官员、太监等人贩运、吸食,但解除了对民间的禁令,以往对于私种罂粟处以死刑的条款也同时废止。于是,种植罂粟、熬制土膏开始公开进行。4 月 28 日,惠亲王绵愉奏请将洋药、土药一并抽厘。这一奏折得到皇帝批准,意味着清廷公开承认了土产鸦片的合法性。同年 8 月,云贵总督张亮基上奏报告了云南土药生产情况,中间特别提及"上命所产土药分别征收税厘"。这说明土药税厘的征收从 1859 年已经开始执行。③

(三) 合法化后的土产鸦片生产

1858 年,中国 18 个省当中已有 16 个省生产鸦片。到 1864 年,全国各省均有鸦片生产,④而新产区的种植规模发展尤为迅速。在河北省,"相率仿种,甚如川黔,全境皆是"⑤。在山西省,同治年间已"广种罂粟",光绪年间,"并有夺食之虞"⑥。在黄河和长江之间的土地上也布满了罂粟田。⑦ 光绪以后,"晋、陕、甘、鲁、豫、川、云、贵、粤、闽、浙等省,几于无处不种罂粟"⑧。1876 年,山西巡抚包源深无可奈何地向光绪皇帝上奏说,"臣莅晋以来,饬属查禁,劝戒兼施,五年于兹,未敢一懈。虽私种十去八九,总未能一律净尽。所以然者,种罂粟之利数倍于种五谷,小民惟利是图,罔知其害。地方官不肖者,收费弛禁,借以营私;其稍贤者,亦以为民利所在,不忍拂违……以故私种之风日寝月盛"⑨。在最早种植罂粟的台州府和云南地区,罂粟种植更加普遍。光绪年间有人游昆明时描述说,"出南门,绕过金马碧鸡坊,过迎恩堂,时暮春天气,罂粟盛开,满野缤纷,目遇成色"。据估计,云南省当时有三分之一的耕地种植罂粟。浙江台州的罂粟种植更加惊

---

① 王铁崖编:《中外旧约章汇编》(第一册),三联书店 1957 年版,第 117 页。
② *Opium, Empire and the Global Political Economy*, p.109.
③ 《禁毒史鉴》,第 226 页。
④ *Historical Appendices*, p.22.
⑤ 郑观应:《盛世危言》卷四《禁烟上》。
⑥ 《毒品问题》,第 59 页。
⑦ 《领事麦华陀 1872 年度贸易报告》,转引自《茶叶与鸦片》,第 145 页。
⑧ 《毒品问题》,第 59 页。
⑨ 《包源深奏请严禁罂粟明定考成折》,载《中国禁毒史资料》,第 280 页。

人。"浙东台郡,田家春熟,概种罂粟,豆麦则十居一二,每五月后,罂粟收获,始下谷苗。"①

此种局面使中国的鸦片产量不断增加:1866年,全国土产鸦片约有50 000箱,1870年70 000箱。1879年,云南年产鸦片35 000担,四川177 000担,贵州亦产10 000多担,仅西南三省就产鸦片22万多担。其他产烟大省还有:1872年甘肃产5 000担,1879年山西产4 000担、山东产500担、湖北产2 000多担、湖南产1 000担。只这些省份合计就有将近240 000担。1881年,"中国四川、云南、贵州三省,共出烟土二十六万五千担,三处土人所食,仅需十六万五千担,余皆分运近省……山东、满洲等处,每年所出烟土亦有一十三万五千担"②。1897年,赫德估计中国的鸦片产量为:"吉林6 000担,甘肃、陕西、山东、山西、河南、直隶60 000担,四川120 000担,云南80 000担,贵州40 000担,浙江14 000担,江苏10 000担,安徽2 000担,福建2 000担。总计334 000担。"1900年,莫尔斯估计全国的土药产量为376 000担。1906年,国际鸦片委员会估计中国年产土药为584 800担,③每担120斤,④共合3.5万吨,而当时世界鸦片产量为4.16万吨,⑤中国产量占世界产量的84%。相比之下,印度当时的鸦片产量约为5 100吨,⑥只占世界总产量的12%。

中国土产鸦片除供应中国市场外,也有一小部分运往国外。如19世纪末,英属印度的上缅甸,就有商人从中国的云南进口鸦片和罂粟壳;⑦到20世纪初,中国云南鸦片还被马帮偷运到越南、老挝等地。1907年,越南北方大约消费了75 000公斤(约1 500担)的中国鸦片。⑧ 1914年,法国人为垄断印度支那的鸦片销售,对云南马帮进行严厉打击,结果激起马帮反抗,马帮们甚至攻占了老挝的一个省。⑨ 甚至还有一些鸦片被远销到美国,其中的一部分又从美国的旧金山转运到南美洲的秘鲁等国。⑩

---

① 《茶叶与鸦片》,第144—145页。
② 李文治:《中国近代农业史资料》(一),三联书店1957年版,第457、458、464页;《禁毒史鉴》,第220、253页;T. R. Banister, *A History of the External Trade of China*, 转引自《中国毒品史》,第165页;《鸦片与近代中国》,第8—15页。
③ 《中国近代农业史资料》(一),第457页。
④ 明清时1担为120斤;民国时1担为100斤。
⑤ 《一个世纪的国际药物管制》,第36页。
⑥ 《一个世纪的国际药物管制》,第36页。
⑦ *Royal Commission on Opium*, p.85.
⑧ *Opium, Empire and the Global Political Economy*, p.191.
⑨ 《中国毒品史》,第29页。
⑩ 《鸦片史》,第203页。

表 4-1　1906 年各省鸦片产量估计①

地 区	产量(担)	地 区	产量(担)	地 区	产量(担)
合 计	584 800	广 东	500	陕 西	50 000
满 洲	15 000	湖 南	1 000	甘 肃	34 000
直 隶	12 000	湖 北	3 000	四 川	238 000
山 东	18 000	江 西	300	云 南	78 000
江 苏	16 000	安 徽	6 000	贵 州	48 000
浙 江	14 000	河 南	15 000	广 西	500
福 建	5 000	山 西	30 000	新 疆	500

三、此消彼长的竞争

(一) 鸦片战争之后的中印鸦片贸易

英国人在吞并信德之后，又于 1849 年兼并了旁遮普，莫卧儿帝国的国土完全变成了英国的殖民地。至此，"沃壤数万里"的印度"尽为所并"，开"宇宙之奇变，古今之创局"②。因为旁遮普既是鸦片消费大省也能生产品质较优的鸦片，所以英国人决定允许部分旁遮普鸦片充作孟加拉鸦片出口，同时获准充作孟加拉鸦片的还有麻洼的阿杰梅尔和摩瓦拉地区出产的鸦片。③ 1857 年，公司对鸦片事务的管理权作了调整。当年颁布的鸦片法案 (Act No. XIII of 1857, the Opium Act of 1857) 规定，印度鸦片事务由孟加拉税务部 (the Bengal board of revenue) 下设的鸦片局 (the opium department) 负责。不过，贝拿勒斯的鸦片事务仍由贝拿勒斯代理处负责，不在孟加拉税务部管辖之内。④

1857 年，以"涂油子弹"事件为导火索，"印度人民大起义"爆发，起义者以莫卧儿帝国末代皇帝巴哈杜尔·沙二世为领袖。起义延续两年有余，遍及五十万平方英里，极大地震动了英国殖民者。但起义终为英国军事力量剿杀，莫卧儿帝国自此灭亡。此后，为了安抚印度人民，英国议会在次年出台了"改进印度管理法"，取消了东印度公司对印度的管理权，宣布公司领土归属英国女王，公司和督察委员会的权力归属印度事务部。

---

① 《中国近代农业史资料》(一), 第 457 页。
② 薛福成：《庸盦全集》。转引自《约翰公司：英国东印度公司》，前言。
③ 阿杰梅尔-摩瓦拉地区是在 1818 年 6 月由马拉特人割让给英国的。到 19 世纪后期，旁遮普和阿杰梅尔-摩瓦拉地区出口的鸦片占孟加拉出口鸦片的 2%。
④ *Royal Commission on Opium*, p.138.

当英国政府接手印度的时候,鸦片年收入达 4 988 434 英镑,占印度总收入的七分之一以上,成为仅次于田赋和盐税的第三大税收。① 不过,在中国土产鸦片兴起以后,英国人经营鸦片贸易就变得越来越困难了。

鸦片战争之后的中印鸦片贸易,大致可以分为三个时期:第一个时期是从鸦片战争结束到 19 世纪 50 年代初,印度输华鸦片数量的年均增长率达到 7.2%。在保持销量高增长的同时,价格也基本上维持了战前的水平,甚至在有些年度里还有上涨。这一时期,烟贩们将香港作为主要的鸦片集散地。早在 1841 年 2 月 1 日,英军刚刚占领香港一周后就"以英格兰女王的名义宣布,中国商船商人等来香港贸易均免除所有税收和费用"②。6 月 7 日,英国政府再次公布,"广州及中国各地商人均被允许在香港免税贸易,英国高级官员将负责保护他们,英国政府不对香港进出口贸易征收任何赋税"③。战后,香港被割让给英国,正式成为"自由港"。几乎所有的输华鸦片都从香港转销内地,当地的鸦片贸易日渐兴旺。1842 年初,香港的维多利亚城就已有 24 家鸦片商号,到 1860 年,全香港的鸦片行已发展到 60 多家。④ 从 1842 年到 1882 年,鸦片税入占港英政府总收入的比例从 4% 增加到 22%。⑤ 在中国,"新口岸的开放和对新贸易的无限期待,招得世界各处的冒险家纷至沓来"⑥。怡和洋行等外国鸦片商行也纷纷到五口通商地区设立代理处推销鸦片。在五个开放口岸中,广州此时已经退居次要地位,取而代之的是上海。1849 年从上海一埠入口的鸦片几乎等于输入中国鸦片总额的一半。1857 年,从上海走私入口的鸦片有 31 000 箱⑦,是名副其实的"鸦片之都"。这一时期,在许多城市中,鸦片销售已不再需要采用秘密方法。"这种贸易虽然没有正式被认可,可是实际上是被承认了的,鸦片公开在大街上搬运,没有任何人加以阻止。"⑧在上海,"鸦片在海关关员的面前公开通过,而且是唯一不受检查的进口货品"⑨。在广州,"这种买卖是在白天公开进行的","外国船只把鸦片运到城镇,并由官船靠拢来提卸","低级官员就是主要的

---

① *Company India: A Comprehensive History of India*,1757 - 1858,p.210;*British Opium Policy in China and India*,p.282.
② *Chinese Repository*, Vol.10 - 1841(1).
③ *Chinese Repository*, Vol.10 - 1841(6).
④ 石楠:《略论港英政府的鸦片专卖政策》,《近代史研究》1992 年第 6 期。
⑤ 《一个世纪的国际药物管制》,第 15 页。
⑥ 泰勒·丹涅特:《美国人在东亚》,载《中国近代对外贸易史资料》(第 1 册),第 440 页。
⑦ *British Opium Policy in China and India*, p.195.
⑧ 《北华捷报》1855 年 8 月 18 日(North China Herald),载《中国近代对外贸易史资料》(第 1 册),第 421 页。
⑨ J. Scarth, *Twelve Years in China*, 载《中国近代对外贸易史资料》(第 1 册),第 422 页。

贩卖者,获利甚厚"。①

第二个时期是从1853年到1856年第二次鸦片战争爆发。这一时期的鸦片输入数量还在继续增长,但年均增长率已经放缓至3%左右。在销量缓慢增长的背后是一些地方鸦片价格的悄然下跌:输入上海的鸦片价格在1853年为595元;1856年白皮土每箱376元,公班土每箱310元;②广州附近的鸦片批发价格下跌则不很明显。出现这一情况的原因是多方面的,从印度方面来看,主要是农产品价格在1860年后出现了持续上涨,固定的鸦片收购价格不足以激发农民的生产热情,使孟加拉鸦片生产受挫。其次是英国国内的反毒品运动和英国对麻洼鸦片的高税率"扼杀"都影响了印度鸦片的出口。从中国方面来看,主要是不断增加的中国土产鸦片挤占了印度鸦片的市场份额,开放的市场环境使得其他国家也开始参与对华鸦片贸易,市场竞争更加激烈。此外,太平天国的禁毒活动也影响了鸦片销售。

太平天国的活动范围遍布大半个中国,尤其在长江中下游地区影响较大。早在起义初期,太平天国就颁行了《天条书》、《太平条规》等拜上帝会会规和军事法规,严禁吸食、贩运鸦片,所谓"无分上下,不准吸烟,食鸦片者必杀"③,而且"拥有"鸦片也是死罪,④甚至见有烟具者,也要"重加谴责"⑤。每攻占一地,太平军必厉行禁烟,"其搜查之酷,如寻针芥"⑥。这不能不对外国鸦片的流入形成影响。只是到了太平天国后期,禁烟法令才逐渐废弛。

1856年后为第三个时期。以第二次鸦片战争为契机,鸦片价格开始上涨。这种上涨态势一直延续到1861年,当年孟加拉鸦片达到每箱870元,麻洼鸦片达到每箱720元,创下第一次鸦片战争之后的最高纪录。⑦ 不过,由于清政府于1859年正式承认土产鸦片的合法性,中国土产鸦片逐渐成为印度鸦片的劲敌,后者的价格自1861年后开始出现旷日持久的下跌走势。

早在1861年7月,孟买政府就抱怨说,商人们购买鸦片的费用加上送到中国的运费,每箱成本为1 550卢比,而中国市场的鸦片价格只有每箱1 540卢比,

---

① J. Scarth, Twelve Years in China; B.P.P. Papers Relating to the Opium Trade in China, 载《中国近代对外贸易史资料》(第1册),第418、422页。
② 1856年价格载《北华捷报》1857年1月3日(North China Herald),载《中国近代对外贸易史资料》(第1册),第575页。其余见《关系史》(1卷),上海书店出版社2006年版,第390、504页。
③ 《时闻丛录》,载太平天国历史博物馆编:《太平天国史料丛编简辑》(五),中华书局1962年版,第81页。
④ 《时闻丛录》,载《太平天国史料丛编简辑》(五),第97页。
⑤ 《辛壬琐记》,《太平天国资料》,科学出版社1959年版,第191页。
⑥ 蓝振露:《试探太平天国时期的鸦片走私入口》,《安徽史学》1994年第2期。
⑦ 查顿仔地臣行档案,转引自 Opium, Empire and the Global Political Economy, p.82。

这使得商人们无利可图。① 与此相反,土药在产量增加的同时,因其"性缓价廉,而瘾也薄,不比洋药为害之烈"②,在市场上的竞争力也显著增强。1880 年,公班土每箱价格 417 两,合每斤 3.5 两,而当时的川土每斤只有 1 两银③。1881 年,孟加拉税务部向英印政府汇报说,"有些中国鸦片的质量已经明显提高……产量也有很大增加。并且,现在仍没有理由认为其生产规模已经达到极限。价格低廉且产量巨大的中国鸦片早晚会把印度鸦片挤出相对贫困的消费阶层"④。同年,英国驻德黑兰公使罗纳德·汤普森也在报告中说,鸦片从波斯布什尔的发货价格是每箱 1 255 卢比,而当时中国的市场价格是 1 179 卢比。这使得商人们有时不得不囤积鸦片,等待合适的时机出手,但有时不得不亏损售出,以便尽可能多地收回成本。这使得一些商人破产,鸦片业成为一种风险性很高的商业。⑤ 而后来的事实更让英国人震惊。"当鸦片进口量只减少 15%—16% 时,价值的下降却两倍于这个比例。事实上,现在运到中国的外国鸦片价格是无利可图的,因此印度商人感到即使对减少了的需求量也难以满足。他们……要求减轻印度的税课。"于是,"在 1890 年印度政府决定每箱减税 50 卢比",但此后的鸦片价格继续下跌,使英国烟贩的利润空间进一步收缩。"新白皮土在 1882 年上半年每箱价格从 440 两到 485 两不等,而同期记载的陈土的价格在 480 两到 525 两之间。1882 年的下半年,价格显著下降,1882 年 12 月 31 日新白皮土的行情是 395 两到 410 两,而陈土的价格是 410 两到 420 两。自这次下跌后直到 90 年代初,鸦片价格持续下行。1891 年底是 360 两。"⑥1894 年后,印度鸦片的价格开始回升,⑦但在华销量依旧不断缩减。英印政府在研究后认为,"外国鸦片消费量的减少,是由于土产鸦片供应的增加,这是同印度鸦片竞争的重大势力"⑧。在土产鸦片的打击下,印度鸦片的输华数量不断萎缩。从 1858 年到 1879 年,进口鸦片数量的增长率仅为 2% 左右。1879 年后,鸦片进口数量开始逐年下降,甚至连老牌的英国怡和洋行也在 1872 年停止了鸦片贸易。⑨

---

① *The History of Opium in Modern Iran 1850 - 1955*,p.96.
② 吴汝纶编:《李文忠公(鸿章)全集》,奏稿卷二十四,第 20 页。
③ 根据以下资料计算:《禁毒史鉴》第 222 页;《李鸿章奏陈对洋、土药加税厘缉查防禁之办法》,载《中国禁毒史资料》,第 309 页。
④ B. P. P. *Opium War and Opium Trade Sessions 1840 - 1885*,(Vol.31)Irish University Press,1971,p.414.
⑤ *The History of Opium in Modern Iran 1850 - 1955*,p.97.
⑥ 徐雪筠等译编:《上海近代社会经济发展概况 1882—1931——〈海关十年报告〉译编》,上海社会科学院出版社 1985 年版,第 12 页。
⑦ 《禁毒史鉴》,第 222 页。
⑧ 《禁毒史鉴》,第 12 页。
⑨ 《鸦片史》,第 172 页。

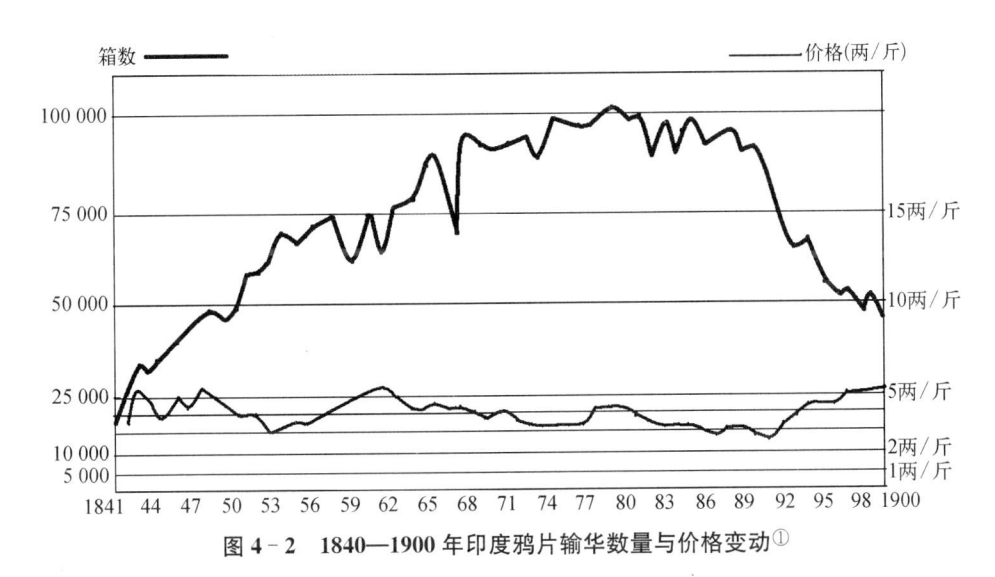

图 4-2　1840—1900 年印度鸦片输华数量与价格变动①

（二）东南亚鸦片市场的"扩容"

在中国土产鸦片的打击下，印度鸦片在中国市场的份额逐步减少。1879 年后，中国进口的印度鸦片总量开始下降。与此同时，东南亚的鸦片市场却在日渐拓展。于是，印度鸦片在中国土产鸦片的挤压下流向东南亚。

东南亚的鸦片市场自 19 世纪 20 年代国际鸦片价格下跌以后就开始复苏。到 40 年代，其消费规模已经超过 18 世纪末每年 3 000 箱的水平。50 年代以后，东南亚的鸦片输入量稳步攀升，到 90 年代达到 15 000 箱左右。其中，海峡殖民地销售的大约 13 000 箱鸦片中有 1 000—1 200 箱被暹罗人买走，3 800 箱被荷属东印度群岛的包税人买走，另有 3 800 箱左右的鸦片被走私进入荷属东印度各岛，新加坡当地要消费近 1 500 箱。② 东南亚鸦片消费持续增长的动力有三：第一是国际鸦片价格的持续下跌。这当然要归因于中国土产鸦片大量增加以后使国际市场的鸦片出现严重的供大于求。第二是鸦片吸食方法的广泛传播。就东南亚而言，这在很大程度上是由包税人的促销活动造成的。包税人通过竞价"购买"到鸦片销售权后，会千方百计地扩展销路，以最大限度地获得利润。1886 年，皮勒拉尔发表了小说《峇普·达琳玛》，书中描写了"爪哇当地鸦片承包者通过各种卑劣手段引诱年轻村民到鸦片窑子，诚实的劳动者因为吸食鸦片而

---

① 根据以下资料绘制（价格取各时期最高价格）：《禁毒史鉴》第 222 页；《鸦片经济》第 238—243 页各表；《学界关于英印鸦片输华数量分歧之原委》。1865 年起，输入量的单位为"担"。

② *Royal Commission on Opium*，p.48；《南行记》，载《中国古籍中有关新加坡马来西亚资料汇编》，第 297 页。

使一个富有的村庄陷入经济与道德的深渊,邪恶的华人与贪婪的政府官员的全面腐败勾结等等",有人因而评价此书是荷兰"政府鸦片政策的一个有效的罪状"①。第三是人口的增长。人口增长首先是由于西方列强对东南亚的征服战争在 19 世纪下半叶基本结束,和平环境促使人口规模实现正常增长。以爪哇(包括马都拉)为例,1815 年时爪哇土人有 449.9 万人;1858 年时翻了一番还多,达到 1 175.8 万人;1900 年暴增到 2 838.6 万人。② 其次是太平天国运动在 19 世纪 50 年代爆发后出现了中国向东南亚的移民大潮。在爪哇(包括马都拉),1815 年时华侨有 94 万人;1860 年时有 149 万人;1900 年时达到 295 万人③。在暹罗,早在郑信建立的吞武里王朝,就大力鼓励华人移民,潮州人开始大规模移居。19 世纪 30 年代,每年移居暹罗的华侨有 7 000 人。19 世纪 50 年代后,受战乱影响的华人以更大规模向经济繁荣的泰国移民,每年移民 1.5 万人之众。④

在东南亚持续扩容的历史进程中,东南亚各殖民政府一度在社会稳定、财政收入和打击走私三者之间艰难选择。例如,荷属东印度政府为打击走私,于 1854 年取消对爪哇包税商最大鸦片供应量的限制。于是,爪哇的鸦片合法供给从 1855 年的 622 箱增加到 1861 年的 1 022 箱。为防止鸦片消费激增对社会稳

图 4-3 巴达维亚贸易办事处⑤

---

① 沈燕清:《荷属东印度鸦片公营局制度研究》,《南洋问题研究》2009 年第 1 期。
② 《荷印殖民政府鸦片税收政策及其对爪哇华人社会的影响》,第 114 页。
③ 《荷印殖民政府鸦片税收政策及其对爪哇华人社会的影响》,第 114 页。
④ 沈燕清:《华侨与暹罗曼谷王朝时期的包税制度》,《南洋问题研究》2008 年第 3 期。
⑤ 沈燕清:《19 世纪中期巴达维亚华人包税经营研究》,《八桂侨刊》2010 年第 3 期。

定造成影响,荷兰殖民政府又从1862年起限制进口数量,合法鸦片供应量逐渐降至1862年的860箱、1869年的714箱。但毕竟合法供给的减少不等于市场需求的减少,走私贸易又发展起来危及财政收益。政府再次于1869年决定"低价无限量"供应鸦片,结果是爪哇的鸦片销量一下子又跃升到1872年的2665箱。这最终迫使荷属东印度政府放弃包税制,转而实行政府专卖垄断。然而,当政府于1895年后每年销售约906箱时,走私贸易却达到了3903箱。①

在这种"秋千政策"不断摇摆的同时,东南亚的鸦片销量正走向历史的最高峰。不过,东南亚鸦片市场的消费潜力毕竟有限,直到19世纪末,所有的东南亚国家加在一起也不会消费20%的印度鸦片。② 这样,东南亚增加的消费量无法弥补因中国土产鸦片增加造成的印度鸦片在中国减少的消费量,印度鸦片的总出口量便从1887年起开始走下坡路了。

表4-2 1840—1907年印度鸦片流向表③   单位:箱

年 度	孟加拉鸦片出口	印度鸦片总出口	流入中国	运往海峡殖民地	交趾支那	爪哇	菲律宾	锡兰	毛里求斯	留尼旺岛	东非	纳塔尔	英国	其他
1840—1841	17 410	—	5 817	11 593	—	—	—	—	—	—	—	—	—	—
1841—1842	19 739	—	10 752	8 987	—	—	—	—	—	—	—	—	—	—
1842—1843	16 518	—	11 867	4 651	—	—	—	—	—	—	—	—	—	—
1843—1844	17 859	—	13 067	4 792	—	—	—	—	—	—	—	—	—	—
1844—1845	18 792	—	14 709	4 083	—	—	—	—	—	—	—	—	—	—
1845—1846	20 553	—	16 265	4 288	—	—	—	—	—	—	—	—	—	—
1846—1847	24 990	—	20 668	4 322	—	—	—	—	—	—	—	—	—	—
1847—1848	23 877	—	19 434	4 443	—	—	—	—	—	—	—	—	—	—
1848—1849	32 287	—	27 870	4 417	—	—	—	—	—	—	—	—	—	—

① 《荷印殖民政府鸦片税收政策及其对爪哇华人社会的影响》,第201页。
② *Opium, Empire and the Global Political Economy*, p.90.
③ *Royal Commission on Opium*, p.48;Finance and Revenue Accounts, No. 2, No.64, and No.65, in *British Opium Policy and Its Result to India and China*, p.305,306;Ripon. etc., Statement showing the number of Chests of Opium exported from India to China, and the net Revenue of the Indian Government from Opium during the 30 years from 1829-1830 to 1859-1860.见 B. P. P. *Opium War and Opium Trade Sessions 1840-1885*,(Vol.31)Irish University Press, 1971, p.454. 表中输入中国的印度鸦片数量与前文香港进口数量略有出入,这可能是由于新加坡转口贸易存在造成的,可二者总体趋势却是相同的。1906—1907年度来源于《一个世纪的国际药物管制》,第38页,部分无数字栏目根据比例计算。

续　表

年　度	孟加拉鸦片出口	印度鸦片总出口	流入中国	运往海峡殖民地	交趾支那	爪哇	菲律宾	锡兰	毛里求斯	留尼旺岛	东非	纳塔尔	英国	其他
1849—1850	35 093	—	30 996	4 097	—	—	—	—	—	—	—	—	—	—
1850—1851	32 902	—	28 892	4 010	—	—	—	—	—	—	—	—	—	—
1851—1852	32 306	—	27 921	4 385	—	—	—	—	—	—	—	—	—	—
1852—1853	36 178	—	31 433	4 745	—	—	—	—	—	—	—	—	—	—
1853—1854	40 795	—	33 941	6 854	—	—	—	—	—	—	—	—	—	—
1854—1855	51 421	—	43 952	7 469	—	—	—	—	—	—	—	—	—	—
1855—1856	44 938	—	37 851	7 087	—	—	—	—	—	—	—	—	—	—
1856—1857	42 441	—	36 459	5 982	—	—	—	—	—	—	—	—	—	—
1857—1858	38 613	—	31 878	6 735	—	—	—	—	—	—	—	—	—	—
1883—1884	—	91 963	83 728	7 320	771	—	—	83	44	3	11	3	—	—
1884—1885	—	86 578	75 391	10 134	910	—	—	107	25	4	7	—	—	—
1885—1886	—	87 956	76 115	10 728	1 000	—	—	77	19	7	7	2	—	1
1886—1887	—	95 839	83 124	11 896	1 150	—	—	94	38	1	16	1	19	—
1887—1888	—	90 096	76 815	12 368	670	—	—	102	67	—	19	1	54	—
1888—1889	—	87 789	72 891	13 995	725	—	—	90	5	—	18	13	51	1
1889—1890	—	85 166	70 102	13 749	1 050	—	20	119	60	—	16	2	48	—
1890—1891	—	85 753	70 855	13 915	480	—	280	103	55	—	17	1	47	—
1891—1892	—	87 558	70 805	15 035	880	125	470	113	53	—	6	6	61	4
1892—1893	—	75 384	59 771	12 609	2 170	450	170	127	53	1	10	5	17	1
1906—1907	—	23 250	17 670	4 650	580	930	?	194	24	?	16	?	315	249

四、中国"未有之大患"

中印鸦片之间激烈的市场竞争造成了严重的供远大于求，烟毒肆虐，终不可挡。烟毒先是在鸦片战争后从五个通商口岸附近泛滥开来，其中最为严重的当属上海及其附近的浙江、安徽、江苏等省。19 世纪 50 年代以后进口鸦片价格的下降，为更多的人吸食鸦片提供了便利。19 世纪 60 年代以后土产鸦片大行其道。一时间,"台浆蜀浆制渐广,遂至富贵贫贱尽垂涎"①,鸦片开始在全国范围内大肆泛滥。到1880年,"各路土烟,价亦不一。兹就天津售价计之,最贵者山西所产,每百斤值银三四百余两,其次山东、河南、奉天,值银三百两上下,又次四川,值银一百余两"②。这就是说,花1两银就可以买到1斤鸦片,这是自乾隆以后从来没有过的低价格。按消费者每年吸食3斤鸦片计算,其用于鸦片的年支出只有3两白银,这基本上是社会"低收入群体"都可以承受起的价格。土产鸦片更为可怕之处是:农民通过自种自吸的方式绕过了经济门槛,使鸦片在乡村社会全面泛滥开来。郭嵩焘如此描述了光绪年间西南各省的鸦片吸食情景。四川夔州、重庆一带,"遍地所种,皆罂粟也。至成都,越秋乃行,而收成毕矣,所见吸食鸦片烟者益多。至贵州而吸食者愈众,大率一县数千户,每户必有一枪,一村数十户,亦每户必有一枪。至云南而吸食者愈众,屋大者数十房,小者数房,每房必有一枪"③。1878年,曾国荃也满怀忧虑地述说了晋陕两省的鸦片泛滥情况及农村中吸食人群的变化。他说,"此次晋省荒歉,虽曰天灾,实由人事。自境内广种罂粟以来,民间蓄积渐耗,几无半岁之粮,猝遇凶荒,遂至无可措手……伏查晋省地亩五十三万余顷,地利本属有限,多种一亩罂粟即少收一亩五谷。小民因获利较重,往往以膏腴水田遍种罂粟,而五谷反置诸硗瘠之区,此地利之所以日穷也。未种之先吸烟者,不过游手无赖及殷实有力之家,至于力耕之农夫,绝无吸食洋烟之事。今则业已种之,因而吸之,家家效尤,乡村反多于城市……近则罂粟盛行,北路沃野千里,强半皆种此物,畎亩农夫吸烟者十之七八……于南路平、蒲、解、绛……乃自回匪削平以后,种烟者多。秦川八百里,渭水贯其中央,渭南地尤肥饶,近亦遍地罂粟,反仰给于渭北。夫以雍州上上之田,流亡新集户口为甚繁滋,而其力竟不足自赡"④。

吸食人群的扩大,造成了严重的社会灾难。那些"低收入群体"在染上毒瘾之初,还能勉强维持生计,但随着毒瘾加重便逐渐破产了。一老妪自述说,"吾家本有田数十亩,初年种杂粮米麦,颇足自给。后,见种罂粟利厚,改植罂粟,岁入之数计其半已过往岁所获。由是吾夫日吸烟,继而吾子亦吸之,吾媳亦吸之,则岁之所入,除仅供吸烟外,而饔飧不足以自给矣。乃鬻其田之半,则并吸烟亦不足,去岁因尽鬻其田"⑤。破产之后的吸食者如果还不能戒除毒瘾,他们甚至还

---

① 陈鼎雯:《粲花佩叶山房诗稿》,载《中国禁毒史资料》,第256页。
② 《李鸿章奏陈对洋、土药加税厘缉查防禁之办法》,载《中国禁毒史资料》,第309页。
③ 郭嵩焘:《郭嵩焘日记》(卷三),湖南人民出版社1982年版,第689页。
④ 《曾国荃请申明栽种罂粟旧禁疏》,载《中国禁毒史资料》,第288页。
⑤ 许珏《复庵遗集》,转引自《中国近代农业史资料》(一),第463页。

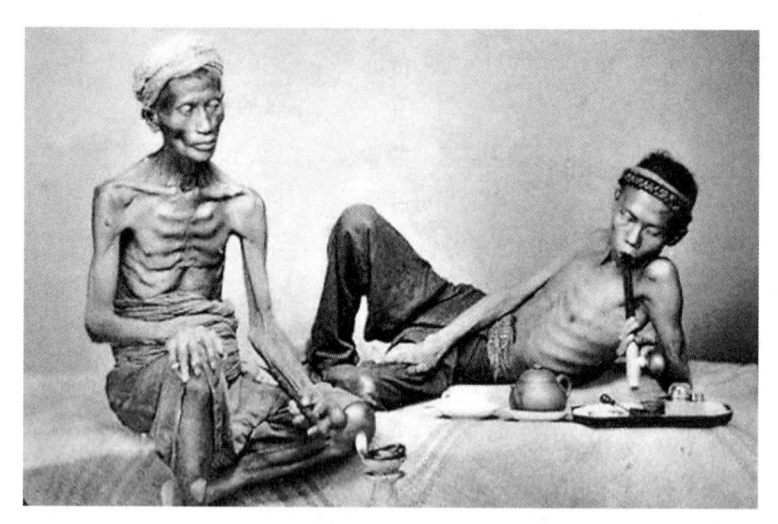

图 4-4　鸦片吸食者

会找些烟灰来满足需要。19世纪末英国政府的一封信件中提到,中国的"许多穷人将烟管中刮出的残渣和灰烬制成汤剂来饮用"①,还有说,那些没钱享受高级烟膏的穷苦人还会吸食一种叫做"二沙"的东西。② 所谓"二沙"就是从吸剩下的烟灰中再熬炼出来的鸦片。③ 毒品害人之深可见一斑。

鸦片烟毒除直接对人民健康造成损害外,还间接导致了粮食的减产。因"罂粟一种,非肥沃地亩不能滋长繁茂",农民"遂将宜谷腴土栽种罂粟,废嘉禾而植恶卉,不但流毒无穷",且"民食军粮尤虞不继"④。1877 年、1878年,以山西、河南为中心的华北地区发生大旱,因民无存粮,饿殍遍野,白骨累积,死者不下千万,史称"丁戊奇荒"。此次灾害的发生,与民间广种罂粟有直接的关系。

对当时全国吸食鸦片人数没有精确统计,各家之言相差悬殊。但如果按照当时的鸦片消费数量对吸食人数进行推算应当相对准确。按《清朝续文献通考》中提供的数据,宣统年间中国每年消费鸦片 191 646 担⑤,按每人每年消费 3 斤计算,吸食人数约为 767 万人。1906 年,全国土药产量为 584 800 担,加上当年进口鸦片 54 225 担,合计 639 025 担,合计 3.8 万吨。这些鸦片的绝大多数在国

---

① Final Report of the Royal Commission on Opium, Vol. Ⅶ, Part Ⅱ, Correspondence, Appendix B to Despatch No. 305 of 1895, Eyre And Spoitiswoode,1895, p.32.
② 石楠:《略论港英政府的鸦片专卖政策》,《近代史研究》1992 年第 6 期。
③ Commercial Reports,载《中国近代对外贸易史资料》(第 2 册),第 862 页。
④ 《左宗棠札陕甘藩司通饬各禁种植罂粟》,载《中国禁毒史资料》,第 276 页。
⑤ 按明清时每担 120 斤计。

内消费,仍按每人每年消费3斤计算,吸食人数约2 556万人。1901年,全国共有人口4.26亿,①吸食鸦片人口约占总人口的1.8%—6%,是第一次鸦片战争时期吸食人口所占比例的6—19倍。鸦片终究成为中国"生民以来未有之大患"②。

表4-3 宣统二年各省鸦片消费调查表③　　　　　　单位:担

省 份	土药消费	洋药消费	省 份	土药消费	洋药消费
直 隶	6 130	254	湖 北	10 951	286
江 苏	11 034	18 731	湖 南	3 249	301
安 徽	4 417	1 630	四 川	25 817	1
山 东	5 768	534	广 东	8 075	19 204
山 西	11 880	—	广 西	4 062	28
河 南	2 760	—	云 南	9 744	—
陕 西	4 650	—	贵 州	3 672	—
甘 肃	45	—	奉 天	3 371	62
新 疆	166	—	吉 林	600	—
福 建	6 162	6 804	黑龙江	1 775	—
浙 江	5 211	3 603			
江 西	9 082	1 587	合 计	138 621	53 025

此外,吗啡注射(详见下文)这种升级形式的毒品消费方式也在1893年出现在香港,并很快传入内地。鸦片商为了兜售吗啡,往往采取先免费注射,待消费者成瘾后再行收费的方式。而且对于消费者而言,注射吗啡的价格比抽鸦片要便宜六分之一。因此,这种方式以极快的速度传播开来。④

---

① 《清通鉴》(卷四),第935页。
② 魏源:《道光洋艘征抚记》,载中国史学会编:《鸦片战争》(第六册),第137页。
③ 刘锦藻:《清朝续文献通考·征榷考二十七》,商务印书馆1955年版。
④ 《鸦片史》,第172、183页。

表 4-4　　部分年度日本人向中国输入的吗啡①

年度(年)	输入吗啡(两)	年　度	输入吗啡(两)
1898	13 376	1903	25 849
1899	6 324	1904	12 730
1900	25 570	1905	23 201
1901	13 795	1906	32 713
1902	17 668	1907	25 433
1898—1907	共计 9 197 659		

最后还要提到作为殖民地的香港和澳门。香港作为自由港，又在英国治下得以规避太平天国战争带来的消极影响，因此当地经济取得了较大的发展。1892年，香港贸易额占中国贸易总额的 40%。② 随着各类人群的涌入，香港的人口也达到了 25 万人的规模。与此同时，香港作为对华鸦片贸易的大本营，鸦片泛滥程度也日趋严重。"无论学者、商人还是人力车夫和苦力都吸食鸦片。"1893 年，吗啡注射方式又传入香港，使得毒品滥用问题雪上加霜。烟馆的卫生条件通常都很差，且由于共用针头，甚至用脏水来稀释吗啡，经常会导致脓疮、血液中毒和肝炎的传播。③ 1907 年，香港自身消费鸦片 725 箱；1908 年是 864 箱。吸食者约为 1.6 万—3.5 万人，而当时的香港人口是 32.5 万—33 万人，人均消费 142—166 克，是中国内地平均消费量的两倍。④ 港英政府每年借此攫取的鸦片收入约 20 万英镑，占总收入的 29%。⑤ 1906 年，处在葡萄牙治下的澳门消费鸦片 41.9 吨，1907 年、1908 年分别为 39.4 吨、35.6 吨。消费人数约为 5 300—7 650 人，当时澳门总人口约 10 万人，人均鸦片消费量 148 克，与香港不相上下，也是中国内地平均消费量的两倍。⑥ 葡澳政府每年借此攫取鸦片收入约为 13 万英镑，占总收入的 25.7%。⑦

五、欧美的鸦片和吗啡市场形成

19 世纪后半叶，正当中、印鸦片为占领中国为代表的亚洲市场而激烈角逐

---

① 《晨报》1920 年 4 月 28 日，转引自王宏斌：《日本侵华毒品政策五十年》，河北人民出版社 2005 年版，第 27 页。
② 《鸦片史》，第 170 页。
③ 《鸦片史》，第 171 页。
④ 《一个世纪的国际药物管制》，第 44 页。
⑤ 《一个世纪的国际药物管制》，第 55 页。
⑥ 《一个世纪的国际药物管制》，第 45 页。
⑦ 《一个世纪的国际药物管制》，第 55 页。

时,北美的中国苦力移民浪潮和吗啡的成功提取又创造出一个新兴的以美国为代表的欧美鸦片市场,一个横跨地中海和大西洋的国际鸦片贸易流产生了。当然,这一贸易流的规模还远远不能与亚洲的贸易流相提并论。

就鸦片罂粟的生产和使用方式而言,19世纪以前的欧美社会与中世纪并无二致。他们会把罂粟籽榨油用于烹调,或者将罂粟花作为观赏花卉,①也会把鸦片用于医疗。鸦片被用于多种合方制剂当中,例如含有酒精的鸦片酊和不含酒精的黑滴(blackdrop)。这些药物主要用于止痛,偶尔用于腹泻和镇咳。在北美大陆,美国人使用的鸦片类药物主要是鸦片酊和一种鸦片与甘草的混合物,用于疟疾预防和一些肠胃疾病的治疗,如霍乱、食物中毒和寄生虫病。②

欧美的医学界也对鸦片使用持赞成态度。直到1854年,英国的佩雷拉博士撰写的治疗学教科书还将鸦片称为"所有药典里最重要和最有价值的药品"③,这一看法对欧美社会产生了巨大影响。1868年,美国哲学协会主席乔治·伍德(George Wood)博士在他撰写的教科书《治疗学文集》中也盛赞鸦片,认为人在使用鸦片之后,"随着头脑中出现一种满足感,全身都会有使道德和知识本能升华的一种自在、舒适的感觉","这就是鸦片最主要的特点"④。医学专家的这些看法误导了一些人,使他们频繁使用,甚至嗜好鸦片酊,这当中就有大诗人埃德加·爱伦·波(Edgar Allan Poe)(1809—1849)⑤。埃德加·爱伦·波是美国浪漫主义文学大师和诗人,被誉为后世侦探推理小说和科幻小说的奠基人,也是美国历史上少数和鸦片结缘的名人之一。他一生贫困潦倒而又性格乖张。在年幼时便父母双亡,后被烟草商爱伦夫妇收养。他上学时倾慕一位同学的母亲;在西点军校学习时故意违反校纪被开除;27岁时娶了不满14岁的表妹;他还赌博、酗酒、嗜好鸦片酊。1849年9月30日,他离开费城去纽约,却于10月3日在巴尔的摩街头被发现。一直处于半昏迷状态的埃德加在4天后死在医院,没人知道在他生前的最后几天究竟发生了什么。除了少数这样特立独行的传奇人物外,大多数美国人在这时还没有对鸦片表现出特别的依赖,但情况很快发生了变化。

19世纪初年,不断有来自中国南部沿海的移民涌入美国。1848年,美国加

---

① *Documents Relating to Opium*. &c. Vol. V, filmed by the IDC Camera Unit, 1986, p.45.
② 《鸦片史》,第216页。
③ 他也同时提到持续吸食鸦片会损害个人身体和精神健康。[美]戴维·F.马斯托:《美国禁毒史》,周云译,北京大学出版社1999年版,第101页。
④ 《美国禁毒史》,北京大学出版社1999年版,第102页。
⑤ 也有人说爱伦·波吸食鸦片。见[美]万心蕙:《美国的吸毒、制毒、贩毒、禁毒和缉毒》,《九江师专学报》1997年第1期。

利福尼亚州发现金矿,以广东籍为主的中国华工纷纷结伴而行,前往淘金。于是,成千上万的中国人涌向美国西海岸,仅1852年就有3万中国苦力来到旧金山。60年代初,美国太平洋铁路开工,美国人又从中国招募了万余名华工参加筑路建设。然而,美国并没有成就这些华工的发财梦想,反而在70年代的经济危机后遭到美国白人的排挤。许多华工命丧美国,生者备受欺凌。由于女性移民极少,多数人只能保持单身状态。这些苦力每日从事繁重的体力劳动,而休息时又得不到家庭的温暖,很容易吸食鸦片,从而染上毒瘾。当一个工程完毕,大部分人只能四处漂泊,又推动了鸦片吸食方法在美国的传播。从19世纪50年代到70年代,美国西海岸出现了大批的烟馆,生鸦片的使用数量急剧增加并迅速超过年人口增长速度。[1] 随着中国人开始散布在美国各地并建立起华人社区,烟馆分布范围逐渐扩大,且出现精致、高档、豪华的发展趋势。为阻止鸦片蔓延,美国联邦政府于1864年出台《关税法》,对进口鸦片征收100%的高关税,希望藉此将鸦片堵在国门之外,但并没有成功。[2] 1885年,仅在旧金山的华人区,就拥有26家烟馆,多坐落在斯多克顿、华盛顿、杜邦和太平洋大街之内,多数烟馆可以同时招待24位吸烟者。当年全美国的鸦片输入量达到208 152磅。除华人外,美国有些白人在这一时期也逐渐开始吸食鸦片。1867年,菲茨休·勒德洛(Fitzhugh Ludlow)在《哈珀》杂志上发表文章说,"这种嗜好(指吸食鸦片)在我们的职业人士、矿工、疲惫的服务业妇女、辛苦工作的职员、先前的酒精上瘾者、那些每天工作的劳动者,以及一个世纪以前喝松子酒的人中间正占据着令人恐惧的位置。在我们的社会中,所有阶层,从上流社会到最下层阶级,对于这种药物的消费都在逐年增加"[3]。据1875年的《旧金山晚邮报》估计,不算华人,全美吸食鸦片的人数在12万上下,而吗啡注射者的人数则还要高于此数。[4] 另据美国的政府官员在1909年估计,当时在美国的11.8万名华工中约有30%的人吸食鸦片,且"鸦片消费水平要高得多",可能每人每年消费2公斤。[5] 以此估算,仅在美华工每年就要消费鸦片71吨。

如果说吸食鸦片的行为主要流行于美籍华人之中,那么吗啡注射则给美国白人社会带来了真正的社会问题。19世纪初,有机化学技术的进步使人类能够将生鸦片中的生物碱分辨并结晶出来。1803年,德国化学家泽尔蒂纳(Friedrich

---

[1] 《美国禁毒史》,第2页。
[2] 《从门户开放政策看美属菲律宾政府的鸦片政策》。
[3] 《鸦片史》,第217页。
[4] 《鸦片史》,第221页。
[5] 《一个世纪的国际药物管制》,第46页。

Sertürner)首先将吗啡生物碱从鸦片中分离出来。[①] 这一事件成为生物化学发展史上的里程碑。吗啡(morphine)以希腊神话人物中梦神马菲斯(Morpheus)的名字命名,被认为是最能反映鸦片特性的重要生物碱,占鸦片总重量的4%—20%。如同早期的鸦片一样,吗啡刚刚被制造出来时也是作为一种药品来使用的,主要用于止痛,还有镇静安神的作用,可以用来防止机体因外伤性休克、内出血和各种消耗性疾病引起的衰竭。吗啡可以口服,但在制成针剂并通过肌肉注射后见效最快。患者使用吗啡后,可以产生欣快感,但同时也有巨大的副作用,而且容易成瘾。1832年,美国的费城罗森加藤公司开始制造吗啡盐,该公司后来成为全美最大的吗啡制造商之一。不知不觉中,吗啡注射方法于19世纪中期开始在美国流行起来。

1861年,经过工业革命的北方各州与保持奴隶制的南方各州围绕西部土地爆发了战争,史称"南北战争"。战争期间,医务人员对伤病员大量使用吗啡,一定程度上推动了吗啡的传播。1865年,战争以南方的失败而告终。战后,一些医生在没有充分调查的情况下就开始向广大患者宣传吗啡的正面作用,一些药品经销商也为了增加利润而不遗余力地向公众推介。1868年,美国哲学协会主席乔治·伍德提出吗啡"比鸦片制剂更先进、更安全"的观点。[②] 在这些"专家"的误导和医生、专卖药制造商的推动下,当时的欧美民众不可能对吗啡的毒副作用形成正确认识,因而更加积极地尝试吗啡。自19世纪70年代后期开始,美国开始大量进口吗啡。19世纪后期,美国无管制地销售专卖药达到了最高峰,那时药品中鸦片剂的含量可能也是最大的。[③] 到1900年,美国麻醉品成瘾者的队伍达到约25万人的规模。[④] 随着麻醉品消费人群的增加,各种麻醉品的进口量也在攀升。在美国,19世纪40年代人均生鸦片的进口量少于12格令(1格令=64.8毫克),而1896年人均进口生鸦片的数量达到了顶点,为52格令。另据一个民间委员会的调查,从1898年到1902年,当消费人口只增加了10%时,鸦片的进口量却增加了500%,吗啡600%。[⑤] 在这一背景下,加利福尼亚州率先在1875年、蒙大拿州随后在1889年分别制定了力度不大的禁毒条例。美国联邦政府也试图禁止毒品,但因遭到制造商的反对而未能成功。

除了吗啡和鸦片外,还有一些新的毒品也在19世纪后半叶时的美国流行起

[①] *On the Trail of Ancient Opium Poppy*, p.94.
[②] 《美国禁毒史》,第103页。
[③] 《美国禁毒史》,第2、3页。
[④] 《美国禁毒史》,第5页。
[⑤] 《美国禁毒史》,第5、16页。

来，如印度大麻和取自古柯树的可卡因。二者相比，可卡因在美国的毒品市场上的影响更大。19世纪中叶，人们开始分析古柯叶，并最终分离出了可卡因。可卡因最初只是作为一种药品用于鼻窦炎和花粉热等疾病，偶尔也用于治疗鸦片、吗啡的成瘾症。因作用明显，一些学术刊物还主张有节制地使用可卡因。可卡因可以通过皮下注射、喷雾法、制成片剂、软膏或者添加在甜酒当中来使用。因为可卡因能使人兴奋，它被广泛用于各种药品、饮料或葡萄酒中，甚至连1903年之前的可口可乐都含有可卡因。① 从1898年到1902年，美国可卡因的进口量增加了40%。②

在大洋彼岸的英国，此时也出现了鸦片问题，但吸食鸦片的主要也是中国人。在18世纪就有一些休假海员构成的流动华人社团，但到1861年全英国只有147个中国人。20年后这一数字上升到665人，不过仍然只有寥寥可数的几家烟馆，用于服务中国人。③ 吸食鸦片的白人，只是极少数放浪不羁者，如一些个性张扬的艺术家、画家或者作家。1868年，英国议会颁布《1868年药品法》(*Pharmacy Act of 1868*)。该法虽然没有对华人吸食鸦片加以限制，但唤起了社会对鸦片问题的关注，许多民众开始将吸食鸦片视为一种罪恶。不过，鸦片类制品的使用并未停止。此后，英国需要的鸦片主要还是作为药品或吗啡类药品加工，国内的主要贸易中心是伦敦的明辛街(Mincing Lane)。

从19世纪30年代起，英国对鸦片的需求量年均增长2.4%，进口鸦片中80%到90%是吗啡含量较高的土耳其鸦片。这是因为印度鸦片吗啡含量较低，并不适合英国的制药生产。1831年，英国进口鸦片9.1万磅，其中4.1万磅再出口。到1860年，达到28万磅，其中15.1万磅用于再出口，其中多数销往美国。④ 在此前后，一些英国人甚至想要尝试种植罂粟，"但在英国从来没有成功地大规模种植过罂粟。英国的气候太难以符合罂粟对于光照时间的严格要求……英国的土地太容易被夏季的雨水所浸满"⑤。

新产生的鸦片市场还有澳大利亚。到1870年，澳大利亚有5万中国劳工，主要位于悉尼的下乔治街地区和墨尔本的小布克街。他们也逐渐把鸦片吸食的方法传给了白人。1890年4月，仅在维多利亚州就发现了700多名欧洲裔的鸦片使用者。⑥

---

① 《美国禁毒史》，第2、3页。
② 《美国禁毒史》，第16页。
③ 《鸦片史》，第238页。
④ 《鸦片史》，第65页。
⑤ 《鸦片史》，第71页。
⑥ 《鸦片史》，第201页。

以上叙述了欧美各地鸦片市场的变迁,但就罂粟种植而言,则与历史上并无二致。最晚在19世纪初,北美也出现了零星的罂粟种植。1908年,美国共收获了4 082公斤鸦片,主要用于实验;荷兰、法国、德国、奥匈、意大利等欧洲诸国也有罂粟种植,主要为获取罂粟籽油,其中也有部分出口,以法国出口最多,为109吨;德国出口22吨;荷兰出口15吨。① 总体来看,欧美吗啡制药所需的鸦片主要来自西亚。

六、吗啡制药与西亚的鸦片生产

19世纪后半叶,随着欧美吗啡制药业的迅速发展,高吗啡的西亚鸦片备受市场青睐。于是,波斯和奥斯曼的罂粟种植和鸦片加工业迎来了前所未有的黄金时代。

自19世纪50年代起,以波斯手工业为代表的自然经济加速解体。波斯地毯曾是该国的"王牌"产品,但到1910年,地毯出口仅占出口总额的12%,而其他手工艺品出口几乎为零。② 与此同时,波斯逐渐沦为西方国家的工业原料供应地。随着航海业的发展,尤其是蒸汽轮船的使用,棉花、鸦片、烟草和干果等经济作物的出口开始大幅增加。1864年,蚕孢子虫病在里海沿岸的波斯的吉兰省流行,使养蚕业遭遇重创,这更促使波斯依赖鸦片出口。到1868年,波斯鸦片的年产量达到20.9万磅,比1860年翻了一倍。③ 次年底,随着苏伊士运河的开通,波斯鸦片的出口规模进一步增加。

波斯鸦片的吗啡含量约为10%—12%,④虽比不上土耳其鸦片,但仍比孟加拉和中国的鸦片更适合加工吗啡。由于在"同一片土地上种植鸦片所获得的收益超过种植小麦所获得的收益三倍之多","自19世纪中期后,鸦片在伊朗(波斯)南部广泛种植"⑤。家庭作坊式的鸦片加工也消失了,取而代之的是大型的鸦片加工厂。在这里,鸦片品质大幅提高,掺假行为也被逐渐制止。供出口的鸦片通常装入能含150个鸦片球的标准箱,鸦片球规格为0.75至1.5磅不等,各以纸或罂粟叶包装。与此同时,生产的组织形式也发生了变化。在19世纪中叶之前,农民可以自主地决定是否生产鸦片,生产时可自行加工并随意地卖给任何商人。但在这之后,类似于印度的商人预付款制度开始出现。这种制度在减轻烟

---

① 《一个世纪的国际药物管制》,第38、39页。
② 《西方的冲击与伊朗传统乡村农业的变迁》。
③ *The History of Opium in Modern Iran 1850-1955*, p.32.
④ *Opium Production Throughout the World*.
⑤ 《西方的冲击与伊朗传统乡村农业的变迁》。

农风险的同时,也帮助商人形成了一定程度的垄断。①

1879年,波斯年产鸦片6 500箱,合86万磅或400吨;1881年又创出近8 000箱的历史新高。② 1884年,品质优良的波斯鸦片第一次在欧洲市场上卖出了比土耳其鸦片更高的价格。③ 自80年代起,鸦片开始成为波斯最重要的出口商品,其出口金额达到60万—80万英镑,占该国出口总额的25%,同时占到全球鸦片贸易份额的5%—10%。④

20世纪初,日本奉行毒化中国的政策,从波斯大量进口鸦片以加工吗啡。新买家的到来,进一步推动了波斯的鸦片生产。1899年,日本政府派出代表弥永(Iyanaga)来到中东,代表日本国与波斯政府签署了关于鸦片供应的商业合同,波斯鸦片此后成为中国台湾销售量最多的品种。⑤ 在各种因素的合力下,波斯鸦片在1906年的鸦片产量达到600吨,成为当时世界上第三大鸦片生产国。⑥ 第一次世界大战期间,其出口量已经是1859年时的27倍。⑦

另就波斯的国内鸦片市场而言,除传统的"塔亚克"、"鸦片茶"、"库克纳"等鸦片消费方法外,欧美的鸦片酊也在19世纪后半叶出现了,被当地人称为劳德纳姆(laudanum)。但因为伊斯兰教禁止饮酒,鸦片酊的传播不广。⑧ 单纯吸食鸦片的方法这时也从东方传入了波斯,"并很快传遍了波斯的每一个角落",东部的呼罗珊省(Khorassan)、科曼省(Kerman)吸食人数最多。⑨ "茶坊"(Tea-House)老板们还会将别人吸食过的鸦片残渣和烟袋里的废水混合制成一种饮品(shireh-ye sokhte),供那些买不起鸦片的穷人们使用。⑩ 1859年,国内鸦片消费大约为3.9万磅,约17.5吨;70年代,国内消费鸦片翻了3到5倍;1906年,其国内消费大约为90—140吨,可供30万人使用,消费人数占总人口的2.9%;其余大约450吨鸦片被出口到英属海峡殖民地、香港和英国本土。⑪

除波斯外,欧美吗啡制药业的发展也同时拉动了奥斯曼帝国的鸦片生产。

---

① *The History of Opium in Modern Iran 1850-1955*, pp.29,35.
② *The History of Opium in Modern Iran 1850-1955*, p.32.
③ *The History of Opium in Modern Iran 1850-1955*, p.103.
④ 《西方的冲击与伊朗传统乡村农业的变迁》;*The History of Opium in Modern Iran 1850-1955*, Abstract.
⑤ *The History of Opium in Modern Iran 1850-1955*, p.117.
⑥ 《一个世纪的国际药物管制》,第36页。
⑦ 《中国毒品史》,第25页。
⑧ *The History of Opium in Modern Iran 1850-1955*, p.118.
⑨ *The History of Opium in Modern Iran 1850-1955*, p.126.
⑩ *The History of Opium in Modern Iran 1850-1955*, p.128.
⑪ 《一个世纪的国际药物管制》,第37—39、52页;*The History of Opium in Modern Iran 1850-1955*, p.122.

奥斯曼在19世纪初的鸦片年产量仅为2 000箱,约120吨。但由于奥斯曼部分地区所产鸦片的吗啡含量极高,可达13%—14%,是最适合加工吗啡的鸦片品种,因而在吗啡制造业的拉动下,产量不断增加,在20世纪初达到了年产150—540吨的能力。① 1905年,其出口量约为360吨,主要销往加拿大、美国和欧洲。奥斯曼政府借此获得了73万土耳其镑的收益,合60.8万英镑。②

七、海洛因登场

1874年,英国化学家怀特(Alder Wright)在伦敦圣玛丽医院的实验室里将吗啡与各种酸混合后首次合成了一种叫作二乙酰吗啡的物质。③ 不过,这种物质在当时只是停留在实验室里,并没有投入生产。1895年,德国艾伯菲尔德(Eberfeld)拜耳制药公司(the Bayer Company)的化学家费利克斯·霍夫曼在实验室里再次用吗啡和醋酸酐合成了二乙酰吗啡,并很快发现它可以替代能让人上瘾的吗啡。三年后,二乙酰吗啡这种新的鸦片衍生物第一次登上了人类历史的舞台。

1898年,拜耳公司只是在证明这种物质不会立即将生物毒死之后,便匆忙将它作为一种止咳药投放市场,并冠以"海洛因"(Heroine)的名字。④ "海洛因"的名称可能是源于德语heroisch,意味着"即使以最小的量都可以获得极其强大而显著的效果"⑤。带有讽刺意味的是,人们最初以为"海洛因"可以治疗吗啡和可待因的成瘾。不久,医生们又发现海洛因可以止咳、安眠,还可以用于治疗呼吸道疾病,如肺结核、哮喘等疾病。

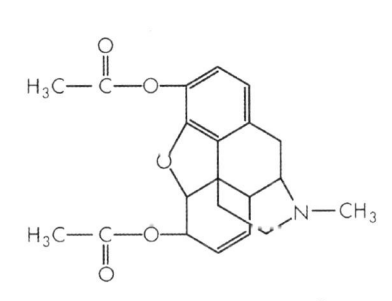

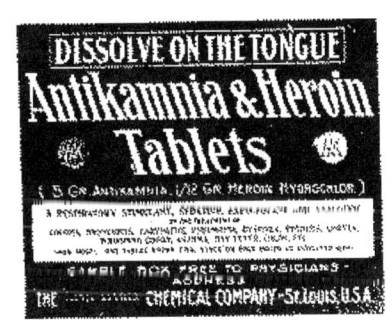

图4-5 海洛因分子式⑥　　图4-6 20世纪初的海洛因药盒图案⑦

---

① 《一个世纪的国际药物管制》,第37页。
② 《一个世纪的国际药物管制》,第38,39页。
③ 《一个世纪的国际药物管制》,第64页。
④ 《一个世纪的国际药物管制》,第65页。
⑤ History of Heroin, UNODC *Bulletin on Nacotics* 1953 Issue 2.
⑥ 图片来源:毒品检测网 http://www.dupinjianc.com/mod_article-article_content-article_id-209.html。
⑦ *History of Heroin*.

然而，仅仅数年过去，在1903年到1905年间就出现了大量关于海洛因成瘾和海洛因导致精神和生理状况迅速恶化的报告，可为时已晚。海洛因已经迅速占领了世界市场，并最终成为20世纪里最危险的毒品。因为它由鸦片提取物吗啡和醋酸酐合成，所以产量较低，每10公斤鸦片只能制成1.1公斤海洛因，但其药理作用比吗啡强4至8倍。经静脉注射后，在几秒钟内就能产生令人欣喜若狂的感觉，尔后伴随着轻松愉悦的睡意，药效可以持续2至4小时。①

最早出现海洛因大规模成瘾的地区是美国的纽约。20世纪初，纽约药物成瘾者中有98%的人是海洛因成瘾，全美公共卫生服务医院遂于1916年起停止分发海洛因。② 从中国海关查获走私毒品的情况看，海洛因大约是在1917年起才开始流入中国市场的，③但其在华销量迅速超越吗啡，成为仅次于鸦片的重要毒品。

表4-5 1916—1921年上海海关查获的走私毒品 （单位：盎司）

毒品＼年份	1916年	1917年	1918年	1919年	1920年	1921年
吗　啡	2 403	116	3 876	3 392	1 986	792
海洛因	—	1	364	2 333	2 721	5 537
可卡因	102	20	926	452	156	1 049

海洛因在华北地区被叫做"白面"，在江浙一带被称为"老海"。其消费方法从吸食、皮下注射到静脉注射都有，每变化一次方式就标志着"瘾君子"的毒瘾又增加了一步。就其吸食方式而言有三种：一是将海洛因包入烟卷中吸食，为防止海洛因掉落，需要将装有海洛因的一头抬高，仰面吸食，俗称"高射炮"；二是将海洛因直接放入卷成筒状的锡纸中，烧烤锡纸后吸食；三是将烟丝放入烟斗后加入海洛因吸食。海洛因毒性大，成瘾性高，吸食成本还比鸦片更低一些，因此社会危害性更大。在20世纪30年代的北平，一小包"白面"只需1角钱，还可吸好几次。由于价格便宜，很多吸食鸦片的平民改吸"白面"，"家业败得快，人也死得快"。吸食日久，还会改为注射。即把"白面"用蒸馏水溶解成液体，用注射器注入体内。"这种方法较吸要过瘾，但对人体的毒害亦同时加大了。凡注入'白面水'的地方只能扎一次，再在原处扎针头就扎不进去了。所以用不多久遍身全是

---

① 王宏斌：《日本侵华毒品政策五十年》，河北人民出版社2005年版，第4页。
② History of Heroin.
③ 《上海近代社会经济发展概况1882—1931——〈海关十年报告〉译编》，第187页。

针眼,甚至连头皮和手脚指甲缝都扎了,无处可扎后,便会因毒瘾发作而致死。"①还有一则当时的故事:生于1907年的北平京剧老生演员王文源,艺名"五龄童",有个漂亮的妹妹是个女票友,时年20多岁。她吸食海洛因上瘾,后毒瘾加重改为注射,卧倒在地安门外白米斜街水窑胡同的"白面房"中无力回家。在她垂死前,流氓无赖给她一小包"白面"即可同她睡一次。待其奄奄一息时,高丽浪人便将她撵出门外,最后死于什刹海边上。② 她只是历史上无数海洛因受害者中的一个,海洛因之危害可见一斑。正如上海竹枝词中所说:"最毒无如海洛因,吗啡虽烈逊三分;高居鸦片红丸上,北地人多白面称。"③

---

① 文芳主编:《民国烟毒密档》,中国文史出版社2013年版,第251—254页。
② 《民国烟毒密档》,第254页。
③ 《日本侵华毒品政策五十年》,第4页。

第五章　在禁毒的旗帜下
（1909—1956）

19世纪下半叶，当鸦片产品不断升级、畅行五洲之际，英美国内也出现了反对的声音。随着中国土产罂粟逐步占领中国市场，鸦片收入对英国政府的重要性日渐下降。于是，英国政府开始向舆论妥协。20世纪初，中英禁烟协议得以签订，浦东焚烟为中印合法鸦片贸易画上了句号。在反对鸦片声浪中，美国政府竭力促成了万国禁烟会的召开，标志着世界范围内形成了禁毒的初步共识。一战后国际联盟的建立，使正义压倒了利益，世界各国以形形色色的姿态站在了禁毒的旗帜下：有的在真正地禁毒，或"断禁"，或"专卖"；有的则以禁毒为幌子，也举起了"专卖"的牌子。后者中最为恶劣的是日本对华实施的毒品侵略。二战后，禁毒战争逐渐在许多国家取得了胜利。最终，日本赢得了国内的"冰毒战争"，为持续半个世纪的国际禁毒运动做了较为圆满的收官。20世纪50年代中期，一个近乎无"毒"的世界呈现在人们面前，很多人乐观地认为，"在并不遥远的未来，鸦片成瘾问题将会成为历史"。

一、万国禁烟会与浦东焚烟

（一）欧美的反鸦片运动

早在鸦片战争前后，当"关于大规模鸦片成瘾对中国产生破坏性影响的消息"传到英国时，一些有识之士就对鸦片贸易提出了反对意见。1843年，沙夫茨伯利（Shaftesbury）伯爵向国会提出，鸦片贸易和垄断"全然地与奉行基督教的王国的荣誉和职责不符"。1857年，一名叫做伍德·詹姆斯·约翰斯通（Revd James Johnstone）的传教士声称："我将不得不坦陈其阴暗面，这会让你承认整个鸦片贸易不仅给印度带来灾难，严重伤害中国人民的心灵，也是英格兰英名上肮脏的污点。"[①]但这种声音在当时还十分微弱，大多数英国人依然信奉并固守着"如果我们不卖，别人也会卖"的纯粹商业理念，因此，反对鸦片的声音并没有引起很大的社会反响。

---

① 《鸦片史》，第173页。

1851年的《砒霜法》和1852年《药物法》是英国"医药改革立法的第一步",而1868年《药物和毒药法》的通过则唤起了更多有良知人起来反对鸦片贸易。最终到19世纪70年代,英国反对鸦片的呼声高涨起来,一场反对鸦片种植和贸易的改革运动终于揭开了帷幕。1874年,旨在控制鸦片贸易的"英格兰东方协会"宣告成立,沙夫茨伯利出任该会主席。该会得到了基督教会教友派(贵格会)信徒的大力支持,出版了大量的反对鸦片的书籍和小册子,还在英国各地建立了联络站和办公室,并创办了《中国之友》杂志。他们组织公共集会、游说议员,还前往下议院进行请愿活动,仅在1882年,该协会向国会的请愿活动就多达489次。[①] 但这一运动遭到了鸦片贸易既得利益者的强烈反对。乔治·伯德伍德(George Birdwood)爵士在1881年冬天的《时代周刊》上发表文章,努力区分吃鸦片和吸鸦片的不同。他辩解说,"鸦片是绝对无毒的","吸鸦片跟吸别的东西一样,是完全无害的嗜好,吸鸦片的快感不在于鸦片本身,而在于吮吸的过程"。孟买总统府医院的外科副主任威廉·莫尔(William Moore)也声称,"为了避免少数中国人错误使用鸦片"而放弃财政收入是不应该的,"对多数中国人来讲,鸦片是幸福和快乐的源泉,是一种必备品,甚至是一种神恩"。这样,每出版1 000字的反鸦片文字,报刊上就会有5 000字支持鸦片贸易。[②]

1891年,群众反鸦片的声浪空前高涨,以至于下议院都不得不"谴责英属印度政府依靠向中国人贩卖鸦片赚取收入的行为在道义上是不可原谅的"[③]。1893年,在英国首相格莱斯顿(Gladstone)的建议下,专门成立了一个"皇家委员会"来调查远东的鸦片问题。但经过两年的调查,该委员会的多数成员都对鸦片贸易持支持态度。该委员会得出的最终结论是:印度承担不起因减少鸦片贸易而带来的损失;而中国的烟毒泛滥完全是中国政府允许和纵容的结果。

当英国的反鸦片斗争被暂时压制的时候,美国的反鸦片斗争又高涨起来,起因是菲律宾的鸦片问题对美国社会的冲击。19世纪末,美国迅速崛起为一个世界性强国,开始对既有的世界秩序产生不满,走上了争霸之路。它首先选择衰落的西班牙作为目标,以美国"缅因"号军舰爆炸事件为借口,于1898年4月挑起美西战争。美国只丧失了341名军人就夺得了对波多黎各、关岛、菲律宾和古巴的控制权。1902年4月,美方完全摧垮了在菲律宾的反美势力。同年8月,担任第一任菲律宾大主教的查尔斯·布伦特(Charles Henry Brent)与第一任菲律宾总督、后来的美国总统威廉·塔夫脱(William Howard Taft)一同到达菲律

[①] 《鸦片史》,第174页。
[②] 《鸦片史》,第174—178页。
[③] 《一个世纪的国际药物管制》,第28页。

宾。在这里，当西班牙的殖民统治瓦解之后，长期实行的鸦片包税垄断制度也随之崩溃，而恰在此时，菲律宾的鸦片进口量突然开始增加。这主要是由于1902年霍乱流行，而很多菲律宾土著相信鸦片可以治疗这种疾病，便效仿华人使用鸦片。对此，美国联邦政府决定，国家权利原则不适用于岛屿领地。这样，菲律宾委员会便获得授权，可以采用任何办法对付鸦片问题。菲律宾委员会最初的解决思路是重新恢复鸦片垄断体制，但这已为美国国内舆论所不容。

1901年，美国药学会（APhA）在圣路易斯召开大会，专门成立了"研究麻醉品成瘾原因委员会"，旨在探讨控制麻醉品的有效方法。该委员会主席警告说，"如果我们现在不迅速采取非常严厉的措施，美国人民将要在不久的将来为这种漠视的态度付出巨大的代价"①。在各类专家和医学机构的引领下，美国国内舆论悄然转变，国内反毒品运动逐渐高涨。

在这样的背景下，美国基督教福音派致电西奥多·罗斯福（Theodore Roosevelt）总统，对菲律宾委员会恢复鸦片垄断体制的方案表示坚决反对，成千上万的美国公众也通过信件、电报等形式反对这一方案。陆军部长伊莱休·鲁特（Elihu Root）在发电报给菲律宾总督塔夫脱时便警告说，"美国舆论不会拥护具有鼓励或促进鸦片贸易倾向的法律"②。在强大的反对浪潮面前，授权法案最终被撤销。于是，塔夫脱指定了一个委员会，专门调查菲律宾周边各远东国家的鸦片政策，以便总结经验。该委员会由美国陆军少将爱德华·卡特（Edward C. Carter）、颇有名望的乔斯·阿伯特（Jose Albert）医生和布伦特牧师等人组成。他们于1903年8月17日离开马尼拉前往日本、台湾、上海、香港、西贡、新加坡、缅甸和爪哇进行实地考察。最后的调查报告于1904年6月15日交给了塔夫脱总督。报告提出，政府应当在今后的三年内垄断鸦片贸易，期间要逐步减少个人定量，并禁止21岁以下的年轻人吸食鸦片，最终全面禁止非医药用鸦片和鸦片剂。这一方案得到了美国国会的认可。1905年3月，美国国会通过了《修订和修正菲律宾群岛关税法法案》，授权菲律宾殖民政府除医药用途外，"绝对禁止输入或出售鸦片，或限制或制约其输入或出售，或采取其他必要措施遏制出售和吸食毒品所产生的祸患"，还规定"自1908年3月1日后任何非政府实体将任何形式的鸦片输入菲律宾群岛均属非法"。③ 但这一法案的实际执行效果未遂人愿，直到1930年时，在那里的美国调查人员还发现，人们仍然可以非常容易地得到用来

---

① 《美国禁毒史》，第20页。
② 《从门户开放政策看美属菲律宾政府的鸦片政策》。
③ 《一个世纪的国际药物管制》，第31页。

吸食的鸦片。① 不过,美国政府在研究了菲律宾的鸦片问题后,开始关注中印鸦片贸易所带来的社会问题。这一转向,又与中美外交关系的变化相联系。

原来,美国国内20世纪初的反毒品运动在目标上出现了一定程度的扭曲,导致了中美关系的恶化。在反毒品运动中,很多偏激的美国人将毒品传播与华人联系在一起,反毒品运动继而与反华合流,出现了排斥中国工人、限制中国移民入境的情况,大量的在美华人遭到歧视、攻击和迫害。这在中国国内激起了强烈不满。1905年起,中国商人们发起的抵制美货运动使美国输华商品价值从1905年的5 700万美元下跌到1907年的2 600万美元。因此,美国迫切希望通过帮助中国解决毒品问题来改善两国关系。而这时,英国国内的情况也起了变化。

1906年5月,英国自由党取得了大选的胜利。当月30日,下议院展开辩论,自由党议员德雷重提1893议案,要求政府迅速采取措施结束鸦片贸易。对此,印度部大臣约翰·莫莱(John Morely)辩解说,"鸦片生产虽为印度政府所管辖,但在加尔各答是自由拍卖,非印度政府所官售也",况且鸦片税现在早已不是印度政府的大宗收入,鸦片贸易之所以不能停止,问题不在英国,"华人若欲禁烟,固吾英人之所乐从者"②。英国下院的辩论内容被全文刊登在次日的《泰晤士报》上,这份报纸最迟在8月初寄到了中国。

"美国大约在此时加入了管制游说",这是因为"美国在改善同中国关系方面有着很大的地缘政治利益。在美国发生一些种族歧视和华人铁路工人被杀害的案件后,中国正在考虑抵制美货。与中国联手遏制鸦片出口实际上是改善两国之间紧张关系的一个机会。另外,一些美国制造商指责说鸦片贸易使得中国人对它们出口产品的需求下降"。③ 于是,世界舆论的导向和各国政府的态度都向着有利于中国禁烟的方向发展。

(二) 禁毒共识的形成与中国的禁烟运动

1906年8月,这份刊登着英国议会下院辩论全文的《泰晤士报》被送到清政府外交部侍郎唐绍仪手中。随后,中国驻英公使汪大燮也具折上奏,"十余年来,中国栽种土药,遍地行销,其初税利薄轻,物价甚廉,冀以抵制洋药。而土药自为土药,洋药自为洋药,其进口仍如故,然而土药弥漫遍于中国,岌岌不可收拾矣。……方今朝廷锐意自强,有利必兴,则有害在所必去,涤恶名,振国势,在此

---

① 《美国禁毒史》,第38页。
② 《禁毒史鉴》,第273页。
③ 《一个世纪的国际药物管制》,第32页。

一举"①。于是,清政府于9月20日谕令政务处妥议禁烟章程,清末禁烟运动由此拉开帷幕。

1906年11月30日,清政府外务部将一份禁烟照会交给英国驻华公使朱尔典。1907年1月25日,中国驻英公使汪大燮将同样照会递交英国外交部。经过一年的紧张谈判,1908年3月,中英双方就鸦片问题达成协议②:

第一节,印度洋药以运往各国之全数为限制,以印度出口五万一千箱之数为定额,按年递减五千一百箱。自一千九百零八年为实行之始,十年减尽。

第二节,派员前往印度之噶尔古达(加尔各答)监视打包,申明该员只查发运洋药实数,并不干预他权。

第三节,洋药税厘征收加倍,以土药统捐及土药价值非一时所能调查明确,所有加征税厘之议稍缓续商。

第四节,香港所熬之烟膏禁止运入中国境内,两国各行设法自防在本境私入之弊,声明港膏禁止出口入华,并禁止烟膏由华入港之贸易。

第五节,各口岸租界内禁止烟馆及吸烟处,并不得售卖烟具。如华官在各项租界外实行照办,各该处工部局不俟华官之请自行设法办理。

第六节,禁止任便运入吗啡及吗啡针一节,俟有约各国全允,即应照行。

此外,英国代表还声明,禁烟先试行三年,届时若土药不能按比例减种,英国有权废止本条约。

协议得到各方的切实执行。早在1906年,政务处接到上谕后就拟定了十条禁烟章程。在中英禁烟条件达成之后,民政部和度支部又会同制定了九章二十三条的《稽核禁烟章程》,上奏批准执行。1908年4月,恭亲王溥伟等人在北京成立戒烟所,此后各省也纷纷成立戒烟所,对各级官员进行普遍查验。于是,中国禁烟运动达到高潮,各地禁种罂粟、查封烟馆,沿海以禁贩禁吸为重点,内地以禁种禁运为重点,一时间成效显著。

1909年,在美国的推动下,有13个国家参加的万国禁烟大会在上海召开,为中国禁烟运动创造了有利的国际环境。早在1906年7月24日,菲律宾大主教查尔斯·布伦特就寄信给西奥多·罗斯福总统,敦促总统召开一个由美国、日

---

① 《禁毒史鉴》,第276页。
② 《英国蓝皮书·中英禁烟条件》,《外交报》第236期,转引自《禁毒史鉴》,第282页。

本等对远东有兴趣的强国参加的国际会议来帮助中国解决鸦片问题。他申明，只有这样才能阻止鸦片流向中国，并在将来成功地解决菲律宾的鸦片问题。罗斯福为了提升美国的国际地位，也为了缓和中美之间围绕华工问题引发的矛盾，于1908年秋致函各列强政府，要求召开国际禁烟大会。这一提议得到各方响应，但因慈禧太后突然病逝，会议推迟了一个月，于1909年2月1日在上海召开。参加会议的有中国、美国、法国、德国、英国、日本、荷兰、葡萄牙、巴西、俄国、意大利、奥匈帝国和暹罗共13国41名代表，查尔斯·布伦特当选为会议主席。"唯一被邀请但没有参会的国家是土耳其。"[1]布伦特原计划召开一个外交会议，这样可以使各国政府采取官方行动。但英国和荷兰在鸦片贸易方面有着特殊利益，在他们的要求下，会议只定为委员会级。这其实是一个只能提出建议但不能做出任何允诺的调查事实委员会。会议持续了26天，各国通报了各自的鸦片生产消费及相关财政税收情况，并通过9条议案，呼吁各国政府"遵照中国政府的指示关闭鸦片馆"，"在租界和殖民地实施国内药品法"，还"强烈敦促各国政府采取果断措施，对吗啡及其他鸦片衍生物的制造和分销进行管制"[2]。尽管这些议案都属于劝说性质，没有强制约束力，但毕竟形成了初步的国际共识，标志着世界禁毒意识的初步觉醒。

表5-1　1907年各国政府的鸦片收入情况[3]

地　点	鸦片收入	占总收入比重	地　点	鸦片收入	占总收入比重
（英）海峡	60万英镑	53.3%	（法）印支	60万英镑	17.1%
暹　罗	60万英镑	15.8%	（日）台湾	45万英镑	15.2%
（荷）东印度	180万英镑	14.3%	（英）马来	30万英镑	9.8%
（美）菲律宾	12.35万英镑	3.5%	清（不含地方）	210万英镑	14%
英属印度	470万英镑	6.3%	美国（本土）	30万英镑	0.2%
加拿大	8.8万加元	0.1%			

1909年，英国政府强令香港当局停止向中国内地出口成品鸦片，中国也开始对进口鸦片实行海关特别许可证制度。1910年，中国国民禁烟会在北京成立，政界、商界、学界的知名人物纷纷参加，有力推动了禁烟运动的开展。1911年5月，三年禁烟试行期满，中英双方续签《中英禁烟条件》，重申在七年内

---

[1] 《一个世纪的国际药物管制》，第35页。
[2] 《一个世纪的国际药物管制》，第57页。
[3] 《一个世纪的国际药物管制》，第56页。

图 5-1　万国禁烟大会会址

如"土药概行绝种,则印度出口运华之烟亦同时停止"。

1911年10月,武昌起义爆发,波澜壮阔的辛亥革命席卷中国。1912年元旦,革命领袖孙中山在南京宣誓就任中华民国临时大总统。针对鸦片流毒,孙中山力主"尽全力铲除此不良之物",并驳回了黎元洪等人提出的鸦片专卖方案。他认为,东南亚国家实行的鸦片专卖"非禁烟良法",反而对"禁烟进步有阻,盖视为一种收入,必难收净尽之效",因而坚持实行严禁方案。① 3月,孙中山颁发"禁烟令",指出"方今民国成立,炫耀宇内,发愤为雄,斯正其时,若于旧染痼疾,不克拔涤净尽,虽有良法美制,岂能恃以图存",对于禁烟运动一定要坚持下去,要求"通饬所属官署,重申种、吸各禁,勿任废弛"②。随后,孙中山以石瑛为禁烟所总理,继续查禁烟毒。

同月,清政府垮台,孙中山辞职,前清实权派人物、北洋军阀首领袁世凯在北京就任临时大总统。袁世凯继续奉行禁烟政策,于6月11日发布命令,承认"禁烟为除害救民之要政",要求"将从前办法继续进行"③。1913年,外交部特派专员会同英国调查员在各地查验后确认,直隶、广西、安徽、湖南、山东五省烟苗已经禁绝,英国允诺外国鸦片不再运入此五省。到1914年6月,全国已有14省完成了禁种任务,禁烟运动初见成效。最后值得一提的是,禁烟运动伤及烟农利

① 《孙中山复丁义华函》《孙中山复黎元洪电》,载《中国禁毒史资料》,第559页。
② 《孙中山严禁鸦片通令》,载《中国禁毒史资料》,第566页。
③ 《临时大总统铲除烟苗令》,载《中国禁毒史资料》,第580页。

益。利之所在,多地烟农甚而暴力抗法,置大义于不顾,显示出人性的阴暗一面。1912年春,山西交城、文水等地烟农每亩出大洋5元纳捐,获准种植罂粟,而6月17日,山西都督阎锡山派员铲除,"众民不允",杀死"交城县令并委员二人"。阎锡山派两个营的士兵前往弹压,"打毙居民甚多"①。1913年,湖南辰州府知事贺学海在组织力量拔除烟苗时也遭遇到烟农"持刀揭竿抗拒"。贺学海派官兵镇压,"捕获巨魁4名","就地正法"②。1915年,云南腾越也有类似事件。烟农聚众800余人,暴力抗拒,击毙官兵4人,后被官兵弹压。③

1915年至1916年,是中国的又一个多事之秋。在这一年,袁世凯冒天下之大不韪,僭越称帝,年号"洪宪"。蔡锷等人随后在云南发起护国运动,推翻了"洪宪帝制",袁世凯于1916年6月6日忧病而死。袁死之后,黎元洪就任总统,段祺瑞就任总理。好在这一切并没有阻碍禁烟运动的继续发展,黎元洪再次发布禁烟令,疾呼"急起直追,自湔前耻",提醒国民"自今已往,时不再来","一隅横溃"将"功败垂成",要求地方官吏"恪尊禁令,严切施行"④。在各方努力下,各省至1917年终于全部完成了禁种任务,英国答应履行义务,宣布停止向中国输入鸦片。北洋政府随后耗资1 200万元收购了尚未售出的在华外国鸦片1 577.5箱,并最终在1919年1月将其在上海浦东焚毁,从而正式结束了外国鸦片合法进口中国的历史。

浦东焚烟标志着印度鸦片合法输入中国的时代结束了。英国政府最终放弃鸦片政策有着复杂的历史背景。一个原因是从19世纪末开始逐渐兴起的反毒品运动后来形成了世界性的潮流,给英国政府施加了很大的压力。另一个原因是到19世纪80年代末,英国消费的谷物,本土只能供应三分之一,大部分谷物要从加拿大和印度输入,⑤这就需要更多的印度土地种植粮食。还有一个重要原因就是来自中国土产鸦片的竞争已经使得英国的鸦片贸易获利甚微,⑥鸦片在英国对华贸易中所占比重也逐年下降:1895年为16.98%,1900年为14.7%,1904年为10.78%,1906年仅为6.3%。⑦因此,我们可以说中国土产鸦片胜利

---

① 《大公报》1912年6月25日,载《中国禁毒史资料》,第580页。
② 《大公报》1913年5月4日,载《中国禁毒史资料》,第608页。
③ 《大公报》1915年5月18日,载《中国禁毒史资料》,第652页。
④ 《大总统就禁绝鸦片约期将届再申严禁令》,载《中国禁毒史资料》,第667页。
⑤ 周一良、吴于廑编:《世界通史》(近代部分下册),人民出版社1962年版,第54页。
⑥ 这一时期与印度鸦片竞争,除中国鸦片之外,还有来自波斯和土耳其的鸦片。仅1890—1894年间,输入中国的波斯鸦片就接近6 000箱。"Despatch from the Secretary of State for India to Governor-General of India in Council", *Final Report of the Royal Commission on opium*, Vol. Ⅶ, Part Ⅱ, *Correspondence Regaring the Report by the Royal Commission on Opium*, Eyre And Spoitiswoode, 1896, p.11.《一个世纪的国际药物管制》,第55页。
⑦ 《上海近代社会经济发展概况1882—1931——〈海关十年报告〉译编》,附表六。

了。当然，这一胜利是以鸦片在全国范围内大规模泛滥为代价的。

当时，英属印度的国内鸦片市场依然狭小，直到 1907 年，英属印度的鸦片使用者依然维持在 83 万人，而当时英属印度总人口达 2.32 亿（不含缅甸），鸦片消费者仅占总人口的 0.36%，年消费量只有 422.3 吨。① 这远远小于年消费量高达 3.8 万吨的中国市场。一旦丧失了中国这个巨大的国外市场，印度鸦片产量便开始急剧萎缩，鸦片罂粟也在印度结束了它最为辉煌的年代。1880 年时，印度的鸦片产量还有 6 000—7 000 吨。② 而从 1905 年到 1910 年，印度用于种植鸦片罂粟的土地从 613 996 英亩锐减到 350 000 英亩。据此估算，其鸦片产量应当相应地从 5 100 吨下降到 2 900 吨。起初，当鸦片减产后会带动价格上涨，复种现象时而发生。经过英国政府的引导，烟农渐渐改种其他作物。甚至当第一次世界大战发生时，农民们都不愿意再种植罂粟为受伤的士兵疗伤。③ 至 20 世纪 30 年代，印度的罂粟面积甚至比 20 年代还减少了 90%。④ 鸦片罂粟终于开始从印度逐渐消退。

不过，鸦片罂粟在中国的故事却还没有结束。军阀纷争和日本帝国主义的入侵使得罂粟死灰复燃。因此，整个 20 世纪上半叶，中国仍是世界上最大的鸦片生产国，同时也是最大的鸦片消费国。

二、世界大觉醒与国家垄断

万国禁烟会后，美国政府对会议的结果并不满意，希望能召开一次正式的禁烟大会，签订正式的禁烟协议。于是，美国政府展开积极的外交活动，终于促成了海牙国际禁烟会议的召开。1911 年 12 月 1 日，第一次海牙国际禁烟会议在荷兰的海牙召开，行将垮台的清政府派出驻德公使梁诚参加会议。参加会议的计有中国、美国、德国、法国、英国、日本、荷兰、葡萄牙、波斯、俄国、意大利和暹罗 12 国。鸦片生产大国土耳其仍然没有到会，而曾经参加上海会议的奥匈帝国这次也拒绝参加。会议历时 54 天，最后于 1912 年 1 月 23 日草签了一项《禁烟公约》，共 6 章 25 条。在这次会议上，各国勾心斗角，实效不大：虽然与会各国都承认国际麻醉品问题的存在，但都不愿意自己的税收蒙受损失。德国希望保护自己的大型医药产业，葡萄牙要维护在澳门的鸦片贸易，波斯也有自己的罂粟种植业，而荷兰在印度尼西亚还有自己的鸦片贸易，英国在印度的鸦片业也没有完

---

① 《一个世纪的国际药物管制》，第 47 页。
② 《一个世纪的国际药物管制》，第 141 页。
③ 《鸦片史》，第 180 页。
④ 《鸦片史》，第 212 页。

全禁除,暹罗在刚刚施行的专卖制度中获得了巨大的收益。因此,各国外交官围绕本国利益展开了一场斗争。美国提出的"相互通知"和"船只检查制度"被否决,将鸦片限制在"医疗和科研"用途的提议被改成了"产销管制"。此外,波斯、俄国和英国还反对减少罂粟种植,对于"禁吸"也没有设定时间表。这样,《海牙禁烟公约》最后的措辞略显空泛,多为"呼吁"的形式和"逐渐"的安排,但也绝非完全无所作为。首先,各国"承诺对生鸦片的生产和分销进行管制",并在含有生鸦片的出口货物上"皆须作适当标记",还"承诺防止将生鸦片出口到禁止输入生鸦片的国家"。其次,此次会议还将海洛因和可卡因列入受管制的物质清单,堵住了各国法律中的漏洞。[①] 至于条约何时生效的问题上,后来又产生了分歧。德国在法国和葡萄牙的支持下,坚持认为所有与鸦片生产、制造和消费相关的国家全部批准该条约后,条约才能生效。

会后经过了一年多的照会往来,美国又促成许多拉美国家在协约上签字。至1913年7月,相关46个国家中共有34个国家在条约上签字,仍有包括土耳其、瑞士在内的12国尚未签字。当月31日,第二次海牙国际禁烟大会召开,但仅持续8天。除英、德两国外,其余参会国家均表示承认《海牙禁烟公约》的原则和精神。会议结束时,各国达成一致:允许那些希望在所有国家签字前暂时不签字的国家按自己的计划做;如果协约在1913年年底前仍没有得到全部的签字,第三次会议将于1914年在海牙召开,商讨协约在签约国之间如何生效的问题。

1914年5月,美国要求推迟第三次会议,因为它希望在国际会议召开前通过自己国内的相关法律(即后来的《哈里森法》)。但到6月,该法案仍旧未能在美国参议院获得通过。6月15日,第三次海牙会议召开,历时10天。在会议结束时,除土耳其和塞尔维亚外,其余44个参会国都在协约上签字。会议结束3天后的6月28日,主张兼并塞尔维亚的奥匈帝国皇储弗朗茨·斐迪南大公在萨拉热窝视察时被塞尔维亚民族主义者刺杀,第一次世界大战爆发。受战争影响,各国无暇顾及毒品问题,只有中国、美国、荷兰、挪威、洪都拉斯等11国相继批准了这一条约,"防止了第一项《国际鸦片条约》在见到天日前就夭折"[②]。

第一次世界大战极大地改变了世界格局:奥匈帝国和德意志帝国的皇冠落地,欧洲的"皇帝"尊号不复存在;[③]俄国先后发生了"二月革命"和"十月革命",

---

① 《鸦片史》,第206页;《一个世纪的国际药物管制》,第65页。
② 《一个世纪的国际药物管制》,第67页。
③ 查理曼帝国皇帝以罗马帝国继承者自居,962年德意志国王奥托一世加冕为"罗马皇帝",腓特烈一世加"神圣"二字。1806年,拿破仑勒令弗朗茨二世宣布解散"神圣罗马帝国",只保留奥地利皇帝称号。拿破仑则称帝建立法兰西帝国。拿破仑失败后,其侄曾建立法兰西第二帝国,于1870年终结。1871年德国统一后,普鲁士国王威廉一世加冕为德意志皇帝。

建立了社会主义的苏联,也使以"东罗马皇帝"继承者自居的俄国沙皇倒台;奥斯曼帝国在战后发生了凯末尔革命,早已成为傀儡的奥斯曼素丹倒台,奥斯曼成为共和国,并正式以土耳其为国名(土耳其为"突厥"一词的音译),但叙利亚、黎巴嫩划归法国统治,伊拉克和巴勒斯坦归英国统治,沙特、亚美尼亚独立,伊斯兰世界由此分裂至今;同时,国际联盟宣告成立,这是世界上第一个带有普遍性的国际政治组织,是世界在经济上已经结成一体的事实在政治上的反映,具有重要的历史意义。战争也改变了各国对待鸦片的态度。因为对酗酒的限制,战争引起各国军人的鸦片滥用,西方国家的吸毒现象也有所增加。英国、加拿大和德国等国家都不约而同地在战争期间采取了限制毒品走私、控制止痛药供应的一些措施。这些措施在战后得到进一步巩固。经过各大国协商,在战后的《凡尔赛和约》中加入了一条规定,凡是签订这一和平条约的国家,就应当承认《海牙禁烟公约》。因此,禁烟运动的影响随着国际联盟的力量空前扩展,至1933年,已经加入或批准公约的国家和地区达到55个,到1949年上升到67个。此后,尽管有些国家为了自身利益还是口是心非,但是国际舆论已经完全向着正义的方向倾斜,禁毒的旗帜开始在全世界的上空高高飘扬。

1921年,国际联盟正式成立了"鸦片与其他危险药品走私顾问委员会",或称"鸦片问题咨询委员会"(the Advisory Committee on the Traffic in Opium and Other Dangerous Drug)。该委员会的主要职责是:要求各国提供相关资料,评估毒品泛滥的程度;负责协调国际间的毒品信息;记录毒品走私案件;编制鸦片生产贸易报告;向国际联盟提出各种建议等。这一时期,由于美国担心受到"超国家力量"的控制而拒绝加入国联,苏俄则被国联排斥(1934年9月才得以加入国联),因而它们对禁毒问题的参与度有限,而英国人马尔科姆·德莱文尼(Malcolm Delevingne)爵士则成为该委员会的关键人物。从1923年起,美国派出代表以"观察员"身份参与会议。美国代表曾提出"供应管制"问题,但"其他殖民主义列强……拒绝对罂粟种植施加任何实质性限制"[1]。

在该委员会建议下,从1924年11月到1925年2月,相关国家在日内瓦召开了远东鸦片会议和国际禁毒会议。前者由远东各国和东南亚各殖民政府参加,与会国一致同意取消鸦片贸易特许权,各国政府应通过许可证制度对鸦片生产、运输、零售及再出口环节实行专卖管理,并尽力推广拒毒教育,展开国际协作。不过,协议只适合于鸦片,而没有涉及吗啡和海洛因等其他鸦片制剂。后者由国联全体成员国参加。各国代表在会上争吵不休:毒品消费国要求生产国切

---

[1] 《一个世纪的国际药物管制》,第70页。

断毒源,而生产国中只有中国表示愿意缩减生产;印度宣称自己的鸦片只用于国内消费;波斯则称无法找到替代产品;暹罗则辩解说鸦片税收在该国极其重要,只有列强改变不平等条约提高关税后才能禁止鸦片。后来,美国因为自己的提案遭到搁置而中途退出,中国也因为列强不愿在租界中实施有效的禁毒方案而退出。不过,会议最终还是取得了很大成效,不仅制定了对鸦片及其生物碱进行国际管控的基本原则,而且还签署了新的《国际鸦片公约》(也称《1925年公约》),并首次将印度大麻置于公约之内。会议的成果还包括一个国际监管机构的建立。这一机构被称为"中心署"(the Central Board,又称国联中央鸦片常设委员会),由8名成员组成,负责监督国际麻醉品贸易。为了将美国等重要国家吸纳进来,还规定"中央委员会成员应由国际联盟理事会任命","并应邀请美利坚合众国和德国各自提名一人参与这些任命"。① 由此,日内瓦国际禁毒会议极大地促进了国际禁毒工作。

1931年5月,国联在日内瓦召开了另外一次重要的"限制制造及调节分配麻醉药品会议"。此次会议取得重大成果,与会57个国家共同签署了一份新的公约。《1931年公约》规定各签字国应当将其本国或领地内每年医药和科学研究的麻醉品需要量制作一份预算,呈送国联中央鸦片常设委员会;凡超过5公斤以上的麻醉品输入均需得到中央鸦片常设委员会证实其未超过预算总量,违反协约的国家将在一年内停止得到新的麻醉品供给。这样,定额体制开始建立起来,国际监管也建立了。这是国际禁毒史上具有划时代意义的大事件。公约在1933年生效后,中国、美国、苏联等主要国家都加入了公约,最终有67个国家批准了该公约。国际条约的作用在逐渐显现,世界鸦片供给在稳步下降。1906年,世界鸦片产量为4.2万吨,而到1934年,这一数字下降为7 200吨。② 此后,鉴于犯罪集团以土耳其中心,继续向美国等西方国家贩运毒品,国联又于1936年召开会议,讨论了侦查方法和对麻醉品犯罪的惩罚措施,最后签署了《取缔非法贩卖危险约品公约》。该公约第一次把非法制造、变造、提制、调制、持有、供给、兜售、分配、购买麻醉品等行为规定为国际犯罪,还首次明确了在境外实施涉毒犯罪的引渡问题,这是国际禁毒立法上的一项重大突破。

30年代末期,国联还在调查和讨论对毒品生产的限制问题。但随着二战阴云的临近,国际禁毒合作开始举步维艰。德国在纳粹掌权后退出国联;日本因入侵中国满洲遭到国联反对,于1933年退出国联;意大利在1937年因入侵埃塞俄

---

① 《一个世纪的国际药物管制》,第72页。
② 《一个世纪的国际药物管制》,第141页。

比亚遭到国联谴责而退出国联；1934年刚刚加入国联的苏联又在1939年因入侵芬兰脱离国联。在国际风云变幻的时间里，国联的禁毒工作一直坚持到1939年。

1939年9月，希特勒领导的纳粹德国进攻波兰，英、法对德宣战，第二次世界大战爆发。1940年9月，《德意日三国同盟条约》在柏林签署，法西斯轴心国正式形成。1941年6月，德国集中大批坦克、飞机猛攻苏联，苏联被迫反击。同年12月，日本奇袭美国在太平洋的军事基地珍珠港，太平洋战争爆发，中国追随美国对德意日宣战。1942年1月，中、美、英、苏等26国在华盛顿发表《联合国家共同宣言》，反法西斯阵营形成。战争爆发以后，"鸦片问题咨询委员会"迁至美国的普林斯顿；"中心署"迁至美国华盛顿哥伦比亚特区。虽然国联主要机构还留在日内瓦，但国际禁毒合作处于事实上的瘫痪状态。

无论如何，从上海禁烟会议到海牙禁烟会议，再到国联主持的日内瓦会议，人类历史上第一次携起手来共同面对毒品问题。在鸦片成为毒品近300年后，世界终于觉醒了。伴随着这一觉醒过程的是各处真真假假、形形色色之鸦片国家垄断制度与专卖制度的风行。

截至1945年，意、德、日等法西斯国家相继战败，第二次世界大战结束。反法西斯国家在反对国际法西斯侵略的基础上成立了联合国，中、美、苏、英、法五国成为常任理事国。1946年，国联宣布解散，其档案和财产全部移交给后来的联合国。与此同时，世界范围内形成了以苏联为首的社会主义阵营同以美国为首的资本主义阵营相互对峙的"冷战"。好在这种政治上的对峙并没有成为战后国际禁毒合作中不可逾越的鸿沟。

联合国继承了国联的禁毒政策，组织机构得到延续。国联的"鸦片问题咨询委员会"被联合国的"麻醉药品委员会"（the Commission on Narcotic Drugs）代替，该机构负责协调各国反对麻醉品滥用的行动。战争期间，德国公司曾开发出美沙酮、哌替啶（杜冷丁）等新的合成麻醉品。战后初期，许多国家的公司申请制造这些新药的许可证。"麻醉药品委员会"很快就意识到这可能会形成"新药物大量交易的真正危险"[①]。于是在1948年，各国在巴黎签署的《合成麻醉品议定书》将一些新的药品也置于国际管控之下，这是战后最早的反毒行动。这些新的管制药品到1951年有14种，到1954年增加到20种。在全世界人民的共同努力下，各国鸦片垄断与专卖政策逐渐走向"断禁"，世界毒品问题到20世纪50年代中期得到有效控制。历时300年的毒品风潮渐渐平息。

---

① 《一个世纪的国际药物管制》，第81页。

以下将这一时期内各国的鸦片生产和消费情况,及所实行的形形色色的专卖制度予以分述。

三、日本政府与中国军阀

(一) 北洋军阀的"寓禁于征"

20世纪初的世界觉醒并没有能够使中国人民脱离苦难,中国还在军阀混战和日本入侵的梦魇中继续着鸦片的生产和消费。袁世凯死后,北洋政府的统治徒有虚名,中国出现了军阀割据的局面。因为清末民初的禁烟运动沉重打击了鸦片贸易,凋敝的鸦片生产和几乎断绝的鸦片进口使得鸦片价格直线上涨,从每两鸦片七八十文钱涨到1917年的每两鸦片7两白银,[①]是清末时鸦片价格的100多倍。唯利是图的大小军阀为筹集军费,视鸦片为利薮,竞相开放烟禁,或明或暗地支持鸦片生产和贸易。

北洋系的陕西军阀陈树藩垂涎暴利,明禁暗纵,率先鼓励罂粟种植,开创了恶劣先例。陈氏于1918年春张贴布告,称陕西"愚民乘间私种,春苗闻已发生","每亩罚银六两,经费加征一成",擅自将"拔除"改为"罚银",致使陕西罂粟复起。至当年6月,陕北葭县各处"无不满种鸦片,或则含苞,或则着花,俯拾即是","榆林所属各县尤为繁多","而种烟之民,倡言不讳,若有所恃"[②]。这一违禁事件见诸报端后,一时舆论哗然。有识之士指出,如不加以禁止,将造成"一隅破禁必致全局动摇"的局面。

岂知这一担忧终成现实。自陕西陈树藩始,湖南鲁涤平、张敬尧,云南唐继尧,四川刘湘,贵州袁祖铭,广西黄绍竑,宁夏马鸿逵,青海马麟,新疆盛世才,湖北肖耀南等各地军阀纷纷效仿。贵州袁祖铭把财政厅下辖的筹饷局划归省政府直辖,负责征收烟税,还将鸦片外销的关税从每担80元提高到120元,每年获利300万—400万元。[③] 在云南,农民停止种烟后,因粮价低落,许多农民生活困难而"激为盗匪",许多人曾向省长唐继尧建议"缓禁"。此后边地各县"多有种烟",而"官吏佯为不知"。1920年驻川滇军顾品珍率部回滇,要求政府每年提供70万军饷。唐继尧聚众商议,开征"烟亩罚金",事实上解除了烟禁。嗣后,唐继尧甚至鼓励商人多运鸦片,还强迫农民多种鸦片,致使云南再次成为产烟大省。[④] 在湖

---

① 《禁毒史鉴》,第370页。
② 《大公报》1918年6月22日,载《中国禁毒史资料》,第682页。
③ 《民国烟毒密档》,第31页。
④ 《民国烟毒密档》,第47页。

南,张敬尧派遣部下"私贩烟种,强迫运往湖南,散发醴陵等县种植"①。到1922年,除山西、吉林两省外,其他各省都开始种植罂粟。② 当然,即使在这两省也并非完全没有罂粟种植。驻守吉林的奉系军阀将领张宗昌看到俄罗斯滨海省份种植罂粟有利可图,便下令让士兵种植罂粟。张宗昌调离吉林后,中东铁路护路军总司令朱庆澜积极维护国家主权,开始严查罂粟种植,但即使如此,依然有许多与土匪有联系的烟农私自种植,被称为"匪帮鸦片区"(Bandit Opium District)。1927年,奉系军阀首领张作霖为筹措军阀,一度取消了罂粟禁令,后因各方反对才在表面上恢复禁令,但哈尔滨、奉天(沈阳)此后一直是重要的鸦片交易中心,而热河省和吉林的部分地区已经是罂粟的主要栽培地。③ 地方军阀除鼓励民间种烟提取"罚金"外,甚至还有直接派出军舰以"兵轮装运"鸦片的。孙传芳于1925年出任浙、闽、苏、皖、赣五省联军总司令。他到任后,一面催促"农人种烟",一面在上海法租界专门设立鸦片贩运机构,由其亲信宋雪琴主持,并指定杨庆贞任船长的海军楚谦炮舰"专事接运外国烟土入口",一次犒赏2 000元,"全舰分润"。④

对于鸦片死灰复燃的原因,1921年时的甘肃省长陈訚说得再直白不过,"为今之计,欲求金融活动,非仿照新疆、陕西、四川、绥远全省大种烟苗办法不可。如果照此办理,不须半年,即能获千余万两之现银到手"⑤。

鸦片再次泛滥引起了有识之士的不安。1918年,北京成立了拒毒会。此后,各地拒毒组织陆续建立。1924年8月,由中华全国基督教协进会发起,中华教育改进社、中华医学会、青年会全国协会、中国红十字会、中华卫生教育会等30多个团体加入,在上海组建中华国民拒毒会,推举国民党元老、基督徒徐谦为主席。拒毒会随即通电全国,呼吁发起新的禁毒运动。电文首先回顾了清末时鸦片"弥漫全国,为祸之烈"的惨痛历史,肯定了清末民初"官府提倡于上,国民卒后于下"的禁烟运动,又话锋一转,痛斥了"少数武人为饷精而包庇种运;地痞流氓图渔利而乘机兜揽"的现实问题,呼吁"通国父老,投袂而起","作严重之表示,造坚强之舆论",并恳请"各省军民长官""厉行禁烟","幸勿为世界之公敌也可"。⑥ 此后,拒毒会开展了多种形式的拒毒活动。他们监督各地的禁毒进展,

---

① 《晨报》1920年1月31日,载《中国禁毒史资料》,第707页。
② 《禁毒史鉴》,第371页。
③ Edward Fry, *Opium Administration in Manchoukuo*(燕京大学图书馆藏书),p.9;[日]泷口宗之:《伪满时期日本政府对华鸦片政策演变分析》,吉林大学2014年硕士论文,第18页。
④ 《民国烟毒密档》,第124页。
⑤ 《民国日报》1921年4月1日,载《中国禁毒史资料》,第718页。
⑥ 《大公报》1924年8月31日,载《中国禁毒史资料》,第786页。

揭露事实,对政府施加压力。他们还多次召开禁毒大会,组织演讲,出版刊物和书籍,甚至还拍摄了一些以禁毒为题材的电影。然而,正义未能压倒利益,舆论也不能胜过枪炮,各地军阀对此置若罔闻。

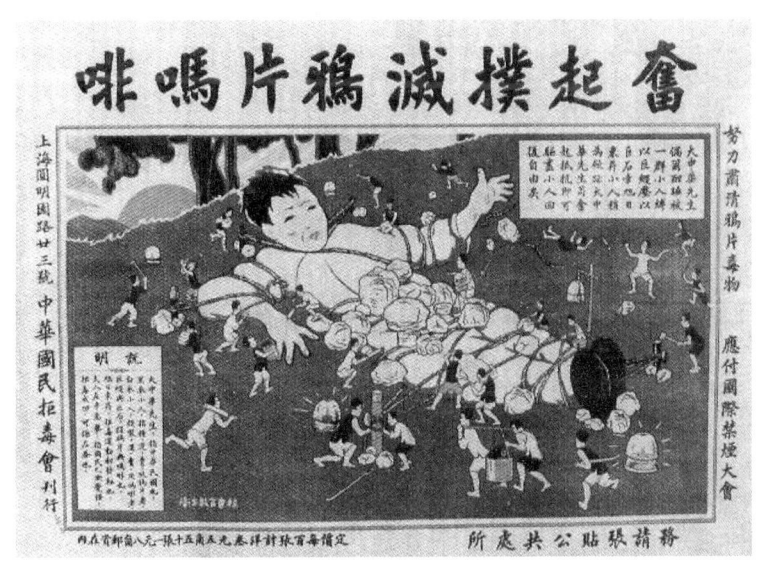

图 5-2 中华国民拒毒会制作的宣传画

(二) 国民政府的"禁而不止"

1921 年,中国共产党成立,随后与孙中山领导的中国国民党形成国共合作。孙中山领导的广州国民政府是当时唯一还在坚持禁烟政策的政治力量。1924 年 1 月,孙中山以中华民国陆海军大元帅的名义颁发禁烟条例,要求将栽种罂粟"铲除净尽,如有聚众抵抗者即行剿办",对于"有鸦片烟瘾人民,应由各地方官切实限期查明","列表呈报,统由禁烟督办汇案核定减瘾办法,勒限戒断"。① 1924 年底,病中的孙中山在天津与拒毒会传教士会谈时说明了自己的立场和对当时烟毒问题的看法。他义正词严地指出,"苟负责之政府机关,为自身之私便,及眼前之利益,倘对鸦片下旗息战,不问久暂,均属卖国之行为"。但他也谈到了广东禁毒工作的难度,虽然已"厘定完密计划,以图毒害之根本廓清,但以水陆私运之繁多,无从收相当实效"。据此,孙中山认为"局部之举动殊难收效",必须"采定全国一致遵守之计划",才能成功。② 说完这番话后不久,孙中山就于 1925 年 3 月在北京病逝。

---

① 《孙中山全集》(第 9 卷),中华书局 1986 年版,第 77 页。
② 《孙中山全集》(第 11 卷),中华书局 1986 年版,第 491 页。

孙中山逝世后,汪精卫任国民政府主席,广州政府的禁烟法令逐渐废弛。1925年10月,财政部长宋子文以"绅商及妇女有因疾病、年老或在外国上瘾未及戒绝"而"自愿呈请戒烟者","殊难施以同样禁令"为由,拟定《戒烟保证规则》。该《规则》允许所谓"自愿戒烟者"每年缴纳120—1 000元不等的"保证金"后,以四年为期,"自行减量逐渐戒除",到期不能戒除烟瘾的,"仍得呈请再定期限续发保证书"。这实际上等同于收取鸦片税后放任吸食。就是这样一份规则,被国民政府批复为"尚属可行,应准照办"。① 烟禁既开,1926年9月29日国民政府在财政部禁烟总处下设立"戒烟药膏专卖总局"来"管理全国戒烟药膏之专卖"就成了很自然的事情。②

1926年7月9日,中国国民党领导的广东国民政府以蒋介石为总司令誓师北伐,矛头直指北洋军阀。10月10日,北伐军攻取武汉,1927年3月23日攻占南京。但蒋介石很快又发动"四一二政变"开始屠杀共产党人,"七一五分共"后,汪精卫也背叛了共产党人。国共两党分道扬镳,共产党从此走上工农武装割据的道路。当年底,蒋介石与汪精卫合流,发动二次北伐。至1928年底,北洋系奉系军阀首领张作霖死后,其子张学良实现"东北易帜",投入蒋介石麾下。这标志着北洋军阀的统治彻底终结,国民党建立起对全国的统治。

当国民政府定都南京后,中华国民拒毒会派出代表向国民政府递交了禁烟请愿书,呼吁在全国禁烟。国民政府开会议定,在各地方设立禁烟局,归财政部禁烟处统一管辖,并从1928年起限期三年禁绝鸦片,在三年之内实行专卖制度。会后于1927年9月公布了《禁烟暂行章程》。社会各界对此十分不满,国民政府迫于压力又于当年11月再次制定《国民政府修正禁烟条例》。然而,对于这个章程,甚至连财政部次长郑洪年也表示,"目下禁烟方案,仅为筹款之计","不但不能禁烟,实足纵毒"。③ 究其缘由,是当时的人并不知道作为最高领导人的蒋介石同贩毒集团有着千丝万缕的联系。

原来在辛亥革命后,蒋介石曾追随他的结拜兄弟、同盟会元老兼青帮头目陈其美,任沪军都督府中校团长。他在奉陈之命唆使杀手暗杀光复会首领陶成章后流亡日本。1919年,蒋介石回到上海,在张静江开办的上海证券物品交易所充当经纪人。1921年蒋负债数万元,遭债主逼讨,靠拜青帮头目黄金荣为师才

---

① 《财政部关于拟定戒烟保证规则呈批》,《中华民国国民政府批第212号》,载《中国禁毒史资料》,第815页。
② 《财政部请准制定戒烟药膏专卖总局组织章程及备买药料暂行规则呈批》,《中华民国国民政府批第725号》,载《中国禁毒史资料》,第822页。
③ 中华国民拒毒会编:《拒毒月刊》第16期,第32页。转引自《禁毒史鉴》,第391页。

躲过此劫。此后,他又在黄金荣的资助下才去广州投奔孙中山。① 黄金荣与杜月笙等人合伙开办三鑫公司,几乎控制着长江沿线和上海所有的鸦片贸易,甚至还遥控着上海—西贡—马赛—巴黎的海洛因贩运线路。② 在"四一二政变"时,杜月笙还曾帮助蒋介石残忍地活埋了上海工人运动领袖、共产党员汪寿华,并指使流氓袭击工人纠察队,成为蒋介石的政变工具。由于这些特殊关系,蒋介石对禁毒工作反复无常,一度取消了禁烟局。即使禁毒,蒋也经常委派贩毒集团的成员参与工作。江苏省禁烟局局长曾镛是杜月笙的亲家、上海县禁烟局负责人谢葆生是贩毒集团"大八股党"的头目、金山县禁烟局负责人高鑫宝是杜月笙麾下"小八股党"的骨干,后来上海市成立的禁烟委员会甚至由杜月笙充任委员。③ 蒋介石政府的禁烟成效如何就可想而知了。

当《国民政府修正禁烟条例》颁布以后,中华国民拒毒会深为不满,向政府提出立即停止鸦片种贩吸食、取消鸦片税、严禁毒品进口、在中小学教科书中加入拒毒教材等若干建议。身为省政府委员的马寅初也多次在群众集会上发表演讲,反对这一方案。甚至连浙江省政府也公开发表通电,要求中央政府收回成命。1928年1月,中华国民拒毒会又一次向国民政府呈递请愿书,要求组织中央禁烟委员会并召开全国禁烟会议。1928年3月,上海各社会团体举行禁烟促成大会,发表禁烟宣言。国民政府随后派员调查,调查组成员在调查后也提议改组禁烟机构。在社会各界的强大舆论压力下,国民政府于1928年8月正式设立禁烟委员会,以张之江为主席,黄乃祯为秘书长。禁烟委员会于1928年9月宣布废止《国民政府修正禁烟条例》,颁布《禁烟法》及《禁烟法施行条例》,规定种、制、贩、运各类麻醉品者各以刑法治罪,自1929年3月1日起禁止吸食,违者亦以刑法治罪。④ 随后,国民政府又于1928年11月在南京召开全国禁烟大会,根据会议精神,对《禁烟法》及《禁烟法施行条例》作了多次补充和修正。修正后的法律规定,栽种罂粟者处5年以下有期徒刑,科3000元以下罚金;制造、贩卖鸦片者处1年以上5年以下有期徒刑,科5000元以下罚金;吸食鸦片施打吗啡者,处1年以上有期徒刑,科1000元以下罚金;公务员犯本法加倍处刑。至此,国民政府终于恢复了孙中山领导时期"严行禁止"的毒品政策。不过,《禁烟法》第19条规定,"关于医药用、科学用之鸦片及其代用品,由国民政府指定机关办理之"。这为蒋介石自己留下了回旋余地。

---

① 苏智良、陈丽菲:《近代上海黑社会》,商务印书馆2004年版,第90页。
② 《鸦片史》,第188、190页。
③ 《近代上海黑社会》,第108页。
④ 《禁烟法施行条例》、《禁烟法》,载《中国禁毒史资料》,第867、920页。

国民政府的禁烟举措确实取得了不小的成效。1929年,全国受理鸦片烟案16 772起,处理毒犯23 552人,查获鸦片15.5万两,三倍于1928年的5 242起鸦片烟案之数。① 1931年,全国查处毒犯29 877人,各海关查获鸦片47万两、吗啡1 900两、海洛因11 600两;1932年,全国查处毒犯25 471人,各海关查获鸦片25万两、吗啡12 580两、海洛因590两。② 一时间成绩斐然。但在这些成绩的背后,蒋介石及其他政府要员在私下里却仍然与贩毒集团勾连不清,缺乏彻底禁绝鸦片的诚意。如蒋介石曾设立"两湖特税处"负责征收湖南湖北的鸦片过境税,还曾试图设立"六省禁烟稽查处"来实行鸦片专卖。同时,由财政部长宋子文出面,通过杜月笙进口了700箱鸦片波斯鸦片,以补充国内产品的暂时不足,连杜月笙在上海的码头都有国民党军队卸货和把守。③ 除中央层面外,地方新军阀割据一方,阳奉阴违,也在大发鸦片横财,使政府禁令无法真正落实。在宁夏,马鸿逵鼓励财政机关增加鸦片税收。在广西,白崇禧甚至化兵为匪偷袭从湖南过境的贵州烟帮,逼迫他们绕道广西以征收鸦片税。因此,就全国来讲,鸦片流毒依然非常严重。据估计,中国在1930年的鸦片产量为1.2万吨,是其他所有国家总产量(1 710吨)的7倍。④

1933年,面对国内外舆论的巨大压力,国民政府加入了日内瓦禁烟公约。次年春,蒋介石提出了"两年禁毒、六年禁烟"的口号,开始对禁毒工作表现出较为积极的态度。他所支持的青帮贩毒势力也有所收敛,逐渐将发展重心向金融等其他经济领域转移。为落实"两年禁毒、六年禁烟"的计划,蒋介石政府对原有的禁毒体系进行了较为彻底的改造。首先,他取消了特税处,在中央军事委员会下设立禁烟督察处,驻地汉口,任命亲信李基鸿为禁烟督察处处长,负责鄂、湘、豫、皖、赣、闽、苏、浙、陕、甘十省的禁烟行政。禁烟督察处的设立将权归于军,既有查禁鸦片的真实意图,又有收敛军费的私下盘算。其次,撤销禁烟委员会,另设禁烟总监,由军事委员会委员长亲自兼任,负责办理全国禁烟事宜;在总监之下再设禁烟总会,"承兼总监之命"。再次,国民政府废止《禁烟法》,以《禁烟实施办法》、《严禁烈性毒品暂行条例》等新的法律体系取而代之。《禁烟实施办法》规定,除陕、甘外上述八省为绝对禁种省份,一经查实,从种户到县长概从军法,从严惩治;如县长对境内烟苗不报不铲,私收捐费,一经查实,立即枪决;烟民登记,按年龄分为五期,每年递减五分之一,到期戒除;陕甘二省及上述各省外之川、

---

① 《拒毒会烟案统计资料》,载《中国禁毒史资料》,第934、972页。
② 《禁烟纪念特刊》,载《中国禁毒史资料》,第993页。
③ 《鸦片史》,第189页。
④ 《禁毒史鉴》,第402页。

滇、黔、察、绥、宁、青等省分期禁种,届时解决;冀、鲁、晋三省参照腹地八省办法执行;期间所需鸦片由禁烟督察处统制管理。①《严禁烈性毒品暂行条例》将吗啡、海洛因等新型毒品与鸦片作了区分。该《条例》规定之严苛,实属罕见,应当是世界历史上最严厉的禁毒法令之一,对当今毒品问题亦有启示,特全文收录。

《严禁烈性毒品暂行条例》②

第一条　吗啡、高根、海洛英(因)及其化合物或配合而成之红白等着色毒丸,均为烈性毒品。

第二条　制造或运输烈性毒品者,死刑。

第三条　贩卖或意图贩卖而持有烈性毒品者,死刑或无期徒刑。

第四条　**意图营利为人施打吗啡或设所供人吸用烈性毒品者,死刑。**

第五条　**吸食或使用**烈性毒品有瘾者,**概行拘押**,交医定期勒令戒绝,不遵限戒绝或戒绝后**复吸食或使用者,死刑**。

第六条　吸食或使用烈性毒品限期内验明已经戒绝者,得给以证明书,但一年内得随时调验之。

第七条　公务员包庇或要求期约收受贿赂而纵容他人违犯本条例各条之罪者,死刑;盗换查获之烈性毒品者,亦同。

第八条　以烈性毒品栽赃诬陷他人者,死刑。

第九条　第二条至第四条及第七条、第八条之未遂罪,罪之。

第十条　死刑之执行得用枪毙。

第十一条　违犯本条例各罪者,由兼行营军法官之该管县长或兼区保安司令之行政督察专员审判之。其在未设行政督察专员之省市或该管县长不兼行营军法官者,应由该管市长或县长呈请指令有军法职权之机关审判之。

第十二条　有军法职权之部队,查获违犯本条例各罪者,亦得审判之。

第十三条　违犯本条例判处各罪,应将全卷连同判词逐呈本行营核准后执行,但情节重大认为与地方治安有关,应紧急处分者,先摘叙罪状电请核示。

第十四条　本条例所未规定者,依其他法令之规定。

民国二十三年四月军事委员会委员长
南昌行营公布

---

① 《禁毒史鉴》,第421页。
② 《严禁烈性毒品暂行条例》,载《中国禁毒史资料》,第1051页。

这些法令出台后，全国肃然。自1934春至1935年春，上海因涉毒处死8人，其中复吸女犯1人；南京处死男女毒犯23人，其中复吸犯3人。安徽屯溪是红丸泛滥的重灾区，便在当地车站竖起一面高大木牌，上书"吸食红丸者枪毙"，使"吸红丸者销声匿迹"。在北平，所有进入戒毒所者，均在手臂上刺一个"十"字，"待戒除出院，倘若再犯，即处以极刑"。[①] 这些措施极大地震慑了毒品犯罪，尤其是对毒品消费环节予以沉重打击，使毒品泛滥情势得以改观。但国际形势的发展，干扰了禁毒工作的继续开展。

1936年张学良与杨虎城发动"西安事变"逼蒋抗日，促成国民党与共产党二次合作。1937年，日本政府看到用和平方式肢解中国的图谋已无希望，便凭借武力发动全面侵华战争。日本侵华战争极大地影响了中国的禁毒工作，国共两党不得不把工作重心转向抗战。但在1938年初，行政院长孔祥熙依然发表通电，声明六年禁烟计划不变。1938年2月，国民政府对禁烟机关进行改组，撤销禁烟总监，将禁烟总会改属内政部，将禁烟督查处改属财政部。1940年是六年禁烟计划的最后一年，蒋介石发表书面讲话，要求"凡我全国同胞，无论男女老幼，对于残余烟毒之铲除，必须更加努力"，"日日皆为厉禁之时，处处皆为禁绝之地"。[②] 此后，各地根据蒋介石的讲话精神，纷纷制定《禁烟善后实施计划》，但烟毒泛滥之势依然严重。

1945年抗战胜利后，国民政府要求各级政府将禁烟列为"重要中心工作"，并颁行《肃清烟毒善后办法》和《收复地区肃清烟毒办法》。《肃清烟毒善后办法》特别指出，"凡种、运、售、吸、制、藏烟毒，均同时断禁"，但应"特重禁吸"。[③] 1946年8月，国民党颁行修正后的《禁烟禁毒治罪条例》，延续了过去严苛的治罪规定。但是，蒋介石妄图建立一党专政的体制，一心剿共，致使解放战争销烟再起，毒品问题在炮火中被再度搁置。1949年，国民党大势已去，许多地方官无所顾忌，明令种植罂粟，实行"种烟抽税，不种者罚"的政策，致使鸦片更加泛滥。[④] 禁除烟毒的责任最终留给了中国共产党人。

总体而言，国民政府在1934年后的禁烟禁毒工作是颇有成效的，得到了一致的肯定和称赞，"国际观感遂为大变"[⑤]。但由于国民政府的腐败和日本侵华战争发动后工作重心的转移，使烟毒泛滥情势依然严峻。到共和国成立初年，仅

---

① 《各省市禁烟概况》，载《中国禁毒史资料》，第1067页。
② 《蒋介石于六年禁烟期满勖勉全国同胞通电》，载《中国禁毒史资料》，第1246页。
③ 《行政院修正公布肃清烟毒善后办法》，载《中国禁毒史资料》，第1283页。
④ 齐霁：《中国共产党禁毒史》，中共党史出版社2013年版，第87页。
⑤ 《禁毒史鉴》，第437页。

全国抓捕毒贩就多达37万人,而吸食之众,自不必言。

(三)日本政府的"以毒养战"

1. 日本早期的纵毒活动

早在1867年,日本明治维新政府就在日本本土严禁鸦片,但它却长期奉行"毒化中国"的罪恶计划。可以说,在20世纪上半叶,它取代英国而成为中国鸦片问题屡禁不止的罪魁祸首。

1895年,日本通过《马关条约》夺取中国台湾。这时,台湾的鸦片流毒已经非常严重。曾有官员提出"断禁"方案,而石黑忠悳等人认为"断禁"方案可能会引起激烈反抗,不利于日本的殖民统治。[1] 次年3月,后藤新平向总督府提出《关于台湾岛实施鸦片政策的意见书》,主张"渐禁论"方案。经过一番讨论,日本殖民当局采纳了后藤的意见,遂于1897年4月颁布《鸦片令》,鸦片统由总督府实行专卖,将鸦片"以禁烟税名义抬高3倍的价格"销售,且吸食者只有向总督府申请"吸烟鉴札"(许可证)后方可获准购买。客观地讲,当时的日本政府已将台湾视为自己领土的一部分,"对于台湾而言,其鸦片政策的出发点并不是以侵略为主要目的的",主要还是"为了回避财政上的拮据"。[2] 方案既定,日本政府先从印度等地购进鸦片,后于1899年派代表弥永与波斯政府签署了关于鸦片供应的商业合同,波斯鸦片遂成为在台湾最畅销的鸦片品种。[3] 此后,运往东亚的波斯鸦片甚至不在香港停泊,而是直接运往台湾。[4] 专卖制度为日本带来了丰厚的利润,每年仅鸦片贸易一项就可向日本中央上缴数百万日元的税收。从1897年到1941年,日本从台湾获取的鸦片税收高达1.95亿日元。[5] 不过,专卖制度实行初期完全没有起到遏制烟毒泛滥的作用,吸食鸦片的人数反而从1897年的5万人增加到1900年的近16万人,[6]到1906年,仍有13.5%的台湾成年男性吸食鸦片。[7] 此后,专卖制度的作用逐渐显现,吸食人数开始缓慢下降,1917年时减少到62 000人;1928年时进而减少到26 000人;到1941年太平洋战争爆发时全台只有7 700人还在吸食鸦片。[8] 日本政府在逐步控制台湾烟毒的同时,却千方百计破坏中国大陆的禁毒政策。当吗啡等新型毒品开始传播

---

[1] 《日本侵华毒品政策五十年》,第17页。
[2] 《伪满时期日本政府对华鸦片政策演变分析》,第5、35、36页。
[3] *The History of Opium in Modern Iran 1850-1955*, p.117.
[4] *The History of Opium in Modern Iran 1850-1955*, p.117.
[5] 《日本侵华毒品政策五十年》,第20页。
[6] 《日本侵华毒品政策五十年》,第23页。
[7] 《一个世纪的国际药物管制》,第27页。
[8] 《日本侵华毒品政策五十年》,第23页;《伪满时期日本政府对华鸦片政策演变分析》,第6页。

时,日本人便积极从英国等西方国家购买吗啡向中国大陆输入。从 1898 年至 1907 年,平均每年向中国大陆输入 1.98 万两的吗啡。①

1905 年日俄战争后,日本胁迫清政府订立《中日会议东三省事宜》,攫取了沙皇俄国在长春以南的全部权利。借此,日本政府以大连为运销基地,加大对中国的毒化力度。最初,日本自欧洲购买吗啡销往中国。后因欧洲各国加强了对吗啡的监管,自 1915 年起,日本开始从波斯大量购买鸦片,②除供应台湾地区外,另由"星制药"等日本公司加工成吗啡到中国销售。为获取充足原料,日本政府还在中国东北的部分地区、朝鲜、中国台湾、日本本土等地种植罂粟。在日本本土,从 1905 年起在大阪府的丰能郡、三岛郡、河内郡试种罂粟,且面积逐年扩大。20 年代初,日本栽种的罂粟面积达到 800—1 000 公顷,鸦片年产量 10 吨。③ 在朝鲜,"日官"向农民发放种子,大肆鼓励种植。在土耳其的伊斯坦布尔,还有日本的兄弟两人开设了吗啡加工厂,直接利用吗啡含量最高的土耳其鸦片进行吗啡生产。④ 1913 年,大连吗啡贸易量已达 6 吨之巨。⑤ 除大批贩卖外,日本人并不放过毒品贸易的每一笔利润,甚至直接参与控制区域的零售业务。他们往往将房屋租给中国不法之徒,开设烟馆、吗啡馆,不仅提供货源还负责保护。当中国警方查缉时,日方往往反诬中方抢劫以致丢失钱财,无理取闹,使对日"交涉多半失败"⑥。俄国发生十月革命后,日本势力开始在东三省全境扩展,烟毒也开始充斥整个东北地区。

第一次世界大战后,日本窃据青岛,又把青岛作为对华毒品倾销的第二个大本营,鸦片和吗啡开始从这里流入山东、安徽等省。日本宪兵甚至公开干涉中方的缉毒工作,为毒品流通保驾护航。从 1916 年到 1920 年间,日本仅在胶州湾地区就销售鸦片 43 301 贯。⑦ 在中国南方,一些华人小贩兜售吗啡,但大多持有台湾护照,"应受日本保护",使地方军警莫敢奈何。在福建、广东的沿海地区,"用马达行使的渔舟"也堂而皇之地往来贩毒。在日本的势力范围之外,日本则通过开设的药房、妓馆的方式销售毒品,"日娼之足迹所在地,如中国极边之地云南以至蒙古之库伦,无不有之"。这些场所的货源由日本"邮便局"负责提供。"日本

---

① 《日本侵华毒品政策五十年》,第 27 页。
② 波斯鸦片的吗啡含量要高于印度鸦片。
③ 《日本侵华毒品政策五十年》,第 26 页。
④ Col. A. Ahmed El Hadka, Forty Years of the Campaign Against Narcotic Drugs in the United Arab Republic, UNODC *Bulletin on Nacotics* 1965 Issue 4.
⑤ 《东方杂志》1919 年 1 月 15 日,载《中国禁毒史资料》,第 688 页。
⑥ 《吉林省长公署关于调查日人庇纵烟馆训令》,载《中国禁毒史资料》,第 685 页。
⑦ 《伪满时期日本政府对华鸦片政策演变分析》,第 15 页。

在中国所设邮局,向不准中国海关检查包裹邮件,海关仅得一通告,谓日本输入何物而已,物名尽属伪造"。到20年代初,日本每年输入中国的吗啡至少有18吨之巨。①

2. 日本在伪"满洲国"的纵毒活动

1931年9月18日,日本关东军炸毁沈阳柳条湖附近铁路,反诬中国军队,随即发动军事进攻。至次年2月,东北全境沦陷。日本为使其在中国东北的殖民统治合法化,便扶植清朝末代皇帝溥仪作为傀儡。在溥仪承诺将国防及铁路、航空、水路管理权交由日本后,日本为他举行了"满洲国"执政的就职仪式,以长春为所谓"新京"②。

当时的日本已加入国联日内瓦"限制制造及调节分配麻醉药品"公约,但日本为了筹措军费,以毒养战,置公约原则和国际道义于不顾,继续其毒品政策。日本政府对于满洲鸦片贸易的筹划甚至比伪"满洲国"的成立更早。溥仪于1932年3月9日就任伪"满洲国"执政,而日本关东军则是在2月初就召开了秘密的鸦片会议。2月下旬,神户税务署署长难波经一调至沈阳,主管鸦片专卖事务。9月,伪满颁布《暂行鸦片收买法》,并设立鸦片专卖委员会,另设奉天鸦片烟膏制造厂和"大满号"、"大东号"两个公司,开始经营鸦片业务。当年,日本从天津收购鸦片50万两,从日本收购20万两,又经由三井物产株式会社,花费800万元从波斯购买了200万两鸦片,共计270万两鸦片投放满洲。③ 此后数年间(1933—1936年),日本又大量从朝鲜向中国输入鸦片,共有23 697公斤。④ 1932年11月30日,伪"满洲国"以"国务总理"郑孝胥的名义颁布《鸦片法》共22条。⑤ 该法表面上高举禁烟旗帜,实则鼓励吸食,手法之拙劣,骗不过三岁小儿。实际上,这22条规定只有两个部分:一个部分就是说所有毒品贸易各环节必须由"政府"控制,他人不得涉足;另一个部分就是关于吸毒人群的限定。该法虽然规定"鸦片不得吸食之",但是又讲"已达满25岁之鸦片瘾者,由政府认为治疗上有必要而许可者吸食政府所出售之鸦片烟膏时不在此限"。

1933年,因为国联拒绝承认伪"满洲国",日本宣布退出国际联盟,随后发动热河战役。在攻占中国的热河省后,将其并入伪"满洲国"。鉴于热河地区得天独厚的地理环境,伪满决定禁止热河以外其他地区的罂粟种植,以便于集中管

---

① 《东方杂志》1919年1月15日,载《中国禁毒史资料》,第688页。
② [日]江口圭一:《日本十五年侵略战争史》,杨栋梁译,天津人民出版社1995年版,第43页。
③ 《古海忠之笔供》,载《中国禁毒史资料》,第1516页。
④ 《日本在中国占领区毒化罪行备忘录》,载《中国禁毒史资料》,第1575页。
⑤ *Opium Administration in Manchoukuo*, p.21;《伪满鸦片法》,载《中国禁毒史资料》,第1523页。

理。1933年4月,设立专卖特别会计一职,负责编制预算;同时设立鸦片专卖总署,由中国人姜恩之担任署长,实权则操纵于副署长难波经一手中。在热河,"对于种植面积根本没有什么限制,而是多多益善。专卖署的收买量也逐年增加,由开始时的250万两增加到600万两。鸦片专卖利润急速增长,从300万元猛增到4 000万元"。鸦片收购方式类似于英国东印度公司在孟加拉早期实行的"包收制"垄断体制:"首先把鸦片收买分成几个地区,然后在每个地区指定若干总收买人,在他指挥之下使用许多收买人,直接收买农民的鸦片。总收买人是由专卖署指定的。……买进来的鸦片主要是缴纳给承德专卖支所。鸦片的收买价格,预算初期规定为每两1.5元,中期每两8元;鸦片的贩卖价格初期每两3元,中期每两是15元"。这些鸦片中的一部分被送至设在沈阳、承德的两个制毒厂加工成吗啡或海洛因。沈阳制毒厂每日可以制造吗啡及海洛因75—100公斤;承德制毒厂专制粗吗啡。这些毒品的销售方式类似于英国东印度公司在孟加拉实行的内销体制:总销售人也是由专卖署指定的,"提交一定金额的保证金之后方许可营业。零卖所的开设,由专卖支所根据申请加以批准"①。各省第一批指定的鸦片零售商有1 400多人。② 简言之,日本在伪满建立的鸦片垄断就是将英国早期在孟加拉的包收垄断与内销垄断合二为一的鸦片贸易全程垄断。但与英国政策的不同之处在于:英国东印度公司在内销时不仅大力提高了鸦片经销者的

图5-3 伪满安东区鸦片专卖公署

① 《古海忠之笔供》;《日本在中国占领区毒化罪行备忘录》。
② 《金名世证词》,载《中国禁毒史资料》,第1518页。

专卖成本，同时还规定了鸦片经销商的最大销售数量和消费者的最大购买及持有量，而日本的政策则仅仅是提高了鸦片经销者的成本从而榨取更多税收，对鸦片贸易的数量则追求多多益善，毫无限制。从这层意义上讲，日本的鸦片销售政策在形式上与英国在孟加拉的内销政策接近，在本质上却更接近荷兰人在东南亚实行的"竞价拍卖包税权后自由销售"的包税制度，所以是纵毒而不是禁毒。

1937年中期，"全'国'掀起了禁绝鸦片的呼声……关东军和'满洲国'政府不得不倾听"①。"总务厅长"星野直树主持召开了十几次由日满要员参加的会议。7月22日，伪满《麻醉品法》出台，要求"除用于对成瘾者进行治疗的目的外，鸦片和其他麻醉品的使用将在1938年后完全禁止"，并再次重申"所有麻醉品的生产、销售和进出口由政府控制"②。当年10月，继而颁布《断禁鸦片方策要纲》，假意承诺要在未来的十年当中逐渐消除毒品。虽然《要纲》提出将"瘾者登记制度逐次普及"，规定"瘾者不登记就不卖给鸦片"，但是"申请者不需要诊断就可以登记"，而且也"没有明确指出鸦片瘾者的治愈计划"，因此，正如日本战犯古海忠之所招认的那样，"禁烟总局是改换了招牌的专卖署，其本质没有任何变化"③。

太平洋战争爆发后，伪满实行了紧急增产战时物资和加强对日援助的政策，因而在战时经济的名义下，毫无顾忌地增加鸦片产量，"吸食鸦片的人越来越多"④，加速了中国的烟毒泛滥。1933年，伪"满洲国"的鸦片吸食者还只有55 804人，而按照1938年7月31日公布的数据，全"国"的鸦片吸食者已达592 354人，在颁布"十年计划"时甚至超过90万人。⑤ 另据估算，伪"满洲国"在抗战胜利前夕的烟毒患者约有270万人，是日本占领之前的13.5倍。日本人藉鸦片而取得的收入也从最初的每年37万美元增加到二战结束前夕的每年2亿美元。⑥

表5-2　1938年7月31日伪"满洲国"鸦片吸食及麻醉品使用登记人数⑦

省　份	人　口	鸦片吸食人数	所占比例	麻醉品使用者人数
吉林省	5 020 387	96 166	1.9%	3 657
龙江省	2 288 038	47 009	2.0%	1 144

---

① 《古海忠之笔供》。
② *Opium Administration in Manchoukuo*, p.13.
③ 《伪满国务院断禁鸦片方策要纲》，载《中国禁毒史资料》，第1532页；《古海忠之笔供》。
④ 《古海忠之笔供》。
⑤ 《伪满时期日本政府对华鸦片政策演变分析》，第20页；*Opium Administration in Manchoukuo*, p.17.
⑥ 《日本侵华毒品政策五十年》，第33、56页。
⑦ *Opium Administration in Manchoukuo*, p.15.

续 表

省 份	人 口	鸦片吸食人数	所占比例	麻醉品使用者人数
黑河省	61 295	10 828	17.6%	375
三江省	1 049 995	19 008	1.8%	65
滨江省	4 536 979	157 096	3.4%	2 959
间岛省	636 867	5 289	0.8%	1 466
安东省	2 186 824	10 174	0.5%	612
奉天省	9 291 382	94 776	1.0%	7 004
锦州省	3 845 618	41 380	1.1%	11 157
热河省	3 227 443	35 496	1.0%	1 295
牡丹江省	574 201	34 028	6.0%	244
通化省	806 877	15 872	2.0%	305
新京特别市	334 692	9 674	2.8%	206
兴安东省	77 520	2 511	3.2%	未报告
兴安西省	469 889	5 093	1.0%	103
兴安南省	637 795	3 803	0.7%	32
兴安北省	83 693	4 151	4.9%	未报告
合 计	35 129 495	592 354	1.67%	30 624

表5-3 伪"满洲国"1933—1942年罂粟栽培面积统计表① 单位：顷

时 间	热 河	其他地区	总 计	时 间	热 河	其他地区	总 计
1933年	5 800	3 610	9 410	1938年	6 500	600	7 100
1934年	3 930	11 552	15 482	1939年	6 500	600	7 100
1935年	3 100	3 800	6 900	1940年	5 000	600	5 600
1936年	6 000	2 800	8 800	1941年	4 400	600	5 000
1937年	7 000	3 300	10 300	1942年	3 000	600	3 600

① 《伪满1933—1942年罂粟栽培面积统计表》，载《中国禁毒史资料》，第1526页。

日本的纵毒政策使伪"满洲国"成为罂粟的海洋,鸦片产量居高不下。以1943年伪满的"官方"数据为例,热河省分派罂粟种植面积3 000公顷,①预计产量750万两。实际征收4 713 171两,而全满共收购5 381 227两。② 如以此大体估算,日军统治期间,伪满在1932年至1945年间共收购鸦片约7 500万两,合2 350吨,③如果以10公斤鸦片制作1.1公斤海洛因计算,可加工260吨海洛因。不过,在日本毒化政策的鼓励下,实际产量并不止如此。据伪满禁烟总局估算,热河年产鸦片1 000万两,"政府"收买470万两,当地农民消费约100万两,省内消费若干,至少有200万两走私到省外。另据保安局调查,热河最高产量可以达到1 400万两,"政府"收买500万两,省内消费300万两,大致有600万两被走私到省外。④ 这就是说,伪满收购量可能只占总产量的35%—50%。以此重新估算,伪满在1932年至1945年间共生产鸦片约4 700—6 700吨。伪满所产超过半数的鸦片被一些满人和朝鲜人通过各种方式走私到华北和蒙疆地区。他们或者将鸦片装在避孕套里吞入腹中,或者藏在挂马掌的工具中、毛笔杆中、绳子中等,不一而足。然后或者通过铁路工作的满籍甚至日籍工作人员由火车运送出境;或者以卡车、大车、骡马等交通工具经青龙、兴隆、丰宁等几处至华北,经赤峰、乌丹、大阪上等地到蒙疆;或者从锦州用帆船运至朝鲜、山东;甚至有从承德用空运方式运出的。⑤

3. 日本在其他沦陷区的纵毒活动

在伪"满洲国"进行纵毒活动的同时,日本政府利用其遍布中国各地的在华租界,不断加强制贩毒活动。1935年,据国民政府汉口公安密探报告,"日界内之制毒场所及毒贩机关星罗棋布,不胜枚举"。仅重要的红丸贩卖场所就有6处,"由华人8人主持;制造吗啡厂2处,一由华人设立,一由日人设立;出售吗啡店户有20处,内17处由华人主持,3处由日人主持"。这些鸦片制贩场所"皆由日领署予以保护,用种种秘密方法运出界外,复有大批毒品以卡车装载,在日军监护之下,运往法租界及特三区之两日商药房,专为供给本市及分销外埠之用"。在掌握这一情报后,国民政府曾试图裁撤这些非法机构,但遭到日方阻挠,终至"无从办理"。1936年1月,日租界的吗啡厂进而增加到4处。这些吗啡工厂白天并不生产,只是在半夜一两点钟才开始秘密生产。此外,另设分销厂5处,除

---

① 此处或应为"顷"。
② 伪满保安局:《热河鸦片与走私》,载《中国禁毒史资料》,第1567页。
③ 这一估计可能仍然偏低。仅在1937年,伪满计划种植罂粟177 750英亩,折合10 792顷,计划生产鸦片1 271吨。且尚有私种面积52 560英亩未计入。见《日本在中国占领区毒化罪行备忘录》。
④ 《热河鸦片与走私》。
⑤ 《热河鸦片与走私》。

接受吗啡厂生产的吗啡外,还从日商设在上海的永福洋行进货。从永福洋行运来的吗啡,经由汉口的日商永进洋行之手进入5家分销厂。分销厂的进货价为每两32—34元,每包装19两6钱吗啡,约620元;然后以每两60元的价格销售出去,"其销售方法极为神秘,无论买卖,均不直接授受,由引线将银货用纸包妥,各掷一处,暗中传递"。①

1937年"七七事变"后,日本发动全面侵华战争,在日军进入察哈尔、绥远等地后,先后拼凑了夏恭的"晋北"、于品卿的"察南"和德穆楚克栋鲁普的"蒙古联盟"三个傀儡政府。11月,三个傀儡政权在张家口合并为所谓的"蒙疆联合委员会"。该傀儡政府后于1939年9月1日改称"蒙古联合自治政府",以德穆楚克栋鲁普为主席,悬挂蒙古旗,使用成吉思汗年号。日本人则以所谓"顾问"的身份,成为该傀儡政权的"太上皇"。在此前后,日本人开始向当地农民提供罂粟籽,指导罂粟种植。1939年4月,日本人以伪"蒙疆联合委员会"的名义发布《阿片政策实施纲案》,强调各地应广种罂粟以满足"伪满"和华北的需要,同时要施行鸦片专卖制度。随后,又设立清查总署和张家口、大同、呼和浩特三个分署,负责下达鸦片生产的指令计划。从1938年到1945年,伪"蒙"的罂粟面积每年约在60万亩到165万亩之间,鸦片总产量1 100吨,日本人藉鸦片取得的收入不低于5 870万美元。② 其中,仅在1939—1942年间,蒙疆政权贩卖的鸦片就达714吨,相当于50万—80万吸毒者一年的吸食量。③

1938年12月,随着在华占领区的扩大,为统一在华政策,日本天皇谕令设立兴亚院,专门负责除外交之外的在华相关事务,由首相近卫文麿亲自出任总裁。此后的对华鸦片政策由兴亚院统一制定。

随着日军不断向南烧杀劫掠,一系列汉奸政权纷纷出现。在华北先有殷汝耕为首的"冀东防共自治政府",后有王克敏等人的"中华民国临时政府",在日军占领南京后又出现了梁鸿志的"中华民国维新政府"。时任国民政府行政院院长的汪精卫投降日本之后,日本又在1940年3月将这些汉奸政权整合为伪"国民政府",以汪精卫为主席。日本利用这些汉奸政权,实行毒品政策,筹集战争经费。表面上,这些傀儡政权颁布一道道的禁烟令,实际上都是在实行专卖制度,垄断鸦片利润。在北平,日军于1937年8月4日进城,监中犯人"多遭枪决,惟烟犯皆获释放",并公然从热河、绥远等地贩运大批烟土,成立所谓"禁烟局","原由私人偷摸暗售大烟土,变成了官方专利公开销售,一时间,土药店、土膏店于北

---

① 《禁毒年报》(民国二十六年度),载《中国禁毒史资料》,第1533页。
② 《日本侵华毒品政策五十年》,第108、111页。
③ 《日本十五年侵略战争史》,第192页。

平几乎随处可见。前门一带是繁华区,烟馆林立,生意尤为兴隆"①。在上海,日军于1937年12月组建上海傀儡政府后公开贴出的第一号通告就是征收鸦片烟税。汪伪政府成立后,还特设禁烟总局,由大汉奸陈公博亲任禁烟总监,直接捞取巨额鸦片烟税。

在汪伪政权背后,真正操纵毒品制贩的是日本政府。在河南,日军在彰德(安阳)等地明目张胆地明文布告,鼓励罂粟种植。至1942年,罂粟栽种土地在彰德有30 000亩、汤阴8 000亩、武安6 000亩、临漳2 000亩、浚县3 000亩、清化1 000亩、鹿邑7 000亩、□□3 000亩,8县共合计60 000亩。② 以下为当时一布告全文:

> 查现届秋令,正值烟苗播种时期,为此布告各村民众,及时播种,将来烟苗成熟,照章纳税,准予按时价随便售卖,决无限制,仰即播种,勿失时期为要。切切。此布。
>
> 大日本军水冶镇宣抚班③

在湖北,日伪设立促业学校,传播罂粟种植知识。学生"毕业"后,携带罂粟苗种分赴各县开设农业学校,成为罂粟种植的带头人物。在阳新县,该校"毕业"生蔡瑛开办培训学校,日伪要求每保(十户为一甲,十甲为一保)派送一人受训,并每保分发罂粟苗种200株给农民栽种。④

此外,日本政府继续在中国各沦陷区建立秘密毒品加工厂,以牟取暴利。例如,日军在河南博爱县大辛庄建立生产"红丸"(吗啡和糖精的混合物)的毒品工厂,日产量5 000袋,每袋10 000粒,售价在万元以上,行销豫北及晋南各县。⑤ 另据日伪天津禁毒局委员、伪大城治安军副官参谋、日伪海洛因加工厂股东王龙后来回忆,日军二九零四部队在河北静海县独流镇、森冈部队在河北大城县台头镇两处设立大型加工厂,专一制造海洛因。仅大城台头镇的海洛因加工厂就设有5个分厂,仅第一分厂的月产量就能达到1 000件(约220公斤),月赚

---

① 《日本在中国占领区毒化罪行备忘录》;《民国烟毒密档》,第253页。
② 《国民政府内政部就日伪在河南明文布告栽种罂粟事致外交部电》,载《中国禁毒史资料》,第1553页。
③ 《国民政府河南省政府民政厅报告敌伪毒化情形九则》,载《中国禁毒史资料》,第1542页。
④ 《国民政府内政部关于日本在湖北毒化情形致外交部电》,载《中国禁毒史资料》,第1543页。
⑤ 《国民政府内政部关于敌伪在河南博爱县大辛庄毒化实况致外交部函》,载《中国禁毒史资料》,第1562页。

2 500 万元。①

日本政府不仅竭力扩大鸦片生产,强制规定部分地区种植罂粟的土地比例,②还从蒙疆、满洲、朝鲜、波斯等地采集鸦片向华北、华中、华南等沦陷区倾销。仅从 1938 年 4 月到 1940 年 11 月由日本三井株式会社从波斯进口销往华中地区的鸦片就有 4 400 箱。③ 为有效组织华中沦陷区的毒品贸易,在兴亚院及日本大使馆的支持下还于 1939 年 4 月在上海成立了所谓"宏济善堂",专司推销毒品。该堂以日本特务里天夫为理事长,却由前清洋务派代表人物盛宣怀的侄子盛文颐(时人称为盛老三)包办一切事务。他们在南京、苏州、松江、嘉兴、芜湖、镇江设有分堂,委托日人板本所开设的洋行从华北采购鸦片,在华中地区销售。④ 日本侵略者在毒化中国时可谓不遗余力,甚至可以说丧心病狂。他们将吗啡、海洛因等毒品掺入烟丝内诱人吸食,还对制贩毒有功人员发给 100 元到 3 000 元不等的奖励。⑤ 在湖北宜昌,竟然将烟土分发各乡,"迫令吸食"。在伪组织内办事人员,"均以鸦片作为薪资,并以销售鸦片多寡分成绩优劣,强迫青年男女尽吸鸦片"⑥。

1940 年 9 月,日本与欧洲的纳粹德国、意大利签署《德意日三国同盟条约》,结成轴心国军事同盟,将侵略战争推向世界范围。1941 年 12 月,日本偷袭珍珠港,太平洋战争爆发。日军在战争初期进展顺利,很快夺取了美属菲律宾、荷属印度尼西亚、法属越南、英属缅甸等东南亚大片土地。这些地方也是巨大的鸦片市场,仅荷属爪哇每年的鸦片收入就高达 3 750 万元,占当地财税收入的 30%。⑦ 另据日本兴亚院调查,东南亚的华侨约有 680 万人,其中有 20.4 万人吸食鸦片。于是,1942 年 8 月,兴亚院决定从蒙疆、满洲等地调派 24 万两鸦片到东南亚"宣抚华侨"⑧,实质是妄图在东南亚各国建立起鸦片专卖体制。

总之,日本军国主义在侵华期间,不顾世界舆论的压力,破坏中国禁毒方针,大力推行毒化中国的政策,不仅企图搜刮社会财富,还妄图戕害中国民众,将中华民族推下亡国灭种的深渊。例如,日军甚至将砒霜加入鸦片之内,"吸食者口

---

① 《民国烟毒密档》,第 133—135 页。
② 《近代上海黑社会》,第 134 页。
③ 《日本侵华毒品政策五十年》,第 231 页。
④ 《日本毒化罪行资料》,载《中国禁毒史资料》,第 1580 页。
⑤ 《中国共产党禁毒史》,第 34 页。
⑥ 《国民政府内政部禁烟委员会关于日本在宜昌毒化情形致外交部电》、《国民政府内政部关于日本在湖北宜昌毒化情形代电》,载《中国禁毒史资料》,第 1546,1551 页。
⑦ 《中华国民拒毒会呈请国民政府禁烟文》,载《中国禁毒史资料》,第 896 页。
⑧ 《日本侵华毒品政策五十年》,第 249 页。

干舌燥,齿痛发落","久食必中毒死"。① 在山西解县,也发生过日军将"海洛因内暗渗毒素"的事情。这种海洛因"毒性甚烈",在吸食之后,"鼻流黄水,连吸三天小便流红水"。② 为协调各处毒品政策,他们通过兴亚院这个政府决策机关,运用国家机器的力量,以各地傀儡政权为依托,通过一年一度的鸦片供需会议和鸦片专卖制度,操纵并垄断着中国广大沦陷区的毒品市场,暴敛财富。据估计,日本政府通过毒品垄断贸易,从中国掠夺财富高达3.5亿美元,致使中国沦陷区的吸毒人口达到3 298万人,约占沦陷区人口的8.8%。③ 无论从吸食人数上看还是从比例上看,这都超过了清末烟毒泛滥的程度。难怪1943年的美国国务院禁烟备忘录中说,"1936年以后,全世界仅有一国之领袖仍鼓励鸦片与危险性药品之吸用,此即日本是也"④。

四、中国鸦片的产与销

民国时期的鸦片生产与销售的数据众多、繁杂且难以协调。造成这一现象的原因主要是:首先,民初军阀割据和中央权威的下降,使得各种上报数据具有更大的不真实性。其次,民初行政区划的调整和日本侵略造成的地区分割,造成了数据的分裂或者重合。再次,民国年间兵连祸结,当分析某一政权政策对鸦片问题所造成的影响时,很难将战争因素排除出去。因此,只能粗略地梳理民国时鸦片产销的基本轮廓。

当中英双方在1906年刚刚开始禁烟谈判时,全国各省共产鸦片58万担,约3.5万吨,占世界鸦片产量的84%,是名副其实的世界第一鸦片生产国和消费国。其中,云、贵、川西南三省产鸦片36.4万担,又占全国总产量的三分之二。全国吸毒人口在767万到2 556万之间,约占全国人口的1.8%—6%。

随着中英禁烟协议的签订和《稽核禁烟章程》的实行,罂粟在中国蔓延的趋势得以扭转。清末民初的几次政权更迭都没有改变禁烟运动的发展方向,到1914年6月,全国已有14省完成了禁种任务;至1917年,各省全部完成了禁种任务。英国随之答应履行义务,停止向中国输入鸦片。至此,中国烟毒泛滥趋势得到有效控制。

然而时隔未久,军阀割据的政局很快又使局面失去控制。自陕西始,各地军

---

① 《国民政府内政部关于日本在湖北钟祥县毒化情形致外交部电》,载《中国禁毒史资料》,第1541页。
② 《日本在沦陷区施行毒化政策情形》,载《中国禁毒史资料》,第1547页。
③ 《日本侵华毒品政策五十年》,第263、265页。
④ 《日本在中国占领区毒化罪行备忘录》,载《中国禁毒史资料》,第1575页。

阀开始放纵烟毒,鸦片再次泛滥。1920年,陕西、云南、湖北、河南、福建、贵州、四川和甘肃等省恢复了罂粟种植。到1922年,除山西、吉林外,其他各省都开始种植罂粟。其中,东部、北部和西部种植罂粟最多,中部较少。对13个主要鸦片产区的调查显示,1914年至1919年,罂粟种植面积只占耕地面积的3%;1924年至1929年,这一数据快速上升为11%。① 其中,西南三省又再次成为鸦片生产大省。在云南,1920年查定罂粟36万亩,1922年为50万亩,1923年为70万亩,最多时达到90万亩。在四川,每年烟产在120万担至140万担之间。在贵州,全省种植面积约有75万亩。② 川土多穿三峡至宜昌转运;滇土或多经贵阳出湖南,或南销广东和安南;贵州鸦片或走湖南发散,或下广西转运。在鸦片泛滥的背景下,吸毒人群再次增多。在陕西的有些地方,连工人工资都是用鸦片计算发放。

国民党刚刚建立起对全国统治之初,迫于舆论压力,也采取了禁毒措施,取得了一定成效,但毒品泛滥形势并不乐观。1924年至1929年,上述13个鸦片产区的罂粟种植面积占耕地面积之比继续扩大,达到20%。③ 1930年,中国鸦片产量为1.2万吨,占世界鸦片总产量的八分之七。④ 这就是说,当时中国的鸦片产量虽然已经比清末3.5万吨的产量大幅降低,但因全世界的鸦片产量在以更快的速度下降,因此,1930年时中国鸦片产量在世界上的占比反而从清末时的84%上升到88%。因此,中国仍然是名副其实的世界第一鸦片生产国和消费国。假设这些鸦片全部由国内消费,仍按每人每年消费3斤计算,全国吸毒人口约为800万人,比清末时已降低不少。1934年,全球鸦片的生产总量是7 200吨,有人估算中国产量占89%,⑤那应当是6 400吨。另据估计,当时中国的鸦片产量在5 855—7 000吨之间,⑥与上述数据吻合。按此计算,当时的吸毒人数约为430万人,比四年前减少了几乎一半。

1934年春,国民政府痛下决心,提出了"两年禁毒、六年禁烟"的禁毒方案并积极落实。在国民政府颁布的一系列法律法规中,《禁烟实施办法》规定鄂、湘、豫、皖、赣、闽、苏、浙为绝对禁种省份,陕、甘、川、滇、黔、察、绥、宁、青等省分期禁种。这一方案的执行效果较好,禁种省份的禁种任务基本落实,分期禁种省份的罂粟种植面积也大幅减少:从1935年到1937年,四川罂粟种植面积从

---

① 《鸦片与近代中国》,第6页。
② 《禁毒史鉴》,第372页。
③ 《鸦片与近代中国》,第6页。
④ 《禁毒史鉴》,第402页。民国时1担为100斤。
⑤ 《一个世纪的国际药物管制》,第141页。另有估计是16 600吨。
⑥ *Opium Production Throughout the World*.

24 820公顷下降到16 277公顷,云南从45 025公顷下降到5 690公顷,贵州由24 969公顷下降到2 311公顷,陕西由24 043公顷下降到1 525公顷,甘肃由24 070公顷下降到20 036公顷,绥远由9 180公顷下降到6 928公顷,宁夏由11 900公顷下降到5 934公顷。① 大体估算,国统区罂粟种植面积在抗日战争爆发前尚余58 700余公顷,合88万亩。按亩产3斤计,可年产鸦片264万斤,即1 300吨。另据国联官方数据,1937年,全球生产鸦片2 300吨,而中国占比下降到39%,②约为900吨。两种数据基本一致。结合以上两组数据,仍按每人每年消费3斤计算,全国未沦陷地区的吸毒人口只剩下约60万—88万人,已低于或等于鸦片战争前的水平。③

与此形成鲜明对比的是,当时已经沦陷于日军之手的东三省正处于日本政府的鸦片专卖制度之下,鸦片产量不降反升。伪"满洲国"的罂粟种植面积从1933年的94万亩增加到1937年的103万亩,④竟大于全中国其他地方种植面积之总和。伪"满洲国"登记烟民的人数也从1933年的5.7万人增加到1937年的81.1万人,⑤几乎与中国其他地区吸毒总人口持平。此外值得一提的是,1937年全球生产鸦片2 300吨的数据没有包含伪"满洲国"的鸦片产量。有学者推断,如果包含满洲在内,1937年全中国的鸦片产量当在12 261—18 000吨之间。⑥ 日本军国主义之恶行,由此可见一斑。

抗日战争全面爆发后,国民党忙于战事,虽然于1941年制定了《肃清烟毒善后办法》,但禁毒工作无法有效落实,一些地方毒品问题出现反复。如1940—1945年间,川西北的梓潼山区年产鸦片均在200担以上,川康边区的马尔康年产鸦片在100担以上,雷马屏峨边区年产鸦片则在5 000担以上。⑦ 与此同时,日本当局则利用各傀儡政府实行鸦片专卖,推波助澜,扩大毒品蔓延趋势。1938年,仅上海每月就消耗鸦片600担,其中三分之二来自川、滇、黔西南三省,三分之一来自伪满和波斯。价格也从战前的每两3元涨到15元。在日本政府的纵容下,连米商和菜贩都拿着日本特发的通行证,往来四乡,偷带烟土。⑧ 在1939年的天津,有制毒工厂200余所,白面洋行1 000余处,1945年时,全市有

---

① 《鸦片与近代中国》,第6页。
② 《一个世纪的国际药物管制》,第141页。
③ 这里说可能与鸦片战争前水平持平,首先是考虑到东三省和台湾沦陷后,国统区人数减少;其次是没有计算日本人走私入境的鸦片消费。
④ 《日本侵华毒品政策五十年》,第56页。
⑤ 《日本侵华毒品政策五十年》,第48页。
⑥ *Opium Production Throughout the World*.
⑦ 《鸦片与近代中国》,第10页。
⑧ 《上海日人经营鸦片近况密报摘要》,《中国禁毒史资料》,第1537页。

土膏店180余家、土药店30余家,每月销售鸦片24万两,烟民约15万人。在1936年的河北,有烟馆700余家。在山西太谷,吸用烟毒者占当地总人口的50%。① 据估计,日本政府通过毒品垄断贸易,从中国掠夺财富高达3.5亿美元,致使中国沦陷区的吸毒人口创下3 298万人的历史新高,约占沦陷区人口的8.8%。② 另据国民政府统计,日本占领区强迫栽种罂粟面积达1 500多万亩,使用毒品人数有3 200万人,其中3 100多万人系因日本占领直接造成的结果。③ 如果以消费人数倒推消费量,可知当时日占区年消费鸦片可达4.8万吨。④ 而清末鸦片最为泛滥之际,中国每年土产鸦片量也只有3.5万吨,消费3.8万吨。1906年,世界鸦片产量也不过4.2万吨。

在1945年抗战胜利后,国民政府要求各级政府将禁烟列为"重要中心工作",并颁行《收复地区肃清烟毒办法》。但是,蒋介石妄图建立一党专政的体制,一心剿共,致使解放战争炮火再起,禁烟问题被再度搁置。到解放前期,仅上海市就留有近10万吸毒者。⑤ 一些地方的毒品生产甚至出现了极盛时期。如川西南的金阳地区在此期间生产达到极盛,罂粟种植面积占到全县耕地面积的40%。陇南、甘南藏区、云南卡瓦山、陇川的王子树、哀牢山区、景东、镇沅、蒙化、龙武、迤西、镇雄等许多地方的鸦片生产都是一直持续到1949年。⑥

最后还应再补充香港的情况。20世纪初,香港虽然实行了鸦片销售特许证制度,但鸦片泛滥程度丝毫不受影响,据说在香港的中国人有三分之一都吸食鸦片。1909年,英国政府在勒令香港当局停止向中国出口成品鸦片的同时,宣布在香港开设烟馆为非法,但违者仅罚款500港元,根本不能起到遏制作用。此外,买卖和消费鸦片依然合法,由垄断商人负责供货。通过政府定价的许可证制度,鸦片收入成为港英政府税收的重要来源。1918年,鸦片专卖收入高达800万港元,占政府财政收入的46.5%,这种状况一直维持到1932年。在这一年,港英政府颁布条例,关闭了大部分的烟馆,但无论持证供货,还是拥有和消费鸦片仍然合法,因而对鸦片消费没有实质性影响。1935年,仍有70家拥有执照的零售店在以每两14.5港元的价格供应鸦片。正如早年英国在英属印度实行鸦片专卖的结果一样,高价格引来了鸦片走私。非法烟馆大量地从内地和波斯走私鸦片,以每两3.5港元的价格出售牟利。据估计,当时的非法烟馆有

---

① 《日本在中国占领区毒化罪行备忘录》。
② 《日本侵华毒品政策五十年》,第263、265页。
③ 《禁毒史鉴》,第477页;《民国日报》1946年4月6日,载《中国禁毒史资料》,第1573页。
④ 如吸毒人数真实,即使以吗啡、海洛因等方式亦不应低于此数。
⑤ 《近代上海黑社会》,第151页。
⑥ 《鸦片与近代中国》,第6、7页。

2 500家,每个烟馆一天可以接待40位客人。警察也时常对非法烟馆进行突击查处,但目的并不是关闭烟馆,而是收取保护费。这样,在港英政府的纵容下,香港的鸦片消费得以长期保持。

在第二次世界大战前,仅香港岛上就有4万人在吸食鸦片,有2 400人注射海洛因,海洛因成瘾者以年轻人为主。此外,毒品与娼妓如影随形,90%的妓女都吸食毒品。① 第二次世界大战期间,香港被日本军队占领,鸦片问题也就更加难以解决。

五、其他鸦片产区的禁毒历程

(一)日薄西山的印度鸦片

印度的鸦片种植面积在19世纪时曾经达到过200万公顷的规模。② 但在中国清末禁烟运动以后,印度的鸦片产销开始萎缩。当时,印度鸦片分为三支:一支在印度消费;一支拍卖出口;一支销往伦敦作为医用鸦片。自1913年起,日本毒贩在其国内银行系统的资助下,开始大量购买印度鸦片,再次刺激了印度的鸦片生产。他们将鸦片加工成吗啡后,由日本在华的邮政系统向中国兜售。③ 销往伦敦的一支也并非真的作为医用,而是由设在爱丁堡和伦敦的三个加工厂制成吗啡,主要卖给日本人,再由日本人销往中国北部。④

20年代初,英国国内围绕印度鸦片问题再一次发生争论。有人依然在为鸦片贸易进行着声嘶力竭的辩护,如1923年的官方出版物《印度鸦片的真相》一书仍然认为大多数印度人无法得到"合格的医生和药剂师的服务",只能"依靠乡间的草药",因此禁止服用鸦片是"不可能的",也是"极不人道的"。⑤ 但最终,争论向着有利于鸦片禁止的方向发展。1925年,英属印度政府认为继续出口数量有限的鸦片,将导致"与其相关联的政治成本大于经济利益",因而宣布"终止将鸦片出口到任何成为非法贩运中心的国家和殖民地"。1926年,英属印度政府进而宣布将在10年之内"逐渐减少所有非药用鸦片的出口"。⑥ 此后,印度的鸦片出口量大幅下降,鸦片罂粟在印度的辉煌时代由此一去不返。

到20世纪30年代,国联中央鸦片常设委员会的作用逐渐显现。1932年,英印孟加拉当局颁布鸦片吸食条例,规定凡在25岁以上者准予领照吸食,25岁

---

① 《鸦片史》,第192—197页。
② *Opium Production Throughout the World*.
③ Ellen N. La. Motte, *The Opium Monopoly*, p.11.
④ *The Opium Monopoly*, p.46.
⑤ 《鸦片史》,第210页。
⑥ 《一个世纪的国际药物管制》,第73页;*Opium Production Throughout the World*.

以下者,或聚众吸食行为,均在禁止吸食之列。① 当地消费的减少、国联建立的定额体制和国际监管对鸦片出口的遏制、日本转而采购吗啡含量更高的波斯鸦片等诸多因素导致了30年代印度鸦片产量的下降,罂粟面积甚至比20年代还减少了90%。② 1935年,除缅甸外③,基本停止了非医用鸦片的出口。1941年,印度鸦片产量触及谷底,只有不足171吨。此后由于战争需要,鸦片产量再次增长,到1945年达到751吨的阶段性峰值。第二次世界大战结束后,战争需求消退,鸦片生产急剧萎缩,在1946年,英属印度共生产鸦片165吨,各土邦生产鸦片274吨。④

此时,印度的政治形势也发生了大逆转。第二次世界大战使英国大伤元气,再也无法遏制英属印度的独立运动。1947年,英国末任总督蒙巴顿提出将英属印度分为巴基斯坦和印度两个国家方案,史称"蒙巴顿方案"。8月,印度和巴基斯坦各自独立建国(1971年孟加拉脱离巴基斯坦而独立)。次年3月,印度政府决定将鸦片使用完全限制在医疗和科研领域,并逐步禁止包括吞服在内的鸦片滥用行为,于是要求各省政府以10年为期,将从甘孜波尔仓库的鸦片购买量每年减少10%,直至消除。⑤ 1949年,印度召开全印鸦片大会(All-India Narcotics Conferences),对此决议再次加以确认。大会号召,除科研和医用目的之外,在10年之内禁绝一切形式的鸦片消费。1950年11月,印度建立国家麻醉品委员会(Narcotics Commission)作为中央管理机构,控制全国的鸦片生产。随后,印度又于1956年、1959年两次召开全印鸦片大会,重申了1949年的决定。这些措施极大地限制了印度的鸦片生产和消费。不过,印度始终保持了世界最大的合法鸦片生产国地位,从1946—2006年间,平均年产量为700吨。⑥

(二) 举棋不定的波斯鸦片

在波斯,恺加王朝政府很早就开始酝酿一种间接的鸦片垄断制度。早在1890年4月,英国驻波斯大使亨利·朱梦德·沃夫(Henry Drummond Wolff)就向英国政府报告说,波斯政府正在与犹太裔俄国银行家兼铁路巨头拉扎尔·斯洛莫诺维奇·波利亚科夫(Lazar Solomonovich Poliyakov)进行一场谈判,准备授予后者关于波斯鸦片的特许垄断权。这一消息引起了英国政府的强

---

① 《华侨烟毒现况与中国政府意见》,载《中国禁毒史资料》,第1429页。
② 《鸦片史》,第212页。
③ 缅甸当时在行政上是英属印度的一部分。
④ *Opium Production Throughout the World*.
⑤ *Opium Production Throughout the World*.
⑥ 《一个世纪的国际药物管制》,第141页。

烈不满。一周后,波斯素丹才告知英国政府,他并不打算将鸦片特许权授予俄国人,波利亚科夫实际上只得到了在波斯建立银行的权利。① 虽然是英国人虚惊一场,但这也表明波斯政府正在酝酿建立鸦片垄断体制。

当国际禁毒运动兴起以后,恺加王朝的统治集团不愿意放弃鸦片税收,因而没有采取任何有效的禁毒行动。1904 年,波斯年产鸦片约 7 000 箱,除大约 2 000 箱在国内消费外,其余都出口国外。② 1905 年起,波斯发生立宪革命。1909 年 2 月,政府委派时在上海的波斯商人扎法(Mirza Ja'far Rezaiof)参见了在上海召开的万国禁烟会。据波斯政府向大会提交的报告说,当时波斯的鸦片年产量是 10 000 担(picul),总价值 60 万英镑,其中 2 500 担在本国消费,2 000 担销往欧洲,500 担出口到非洲,5 000 担出口到新加坡和中国的香港,这 5 000 担中有 3 000—3 500 担转运中国台湾,其余的运到中国内地,政府的鸦片收入为每年 7 万英镑。③

1909 年 7 月,立宪革命达到高潮,国王穆罕默德·阿里·沙逃入俄国使馆,革命者另立艾哈迈德·沙为新国王。1911 年 5 月,波斯面临经济崩溃的危险,国会邀请在菲律宾殖民政府工作的美国人摩根·舒斯特整顿财政,但这却触怒了英、俄两国。英、俄素来把波斯看作自己的势力范围,于是两国南北夹击,向波斯发出最后通牒,最终迫使国会解散,并解雇了美国人舒斯特,重新确立了恺加王朝的统治。不过,舒斯特在短暂的工作期间,已经建议波斯政府去全面控制鸦片贸易,以征收更多税赋来摆脱财政困境。

1911 年 12 月,波斯派出高级别的官方代表团出席了第一次海牙国际禁烟会议,其中包括波斯驻海牙公使馆秘书穆罕默德·汗(Mahmoud Khan)。当时,即使包括石油收入在内,鸦片在波斯出口收入中也占到了 8%—12% 的极高份额,而且从业人数众多,因此波斯代表在这次会议上力求将会议焦点引到鸦片消费问题上,反对减少罂粟种植和禁止鸦片贸易。当大会最终讨论禁种问题时,穆罕默德·汗则转移方向,提出应当逐渐禁止吗啡含量低于 9% 的鸦片生产,因为这样的话,高吗啡含量的波斯鸦片可以继续被用于制药。④ 不过,波斯当时夹在英、俄两大国之间,独立几成问题,要继续成为国际社会的合法成员,就不得不考虑国际舆论。因此波斯在抗争无望后,最终还是同意了《海牙禁烟公约》的原则

---

① *The History of Opium in Modern Iran 1850 - 1955*, p.116.
② Bradley Hansen, "Learning to Tax, the Political Economy of the Opium Trade in Iran, 1921 - 1941", *The Journal of Economic History*(March 2001).
③ *The History of Opium in Modern Iran 1850 - 1955*, p.152.
④ *The History of Opium in Modern Iran 1850 - 1955*, pp.162,165.

和精神,但在诸如"采取措施阻止鸦片输入那些禁止输入鸦片的国家"等一些条款上作了保留。①

1911年,波斯政府还曾颁布法令限制国内的鸦片吸食。1913年,波斯政府再次颁布新法令,建立起初级水平的鸦片垄断体制。该法令第一款明确规定,所有与鸦片相关的事务均归国家管理,"罂粟种植、鸦片生产、贩卖及使用将被置于政府财政部下设代理机构的管理之下。各代理官员将依本法征税"②。随后,政府在财政部下设立中央鸦片局(the Central Opium Board)作为管理鸦片事务的专门机构。于是,鸦片种植申报、统一加工出售的垄断体系被建立起来,但波斯的鸦片垄断没有要求种植农领取执照,也没有限定加工厂的数量(只是要求工厂能生产符合标准的高质量鸦片),政府真正能介入的事务其实只是管理鸦片贮存仓库。因此,建立这一体制的目的仅仅在于最大限度地增加财政收入。但缺乏效率的波斯政府只能在伊斯法罕、设拉子等大城市落实法令,而对法萨(Fasa)、达勒布(Darab)、贝赫贝汉(Behbehan)等相对遥远的地区则显得鞭长莫及。③

图5-4 波斯的鸦片生产场景④

---

① *The History of Opium in Modern Iran 1850-1955*, p.168.
② *The History of Opium in Modern Iran 1850-1955*, p.169.
③ *The History of Opium in Modern Iran 1850-1955*, p.171.
④ *Some Observations on the Cultivation of Opium Poppy*, p.59.

一年后，第一次世界大战爆发，波斯宣布中立，但中立并没有得到列强的尊重，英、俄及奥斯曼帝国纷纷入侵，以便控制这里的油田。十月革命后，新成立的苏联政府宣布撤军，但白俄势力继续以波斯为基地对抗苏联红军。战争中，各地长官及部族首领纷纷宣布自治，波斯政府丧失了对地方事务的实际控制，而鸦片生产则因为战争对吗啡的需要而持续发展，波斯鸦片的海外市场需求迅速提高：1912年前每年只有20%—40%的鸦片被运往欧美，战争爆发前夕运往欧美的鸦片达到50%—60%，而战争期间运往英美的鸦片则占到年产量的75%。[1] 在此前后的鸦片产销数据如下：

表5-4　20世纪初波斯鸦片生产及出口数量表（一）[2]

年　度	总产量（箱）	从布什尔出口量（箱）	年　度	总产量（箱/吨）	出口量（吨）	种植面积（公顷）
1904	7 000	—	1921—1922	1 705箱	—	—
1906—1907	4 300	2 126	1922—1923	4 404箱	—	—
1907—1908	—	3 000	1923—1924	4 606箱	—	—
1908—1909	—	2 772	1924—1925	7 182箱	—	—
1909—1910		1 217	1928	594吨	124吨	30 000
1910—1911		542	1929	687吨	242吨	49 343
1911—1912		1 554	1930	557吨	243吨	27 814
1912—1913		1900	1931	898吨	301吨	40 130
1913—1914	5 137	—	1932	548吨	129吨	29 436
1914—1915	5 834	—	1933	461吨	297吨	34 174
1915—1916	5 327	—	1934	459吨	139吨	29 475
1916—1917	5 118	—	1935	833吨	264吨	18 860
1917—1918	4 997	—	1936	1 346吨	131吨	23 000
1918—1919	2 435	—	1937	522吨	215吨	17 400
1919—1920	2 163	—	1938	—	348吨	
1920—1921	2 435	—	1939	672吨	254吨	17 000

[1] *The History of Opium in Modern Iran 1850-1955*，p.173.
[2] *Learning to Tax, the Political Economy of the Opium Trade in Iran*；*The History of Opium in Modern Iran 1850-1955*, p.114.伊朗在1928年后建立严格的垄断制度，此后数据均为官方统计，不含非法走私。但因管理严格，应当可以基本反映伊朗鸦片产销的全貌。

战争结束后的第三年,即 1921 年 2 月,礼萨·汗上校发动军事政变,控制了中央政权,并着手镇压各地的割据势力。1925 年,礼萨·汗废黜恺加王朝的末代国王艾哈迈德·沙,建立起巴列维王朝。在礼萨·汗手中,波斯政府才真正实现对鸦片事务的有效控制。1935 年,波斯正式改国名为伊朗。

在巴列维王朝刚刚建立的时候,鸦片依旧是伊朗的主要出口商品之一,排在石油和绒毯之后居第三位,占每年对外贸易收入的 15%。在国际层面,虽然伊朗曾签署了 1912 年和 1925 年两份公约,但都没有批准实行。① 国内的鸦片使用也很普遍,在老年人中尤其盛行,据说有 75% 的波斯老人吸食鸦片。② 礼萨·汗掌权后,对伊朗进行了集权化、世俗化和军事化的改革,而集权化的改革有力推动了鸦片垄断收入的增加,鸦片收入的增加反过来又成为改革的重要财政支柱,在 1924 年时占到财政总收入的 8.9%。③ 1928 年,政府颁布《鸦片垄断法》和相关刑法,严格的鸦片垄断被建立起来,烟农此后需要领取执照方可种植罂粟,且收获的鸦片必须全部交给政府,由政府实行鸦片专卖,而鸦片走私者会被处以 3—10 年的监禁。④

至 20 世纪 30 年代,巴列维王朝试图进一步建立鸦片出口垄断。垄断权被授予大地主哈比布拉·阿明(Habibulla Amin),但仅仅 2 年之后,政府再次废除了出口垄断,继续允许大商人从政府仓库里购买鸦片自行出口。这时,随着伊朗农业水利建设的发展和进步,罂粟种植范围有所扩大,呼罗珊(Khorassan)、洛雷斯坦(Luristan)、伊斯法罕(Isfahan)和法尔斯(Fars)是鸦片生产大省,克尔曼沙(Kermanshah)、哈马丹(Hamadan)、亚兹德(Yazd)和科曼(Kerman)也有鸦片生产,但其他地区的产量则微乎其微。⑤ 在整个 30 年代,鸦片年产量大致保持在 580—720 吨之间,习惯性的鸦片吸食者约为 50 万—70 万人。⑥

在第二次世界大战期间,伊朗政府也制定了一些法规,试图对鸦片产销加以限制,要求只有注册登记的人才能吸食鸦片,且吸食者应限时注册,过期不补,并在一些地区实行禁种。1944 年,第一个反鸦片协会也在伊朗建立起来。但伊朗受战争波及,禁烟效果十分有限。战争期间,英、美、苏三国军队再次占领伊朗,并逼迫亲德的礼萨·汗在 1941 年传位于其子穆罕默德·礼萨·巴列维,随后礼萨·汗被驱逐出境。政局不稳导致局面再次失控。1942 年,政府的鸦片收购量

---

① *The History of Opium in Modern Iran 1850 - 1955*, p.183.
② 《中国毒品史》,第 25 页。
③ *Learning to Tax, the Political Economy of the Opium Trade in Iran*.
④ *Learning to Tax, the Political Economy of the Opium Trade in Iran*; *The History of Opium in Modern Iran 1850 - 1955*, p.179.
⑤ *Opium Production Throughout the World*.
⑥ *The History of Opium in Modern Iran 1850 - 1955*, pp.180,182.

下降了80%,绝大多数鸦片流入了黑市。在1945年,全国估计仍有50万人吸食毒品,其中只有12.5万人完成注册。① 战后,苏联又试图扶植库尔德势力,引起美苏对峙。直到1946年,外国军队才撤出伊朗。

1946年后,虽然伊朗官方公布的数据显得成绩斐然,但实际上成果有限。据说,到1949年仍有大约11%的成年居民吸毒上瘾,仅德黑兰就有烟馆500多家,伊朗贵族都有大面积的罂粟种植园。有人甚至估计,如包含非法鸦片生产在内,当年有1 500吨的产量,远远高于同时期的印度鸦片产量。②

表5-5 20世纪初波斯鸦片生产及出口数量表(二)③

年 度	种植面积（公顷）	总产量（公斤）	国内消费量（公斤）	出口量(公斤) 医用目的出口	出口量(公斤) 吸食目的（含对日本）出口
1937	22 305	521 000	273 000	59 821	179 371
1938	26 963	704 000	269 000	118 091	357 739
1939	24 543	672 000	300 000	62 964	60 545
1940	28 036	789 000	307 000	3 631	131 754
1941	37 113	761 000	263 000	—	124 000
1942	11 820	210 000	211 000	105 512	—
1943	1 068	215 000	122 000	9 367	—
1944	12 740	131 000	66 000	17 000	—
1945	9 287	182 000	64 000	—	—
1946	18 400	516 000	28 000	53 750	—
1947	187	5 600	0	98 874	21 879

1950年,鉴于军队因吸毒导致战斗力低下,同时又迫于国际舆论的巨大压力,穆罕默德·礼萨·巴列维再次下令缩减罂粟生产。巴列维王朝对于此次禁毒的态度显得较为坚决,这是因为伊朗对鸦片收入的依赖程度已大大减弱。这是因为,一方面伊朗石油公司的收入大幅增加,另一方面伊朗在战后成为美国的盟友,得到美国的大笔援助。财库的充盈使政府敢于进一步加大禁毒力度。到1955年,政府要求停止一切罂粟种植活动,并要求吸食者在6个月内戒除毒瘾。

---

① *The History of Opium in Modern Iran 1850—1955*, p.192.
② 《鸦片史》,第285页;*Opium Production Throughout the World*.
③ *Opium Production Throughout the World*. 数据均为官方统计,不含非法走私(1943年面积存疑)。

随后3年中,吸毒人数大约减少了三分之二[1]。但是,仍有很多瘾君子不服从禁令,从黑市中购买从土耳其和阿富汗走私进口的鸦片,禁毒未获全功。

(三) 半遮半掩的土耳其鸦片

奥斯曼帝国在第一次世界大战失败后土崩瓦解,所有亚洲属地丧失殆尽。在国家面临生死存亡之际,穆斯塔法·凯末尔·阿塔图尔克将军于1920年组建国民政府,并击败了英国、希腊等外部干涉势力,成功地将古老的奥斯曼帝国改造为土耳其共和国,史称"凯末尔革命"。革命胜利后,凯末尔推行了一系列改革,涉及政治、法制、教育、经济、文化和社会生活习俗等各个方面。土耳其国内的禁毒成效颇为显著,但对外出口却未受大的影响。1931年,土耳其56个省中有32个省种植罂粟。[2] 设在伊斯坦布尔市博斯普鲁斯的三个加工厂每月可以生产14吨吗啡和海洛因,每月消耗生鸦片140吨。[3]

20世纪30年代初,在国际舆论的强大压力下,土耳其加入了国联的《1931年公约》。随后,凯末尔总统于1932年12月25日亲自主持召开内阁会议,决定建立国家鸦片垄断制度。为便于集中管理,随后通过的第2253号法案将鸦片的种植和生产区域限制在25个省之内,大麻种植则被完全禁止。法案还授权部长理事会(the council of ministers)决定各省的鸦片生产资格;授权农业银行(the agricultral bank)垄断鸦片的采购与销售。同时,国家建立特别法庭,对违反规定者予以严厉处罚。垄断法案实施之后,在博斯普鲁斯的三个大型海洛因加工厂被关闭,这些工厂被迫转移到保加利亚存续数年。[4] 在垄断政策的影响下,土耳其的罂粟种植面积从1933年的45 082公顷下降到1934年的20 168公顷,此后从未再次超过4万公顷大关,控毒政策取得了较大的成绩。[5]

1938年,第3491号法案将垄断权转予新建立的土壤产品办公室(Soil Products Office,土耳其语: Toprak Mahsulleri Ofisi,简称TMO)。在新体制下,由农业部负责制定方案,规划各省需要种植罂粟的土地面积并给予许可。在允许生产鸦片的省份,农民可以向村长(Muhtar)申报生产计划,由农业部核准,最后由国家土壤产品办公室统一购买出口。不过,只要是在允种省份,任何人都

---

[1] A. H. Radji, "Opium control in Iran - a new regime, in UNODC *Bulletin on Nacotics* 1959 Issue 1.

[2] The Cultivation of the Opium Poppy in Turkey", UNODC *Bulletin on Nacotics* 1950 Issue 1.

[3] *A History of Turkish Opium Control*, p.197.

[4] *Forty Years of the Campaign Against Narcotic Drugs in the United Arab Republic*; *A History of Turkish Opium Control*, p.198.

[5] Özgür Burçak Gürsoy, "Losing Wealth or Restricting Poison? Changing Opium Policies in Early Publican Turkey", *Historia Agraria*, 2013(12), p.123.

可以随意种植、拥有和储藏鸦片,①鸦片贸易也依旧不受限制,"鸦片种植农和鸦片商人有时持有鸦片数年之久"②。此外,在禁止生产鸦片的省份,农民也可以以获取罂粟籽的名义种植罂粟。③ 这些都为非法鸦片流入国际市场创造了便利条件,因此国联在1931年、联合国在1953年都认为土耳其、中国和伊朗是20世纪30年代时世界最大的非法鸦片来源国④。

土耳其政府许可生产鸦片的省份可以分为三个地区:首先是安卡拉西部的西部产区,主要包括阿菲永(Afyon)、比莱吉克(Bilecik)、代尼兹利(Denizli)、伊斯帕尔塔(Isparta)、屈塔希亚(Kutahya)、科尼亚(Konya)、布尔萨(Bursa)、埃斯基谢希尔(Eskishehir)等省(vilayet)。这一区域是土耳其最重要的鸦片种植区,其产量占到土耳其鸦片产量的90%,主要用于制药,被称为"粗"(harsh)鸦片。其中,阿菲永省是全国最大生产大省,独占全国产量的30%,连它的名字都是阿拉伯语"阿芙蓉"的意思。其他两个区域是:安卡拉东部的北部产区,包括阿玛西亚(Amasya)、乔鲁姆(Chorum)、托卡特(Tokat)三省;和南部产区,只有马拉提亚(Malatya)一省。阿玛西亚等三省鸦片的吗啡含量高达13%—14%;马拉提亚鸦片的吗啡含量为10%。这两个区域所生产的鸦片被称为"软"(soft)鸦片。除此之外,沿海或沿陆地边界100公里范围内禁种鸦片。⑤

表5-6 20世纪30—40年代土耳其鸦片生产与出口⑥

年 度	种植面积(公顷)	生产量(公斤)	出口量(公斤)
1938	28 416	246 000	115 919
1939	31 170	262 000	338 479
1940	29 852	223 000	335 591
1941	29 790	206 000	199 752
1942	28 314	285 000	218 993
1943	29 548	289 000	153 187
1944	26 847	183 000	88 225
1945	25 475	147 000	162 005

---

① *The History of Opium in Modern Iran 1850 - 1955*, p.184; *A History of Turkish Opium Control*, p.198.
② *Opium Production Throughout the World*.
③ *A History of Turkish Opium Control*, p.198.
④ *A History of Turkish Opium Control*, p.199.
⑤ *Opium Production Throughout the World*.
⑥ *Opium Production Throughout the World*.

续 表

年　度	种植面积(公顷)	生产量(公斤)	出口量(公斤)
1946	29 083	262 226	198 145
1947	30 662	333 710	209 030
平均	28 911	243 694	200 933

1953 年,联合国召开会议,将药用科研用鸦片生产限制在保加利亚、印度、希腊、伊朗、土耳其、苏联和南斯拉夫七国之内。这样,土耳其与国际社会达成了一定妥协,土耳其鸦片也受到了一定程度的控制。不过,土耳其放任鸦片生产的既定政策没有根本改变,这为其在 60—70 年代重新成为世界毒源地埋下了隐患。

与土耳其在国际层面的所作所为相反,它较为成功地阻止了自身的鸦片泛滥问题。这时与 16 世纪贝隆对土耳其人疯狂消费鸦片的描述已完全不同,20 世纪初的土耳其人只是在生产鸦片,自身的鸦片滥用现象却并不严重。"国内唯一的鸦片罂粟用途只是榨罂粟籽油,而非取膏。"[①]后来在 1974 年,有人对土耳其的阿菲永、代尼兹利、伊斯帕尔塔、乌沙克(Usak)和屈塔希亚五个传统鸦片种植省做了调查。调查显示,40%的农民在 5 岁以前就第一次见到了鸦片,56.9%的人在 6—10 岁以前第一次见到了鸦片,只有极少数人在 10 岁以后才见到鸦片。这说明当地罂粟的种植范围很广。他们主要出于医疗目的使用鸦片,有 8.3%人用鸦片来治疗咳嗽,3.5%提到了腹泻,4.5%提到了腹痛,13%提到了感冒,2.6%提到了牙痛,0.6%提到了兽医使用。"有趣的是,几乎所有父母都告诉他们的孩子,鸦片是危险的且不可以吃","超过 90%的农民在他们 10 岁以前就被父母告知了这种危险"。此外,超过 99%的人都对滥用鸦片持极度反感态度。因此有人提出,虽然伊斯兰教义限制饮酒,但土耳其人却继承了拜占庭人饮用葡萄酒的习俗,因此并非是伊斯兰教义限制了土耳其人的鸦片滥用,而是"鸦片种植农深知鸦片危害,并把这一信息在他们的孩子尚未形成逻辑思维之前就传递下去,从而形成了一种强大的社会压力",从而阻止了鸦片泛滥。[②] 虽然这一调查是在 1974 年进行的,但这样一种全民普遍认识绝非一朝一夕可以形成,且"农民在他们 10 岁以前就被父母告知了这种危险",足以说明 20 世纪早期土耳其国内的状况。

---

① *Losing Wealth or Restricting Poison? Changing Opium Policies in Early Publican Turkey*, p.123.

② Alaeddin Akcasu, *A Survey on the Factors Preventing Opium Use by Poppy Growing Peasants in Turkey*, UNODC *Bulletin on Nacotics* 1976 Issue 2.

(四)入药为主的苏联鸦片

俄罗斯是东欧草原上瓦朗几亚人和东斯拉夫人建立的国家,在蒙古西征后属于钦察汗国。在汗国衰败后,以莫斯科大公国为基础不断扩张,逐渐建立了一个横跨欧亚大陆的庞大帝国。在扩张过程中,留里克王朝的伊凡四世于1547年称沙皇,因此该帝国也被称为沙皇俄国。1613年,米哈伊尔·罗曼诺夫被国民议会推选为沙皇,罗曼诺夫王朝建立,此后的沙俄日渐发展为一个世界性强国。该国幅员辽阔,但国土偏北,气候寒冷,大部分地区不适合种植罂粟,引进罂粟也较晚。种植的罂粟最早是由从中国西部迁入的东干人(Tungans,与中国回族同源)在19世纪70年代引入的,当时主要在今吉尔吉斯斯坦一带种植。[1] 20世纪初,当中国施行烟禁之后,西伯利亚的滨海边疆区也出现了罂粟种植,主要通过走私进入中国。[2]

第一次世界大战期间,罗曼诺夫王朝被推翻,俄国随后发生十月革命,建立社会主义制度。1922年,苏维埃社会主义共和国联盟宣告成立。1928年,苏联政府颁布法令,禁止可卡因、大麻药(hashish)、鸦片、吗啡、海洛因、乙基吗啡和鸦片全碱等多种麻醉品的流通,并将罂粟种植区限定在吉尔吉斯斯坦、哈萨克斯坦和俄罗斯联邦的唐努图瓦共和国。1930年,全苏共生产鸦片102吨,此后逐年下降,1933年的产量仅为23吨。[3]

1934年,苏联中央执行委员会和人民部长会议联合颁布法令,除药用和科研外,禁止鸦片罂粟和印度大麻的种植,违者将铲除作物,并将违禁人处以刑罚。1937年,人民部长会议授权后勤保障部(the USSR People's Commissariat)负责监控苏联境内鸦片等麻醉品的生产、加工、储存、贸易和使用。为贯彻中央法令,各加盟共和国也颁布了各自的法令。当时的俄罗斯联邦刑法典第224款规定,"以贩卖为目的,非法制造、获取、储存、运输或分发麻醉品的,处10年以内监禁,罚没或不罚没财产",但如果"第二次犯有同样罪行",则"处以6—15年监禁并罚没财产";第224款规定,"种植鸦片罂粟、印度大麻、南满大麻或南丘亚(Chuya)大麻等含有麻醉物质的作物或其他违禁植物的,处5年以内监禁",再犯的,"处3—8年监禁"。[4] 此后,苏联的鸦片产量相对稳定,用途主要是满足国内制药业的需要。

---

[1] G. Shuljgin, *Cultivation of the Opium Poppy and the Oil Poppy in the Soviet Union*, UNODC *Bulletin on Nacotics* 1969 Issue 4.
[2] *Opium Administration in Manchoukuo*, p.9.
[3] *Opium Production Throughout the World*.
[4] E. A. Babayan, *The Legal Regulation of Narcotic Drugs and Psychotropic Substances in the Union of Soviet Socialist Republics*, UNODC *Bulletin on Nacotics* 1990 Issue 1.

表 5-7 苏联鸦片生产情况①

年　度	种植面积(公顷)	总产量(公斤)	用于制药(公斤)	违法缉获(公斤)
1934	10 291	42 813	30 392	3 838
1935	10 240	94 645	41 076	2 257
1936	9 707	90 460	73 215	1 622
1937	10 000	85 280	75 150	2 131
1938	—	62 271	76 950	
1946	—	27 000	41 079	
1947	—	73 000	71 827	—

(五) 厉行禁止的埃及鸦片

公元以后的埃及没有了昔日的荣光,长期挣扎在周边民族的铁蹄之下。在罗马帝国分裂后,埃及归属东罗马帝国,之后又曾被波斯的萨珊王朝和倭马亚、阿拔斯等阿拉伯帝国控制。在阿拉伯帝国后期曾一度获得独立,但在 1517 年又沦为奥斯曼突厥帝国的一部分。拿破仑战争期间,埃及一度被法国占领,随后在奥斯曼帝国埃及总督穆罕默德·阿里的带领下驱逐了侵略军,取得了事实上的独立,史称阿里王朝。但阿里穷兵黩武,为英国所不容。1841 年,英国逼迫埃及签订亡国条约,埃及由此完全丧失了拥有海军的权利,只保留了十分之一的陆军。此后,英、法势力不断向埃及渗透。为修建那条 1869 年通航的苏伊士运河,埃及负债近 2 000 万英镑,主权丧失殆尽,逐渐沦为半殖民地。1882 年,英国继而出兵,完全控制了埃及。

在这个国度里,大麻和罂粟两种重要的毒品早已存在。大麻种植的历史甚至长达 3 000—4 000 年,几乎和罂粟在这里的种植史一样久远。不过,大麻与鸦片的滥用问题只是到阿里王朝时期才开始显现,且仅限于社会底层群体。1879 年,埃及政府开始禁止大麻的种植、贩卖、运输、加工和使用,但上埃及的鸦片生产却继续得到许可,以至于在 1926 年前,罂粟的种植面积曾一度达到 2 140 公顷。② 在第一次世界大战后,埃及成为英国的保护国,在名义上也与奥斯曼帝国撇清了关系。此时,海洛因、吗啡和可卡因等所谓的"白色毒品"也不断从欧洲的法国和瑞士经由亚历山大走私进入经济相对繁荣的埃及。

---

① *Opium Production Throughout the World*.
② 合法种植面积为 1 195 公顷,非法种植面积被估计为 945 公顷。见 *Forty Years of the Campaign Against Narcotic Drugs in the United Arab Republic*.

1922年,在埃及国内民族主义高涨的背景下,英国承认埃及独立,福阿德一世称埃及国王。1926年5月,福阿德一世政府首次在全国范围内实行鸦片禁种。1929年3月,埃及政府成立中央麻醉品信息局(the Central Narcotics Information Bureau),负责发现进口毒品的源头和路线,搜集关于贩毒组织的信息情报。① 1934年和1935年,埃及政府又先后在该局之下设立了亚历山大、塞得港、苏伊士、上埃及和下埃及五个分局。同时,埃及政府代表与法国、瑞士政府展开外交谈判,迫使后者采取措施阻止毒品流出。在这些缉毒措施和30年代世界经济危机的双重打击下,埃及的毒品滥用问题一度得到有效控制。不过,在第二次世界大战以后,大量外国鸦片走私进入埃及,鸦片问题沉渣泛起。好在国内非法种植现象没有复萌,被逐渐消除。1947年10月,埃及内政部发布命令,由公共安全部下属的"麻醉品控制管理处"(Administration for Narcotics Control)取代中央麻醉品信息局负责缉毒工作。1953年,阿里王朝终于在革命风暴中倒台,埃及成为共和国。

表5-8 20世纪30—40年代埃及的鸦片缉获量及罂粟拔除面积②

年度	缉获(公斤)	拔除(公顷)	年度	缉获(公斤)	拔除(公顷)
1937	1 006	419	1943	686	11
1938	1 037	100	1944	1 171	23
1939	1 110	239	1945	2 006	8
1940	1 650	340	1946	2 439	0.14
1941	1 153	42	1947	3 655	15
1942	1 271	11	1948	4 606	45

(六)产量有限的欧洲鸦片

在欧洲,当时主要的鸦片生产国是南斯拉夫和保加利亚。

南斯拉夫的鸦片产区主要集中在马其顿的瓦尔达尔地区(Vardar)。这里种植的罂粟是在19世纪初由土耳其的奥斯曼统治者带入的,最迟在1850年前后出现了较大规模的种植。1835年,奥斯曼政府首先在什蒂普(Shtip)进行试种。试种成功后,奥斯曼政府又采取了一系列鼓励措施,使罂粟种植区域扩展到当时也处于奥斯曼帝国治下的保加利亚。③ 不过,罂粟从马其顿向南斯拉夫其他地

---

① *Forty Years of the Campaign Against Narcotic Drugs in the United Arab Republic*.
② *Opium Production Throughout the World*.
③ D. Dalev, "Poppy Cultivation in Bulgaria and the Production of Opium", UNODC *Bulletin on Nacotics* 1960 Issue 1.

区的移植却并不成功。① 在第二次世界大战前,马其顿年产鸦片 63 吨。② 在战争期间,德国曾经占领南斯拉夫,瓦尔达尔地区被划分给德国的盟友保加利亚,其生产状况不详。战后,瓦尔达尔地区回归南斯拉夫,当地的鸦片生产逐步恢复,但产量大不如前。

表 5-9　南斯拉夫(马其顿)的鸦片生产③

年　度	种植面积(公顷)	产量(公斤)	出口量(公斤)
1935	7 000	75 000	36 703
1936	7 826	63 220	32 281
1937	7 430	62 200	48 611
1938	7 360	53 200	29 915
1946	7 186	30 000	24 028
1947	4 680	23 432	19 344

保加利亚在欧洲是仅次于南斯拉夫的鸦片生产国,产区主要在该国南部与西南部的马里查河与斯特鲁马河沿岸。这里的罂粟于 19 世纪中叶自马其顿传入。1878 年,保加利亚借助俄土战争后的有利形势,摆脱了奥斯曼土耳其对其长达 500 年的统治而独立。19 世纪末,罂粟种植已传播至保加利亚北部的多瑙河谷地。④ 20 世纪,保加利亚的罂粟种植并未停止,但种植面积在第二次世界大战后有所减少。

表 5-10　保加利亚的鸦片生产⑤

年　度	种植面积(公顷)	产量(公斤)	出口量(公斤)
1935	700	7 000	3 113
1936	890	5 700	4 964
1937	772	7 712	6 083
1938	—	4 593	1 460
1939	723	7 217	2 723
1947	300	2 731	11 000

---

① Vladimir Kušvíé, "Cultivation of the Opium Poppy and Opium Production in Yogoslavia", UNODC *Bulletin on Nacotics* 1960 Issue 2.
② *Opium Production Throughout the World*.
③ *Opium Production Throughout the World*.
④ *Poppy Cultivation in Bulgaria and the Production of Opium*.
⑤ *Opium Production Throughout the World*.

除上述两国外,其他欧洲国家的鸦片生产规模很小。希腊最大年产量不足300公斤。意大利在1935年后曾在撒丁岛进行罂粟种植实验:1935年种植12.35公顷,生产鸦片41.15公斤;1936年种植11.65公顷,生产鸦片3.9公斤。1944—1945年,西班牙在内陆的巴利亚多利德(Valladolid)和地中海沿岸的巴伦西亚(Valencia)进行了实验性的试种。①

此外,一些欧洲国家虽然在种植罂粟后因气候原因无法得到足额的鸦片供给,但却以罂粟秆为原料成功地进行了吗啡等生物碱的生产。这方面以匈牙利、波兰、荷兰和捷克斯洛伐克为代表,其中又以匈牙利最为典型。

匈牙利种植罂粟较早,这是由于一位匈牙利药剂学家——凯贝(J. Kabay)的成功实验。这位年轻的药剂学家在1925年发明了从未成熟罂粟植物中制取吗啡的方法,并于1927在匈牙利的蒂萨铁堡市(Tiszavasvári)建立了一个叫作"生物碱"的化学制药工厂,制取吗啡、可待因和乙基吗啡等罂粟生物碱。虽然凯贝在40岁出头时便英年早逝,但他的工厂得到了政府的资助。经过反复实践,这一工艺大获成功。1958年,匈牙利跻身为全世界第六大吗啡生产国,同时是以罂粟秆为原料制取吗啡最多的国家。②

匈牙利成功以后,另一些原本无法制取鸦片的国家也开始效仿。如波兰等一些偏北的国家虽然也能种植罂粟,但主要是为了取得罂粟籽,根本无法实现理想的鸦片产量。凯贝的发明问世后,一家波兰公司在1934年同匈牙利公司合作,主要以波兰种植的罂粟为原料生产吗啡、可待因等生物碱。从罂粟蒴果中提取生物碱的工厂设在波兰的库特

图 5-5 匈牙利蒂萨铁堡市的生物碱工厂③

诺,吗啡等生物碱的生产则在华沙,每年需要的罂粟果不超过400吨。第一次世界大战期间,华沙的工厂遭损毁,库特诺的工厂被德国人占领。战后,社会主义波兰重新恢复了鸦片生产以便制取吗啡,且产能逐渐增加。在1953年,波兰共加工罂粟果1 050吨,生产可待因1 090公斤、盐酸吗啡141公斤。该国的罂粟产地主要是比得哥什(Bydgoszcz)、波兹南(Poznań)、格但斯克(Gdańsk)、热舒

---

① *Opium Production Throughout the World*.

② Istvan Bayer, "Manufature of Alkaloids from the Poppy Plant in Hungary", UNODC *Bulletin on Nacotics* 1961 Issue 1.

③ *Manufature of Alkaloids From the Poppy Plant in Hungary*.

夫(Rzeszów)和罗兹(Łódź)等。①

表 5-11　1958 年世界各国吗啡产量表②

国　家	总产量（公斤）	份　额	其中罂粟秆为原料(公斤)	罂粟秆吗啡占本国产量比
全世界	111 854	100%	22 003	19.7%
美　国	17 477	15.6%	0	0
英　国	17 393	15.6%	0	0
苏　联	15 826	14.2%	1 016	6.4%
联邦德国	13 271	11.9%	26	0.2%
法　国	9 300	8.3%	0	0
匈牙利	7 479	6.7%	7 479	100%
荷　兰	5 594	5.0%	5 590	99.9%
日　本	3 566	3.2%	0	0
比利时	3 376	3.0%	0	0
波　兰	2 749	2.5%	2 749	100%
意大利	2 354	2.1%	0	0
捷克斯洛伐克	1 470	1.3%	1 470	100%
阿根廷	1 437	1.3%	0	0

（七）朝鲜和日本的鸦片生产③

在日本军国主义占领下的朝鲜也开始了鸦片生产，主要的种植区是现今的朝鲜民主主义共和国（北朝鲜）。不过，除少数的吞服者外，朝鲜人自己很少消费鸦片，主要是被日本人出口到中国的广东、台湾和满洲。从 1937 年到 1944 年，朝鲜平均年产鸦片 34.5 吨，出口 33 吨。日本人还在首尔设立吗啡加工厂，生产的吗啡主要也是销往中国。第二次世界大战后，朝鲜开始禁止鸦片生产。

日本也在自己的领土上种植罂粟，主要生产地是本州岛上靠近和歌山与大阪的一些地方。从 1937 年至 1944 年，平均年产鸦片 20.4 吨，主要用于医药加

---

① Irena Egierszdorff, "Some Aspects of the Production, Turnover and Control of Narcotic Drugs in Poland", UNODC *Bulletin on Nacotics* 1967 Issue 3.
② *Manufature of Alkaloids From the Poppy Plant in Hungary*.
③ 本部分取自 *Opium Production Throughout the World*.

工。战后,日本的鸦片生产亦被叫停。

（八）美洲的鸦片生产

在19世纪的美国,从新罕布什尔州、佛罗里达州到加利福尼亚州的广阔土地上都曾有过罂粟种植的实践。进入20世纪以后,罂粟向南传入墨西哥。1933年,墨西哥政府首次在西北部的索诺拉州(Sonora)发现了非法的罂粟种植。① 第二次世界大战期间,亚洲毒品受战争影响难以运往北美,墨西哥的海洛因生产急剧增加,疯狂涌入美国市场以弥补供给不足。② 墨西哥的非法罂粟种植区域也迅速从索诺拉扩展到锡那罗亚(Sinaloa)、杜兰戈(Duringo)、奇瓦瓦(Chihuahua)和下加利福尼亚(Lower California)等数州范围。战后,在哈利斯科(Jalisco)、纳亚里特(Nayarit)、格雷罗(Guerrero)等州也相继发现罂粟种植。据估计,当时墨西哥有4 000—5 000公顷的罂粟种植,年产鸦片32—40吨。③ 此后应美国政府要求,墨西哥政府逐步加大了禁毒力度。

南美的阿根廷和智利也曾在20世纪40年代试种罂粟,但智利的种植规模很小,阿根廷的罂粟主要用于制取吗啡。

六、欧美有效的司法惩治

在19世纪末的最后十几年中,美国俄勒冈等数州已经开始认识到吗啡和可卡因的危害性,开始着手制定法律,将医生的处方作为获得麻醉品的必要条件。不过,美国社会的主流意见仍然认为麻醉品和酒精之类的东西相比,并没有什么特别的有害之处。1907年,美国大约有18.1万—21.3万的吸食者,共消费了200吨鸦片。④ 同时,与美国毗邻的加拿大也有2.4万的吸食者,共消费了31吨鸦片,据说多数消费者为华裔。⑤

1901年,反对麻醉品贸易的美国药学会专门成立了"研究麻醉品成瘾原因委员会",该委员会主席警告说,"如果我们现在不迅速采取非常严厉的措施,美国人民将要在不久的将来为这种漠视的态度付出巨大的代价"⑥。类似的声音逐渐引领美国的国内舆论发生转变,在20世纪第一个十年即将结束的时候,反对麻醉品的声音忽然变得振聋发聩。1909年,美国的鸦片吸食现象几乎在一夜

---

① *Opium Production Throughout the World*.
② 《鸦片史》,第216、261页。
③ *Opium Production Throughout the World*.
④ 《一个世纪的国际药物管制》,第52页。
⑤ 《一个世纪的国际药物管制》,第53页。
⑥ 《美国禁毒史》,第20页。

之间突然消失。① 这种情况的发生既与人们对麻醉品危害的认识不断加深有关，又与种族歧视问题相联系。当时大量的华工成为剩余劳动力，威胁着经济大萧条之后白人的就业，在美国白人中出现排华浪潮，相应地出现鄙视中国人吸食鸦片的情绪。同时，美国白人还把黑人和可卡因联系起来，对使用可卡因也产生了排斥。"将国内的邪恶归罪于国外的设想与将吸食毒品归于少数族裔是合拍的。"②因此可以说，对有色人种的歧视反而在很大程度上阻止了鸦片在白人群体中的蔓延。不过，这并不意味着白人可以洁身自好，他们更喜欢吗啡。③

1909年2月，"万国禁烟大会"在上海举行。会上，英国代表提议各国政府应采取行动控制吗啡及其他鸦片衍生品的泛滥。这一观点在美国国内产生了广泛的影响，很多人认为，美国自己没有任何的"模范"法律，却要求其他国家控制麻醉品，是极其丢人的事情。④ 在这些人中，医生汉密尔顿·赖特（Hamilton Wright）博士成为美国禁毒立法发展的积极推动者。当年年底，赖特便先行提出一个法案，要求对所有麻醉品商人进行强制性登记，缴纳少量税款，并记录下商品流向。该法案于1910年4月由众议院外交委员会主席大卫·福斯特（David Foster）提交到众议院，因此又称《福斯特法》。在药品商的政治压力下，美国国会最终于1911年2月否决了《福斯特法》。

图5-6 汉密尔顿·赖特

1913年3月，民主党人伍德罗·威尔逊（Woodrow Wilson）宣誓就任美国第28任总统，而这时的民主党人也同时控制着国会参、众两院。赖特重新起草的反麻醉品法由民主党议员哈里森再次提交到国会，称《哈里森法》（*Harrison Narcotics Tax Act*）。《哈里森法》与《福斯特法》相比作了一定程度的让步：虽然仍要记录剂量、日期、购买人的姓名和地址等基本信息，但记录更加简单方便；因公务采办而经销麻醉品的，可不予登记；税额也被大大降低，零售商或医生每年花一美元买张印花税票即可；允许继续邮购或在普通商店里买一些含有吗啡、鸦片、可卡因或海洛因的专卖药，但这些药物所含上述成分不得超过每盎司八分

---

① 《美国禁毒史》，第3页。
② 张勇安：《20世纪美国毒品政策史的多视角解读》，《美国研究》2004年第4期。
③ 《美国禁毒史》，第142页。
④ 《美国禁毒史》，第47页。

之一格令的规定剂量。1914年5月,美国政府希望在第三次海牙国际禁烟会议召开前在国会通过《哈里森法》,以便在国际社会展示形象,因而申请会议延期,但到6月海牙会议召开时,该法案仍旧未能在美国参议院获得通过。直至半年以后,《哈里森法》才最终在当年12月获得通过,并于次年3月1日起执行。不幸的是,赖特恰于《哈里森法》实行的这一年在法国遭遇车祸,后于1917年病逝于华盛顿。鉴于他为美国通过第一部反麻醉品联邦法案而做出的杰出贡献,被后人尊称为"美国麻醉品法之父"。《哈里森法》将吗啡等麻醉品的使用范围限制在"合法商业和合法职业实践"之中,且规定了"有交易即须记录"的原则,在一定程度上限制了麻醉品的滥用。美中不足的是,该法不仅继续允许麻醉品制剂的销售,而且对记录要求不严,难以起到禁绝毒品的作用,因此有人认为《哈里森法》只是在"禁止维持成瘾"①。

在《哈里森法》出台前后,欧美各国研究过各种各样的治疗毒品成瘾方案,但均以失败而告终。在《哈里森法》出台后,美国出现了一场全国性的大争论,争论的焦点有两个:其一,毒品上瘾究竟是疾病还是犯罪。如果是疾病,就需要对成瘾者进行治疗;而如果是一种罪恶,医生开具处方去满足毒瘾,那就属于犯罪,就需要对这些医生进行惩处。其二,《哈里森法》究竟是一部禁毒立法还只是一部税收立法。联邦政府希望通过"征税权"来管制通过处方向成瘾者提供麻醉品的医生,而各州认为联邦没有管理行医实践的权力,如果该法"超越了税收和州际贸易的权力,它就可能违犯美国宪法的条款"。因此,"地方法官对政府解释的《哈里森法》持否定态度",就连联邦最高法院也在1916年6月以法院判例的形式否决了国内税收局通过该法扩大治安权力的观点。②

美国人对《哈里森法》的态度在俄国十月革命后发生了改变。1919年,"赤色恐慌"在美国国内掀起保守主义思潮。由于担心有些人利用毒品搞乱美国进而推翻美国政府建立起苏维埃社会主义,联邦最高法院的态度开始发生了转变。《哈里森法》合宪性地位得到最终的确立和巩固,舆论也逐渐倾向于认为"医生开具处方去满足毒瘾是一种犯罪行为"。到1925年,全美40多家麻醉品诊所几乎全部关闭,到第二次世界大战结束时,约有2.5万医生因为开具麻醉品满足毒瘾被提起诉讼。③

还在美国人为《哈里森法》是否合宪而争执不下的时候,新出现的海洛因已经在20世纪的第二个十年里泛滥开来。在1910年前,海洛因只在较为贫穷的

---

① 《美国禁毒史》,第87页。
② 《20世纪美国毒品政策史的多视角解读》。
③ 《鸦片史》,第225页。

年轻人中传播,但在1910年后的10年间,海洛因开始在各个阶层中扩散开来。海洛因的使用首先从纽约开始,然后扩散到东海岸,最后又传播到西海岸。不过,纽约始终是海洛因泛滥的中心,据说全美海洛因吸食者的90%居住在曼哈顿方圆180英里的范围内。① 面对逐渐失控的海洛因问题,美国政府于1921年专门成立了毒品成瘾委员会(Committee on Drug Addiction),又于1922年出台了《麻醉品进出口法》。1924年4月,鉴于90%的成瘾者都是海洛因成瘾者,美国国会认定海洛因是传播最广泛的毒品,决定禁止海洛因的生产和使用。为全面控制毒品肆虐,美国政府又在1927年建立了禁毒署(Prohibition Bureau)、在1930年建立了联邦麻醉品局。

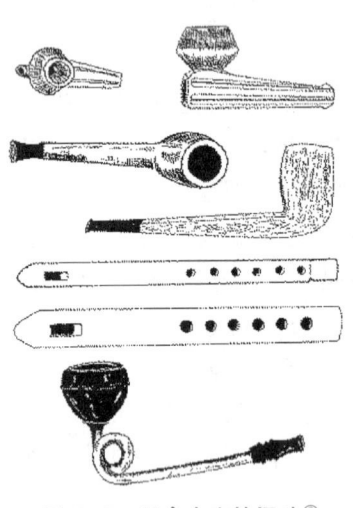

当美国政府正忙于处理鸦片和海洛因问题的时候,印度大麻也开始在美国流行起来。自从20世纪20年代起,大批墨西哥人开始越过美墨边境向美国西部、南部和西南部移民。美国人出于对大麻的恐惧心理和种族主义的排外意识,在墨西哥移民集中的各州掀起了声势浩大的大麻管制浪潮。于是到1931年,已先后有16个州宣布对大麻进行管制。1936年,为了"有可能制定一个公约来强制国内管制大麻和罂粟的种植",美国支持并参加了国际联盟召开的"制止危险药品非法贩运会议"。联邦麻醉品局的专员哈里·安斯林格试图以此与其他国家加强合作,来倡导一个国际条约来管制大麻,从而为国内正在进行

图5-7 吸食大麻的烟斗②

的管制大麻的立法活动制造舆论。③ 当年的国联大会签署了《取缔非法贩卖危险药品公约》。以此为契机,美国国会于1937年8月正式通过了久违的《大麻税法》,对印度大麻的经销加以管控。

在一系列严厉的法律规定出台后,美国的毒品交易被迫转入地下黑市。当然,贩毒风险的增加同时意味着利润的增加。一些有组织犯罪集团发现"海洛因贩运和卖淫业有利可图",他们就在"马赛、丹吉尔和贝鲁特建立了毒品销售的网络中心","从欧洲各国特别是法国和瑞士的小制药商那里购买海洛因",并走私到亚历山大和贝鲁特等中近东地区或远东的上海,再走私到纽约或芝加哥。这

---

① 《鸦片史》,第226页。
② Pedro Antonio, "Drug abuse in El Salvador", UNODC Bulletin on Nacotics 1972 Issue 3.
③ 《20世纪美国毒品政策史的多视角解读》。

与晚清的情况类似,当毒品需求不能消除时,如果政府宣布毒品为非法,涉毒黑社会就不可避免地出现了。当国联《1931年公约》签署之后,欧洲各国加强了麻醉品管制,犯罪集团就将"经营中心转移到土耳其的伊斯坦布尔"[①]。中国和伊朗的生鸦片被运到土耳其,土耳其的地下工厂负责将它们加工成吗啡,再经过黎巴嫩运到意大利的西西里,在西西里被加工成海洛因后由黑手党成员贩运至欧洲各口岸,或者直接运往美国,或者经古巴转运到美国。[②] 第二次世界大战期间,国际毒品走私因战争而遭遇重创,远东—地中海—大西洋贸易线路被迫中断。贩毒集团只得将目光投向南部的墨西哥,从这里贩运海洛因来满足美国市场的需求。因为来自墨西哥的海洛因质量低劣且货源不足,大量的瘾君子只能停止吸毒。在禁毒法规和毒源中断的双重打击下,到1945年,美国的吸毒人口已经从20万人下降到2万人。[③]

在第二次世界大战以后,以苏联为首的社会主义阵营和以美国为首的资本主义阵营形成对峙。同时,美国北部城市中的黑人社区和波多黎各人贫民区内的毒品滥用形势有所加重,种族矛盾也有所激化。在这一背景下,反共排外的麦卡锡主义开始在美国国内盛行。许多人担心中国和苏联会和美国国内的某些组织联合起来推翻美国政府,而毒品犯罪分子被看作是和社会主义阵营有联系的危险分子,因此美国政府加强了对毒品犯罪行为的打击力度。1951年通过的《博格斯法案》加重了对毒品犯罪的惩罚措施,规定第一次犯罪要有最低两年监禁的处罚。1956年,美国反毒品法律的严厉程度达到顶点,当年出台的《麻醉品控制法案》规定,将海洛因卖给未成年人可判处死刑,从而把"司法惩治模式"推向了顶峰。[④] 在此后数年中,毒品在美国几乎销声匿迹。

与美国通过严厉法律手段遏制毒品泛滥的情况不同,地处欧洲的西方国家在这一时期没有发生大的毒品问题。在20世纪初的英国,吸食鸦片的主要还是华人群体,而且在英的华人人数也不算很多:在1911年有1 300人,1921年也只有3 000人。[⑤] 1909年,伦敦市议会曾通过法令,禁止在海员的食堂、宿舍里吸食鸦片,这是英国第一次对华人吸食鸦片的场所加以限制。在第一次世界大战时的1916年,因为发生了为部队提供毒品的丑闻,导致英国政府出台了《领土防卫法规则40B》(*Regulation 40B of the Realm Act*)。该法不仅禁止为部队提

---

① 《一个世纪的国际药物管制》,第77页。
② 《鸦片史》,第257、278页。
③ 《鸦片史》,第230页。
④ 赵秉志主编:《毒品犯罪研究》,中国人民大学出版社1993年版,第333页。
⑤ 《鸦片史》,第243页。

供毒品，而且同时规定没有医生相应处方的普通公民不得拥有麻醉品，否则以犯罪论处。1920年，英国对《领土防卫法规则40B》进行修订，颁布了《危险药品法》（the Dangerous Drug Act），并在英国实行出口许可证制度，开始限制吗啡的非法出口。1926年，"罗仑斯顿报告"出炉，该报告把毒瘾看作是一种疾病，允许医生以处方的形式给上瘾者开出最低剂量的毒品。这一宽容的理念被英国政府所接受，并以此指导了后来近四十年的禁毒工作。① 究其原因，是英国当时的毒品问题并不严重。20世纪20年代末，英国每年因毒品问题引发的诉讼不超过12起，到30年代，英国国内为消遣而使用毒品的现象依然比较罕见：中国人在自己的小社团里吸食鸦片，鸦片也远远没有在全国流行。一些上流人物、艺术界和演艺界的人偶尔也会使用毒品，但主要是可卡因，海洛因极为少见。② 于是，当时的大多数英国人认为没有对毒品问题采取强力措施的必要。不过，即使如此，英国在欧洲各国中仍然算是鸦片消费最多的国家，1907年，英国消费205.5吨鸦片，总人口人均用量为5.2克。与此相对应，意大利消费2.1吨，人均仅为0.06克；奥匈帝国消费1.4—2.1吨，人均仅为0.05克。德国和法国因为有吗啡和海洛因制药工业，分别消费46.5吨、14.7吨，人均用量分别为0.75克和0.36克。③ 据此可以得出这样的结论，毒品在20世纪上半叶的欧洲还没有成为大的社会问题。

另外值得一提的是，巴比妥类药物在20世纪初进入到英国的临床实践当中，虽然在1913年后被加以限制，但是这成为又一毒品滥用形式的发端。④

七、东南亚的鸦片专卖与专卖废止

20世纪初，东南亚实行的鸦片包税制度依然为当地政府创造着高额的利润。然而，当国际禁毒旗帜高高飘扬之际，东南亚各殖民政府和暹罗政府迫于舆论压力，不得不亦步亦趋地追随着时代发展的节奏。这当中，只有菲律宾采取了断禁方略，其余各国多假以禁烟之名，以鸦片专卖制度代替包税制度。这些真真假假的专卖制度直到二战后才逐步废除，取而代之以严禁政策。这方面，荷属东印度的变化较为典型。

19世纪后半叶，荷兰的政治家、传教士、新闻工作者以及一些殖民地服务机

---

① 《全球化视角下的毒品问题》，第256页。
② 《鸦片史》，第246页。
③ 《一个世纪的国际药物管制》，第53页。
④ M. M. Glatt, "The Abuse of Barbiturates in the United Kingdom", UNODC Bulletin on Nacotics 1962 Issue 2.

构的工作人员都开始站出来对鸦片包税体制进行猛烈的攻击,"反鸦片呼声的汇合引发了殖民地关于鸦片问题的深刻争论"。1887年,殖民地官员布鲁索夫签署了一份由1255人联合签名的请愿书,痛诉"鸦片包税制的本意是对鸦片的消费进行限制,而事实却是相反"。这份请愿书对"反鸦片包税制情感的演变起了极大的冲击作用,因为它比其他的对鸦片包税制的批判更具体、更有依据、更权威,成为被最广泛援引的包税制的罪状之一"。1889年,在荷兰本土又成立了一个反鸦片联盟。该联盟于次年在海牙出版了活动年报《爪哇的鸦片诅咒》,并以此作为反对鸦片贸易的舆论阵地。反鸦片活动影响了荷兰决策层的态度,以至于在1900年,荷兰女王威赫明娜和殖民大臣艾登贝格都声称,荷兰政府应当担负起"较先进民族对后进民族的道义使命"。经过多年酝酿,荷兰议会最终在1919年通过了《鸦片法》,宣布禁止可卡因、鸦片和鸦片衍生品在医学与科研目的之外的制造、销售、进出口和持有。这是荷兰历史上第一个管制毒品生产与贸易的全国性立法,是荷兰禁毒史上的一大进步。①

  荷兰殖民政府之所以要改弦更张,除受到强大的舆论压力外,包税制度自身的运行出了问题也是一个重要的原因。实际上,荷属东印度群岛的鸦片包税制在反鸦片运动方兴未艾之时已经是穷途末路。19世纪70—80年代,由于遭到病虫害及口蹄疫等自然灾害的打击,爪哇的农业经济出现危机,引起大量企业倒闭和银行破产。许多以高价格竞得包税权的鸦片包税人无法销售足额鸦片,以致出现巨额亏损。在1889年,爪哇的19个鸦片包税机构中只有4个侥幸存活,而其他机构的累计债务也已经达到数百万荷兰盾,很多曾经显赫一时的包税者加入破产者的行列,有的甚至锒铛入狱。有人感言,"爪哇鸦片包税制度在如此大规模上的失败是意想不到和史无前例的"②。此外,荷兰殖民政府越来越难以驾驭包税商,而肆无忌惮的包税商最终对财税造成损害,也是迫使其改变策略的重要原因。"在殖民档案中,有关鸦片包税商参与鸦片走私的案例记载不在少数。"③例如在1865年,当荷兰殖民政府对爪哇包税商的最大鸦片供应量加以限制时,岜吉冷的驻扎官卡斯滕就曾发现当地鸦片包税人马淼泉仓库里的鸦片是其合理储量的三倍。在当地,以马淼泉为代表的马氏家族与其妻家陈氏家族都是地方豪强,两家盘根错节、树大根深。马氏家族的产业包括各类包税、航运、仓储和大米,其投资远及新加坡,可谓富甲一方。在事发后,连马淼泉的账本也曾遗失多日,待找出时数据已被涂改。随后当地有传言说,马淼泉以一万荷兰盾贿

---

① 《全球化视角下的毒品问题》,第254页。
② 《荷属东印度鸦片公营局制度研究》。
③ 《荷印殖民政府鸦片税收政策及其对爪哇华人社会的影响》,第203页。

赂了调查人员。可即使如此，荷兰政府还是查实在马的仓库里确有304公斤鸦片无法解释来源，且证实有邕吉冷的包税商在外南梦地区非法出售过一批鸦片。据此，荷兰政府剥夺了马森泉的包税商身份，但随后又在无奈之下于1872年恢复了他的这一身份。① 由此可以推断，当荷兰政府对包税商设置销售上限时，包税人也会参与到走私贸易之中，而即使没有销售上限，他们很可能也会参与包税范围之外的走私活动。荷兰人不仅无法控制他们，甚至最终还会不得已而重新启用他们。政府与包税商的矛盾由此可见一斑。

在这样的背景下，荷属东印度总督霍尔丁克提议建立鸦片公营专卖局，并于1894年9月首先在马都拉岛试行。1903年，公营专卖制度被推广至全爪哇，1914年又推行到荷属东印度全境，华侨承包经营鸦片税收的历史就此终结。在新的制度下，政府在财政部下设立一个中央局，管理并监督全部鸦片事务。鸦片进口由政府统一负责，并在巴达维亚设置了一个唯一的大型中央工厂以生产统一质量和口味的鸦片产品。产出的产品被统一调配给各个殖民驻扎区，每区都配有一个由欧洲人管理的鸦片中心仓库和一个广泛的合法鸦片商店网络。每个商店的负责人（Mantri）从仓库里领取鸦片，销售后还要记录交易账目，并将现金上缴副收集官（Assistant Collector），由他上缴财政。政府对鸦片销售价格进行严格管制，1903年的价格是新加坡市场鸦片价格的10倍，且一直居高不下，被认为是"世界上最昂贵的"。② 这种由政府直接管理零售网络并锁定零售价格的铁腕垄断完全不同于以往，它所刻意导致的高昂的垄断价格对鸦片市场的打击是致命的。于是，荷属东印度的鸦片消费量从公营局制度实行之初的1914年100吨逐渐下降到1928年的60吨，继而下降到1936年的不足20吨，而反过来，荷兰殖民政府的鸦片税入却节节上升，从1900年的1262万荷兰盾增加到1914年的3500万荷兰盾，又增加到1928年的4280万荷兰盾。③

还需赘言的是，中国国民党早期追求的鸦片专卖制度实际上就是试图模仿这一专卖体制。不过，这一体制的执行效果将取决于两个方面：第一是政府能否推动一个极高的垄断价格的形成；第二是高价格必然导致严重的鸦片走私，那么政府是否有能力有效地控制走私。这就涉及主观和客观两个层面，一是政府的决心，二是政府的能力，否则就只能是适得其反。如在包税制施行时期，"中爪哇地区在1860年消费的鸦片有60%是走私而来的"，而黑市价格只是"合法市

---

① 《荷印殖民政府鸦片税收政策及其对爪哇华人社会的影响》，第179、203页。
② 《荷属东印度鸦片公营局制度研究》。
③ 《荷属东印度鸦片公营局制度研究》。

场价格的四分之一到二分之一"。①

1942年,日本侵略军占领了荷属东印度群岛,荷兰殖民当局投降,以专卖方式控制毒品的政策中断。1945年日军投降后,当地人民发动"八月革命",建立了印度尼西亚共和国。这时,荷兰人企图重返印尼,对其进行军事封锁,企图扼杀新生的共和国。印尼政府一面进行妥协,与荷兰人达成《林芽椰蒂协定》等不平等协定;一面试图建立一支自己的军队,但这需要巨大的花费。同时,印尼共产党等左派革命力量士气高涨,引起了保守的印尼政府的担忧。要镇压革命力量,也需要筹措资金。为满足巨额的经费需求,印尼政府想到了鸦片。国防部长兼副总理沙里弗丁在1947年7月提议出售殖民地时代的鸦片库存,得到了政府批准。于是,印尼政府在财政部下设立"鸦片与食盐局",由穆卡托任局长,在私下里秘密进行鸦片销售活动。不过,由于没有新的鸦片补给,印尼政府销售的鸦片数量并不太多。这样,虽然共和国领导人在建国之初曾发誓"要在五年内根除本国内所有的鸦片",但"印尼共和国政府不仅保留了荷兰殖民政府的鸦片分销网络",还"使其成为新政府重要的外汇和财政来源"。1948年9月,印尼政府制造"茉莉芬事件",镇压了印尼共产党等左派人士。3个月后,荷兰人掌握了印尼政府参与鸦片贸易的证据,印尼政府不得不结束"国际鸦片贸易的冒险之旅"。②

上述荷属东印度的政府鸦片专卖制度虽然较为成功,但却并非东南亚最早的专卖制度。实际上,它在某种程度上只是在效仿越南西贡的法国当局。③ 早在中法战争之初,法国当局就于1883年建立了一个专门的鸦片管理处,被授予生鸦片进口、提炼加工和销售的垄断权。这一新建机构的管理人员仍是清一色的华人,大多还是之前的鸦片包税人。该机构在西贡设立了一个鸦片加工厂,也由华商负责。管理处负责将鸦片成品定量分发给那些通过竞标获得某一区域专卖权的私营货栈,这些货栈则需为取得专卖垄断权而缴纳一定费用。这样,法国当局虽然在越南建立了一种政府垄断专卖的体制,"但这一殖民管理休制却仍然保留了包税制的许多特征"④。1906年,法属印度支那共生产鸦片27吨,其中老挝生产1.2吨。此外,管理处从国外进口鸦片138吨;贩毒分子从中国云南走私输入20—25吨。⑤ 这就是说,当时的法属印度支那大致的年消费鸦片量约为190吨。当地总的吸食人口大约为25万人,其中70%—80%是华人,如果按地

---

① 《19世纪末爪哇鸦片税收专卖承包制研究》。
② 沈燕清:《鸦片与印度尼西亚八月革命》,《东南亚南亚研究》2012年第3期。
③ *Opium, Empire and the Global Political Economy*, p.154.
④ *Opium, Empire and the Global Political Economy*, p.153.
⑤ 《一个世纪的国际药物管制》,第36、37页。

区分别,越南的吸食人口最多、老挝其次、柬埔寨最少,其中又以越南堤岸(今胡志明市)的华人聚居区最多。① 鸦片贸易为法国殖民政府带来了丰厚的利润。在1919—1924年间,鸦片专卖收入占到各类专卖总收入的30%—50%。② 在第二次世界大战期间,法国殖民者又怂恿老挝一侧的苗族部落增加鸦片生产,从1940年的7.5吨增加到1944年的60.6吨。战后,法国西贡当局迫于国际压力于1946年7月16日终止了鸦片专卖垄断,宣布在越南全境关闭烟馆,规定除医师开具证明购买必要的鸦片外,完全取缔鸦片吸食。③ 不过,后来的事实证明法国人并没有真正地停止鸦片生意,而是由非官方授权的情报机构接管了鸦片生产,并将收集的鸦片运到西贡,再走向国际市场。④ 这一情况一直持续到第一次印度支那战争结束。

20世纪初,英国控制下的马来亚诸邦和海峡殖民地也开始取消鸦片包税制,代之以鸦片专卖制度。1895年,霹雳率先开始废除包税制度,实行鸦片专卖。1900年、1901年,雪兰莪、森美兰相继效仿。1910年,英国在海峡殖民地废除包税制度,要求吸食者进行登记并建立了28个政府零售店,开始实行鸦片专卖制度,并于次年将这一制度在整个马来联邦推行。⑤ 当时的新加坡人口为77万人,鸦片流行率约为2%。⑥ 专卖制度在一定程度上控制了鸦片消费,也使政府收入不断攀升。1922年,新加坡的鸦片收入仍然有1 473万元,占全部财政收入的43.9%;马来亚的鸦片收入为2 947万元,占全部财政收入的28.6%。⑦ 1942年1月,日本侵略军大举进攻,夺取缅甸、马来亚和新加坡。1942年3月,日军占领印度的安达曼尼科巴群岛。1943年底,日军企图夺取印度东部边境重镇英帕尔,被盟军击败。1943年11月10日,英国为争取民意,发表禁烟声明,承诺在战后根除鸦片专卖制度及鸦片吸食行为。日本投降后,英军返回马来亚和新加坡,于1946年宣布鸦片贸易非法,同时废除了专卖制度。然而,英国人并没有因此而重新在这里站稳脚跟。英军在二战中的表现,使马来人不再相信英军是一支不可战胜的力量,"不列颠英雄的时代"终结了。1957年,马来西亚独立。1963年,新加坡脱离英国统治加入马来亚。1965年,新加坡又脱离马来

---

① 《一个世纪的国际药物管制》,第49页。
② 《荷印殖民政府鸦片税收政策及其对爪哇华人社会的影响》,第151页。
③ 《华侨烟毒现况与中国政府意见》,载《中国禁毒史资料》,第1429页。
④ 《鸦片史》,第299页。
⑤ 《英属马来亚华人饷码制度探析》。
⑥ W. H. Mcglothlin, *The Singapore Heroin Control Programme*, UNODC *Bulletin on Nacotics* 1980 Issue 1.
⑦ 《中华国民拒毒会呈请国民政府禁烟文》,载《中国禁毒史资料》,第896页。

西亚而独立。在独立后的马来,很少有年轻人成为鸦片吸食者,因而鸦片吸食者的平均年龄逐渐增加。①

在 20 世纪上半叶,东南亚各国中禁毒相对彻底的是菲律宾。可以说,"菲律宾是第一个彻底禁止鸦片的亚洲国家","这是一个西方强国决心采取行动来废除亚洲地区鸦片烟毒的第一个例子,是在国际层面废除鸦片贸易行动的第一步"。② 这个大国就是美国。当美国于 1898 年从西班牙人手中夺取菲律宾时,仅马尼拉就有 190 家烟馆,每年零售鸦片量达到 130 吨。③ 美国殖民政府首先采取了高关税政策,希望以此阻止鸦片输入,但鸦片销量却在 1897—1901 年间翻倍增长并快速在菲律宾土人中间传播。1902 年,鸦片关税已经达到 45%,但 1903 年的鸦片进口量仍然有 25.5 万磅(115 吨)。当无奈的殖民政府企图恢复鸦片垄断时,却遭到了来自美国国内强大反对意见的批评。1905 年 3 月,美国国会通过了一项《修订和修正菲律宾群岛关税法法案》,要求菲律宾殖民政府除医药用途外,"绝对禁止输入或出售鸦片,或限制或制约其输入或出售,或采取其他必要措施遏制出售和吸食毒品所产生的祸患",还规定"自 1908 年 3 月 1 日后任何非政府实体将任何形式的鸦片输入菲律宾群岛均属非法"。④ 受此影响,菲律宾的鸦片进口量在 1907 年下降到 77 吨,这时的吸食人数约为 63 400 人,占总人口的 0.8%。⑤ 1908 年后,全面禁止政策正式执行,鸦片交易被迫转入地下。应当说,美国在菲律宾的禁毒政策是比较成功的,但即使如此,鸦片也不可能被完全铲除。直到 1930 年,美国调查人员发现在当地仍然可以非常容易地得到鸦片。⑥

与这一时期东南亚鸦片市场整体坍缩的情形相比,暹罗显得十分反常。20 世纪初,暹罗王室对鸦片包税制度日益不满。他们认为华籍鸦片包税人大多是将鸦片收入寄回中国而不在暹罗进行投资,致使暹罗经济发展缓慢。1907 年,暹罗却克里王朝的拉玛五世宣布废除鸦片包税制度,设立鸦片局,由政府直接经管鸦片贸易。不过,暹罗建立鸦片专卖制度的初衷与荷属印度不同,因其旨在增加税收而不是真正遏制华人作为主要消费者的鸦片贸易,所以并不像东南亚其他国家那样出现税收增加而销量减少的情况,而是出现了销量与税收的双增长。1907 年,暹罗进口鸦片 1 385 箱,合 88 吨。鸦片消费人口约 11 万人,占

---

① *The Singapore Heroin Control Programme*.
② *Opium, Empire and the Global Political Economy*, p.155.
③ 《一个世纪的国际药物管制》,第 32 页。
④ 《从门户开放政策看美属菲律宾政府的鸦片政策》。
⑤ 《一个世纪的国际药物管制》,第 51 页。
⑥ 《美国禁毒史》,第 38 页。

总人口的1.5%。① 鸦片税收从最初的1120万泰铢增加到1919—1920年度的2300万泰铢,占政府全部税入的四分之一以上。在国际上,虽然暹罗于1913年就批准了《海牙禁烟公约》,承认公约的原则和精神,但实际上对于国联的禁毒提议并不热心,原因是暹罗进口关税税率在不平等条约的限制下只有3%,如果放弃鸦片专卖制度则无法继续维持财政的收支平衡。

1921年和1929年,却克里王朝两次公布鸦片法,限制私人买卖鸦片,政府专卖收入继续增加,达到每年1.17亿泰铢。② 同时,供应减少与价格上涨使鸦片消费受到一定程度的遏制。1932年,暹罗人民党发动政变,但未能推翻却克里王朝,最后双方妥协,将君主制政体改为君主立宪制。不过,君主立宪制没有为暹罗带来安宁,反而大小政变频仍,政局动荡不已。30年代后期,由于受到国联鸦片定额体制的影响,暹罗已无法从国际社会购买到足额的合法鸦片来满足国内需求。于是在1938年,政府正式授权北部地区实行鸦片生产试验,至1940年宣布试验成功。在政府的纵容下,已经缩小的鸦片消费者规模又扩展为1938年的6万人。③

1939年,暹罗更名为泰国,意为"自由"。1941年,泰国从印度进口了足以种植1.6万亩土地的罂粟种,罂粟种植业急速发展,政府税入也迅猛增加,"甚至使20年代的惊人数字也相形见绌"④。同年,泰国遭日本控制,被胁迫加入法西斯方面参加第二次世界大战。战争期间,由于断绝了外部鸦片来源,泰国北部的鸦片生产进一步扩展。日本投降后,泰国发表"宣战无效"宣言,重返国际社会。综观20世纪上半叶的泰国,"大量廉价的鸦片继续被吸毒者使用意味着该国巨大的吸毒者人口在战争年代中完好无损地保存下来"⑤,1948年,仅泰国北部地区的鸦片产量估计就有84—112吨。⑥

八、新中国禁毒与"游离"的港澳台地区

第二次世界大战结束以后,作为全球鸦片生产和消费第一大国的中国即将迎来彻底的改变。

中国抗日战争在1945年胜利后,国、共两党展开和谈,签订《双十协定》,但国民党蒋介石政府在1946年撕毁协定发动了全面内战。中国共产党在经过

---

① 《一个世纪的国际药物管制》,第51页。
② 《暹罗曼谷王朝时期的鸦片问题》。
③ *Opium Production Throughout the World*.
④ 《暹罗曼谷王朝时期的鸦片问题》。
⑤ 《暹罗曼谷王朝时期的鸦片问题》。
⑥ *Opium Production Throughout the World*.

3年的解放战争后,反弱为强,统一了中国大陆,中华人民共和国于1949年10月1日宣告成立。

中国共产党历来奉行积极的禁毒政策。早在1923年7月,中国共产党在《第二次全国大会宣言》中就谴责了"英国政府和商人要强迫把鸦片毒害中国民众"的"卑污强盗行为"[①]。在第一次国共合作时,共产党积极支持孙中山的禁毒政策,参与禁毒斗争。在蒋介石背叛革命后,共产党被迫转入农村地区,以工农武装割据的形式坚持斗争。这时,各农村根据地依旧坚定地奉行禁毒政策。《赣东北特区苏维埃暂行刑律》中就把"鸦片烟罪"单列一章,规定"制造鸦片烟,或贩卖,或意图贩卖而私藏,或自苏区外贩运者,处死刑至三等有期徒刑";"吸食鸦片烟者,处一等至三等有期徒刑"[②]。这是共产党第一次把惩治毒品犯罪列入刑事法律之中。在1929年4月,《平江县苏维埃政府暂行纪律》中也严厉规定：栽种、贩卖、吃食鸦片,"经二次警告而不改者","处决"[③]。这一"吸食鸦片论死"的规定比国民党类似规定的出台早了整整五年。

1934年10月,共产党中央主力红军在赣西南作战失利,被迫长征,向陕北转移。到达陕北后,共产党又多次发布禁烟法令。在西安事变促成第二次国共合作后,共产党为配合国民党"两年禁毒、六年禁烟"运动,由西北办事处主席林伯渠于1937年5月签发命令,要求铲除罂粟、封闭烟馆,"贩卖鸦片的……一经查出,全部没收,并得加以处罚","吃鸦片未登记的,立即登记,限期戒绝,期间(限)至长不得超过6个月"[④]。其后,共产党又设立以霍维德任处长的陕甘宁边区禁烟督察处,并陆续颁行《陕甘宁边区禁烟禁毒条例》、《晋察冀边区关于展开灭毒运动的命令》、《陕甘宁边区查获鸦片毒品暂行办法》等法令法规,对"冲食或注射烟毒者"、"种植鸦片烟苗者"、"制造吸食或注射烟毒器具者"、"抗拒禁烟禁毒职务之执行者"、"帮助或庇护他人吸食、注射及买卖、贩运烟毒者"、"买卖或贩运烟毒者"、"设立传布烟毒之商店机关者"七种人予以惩戒,第六、第七种情节严重者可施以死刑。[⑤] 至1942年,陕甘宁边区与华北敌后根据地完全实现了禁种。[⑥] 然而,"敌区烟毒每多偷向我后方运售,遂使我边区干净土地亦遭波及",据1942年陕甘宁边区统计,全区烟民每月总共消耗在百万元(边币)以上。[⑦]

---

① 《中国共产党历次代表大会数据库》,人民网。
② 《禁毒史鉴》,第460页。
③ 《中国共产党禁毒史》,第19页。
④ 《苏维埃政府西北办事处关于禁止鸦片的布告》,载《中国禁毒史资料》,第1605页。
⑤ 《陕甘宁边区禁烟禁毒条例》,载《中国禁毒史资料》,第1613页。
⑥ 《新华日报》1942年6月3日,载《中国禁毒史资料》,第1617页。
⑦ 《中国共产党禁毒史》,第44页。

抗日战争胜利后,共产党在被日寇毒化多年且毒品依然盛行的察绥热辽地区建立禁烟督察局,直接归属晋察冀边区行政委员会领导,大力开展禁毒工作。即使在艰苦的解放战争时期,共产党也坚持了严禁毒品的政策,要求农民铲除烟苗,发展农业生产。1949年1月,陕甘宁晋绥边区政府主席林伯渠、军区司令员贺龙、政委习仲勋联名签署发布《陕甘宁晋绥边区暂行缉私规章》,加大对毒品贩运的缉私力度。随着解放区范围的不断扩大,《华北区禁烟禁毒暂行办法》等新的地区性禁烟禁毒文件不断出台。这些禁毒行动成为新中国成立后禁毒运动的先声。

新中国成立时,全国的毒品形势依然严峻。1949年底,全国罂粟种植面积仍然有100多万公顷;4亿多人口中以制贩毒品为业的有30多万人,吸毒者约有2 000万人。① 新中国政府政务院第21次政治会议于1950年2月24日召开,会后以政务院名义向各大行政区政府及中央直辖各省市发出《政务院关于严禁鸦片流毒的通令》。通令指出,"自帝国主义侵略我国,强迫输入鸦片,为害我国已百有余年","尤其在日本帝国主义侵略下,曾有计划的实行毒化中国,因此戕杀人民生命,损耗人民财产,不可胜数","现在全国人民已得解放,为了保护人民健康,恢复与发展生产,特规定严禁鸦片烟毒及其他毒品的办法",要求各级人民政府应协同人民团体"动员人民起来一致行动",并设立由民政部门牵头由民政、公安部门及各人民团体组成的禁烟禁毒委员会,"在军事已完全结束地区,从一九五〇年春起应禁绝种烟;在军事尚未完全结束地区,军事一经结束,立即禁绝种烟","从本禁令颁布之日起,全国各地不许再有贩运制造及售卖烟土毒品情事,犯者不论何人,除没收其烟土毒品外,还须从严治罪","散存于民间之烟土毒品,应限期令其缴出","吸食烟毒的人民限期登记"②。各地接到通令后纷纷行动起来,在大规模宣传教育的基础上成立了工作组,收缴毒品烟具,查封烟馆。到1952年春,华北、东北、华东、西北四大行政区共缴获各类毒品2 447万余两。

同年,全国"三反"、"五反"运动进入高潮阶段,全国揭露出为数众多的国家机关公职人员从事毒品贩运的情况。例如,衡阳铁路局的一批内部人员被毒贩收买后,从国外走私购进大批鸦片和海洛因;天津、武汉也破获了类似内外勾结的贩毒大案。③ 1952年4月,中央下发《关于肃清毒品流行的指示》,要求中央部门以"铁道、公路、海运、河运、邮政、海关、公安边防、司法、税务等作为重点",地方"则以大中城市、边防口岸以及过去烟毒盛行的地区","为开展运动的重点地

---

① 《1998年中国禁毒报告》。
② 《人民日报》1950年2月25日。
③ 毕宏吏:《建国初期禁绝烟毒始末》,《党的文献》1996年第4期。

区"，彻底清除毒品。① 5月21日，中央政府再次发布《查禁鸦片烟毒的通令》，要求各地大张旗鼓地做好禁烟禁毒工作，开展群众性检举运动，同时发动犯罪分子自我坦白，将禁种罂粟运动与爱国丰产运动结合起来。为配合行动，中共中央宣传部与公安部于7月19日联合发出《关于禁毒宣传的指示》，要求"在人民群众中进行广泛的强有力的宣传"②。各地党委和政府根据中央指示，组织宣传队，通过召开报告会、群众会、控诉会、公审大会等形式对群众进行禁毒教育。他们还通过宣讲、漫画、标语、黑板报、相声、大鼓、秧歌等戒烟作品，利用群众喜闻乐见的形式，宣传毒品危害和政府的禁毒方针。据不完全统计，全国各地共召开各种宣传会76.5万次，受教育人数7460万人。③ 1952年8月，公安部统一部署，在全国1202个禁毒重点地区同时进入第一期行动，展开大规模搜查缉捕工作，随即又进行了第二、三期的破案行动，全部行动于当年11月底结束。这次行动得到老百姓的积极配合，全国共收到群众检举信131万件，检举毒贩22万名，仅河南省就出现儿子检举父亲、妻子检举丈夫的事例680多件。④ 12月，公安部长罗瑞卿向中央人民政府主席毛泽东送交报告。报告说，全国共查处毒贩37万人，逮捕8.2万人，依法处决880人，缴获毒品400万两，制毒机235部又1.6万套，各种贩、运、藏毒工具26万件，六〇炮2门，机枪5挺，长短枪支877支，子弹8万发，手榴弹167颗，炸弹16个，发报机6部。⑤ 这是对旧中国烟毒势力的一次毁灭性打击。

与此同时，全国土地改革运动全面展开。从1949年初到1953年春，从华北、华东、中南，再到西北和西南，共3亿多无地少地的农民无偿获得了7亿亩土地，有力配合了当时开展的禁毒斗争。随后开展的农业合作化运动使5亿个体农民走上了集体公有制的道路，也将农业作物置于众目睽睽之下，完全铲除了种植罂粟的土壤。手工业和工商业的社会主义改造，以及商业中实行的高度集中的管理制度、国家设立外贸公司严格管理进出口贸易的统制政策，完全阻断了毒品的流通渠道。毒品自流行中国以来第一次在中国内地绝迹。

至此，中国实现了数百年来禁毒运动的最根本胜利，也从根本上改变了国际毒品贸易的格局。此后的中国既不是鸦片生产的主要基地，更不是包括鸦片在内的世界毒品消费的主要市场。就世界范围内来讲，20世纪50年代的中国也是世界毒品控制最为成功的国家。

---

① 《建国初期禁绝烟毒始末》。
② 《中国共产党禁毒史》，第230页。
③ 《中国共产党禁毒史》，第234页。
④ 《建国初期禁绝烟毒始末》。
⑤ 《中国共产党禁毒史》，第224页。

图 5-8　中华人民共和国成立初期的禁毒①

在这次史无前例的大规模禁毒行动中,观赏性的华种罂粟很可能就此灭绝。时至今日,无论是野生的还是观赏的华种罂粟都已不见了身影。经过新中国六十多年坚持不懈的禁毒,这种离开田间地头就无法生存的脆弱的野生物种恐怕在耕地中难以为继。在当前的观赏花卉中,罂粟属植物只有东方罂粟和新引进的冰岛罂粟两种而已。背负着毒品的标签,观赏性的土产罂粟也早已不容于园圃。即使有非法之徒,也只会为了鸦片去种植"夷种"罂粟。或许,我们只能在古代画师的笔下领略中国观赏罂粟的昔日繁华,它们自身也许已经湮灭在历史长河里的漩涡之中了。

与中国内地形成鲜明对照的是英国控制下香港,香港的毒品泛滥在这时更加严重。港英政府虽然已于抗日战争胜利后的1945年9月20日宣布废除鸦片专卖制度,推行禁政,并因此每年减少了125万元的财政收入,②但有名无实,只是徒增腐败而已。在共产党对贩毒势力展开严厉打击的同时,许多靠贩毒起家的黑社会分子纷纷逃往香港。潮州三合会、青帮纷至沓来,使香港毒品问题更加严重。青帮老大杜月笙也在这时来到香港。潮州三合会很快又挤垮了青帮,成为香港最大的贩毒集团。在他们的推动下,吸食或注射高纯度的3号、4号海洛因逐步代替了鸦片吸食,"追龙"(在铁皮上加热海洛因,然后用纸管将飞起的烟龙吸入)、"吹口琴"(铁皮上加热海洛因,收入火柴盒里再吸食)等吸毒方式日渐

---

① 《云南日报》2009年7月24日。
② 《鸦片史》,第316页。

流行。为使穷人也能够吸食海洛因,零售商还将一些粗制海洛因包装在彩色玻璃纸中,重 0.032 克、0.063 克、0.126 克不等,分别价值 0.5、1、2 港元。这种海洛因质量低劣,并不适合注射使用,只能以"追龙"的形式消费。[1] 到 1965 年,潮州三合会完全垄断了香港鸦片和海洛因的进出口贸易,并将毒品销往欧洲和北美。1972 年,400 万香港人中有 12 万人消费海洛因,3 万人吸食鸦片,几乎是当时美国海洛因市场的三分之一,香港成为全世界吸毒率最高的地区。[2]

在与香港一水之隔的澳门,葡萄牙殖民当局虽然也在 1946 年 6 月 9 日召开政务会议,并于会后颁布了第 933 号训令,宣布解散鸦片专卖局、取缔烟馆并禁止在市面上发售鸦片,但禁烟效果也并不理想。

此外,在第二次世界大战后的台湾,吸毒人口相对较少,加之未受后来的战事影响,国民党《收复地区肃清烟毒办法》、《禁烟禁毒治罪条例》等法令得到较好执行。败退到台湾的蒋介石政权又于 1955 年出台《戡乱时期肃清烟毒条例》,进一步遏制了毒品蔓延,因而吸毒者"人数有限,在社会上也不普遍"[3]。台湾毒品问题再次形成,是 60 年代以后的事情了。

九、日本的冰毒战

在 1945 年日本战败投降之前,日本国内基本上没有发生毒品滥用问题。根据警方在 1931 年的统计数据,当年只有 77 人因吸食鸦片而获罪。1933 年后吸食人数急剧减少,到第二次世界大战后的 1946 年,日本几乎没有麻醉品犯罪事件发生。[4] 另一种说法是,有一些在日华人吸食鸦片,还有个别人使用可卡因,总计约有 400 例。[5]

不过,就是从 1946 年起,日本这个 20 世纪上半叶最大的纵毒国也经历了一场近十年的毒品浩劫。从历史发展的进程看,这属于 20 世纪上半叶世界禁毒战争的尾声,但从毒品性质来讲,这又是世界各国与合成毒品战斗的先声,因为这次在日本肆虐的不是鸦片,而是后来合成毒品的主角——冰毒。

早在 1919 年,日本化学家就从麻黄素中合成了具有兴奋作用的甲基苯丙

---

[1] Government of Hongkong, "The Smoking of Heroin in Hong Kong", UNODC *Bulletin on Nacotics* 1958 Issue 3.
[2] 《鸦片史》,第 316 页。
[3] 吉利:《毒品泛滥——台湾面临的又一次严重社会问题》,《台声杂志》1995 年 3 期。
[4] UNODC, "Post-war Japan and the Problem of Narcotic Drugs", UNODC *Bulletin on Nacotics* 1951 Issue 1.
[5] Masamutsu Nagahama, "A Review of Drug Abuse and Counter Measures in Japan Since World War II", UNODC *Bulletin on Nacotics* 1968 Issue 3.

胺，作为药品使用，主要用于鼻炎及发作性睡病的治疗。甲基苯丙胺又名甲基安非他明，或去氧麻黄碱，是一种无味或微有苦味的透明结晶体，因酷似冰糖，故又称"冰毒"。冰毒具有短暂的兴奋抗疲劳作用，但会对神经系统产生严重损害，且致瘾性极强。1941年以前，日本对冰毒的使用并无限制。1941年后，冰毒被禁止在精神治疗领域使用，但却鼓励飞行员、夜勤通信兵等军人使用，由此导致了冰毒的大量生产。第二次世界大战结束后，日本仍积聚了相当多的库存，这些冰毒被作为药品出售，引发冰毒滥用。1946年9月，东京的一名吸食者被送进医院，标志着日本大规模毒品流行时代的开始，日本也第一次从纵毒国变为毒品受害国。1948年，日本政府颁布命令，要求药店只能将冰毒售于开具处方的病人。1949年8月，日本卫生部又紧急指令停止片剂和粉剂冰毒的生产，但却没有对液体注射用冰毒的生产加以禁止。此后，因冰毒成瘾而住院的人数仍然在急剧增加。于是，卫生部于1950年要求全面停止冰毒生产，但非法生产依旧屡禁不止。

1951年，日本国会通过《兴奋剂控制法》(the Stimulant Control Law)，规定凡进口、生产、贩卖、接收、拥有和使用甲基苯丙胺等合成毒品的，处3年以内监禁。仅在1951年，就有18 311人触犯该项法律，其中17 528人因此而被捕。在被捕者中，26%的人是未满20岁的青少年，有50%是因吸毒被捕。[1] 据估计，当时的日本有1.1万人吸食冰毒，其中90.2%的人年龄在30岁以下。[2] 出人意料的是，严厉的禁毒法令似乎完全丧失了应有的效果，在此后很短的时间里，冰毒以令人瞠目结舌的速度蔓延，到1954年，被捕人数已翻了三倍。据估计，当时已有大约55万人吸食冰毒成瘾，另有200万人曾经吸食冰毒，日本一跃成为世界毒品泛滥的重灾区。

1954年，日本对《兴奋剂控制法》进行首次修正，将涉毒犯罪的刑罚提高到5年监禁，对累犯的刑罚则提高到7年。同时还出台了《精神卫生法》，要求对成瘾者进行治疗。1955年，日本政府专门成立了反安非他明政策促进总指挥部(the General Headquarters for the Promotion of Policy against Amphetamines)，负责协调指挥，统领其他相关机构在全国范围内打击冰毒泛滥。同年，总指挥部在禁止冰毒生产的基础上，进而宣布禁止制毒原料进口。这一"釜底抽薪"式的禁毒战略取得了立竿见影的效果。当时，苯丙酮胺化还原的方法尚未发明，制毒分子还离不开传统的麻黄草原料。一旦丧失了原料供应，非法冰毒生产业就成了"无本之

---

[1] M. Tamura, "Japan, Stimulant Epidemics Past and Present", UNODC *Bulletin on Nacotics* 1989 Issue 1.

[2] Charas Suwanwela, "Drug Abuse in Asia", UNODC *Bulletin on Nacotics* 1986 Issue 1.

术"。于是,日本冰毒泛滥的局面得以很快遏制,每年因涉毒而被逮捕的人数也大幅减少。至 20 世纪 50 年代中期,日本基本上取得了"冰毒战争"的胜利。

表 5-12　违法案件与被逮捕人数①

年　度	违法案件	被捕人数	年　度	违法案件	被捕人数
1951	18 311	17 528	1955	30 672	32 145
1952	21 727	18 521	1956	5 014	5 233
1953	38 263	38 514	1957	779	803
1954	53 211	55 664	1958	268	271

从世界毒品发展的历史来看,日本冰毒战的胜利可以被看作是世界三百年毒品风潮的结束。于是在 20 世纪 50 年代中期,一个近乎无"毒"的世界呈现在人们面前,很多人乐观地认为,"在并不遥远的未来,鸦片成瘾问题将会成为历史"。

---

① *A Review of Drug Abuse and Counter Measures in Japan Since World War II*.

第三编 后鸦片时代

第六章 全球化、个人主义与毒品的回旋(1960—)

追求自由、张扬个性是当代世界文化的鲜明特征。这让当代青年更富活力,更具创造力,但也更具反叛精神。如果反叛传统的特质与扭曲的世界观和价值观相结合,就可能滋生丑恶的毒品亚文化。20世纪60年代以后,毒品便在个人主义的感召下再次复活。受过一定教育的青年取代了过去的烟农和苦力成为当代毒品泛滥的最大受害者。同时,科技进步促成的"全球化"使世界变为一个小小的地球村,也使区区数域的鸦片可以供给全球市场。土耳其、"金三角"和阿富汗相继成为全球鸦片来源地。当然,这些鸦片远不够满足全球"瘾君子"的需求,市场平衡需要新力量的参与,于是以冰毒为代表的合成毒品大行其道。实际上,国际禁毒的重拳打击和来自合成毒品的竞争已经把非法罂粟推向死亡边缘。哥伦比亚的战旗上换成了"可卡因",黎巴嫩和缅甸的罂粟也急剧萎缩,只有阿富汗还在为罂粟谱写着最后的"赞歌"。"麻醉剂"鸦片的时代或许就要终结了,不过,"兴奋剂"冰毒的时代正在来临。

一、全球化与个人主义思潮

(一)"地球村"的形成

飞机航空器是人类在20世纪取得的最重大科技成就之一。1903年12月,美国人莱特兄弟首次使固定翼飞机受控飞行,为飞机实用化奠定了基础。1909年11月,德国出现了第一家商业性民用航空公司。1919年8月,在伦敦和巴黎之间开通了客运和货运航班,当时飞机的时速尚不足200公里。1933年,美国波音公司制造的第一架全金属单翼民航客机波音247首次试飞。该飞机载客10人,航速为每小时248公里,航程为1 200公里。第二次世界大战期间,涡轮喷气发动机引发了飞机革命。1952年5月,第一种使用纯喷气发动机的民航机开始在伦敦到南非的航线上使用,航速可达每小时788公里。其后,双转子涡轮喷气发动机、四发涡轮螺旋桨飞机纷纷出现。1970年,波音747投入使用,其载客量达到366人,航速达到每小时1 089公里,最大航程为9 800公里。当前,较快速度的客机航速已可达2个马赫,约每小时2 450公里。这就是说,人类可以在1天之内到达世界上任何一个地方。20世纪航空器取得革命性发展的同时,海上航运和陆上交通工具的速度虽然仍远逊于飞机,但同样取得了巨大的进步。随着现代交通工具越来越便捷,广播、电视、手机、互联网等通信技术也发生了质的革命。面对科技革命突飞猛进带来的时空缩短,加拿大传播学家麦克卢汉首次提出"地球村"(global village)的概念。"地球村"的出现打破了传统的时空观念,使人们与外部世界乃至整个世界联系更加紧密,经济全球化进程空前加速,各国经济相互依赖性进一步加强,但同时,各国经济主权的独立性也受到了考验。

20世纪末的政治事件也加速了"地球村"的形成。第二次世界大战后,形成了以美、苏为首的资本主义和社会主义两大阵营对峙的"雅尔塔格局"。1978年,中国共产党在十一届三中全会后启动了改革开放的历史进程,主动使中国经济与世界经济相互融合。1989年6月,波兰社会主义制度瓦解。此后,匈牙利、罗马尼亚、保加利亚、民主德国、捷克斯洛伐克等社会主义国家纷纷放弃社会主义制度,苏联最终也于1991年12月25日放弃了已经坚持74年的社会主义道路,解体为15个独立国家。"苏东剧变"标志着冷战为特征的两极均势的"雅尔塔格局"崩塌。这对后来的国际局势产生了深刻且深远的影响,在使国际共产主义运动走入低潮的同时,也加速了全球经济一体化的历史进程。

"地球村"已经是一个不争的事实。对于毒品贸易来讲,"地球村"的形成既为侦查罂粟种植、侦破走私犯罪、促进国际合作等事宜带来了先进的技术措施,也为贩毒集团带来了更加便捷和隐蔽的犯罪手段。全球毒品市场也正融为一体。

(二) 个人主义思潮的扩散

著名历史学家阿诺德·汤因比曾提出,20世纪标志着伟大的世界性宗教被三种后基督教的意识形态所取代,即民族主义、共产主义和个人主义。"这些意识形态都具有宗教信仰的特质,每个都提出了各自的终极需要——爱国精神、阶级斗争和世俗的人文主义。"[①]第二次世界大战后的民族独立浪潮满足了民族主义的价值诉求;社会主义阵营的形成开始了大规模的社会主义实践;只有个人主义价值观还在追求着"自我"的实现。

西方的"个人"观念从古希腊的"模拟自我"到中世纪教会引导下的"外在授权的自我",再到宗教改革以后的"内在授权的自我",终于在经历了理性主义的洗礼之后逐渐形成为一种价值体系。在这一体系当中,"个人不仅被赋予了直接

---

① [美] 布鲁斯·雪莱:《基督教会史》,刘平译,北京大学出版社2004年版,第475页。

的地位和价值,而且也成为真理的最终裁断者"①。"个人主义"的体系与马克思主义对资本主义的批判、弗洛伊德的精神分析学在碰撞融合之后产生了法兰克福学派。有人将法兰克福学派作为西方马克思主义的一个流派,称其为弗洛伊德主义的马克思主义;但也有人将其主张"世俗的人文主义"称为人本主义学说。威廉·赖希(Wilhelm Reich)、埃里希·弗洛姆(Erich Fromn)、赫伯特·马尔库塞(Herbert Marcuse)等美国学者是这一学派的代表人物。②

出生于奥地利的美国心理学家赖希著有《辩证唯物主义和精神分析》《性格分析》和《性革命》等著作。他提出的"性格结构"理论认为,人的性格是分层次的,是用虚伪包裹着本质。性格表层是"虚伪伪装的社会层",即所谓的"性格盔甲";中间的是"反社会层";而真正处于深层的是包含性欲冲动、自然的社会性冲动的"核心层"。他在主张反对统治阶级财产关系的同时,主张改进人的性格结构的"微观革命",并把"性革命"看作这种"微观革命"的核心。

出生于德国的美国哲学家和心理学家弗洛姆著有《逃避自由》《寻找自我》和《超越幻想的锁链》等著作。他提出"社会性格"和"社会无意识"等若干概念,认为人类社会为了社会自身的顺畅运行将一整套要求施加在人们身上,而人们为了生存就必须满足这些要求,从而形成了"社会性格"。这些"共同压抑的经验"使人们将不符合社会要求的东西排斥出去,从而又形成了"社会无意识"。资本主义社会普遍存在着"异化现象",使人与人的关系堕落为物与物的关系,最终压抑了人性。不过,尽管弗洛姆对资本主义进行了批判,但他并不像马克思那样主张暴力革命,而是要求在精神和哲学、个性结构和文化行动上有所改变。简言之,就是呼吁用"个人主义"的自由去松动"社会性格"的枷锁。

同样出生于德国的美国哲学家和社会理论家马尔库塞著有《论历史唯物主义的基础》《爱欲与文明》《单面人》和《反革命和造反》等著作。他提出人的本质是"爱欲",进而把马克思关于"人的解放"归结为"爱欲"的解放。同时,他认为资本主义社会是一个"单面性"的社会,其基本特征是"一体化",人们在这样的社会统治下过着"痛苦中的安乐生活"。人们拥有的汽车、高档住宅和彩电等财富和资产只是满足了人们"虚假的需求",因此人们应该进行"革命",但革命的目的不是改变贫困,而是要求自我实现及克服各种形式的"异化"。马尔库塞呼吁,青年知识分子、大学生、嬉皮士这些与资本主义工业社会联系较少的"新左派"应当

---

① [捷克]丹尼尔·沙拉汉:《个人主义的谱系》,储智勇译,吉林出版集团有限责任公司2009年版,第28页。

② 参见俞吾金、陈学明:《国外马克思主义哲学流派新编》(上册),复旦大学出版社2002年版;《个人主义的谱系》,相关章节。

成为"革命"的主体,而"革命"的方式是"大拒绝",即拒绝"一切从事劳动和充当帮凶,拒绝对暴君式统治者进行服从",甚至要求在各种社会机构中工作的人们反对这些机构的工作,"从内部来钻孔"。

当以法兰克福学派为代表的"个人主义"思潮举起"世俗的人文主义"旗帜时,正值二战后美国经济高速发展时期。20世纪60年代到70年代是美国财富增长最快的时期,国民生产总值增加了一倍,但工业化的发展也使人们日益成为机器和自动化生产的"奴隶",无法在工作中完成自我发展和实现自我价值,他们的精神需求被社会所忽视。与此同时,美国人口急剧增加,仅60年代就增加了1 380万青年。① 美国的这些富有而年轻的新生力量以"新左派"自居,不断反抗主流文化。他们尊马尔库塞为"青年造反之父",以"大拒绝"的方式拒绝服从一切传统价值,并对许多社会现象表达不满。反种族歧视的"进军华盛顿"运动、被称为"自由之夏"的民权运动、"女权运动"、"反越战运动"相互交织,伴随着打击肯尼迪和马丁·路德·金头颅的枪声,演绎出波澜壮阔的一段历史。过度的对自由的诉求最终使道德约束机制失去了效力,青年人忘记了父辈的教训,在性自由和摇滚乐的助推下,演绎出自由散漫、放荡不羁、喜爱叛逆的社会思潮,成为战后"垮掉的一代"。

在这样的背景下,美国的嬉皮士文化泛滥一时。他们聚众吸毒、裸体聚会,甚至在大学校园里的楼梯上、公共汽车的角落里发生性关系②。青年人也是最容易受到麻醉品和暴力犯罪诱惑的人群,于是"毒品文化"就成为嬉皮士文化的核心部分之一。汤因比曾说过,"个人自由是任何人类成就的必备条件,社会正义则是人类交往的最高准则",但"若要最大限度地实现社会正义,就必须限制作为人性创造力源泉的自由"。③ 而这时的美国,个人自由的无限膨胀恰恰在一定程度上伤害了社会正义,年轻人纷纷将毒品作为打开自身欲望之门的钥匙,追求着狭隘的自由和独立。例如,摇滚乐在当时大行其道,描写吸食毒品的歌曲《草莓田》、《让我兴奋起来》等就曾在美国风靡一时。④ 中产阶级的白人青年热衷于在校园、街头享受海洛因,毒品再次泛滥开来。

在这一时期,"西方社会的扩张和西方文化的传播,已经把所有其他现存文明和原始社会卷入到波及全球的西方化浪潮之中"⑤,于是,毒品和"个人主义"

---

① 余瑜:《20世纪60年美国毒品泛滥现象探析》,《宁波大学学报》2005年第2期。
② 刘恩弟:《论西方毒品文化对我国的渗透与污染》,《辽宁公安管理干部学院学报》2001年第4期。
③ [英]阿诺德·汤因比:《历史研究》(下册),郭小凌等译,上海世纪出版集团2010年版,第925页。
④ 《20世纪60年美国毒品泛滥现象探析》。
⑤ 《历史研究》(下册),第892页。

图 6-1　嬉皮士运动

思潮借助于全球化条件下的各种交通和通讯媒介,一起冲出了美国的疆界,瞬时席卷五洲,冲击着世界的各个角落。当时,战后相对稳定的世界局势使各国在发展中积累了或多或少的财富,这为毒品消费提供了财务支持。这样,从 20 世纪 60 年代起,世界上的许多国家几乎是在同一时间出现了毒品泛滥的浪潮。

在后来的 1977 年,英国人伊安·杜利创作了一支名曲:《性、毒品和摇滚乐》(Sex & Drugs & Rock & Roll)。人们此后也常以此曲的名字来称呼那个年代。

二、当代全球毒品市场变迁

英国《伦敦学校岁报》曾在 1896 年发表文章对甲午战争进行评价。《时务报》在译发时说,"夫中国,东方病夫也,其麻木不仁久矣"。后来,"东亚病夫"一词渐渐地与吞云吐雾且面黄肌瘦的中国鸦片瘾君子形象联系起来。新中国成立后厉行禁毒,改变了中国人的国际形象,很戏剧性的一幕是,就在中国人脱离毒害数年之后,欧美人却首先陷入毒品的囹圄之中,自己反而变成了"病夫"。

(一) 美国毒品市场变迁

20 世纪 60 年代,财富的增加、个人主义的膨胀和各类毒品的诱惑,一同造就了美国的毒品泛滥。在这次毒品泛滥中,印度大麻成了急先锋。据 1971 年的一次调查显示,11 岁以上的美国人中有 2 400 万人至少吸食过一次大麻,频率最高的是 18—21 岁年龄段,他们当中有 40% 的人曾吸食过大麻。同时,曾经在美国一度流行的海洛因也卷土重来。使用海洛因的人数从1960年的5万人迅速增加到1970年的大约50万人。① 另外还出现了新的麻醉品,如麦角酸酰二乙胺。麦角酸酰二乙胺又称L.S.D.,是从麦角真菌中提取的麦角酸与其他物质的合成品,属于半人工致幻剂,是1938年由德国化学家艾伯特·霍夫曼首次制造的。使用L.S.D.后,会产生情绪不稳,幻觉多变的感觉,周围物品成了幻想的东西,轮廓外形夸张,距离拉长或缩短,明暗对比立体感增强。

就当毒品浪潮"强硬"袭来之际,美国的禁毒理念却在"软化"。与20世纪早期的美国舆论类似,"成瘾是一种需要治疗的疾病"又开始为大众广泛接受。这样的理念也逐渐影响了政府的决策,"惩治—震慑哲学"转而被"医疗模式"代替。② 1962年,持坚定禁毒立场的联邦麻醉品局专员哈里·安斯林格的退休为这种改变提供了可能。当年9月,美国政府在白宫召开麻醉品成瘾会议,成立了"麻醉品滥用总统委员会"。1963年,该委员会建议由卫生机构来代替执法机构制定麻醉品使用标准。同年,美国国会还批准国家精神卫生研究所在全国各地建立"精神保健中心",负责对成瘾者进行治疗。在治疗过程中,有人认为服用一种被称为"美沙酮"的药物可以替代海洛因成瘾。美沙酮是德国科学家于1937年开发的一种麻醉性镇痛药,属于口服长效的鸦片类药物。可是人们很快就发现,戒断美沙酮可能和戒断海洛因同样困难。好在美沙酮是口服,至少能减少注射器带来的肝炎传播。稍后,美国政府又根据1965年通过的《管制麻醉品滥用修正案》,在卫生教育福利部下设立"麻醉品滥用管理局",希望管制巴比妥类和安非他明等催眠药和兴奋药,但这却削弱了联邦麻醉品局的权力。1966年11月,约翰逊总统签署了《麻醉品成瘾康复法》,规定可以在"成瘾者和其亲属的要求下,通过民事程序为非刑事犯的成瘾者提供治疗","同时为各种研究活动和地方治疗设施在2年内提供1500万美元的资助"。③ 1968年,"联邦麻醉品局"与卫生教育福利部下属的"麻醉品滥用管理局"合并为"麻醉品和危险药品局"(BNDD),归属司法部管辖。

1969年入主白宫的尼克松总统试图将"惩治模式"与"医学模式"结合起来。在他的授意下,司法部于1970年订立了《麻醉品滥用与综合控制法案》。该法案按照致瘾性、危害程度和药用价值的差异将麻醉品分为五类:第一类是不准在医疗中使用的麻醉品,如海洛因和麦角酸酰二乙胺;第二类是可以开具处方但最为危险的麻醉品,如吗啡和可卡因;第三类是可以开处方且危险性略小的麻醉

---

① 《美国禁毒史》,第335页。
② 《20世纪美国毒品政策史的多视角解读》。
③ 《20世纪美国毒品政策史的多视角解读》。

品,如大多数巴比妥类;第四类是水合氯醛和眠而通;第五类是低烈度的麻醉品合剂,如咳嗽糖浆里的可待因。分类以后,政府将根据不同麻醉品的类别实施不同程度的管制。此外,该法案还取消了1951年《博格斯法案》中关于"最低处罚"的规定。在差异化对待麻醉品的同时,尼克松政府还把目光投向了毒品预防,启动了校园禁毒教育计划,提出由教育部每年制订预算,用于学校禁毒教育工作的开展。这项工作被后来的历届美国政府延续下来:1970年的预算为280万美元,后来在1987年时增至2亿美元,90年代初达到11.8亿美元。①

1974年上台的福特政府实行了较为宽松的毒品政策。1975年9月,美国政府发布《滥用药物白皮书》,公开承认"完全消除吸毒成瘾是不大可能的",将禁毒的主要矛头指向了"海洛因、安非他明和巴比妥类",而略去了大麻和可卡因。这样,海洛因的吸食人数逐渐从70年代初的50万人回落到70年代末的20万人,②但大麻和可卡因却泛滥开来。其后的卡特政府延续了福特政府的宽松政策:规定拥有1英两之内的大麻只给以少量罚款,而取消了刑事制裁;③标准精神病学教科书上甚至写着"每周使用一次或两次可卡因不会造成严重问题"④。延续多年的宽松毒品政策带来了严重的后果。特别是对"轻"毒品的纵容,使大麻和可卡因泛滥成灾。1979年时,美国经常使用毒品者有2 540万人,占美国人口总数的14.1%;有5 000万人曾经使用过大麻,这一数据比1971年时翻了一倍还多;有1 600万人曾经使用过可卡因;有3 000万人曾经使用过致幻剂。这些吸毒人口主要集中在大都市区。⑤

1978年后兴起的民间禁毒运动和艾滋病的传播最终使左摇右摆的美国毒品政策重新走向严厉。民间禁毒运动兴起的原因是美国政府的宽容毒品政策,以及其导致的大麻在高中生群体中的泛滥。据1978年的调查显示,吸食大麻的高中高年级学生达到了37%。⑥ 这样的结果使广大的学生家长深为不满,愤怒的浪潮席卷全美。亚特兰大的玛莎·马纳特女士为家长团体写了《家长、同龄人和大麻叶》的小手册,在1979年后发行了数百万册。该书产生了广泛的社会影响,最终导致1980年"全国青年无毒化父母联盟"的成立。就在民间禁毒运动蓬勃发展的同时,一种与共用注射器注射毒品行为相关联的可怕疾病出现了。1981年6月5日,美国亚特兰大市疾病预防控制中心在《发病率与死亡率周刊》

---

① 屈书杰:《美国中小学的禁毒教育》,《外国中小学教育》2001年第2期。
② 《鸦片史》,第235页。
③ 《美国禁毒史》,第347页。
④ 《美国禁毒史》,第354页。
⑤ 张勇安:《美国吸毒群体的历史嬗变:1970—2000年》,《中国药物滥用防治杂志》2004年第4期。
⑥ 《美国禁毒史》,第351页。

上登载了 5 例病人的病例报告,这种疾病于次年被正式命名为"艾滋病",这是世界上第一次有关艾滋病的正式记载。这种疾病又称获得性免疫缺陷综合症,病人会因机体抵抗力极度下降而引发多种感染,最终衰竭而死。因为艾滋病的传播与共用注射器的吸毒行为密切相关,所以促使人们更强烈地反对毒品。而对于毒品消费者而言,这又促使他们当中的很多人放弃注射器去更换不同类型的毒品。于是,一种叫做"快克"(也叫"克拉克",Crack)的吸食用可卡因流行起来。它价格便宜,吸食时直接从肺部进入血液从而起效很快,还可以防止肝炎和艾滋病的传播,因而受到了吸毒者的欢迎。

1981 年,在民间禁毒运动再次高涨的背景下,主张严禁毒品的罗纳德·里根(Ronald Reagan)就任美国总统。1984 年,联邦判决改革条令重新恢复了 1951 年博格斯法案中关于"最低处罚"的规定。1986 年,反麻醉品滥用法令将新出现的"快克"也纳入刑法,规定拥有 5 克"快克"的人与拥有 500 克粉状可卡因的人同样量刑,同时加重了涉毒犯罪的处罚力度,规定对一般不复杂的犯罪行为所处的刑罚为 5—40 年监禁,罪犯不得假释或者缓刑。[①] 1988 年法令进一步补充,对参与"持续性犯罪买卖"的主要人物,及犯有麻醉品重罪且同时对有意杀害他人负有责任的人,要处以死刑,并由国会声明拒绝使麻醉品合法化的任何提案。[②] 美国对毒品"不容忍"的政策得以最终确立。1989 年,美国总统老布什(George Herbert Walker Bush)为毒品问题告诫全体国民。他说,毒品问题已经成为"一个撕裂每一个美国人的心肠,增加每一个美国人的恐惧的问题",已经成为"全国人民的共同威胁",誓言"联邦政府必须运用一切可以运用的手段予以反击"。[③] 严禁毒品的政策实施后,美国吸毒人数大幅下降。据"全国家庭药物滥用调查"显示,美国经常吸食毒品人数在 1985 年已经下降到 2 330 万人,1992 年又下降到 1 220 万人,人口占比也从 1979 年的 14.1%降到了 1992 年的 5.8%。[④] 不过,美国的毒品泛滥并没有因为高压政策而完全销声匿迹。

苏东剧变成为国际政治格局变化的分水岭,但出乎意料的是,这也成为美国毒品市场变化的分水岭。此后,世界局势动荡不安,中亚的鸦片和海洛因更加畅通无阻地行销世界各地,美国在庆幸对苏"不战而胜"的同时,不得不面对毒品问题于 1993 年后重新反弹的残酷现实。1996 年,美国经常吸食毒品人数回升至 1 300 万人,1999 年为 1 380 万人,2000 年为 1 400 万人。同时,毒品走出都市,

---

① 《美国禁毒史》,第 364 页。
② 《美国禁毒史》,第 368 页。
③ 陆文岳:《毒品——美国的头号问题》,《瞭望周刊》1989 年第 36 期。
④ 《美国吸毒群体的历史嬗变:1970—2000 年》。

向郊区和农村地区扩散,"开始遍及美国小城镇的乡村里弄"①。进入 21 世纪后,"禁毒无效论"在美国甚嚣尘上。2002 年,美国总统小布什(George Walker Bush)提出新的国家禁毒计划,要在 5 年内将 12—45 岁的吸毒人口减少 25%,这一新的战略更加突出"预防为主"的思想,并加大了对青少年禁毒宣传教育的投入。然而,美国毒品问题并未因此而好转。据统计,自 20 世纪 80 年代以来,在 2.4 亿美国人中,有 5 400 万人至少试用过 1 次大麻,有 2 300 万人经常使用大麻;有 70 万海洛因成瘾者,而使用过海洛因的人则在 2 000 万人以上;有 2 000 万人使用过可卡因,其中有 500 万人经常使用;有 800 万人使用过危险性极大的五氯苯酚、"快克"等毒品。据估计,接触过非法毒品的美国人近 1 亿人,其中有 4 000 万人经常使用 1 种或多种毒品。美国每年的毒品消费量占世界毒品消费总量的 60%以上。② 美国禁毒署在 2012 年的调查还显示,在高中生中,有 3%的人尝试过可卡因,有 10%以上的人使用过人工合成的大麻酚,有高达 36%的人使用过大麻。

毒品泛滥还不是最可怕的事情,最可怕的是美国人对于毒品,尤其是对大麻的态度发生了转变。"毒品合法化"的论调正逐渐占据上风。早在 1972 年,曾经获得诺贝尔经济学奖的米尔顿·弗里德曼就率先开始支持毒品合法化。他在接受媒体采访时表示,毒品对于社会的危害在很大程度上是由于将毒品视为非法造成的。1985 年,福德姆大学教授埃内斯特·范登哈格在《华尔街日报》上发表《让我们使无法控制的毒品合法化》,公开支持弗里德曼的主张。经济学家加里·贝克尔、马里兰大学教授埃里克·古德后来也都表达了他们对毒品合法化的支持。他们的主要观点是:其一,吸毒是个人的权利,且软性毒品对人的危害不大;其二,毒品合法化可以降低贩卖毒品的利润,从而迫使贩毒集团放弃毒品贩运;其三,禁毒代价太大且无效。③ 这些论调不仅影响了美国,还波及整个西方世界,而且正在变成实践。在马里兰州的波特兰市举行的全民公投中,有近七成的居民同意大麻合法化。在其他几个城市的类似投票中,大麻合法化的支持率也都超过了六成。一些国会议员还在推动全国性的大麻合法化进程。④ 在一片喧嚣中,沮丧的美国总统奥巴马(Barack Hussein Obama)在 2012 年 8 月公开承认,已经进行了 40 年之久的美国"反毒战争"归于失败,计划把禁毒重点从"严打"转向"治疗",尽量通过治疗吸毒者来遏制毒品需求。当年 11 月,科罗拉多州

---

① 《美国吸毒群体的历史嬗变:1970—2000 年》。
② 芦佳:《美国毒品合法化问题初探》,《经济研究导刊》2010 年第 30 期。
③ 《美国毒品合法化问题初探》。
④ 陈晟:《禁毒:美国正在输掉的战争》,《新民周刊》2014 年第 6 期。

和华盛顿州首开美国"毒品合法化"先河,宣布年满 21 岁的人如果"以个人使用为目的"持有不超过 1 盎司大麻属于合法行为。①

(二) 其他西方国家的毒品市场变迁

美国 60 年代的毒品危机很快就波及相邻的加拿大。1956 年,加拿大当局确认的吸毒者有 2 678 人,且多在 40 岁以上;1966 年为 3 182 人;1969 年为 3 733 人;1971 年 6 425 人,其中 24 岁以下年龄组人数为 1 039 人,首次超过 40 岁以上年龄组而位居第一;1973 年 10 250 人;1975 年 13 927 人,其中 25 至 29 岁者 2 924 人,20 至 24 岁者 3 198 人,吸毒低龄化趋势日渐明显。② 1958 年,加拿大就开始采取较为严厉的禁毒举措,但这并未能阻止吸毒人口在 60 年代的缓慢增长。1970 年 4 月,加拿大政府建立毒品信息中心(DIC),主要负责调查和提供毒品消费及其影响的数据统计。根据该中心的统计数据,L.S.D.等致幻剂是当时加拿大最流行的毒品。70 年代末,来自亚洲(少量来自墨西哥)的海洛因和哥伦比亚的可卡因开始充斥加拿大市场,吸毒人数大幅增加,毒品消费市场主要集中在温哥华、多伦多和蒙特利尔等大城市。据估计,1982 年时加拿大大约已有 2 万人吸食海洛因,其中 51% 居住在不列颠哥伦比亚省,21% 在安大略省,20% 在魁北克省。在同一时期,不法人员开始设立秘密毒品加工厂,主要加工苯环己哌啶、亚甲基二氧基甲基苯丙胺、甲基苯丙胺和酶斯卡灵等合成毒品。这些制毒工厂主要集中在魁北克省。③

大西洋彼岸的欧洲各国也未能幸免。就西欧国家而言,毒品成为比较严重的社会问题是在 20 世纪 60 年代末到 70 年代初,时间上略晚于北美。当时,"在所有'文明'国家中都出现了麻醉品依赖人数激增的现象,三种趋势依稀可辨:首先,年轻人的吸食率不断攀升;其次,女性麻醉品依赖人数日益增长;最后,多种麻醉品的成瘾率都在增加"④。在丹麦、法国、联邦德国、荷兰、英国和爱尔兰,大麻和 L.S.D.是在学生和年轻人中间最流行的两种毒品,它们伴随着连衣裙、流行乐和政治抗议一起穿越国界,成为反对传统社会价值的象征。在联邦德国和英国,安非他明也受到追捧,但主要在工薪阶层中使用。在瑞典,主要是注射用的安非他明。稍晚些时候,海洛因开始在阿姆斯特丹、柏林、哥本哈根、伦敦和巴

---

① 《禁毒:美国正在输掉的战争》。
② Irving Rootman, "Trends in Reported Illegal Narcotics Use in Canada: 1956 – 1975", UNODC *Bulletin on Nacotics* 1978 Issue 3.
③ R. T. Stamler, "Recent Trends in Illicit Drug Trafficking From the Cananian Perspective", UNODC *Bulletin on Nacotics* 1983 Issue 4.
④ P. Kielholz, "Present Problems of Drug Dependence in Switzerland", UNODC *Bulletin on Nacotics* 1970 Issue 2.

黎等大都市中出现。其中,英国的海洛因问题出现最早,在50年代就偶尔有之,60年代逐渐成为社会问题,主要原因是由于医生过量地开具处方。70年代后,欧洲毒品问题持续扩散,波及到希腊、意大利、波兰、奥地利、瑞士和西班牙等国,逐渐成为社会通病。这时,欧洲的鸦片类毒品主要来自东南亚和西亚的土耳其。① 经过80年代,特别是在苏东剧变之后,欧洲毒品问题一发不可收拾。据欧共体毒品问题专员帕德瑞格·弗拉思估计,1994年欧共体内大约有500万人吸食高纯度毒品,另有2 000万—3 000万人吸食大麻。② 当时的苏东剧变成为欧洲毒品泛滥的加速器。中亚的鸦片和海洛因、前苏东国家的冰毒源源不断地涌向西欧。截至目前,西欧是世界上最大的海洛因市场,该市场近一半的海洛因消费量集中在英国、意大利和法国。③ 此外,哥伦比亚、意大利和土耳其的贩毒集团还把大麻、可卡因、L.S.D.等各种毒品运到西欧,最后在卢森堡的银行里"洗钱"后把利润收走。

在英国,使用海洛因的人数在50年代就开始缓慢增长,但并非很大的社会问题。1958年,英国卫生部组成了以罗素·布雷恩(Russell Brain)为主席的反吸毒部际委员会(Inter-Departmental Comission on Drug Addiction),对英国毒品状况进行调查。布雷恩报告最终认为,英国的麻醉品成瘾人数不多,还没有真正担忧和改变的必要。不过,乐观的布雷恩没有能够准确地预测未来。就在报告出笼的同时,情况正在发生变化。1958年,加拿大实行了较为严厉的禁毒措施,一批吸毒者在高压之下逃亡欧洲。截至1962年,已有70名加拿大吸毒者来到英国,这成为英国吸毒人口迅速增加的催化剂。于是,在西方60年代经济繁荣的大背景下,深受北美文化影响的英国青少年也与正统价值观渐行渐远,滋生了堕落的毒品文化。鸦片类制剂、安非他明和大麻纷纷出现,尤其是海洛因的消费更是直线上升。

表6-1 1958—1968年的英国吸毒人数④

年 度	已知总数	男	女	吗 啡	海洛因	可卡因	杜冷丁	美沙酮
1958	442	197	245	205	62	25	117	47
1959	454	196	258	204	68	36	116	60

---

① R. L. Hartnoll, "Current Situation Relating to Drug Abuse Assessment in European Countries", UNODC *Bulletin on Nacotics* 1986 Issue 1.
② 邹春义:《毒品,游荡在欧洲上空的幽灵》,《海内与海外》1994年第10期。
③ 《全球化视角下的毒品问题》,第286页。
④ J. E. Glancy, "The Treatment of Narcotic Dependence in the United Kingdom", UNODC *Bulletin on Nacotics* 1972 Issue 4.

续 表

年 度	已知总数	男	女	吗 啡	海洛因	可卡因	杜冷丁	美沙酮
1960	437	195	242	177	94	52	98	68
1961	470	223	247	168	132	84	105	59
1962	532	262	270	157	175	112	112	54
1963	635	339	296	172	237	171	128	59
1964	753	409	344	171	342	211	128	62
1965	927	558	369	160	521	311	102	72
1966	1 349	886	463	157	899	441	123	156
1967	1 729	1 262	467	158	1 296	462	112	243
1968	2 782	2 161	621	198	2 240	564	120	486

1965年,第二份布雷恩报告出台。这时的布雷恩已经认识到事态的严重性,立场发生了根本改变。报告一面建议成立吸毒诊所,对成瘾者进行治疗,一面要求对医生处方进行严格管控,谨防吸毒人群进一步扩大,同时提议严查毒品走私,切断贸易链条。1967年,英国颁布《危险药品法》(Dangerous Drug Act),但手段不够强硬,不仅保留了医生的处方权,还继续把上瘾者视为需要治疗的病人。1971年,《滥用药物法》(the Misuse of Drug Act)出台。显而易见,英国的《滥用药物法》模仿了美国1970年的《麻醉品滥用与综合控制法》,也根据毒品危害程度将毒品进行了分类。据此,毒品被分为三类,惩处方式则根据毒品门类和犯罪类型来确定。随着警方对毒品贸易打击力度的不断加强,截获海洛因的数量从1973年的3公斤上升到1978年的60公斤。[①] 当然,这也变相折射出英国毒品滥用形势开始变得十分严峻。70年代末,海洛因等鸦片类毒品出现传播高峰,吸毒人数开始出现爆炸性增长。1981年,英国登记吸毒人数为7 155人,1983年达到10 993人。[②] 1985年,仅伦敦就有2.5万—3万鸦片类毒品使用者。[③] 当年,英国下议院家庭事务委员会坦言,"毒品,特别是海洛因,是国家在和平时期遇到过的最严重的威胁"。面对排山倒海般的毒品浪潮,英国政府使尽浑身解数,不断加强打击力度:1985年颁布了《管制药品惩罚法令》(the

---

[①] 《当代英国吸毒问题探析》。
[②] 《当代英国吸毒问题探析》。
[③] R. Hartnoll, "A Multi-city Study of Drug Misuse in Europe", 载 UNODC Bulletin on Nacotics 1989 Issue 1.

Conrolled Drugs Penalties Act），将贩毒罪的最高量刑提高到终身监禁；又于1986年又出台《毒品走私犯罪法》（Drug Trafficking Offences Act），进一步完善了禁毒法律体系；1997年的《刑事审判法》（Crime Sentences Act）规定第三次走私A级毒品者给予至少7年的监禁。[①] 尽管立法不断完善，英国的吸毒现象依然持续增多。到1995年，"英国的毒品危机已经与美国一样严重"，全英国登记的吸毒人数为3.4万人，但据官方估计，实际数字是这一数字的5倍，而且海洛因的受害者以年轻人为主。[②] 严峻的形势使人们近乎绝望。1999年5月的苏格兰《太阳报》略带调侃地评论说，"吸食可卡因……像用薄荷糖爽口一样平常随意"。很难说这样的评论是一种夸张，因为此时的英国，吸毒现象已遍布社会各个阶层，政治家、军官、医生、银行家、作家等群体中都有"瘾君子"。甚至在当年5月14日，媒体爆出英国王储查尔斯女友卡米拉的儿子汤姆在舞会上吸毒的丑闻，使舆论哗然，惊呼吸毒恶习已经蔓延到王室近旁。[③] 在2002年，16岁到24岁的英国年轻人中竟然有51%的人有吸食毒品的经历。2006年，仅苏格兰就有23 933人注射过毒品，而海洛因是苏格兰消费比例最高的毒品。[④]

法国的情况并不比英国乐观。该国毒品问题大致发端于20世纪60年代末。到70年代末80年代初，法国吸毒人数出现大幅上升。80年代以后，毒品消费额以每年60%的速度增加，在海洛因消费居高不下的同时，可卡因消费也明显增多。到90年代，吸毒者已有近百万人，其中70%是青少年，这还不包括吸食大麻等"软性"毒品的人群。据估计，当时的大麻吸食者有500万人。[⑤]

在意大利，1965年时滥用麻醉品的人数还很少，消费的麻醉品主要是大麻。[⑥] 1974年是意大利毒品市场变化的转折点，海洛因消费在当年开始激增。80年代，可卡因也出现了。90年代，意大利的吸毒者不下30万人，其中20岁以下的青少年占83%。不过，追求个人自由的意大利人似乎对此并不在意。1993年，意大利国会甚至通过法律，规定"以个人消费为目的持有毒品的行为不再是犯罪，只接受吊销驾驶执照和持枪执照的行政处罚"。令人吃惊的是，意大利人仍然认为这样的法令太过严厉。在3个月后的一次公民投票中，竟然有55%的意大利公民要求政府采取更加宽松的政策。[⑦]

[①] 《全球化视角下的毒品问题》，第257页。
[②] 《鸦片史》，第253、254页。
[③] 顾骏：《英国吸毒现象一瞥》，《检察风云》1999年第9期。
[④] 《当代英国吸毒问题探析》。
[⑤] "A Multi-city Study of Drug Misuse in Europe", UNODC *Bulletin on Nacotics* 1977 Issue 4.
[⑥] "Alberto Madeddu, Drug Dependence in Italy", UNODC *Bulletin on Nacotics* 1970 Issue 4.
[⑦] *A Multi-city Study of Drug Misuse in Europe*.

在德国，1970 年前后才出现了大麻和 L.S.D. 等毒品，1974 年海洛因传入。受美国毒品政策的影响，德国也出现了从"惩治模式"向"医学模式"转变的倾向。1981 年出台的《麻醉品法》就试图引入"医学模式"。该法确立了以治疗代替刑罚的基本原则，强调治疗和矫正在禁毒政策中的基础性和重要性，但仍对非法交易毒品者保持最高 15 年刑期的制裁。法律颁行以后，执行效果并不理想。在 90 年代的德国，包括大麻在内的各种毒品吸食者有 500 万—700 万人。[1] 2010 年前后，海洛因成瘾者仍有约 12 万人。[2]

在荷兰，毒品问题大致始于 20 世纪 60 年代，海洛因市场则在 1972 年前后得以形成。按照荷兰政府当时的规定，凡是被缉获的毒品都要被取样送往"法庭科学实验室"进行检验。从送检的比例看，海洛因份额持续上升，从 1975 年的 15% 上升到 1976 年的 30%。[3] 此后 10 年间，毒品问题在大都市中迅速蔓延。到 1985 年，阿姆斯特丹大约有 3% 的人吸毒成瘾。[4] 90 年代初，该国吸毒人数大约为 2 万人。不过，荷兰人对吸毒行为十分宽容，他们把麻醉品成瘾者看作是"粗心医疗实践的受害者"和"需要治疗的病人"，所以在 1976 年 6 月通过《鸦片法》修正案中，竟然允许个人持有 30 克的大麻，"以阻止他们对更加有害的毒品上瘾"。80 年代，以低烈度的大麻来替代高烈度毒品的想法更加流行，荷兰政府进而允许持有许可证的咖啡馆公开出售大麻制品，大麻由此进入市场化和商品化阶段。[5] 于是，荷兰成为全欧洲吸毒者向往的"圣地"。在阿姆斯特丹和鹿特丹等大城市，到处可以看到提供"大麻服务"的咖啡馆。每逢周末，满载年轻人的旅游车纷纷从巴黎、伦敦和法兰克福等地赶来享受轻松安全的"大麻周末"。[6]

在爱尔兰，首都都柏林在 20 世纪 70 年代初出现毒品问题，主要是安非他明、巴比妥类药物和大麻。此后 10 年间，爱尔兰的毒品问题变得日趋严重。1971 年，12—18 岁青少年中曾经吸食毒品的人数为 2.3%，但到 1981 年已经增加到 11%，不过海洛因依然较为罕见。海洛因是在 70 年代末才传入爱尔兰的，但传播极为迅速。1983 年，吸食海洛因的人数已经是 1979 年的 5 倍，主要集中在大城市里。1985 年，城市里 15 到 24 岁的青少年中已有 10% 的人吸食海洛

---

[1] *A Multi-city Study of Drug Misuse in Europe*.
[2] 《全球化视角下的毒品问题》，第 253 页。
[3] H. H. A. J. Steenstra, "Heroin in Netherlands", UNODC *Bulletin on Nacotics* 1977 Issue 4.
[4] *A Multi-city Study of Drug Misuse in Europe*.
[5] 《全球化视角下的毒品问题》，第 255 页。
[6] 《毒品，游荡在欧洲上空的幽灵》。

因,而郊区同一年龄组中只有2.2%是海洛因成瘾者。①

在丹麦,1972年发现有年轻人使用鸦片。这些鸦片并非由国外输入,而是种植在沃尔丁堡附近的土地上。② 在瑞士,20世纪60年代末出现毒品问题,主要是安眠药、镇痛药和兴奋剂。③

北欧的毒品问题显得比较特别。瑞典在二战期间受到日本影响,出现了冰毒泛滥,其后逐渐得到控制。50年代后期,北欧出现了比较严重的毒品问题,这在时间上大致于北美同步,要早于大多数欧洲国家。出现的原因也主要是医疗不当,而非文化影响。60年代以后,北欧各国才受到美国反传统个人主义思潮的影响,毒品问题渐与其他西方国家合流。

北欧的瑞典是欧洲出现毒品问题较早的国家之一。早在1938年,由于新闻媒体的错误推介,安非他明传入了瑞典,当年就销售了40万粒冰毒片。直到1943年4月,国家医药局才发现问题并向全国的医生发出警告,使得当年的冰毒销量急剧下跌40%—60%,社会舆论由此大变。④ 此后,冰毒泛滥问题逐渐得到控制。50年代中期以后,苯甲吗啉作为一种减肥药又流行起来,吗啡等鸦片类制剂也同时传入。这时的毒品消费者多为成年人,使用毒品的原因多是出于医疗目的。60年代,瑞典再次出现了安非他明等合成毒品滥用的现象,大量年轻人牵涉其中,主要目的也变为提高情绪或逃避现实等精神需求。1965年的一次调查显示,全国有5 000—7 000人有毒品滥用行为。从毒品的种类构成看,大约81%的吸毒者使用兴奋剂;11%的人使用吗啡等鸦片类制剂;2%的人吸食大麻;1%的人消费L.S.D.;另有5%的人服用安眠药或其他镇静剂类药物。其中,兴奋剂消费又以苯甲吗啉为主,占兴奋剂使用者的91%。另从吸毒人员的构成看,可分为两类:一类是毒贩及不良少年;另一类则分布在知识分子、艺术家和学生群体中。据估计,当时的斯德哥尔摩有100—150个由毒贩和不良青少年组成的吸毒群休,大约400—600人。他们群聚烟窟(morass,geggar-kvart)之中吸食毒品,且多有卖淫或其他犯罪行为。⑤ 在70年代中期以后,毒品泛滥问题愈演愈烈,海洛因渐渐成为主要的消费毒品。1984年,在斯德哥尔摩有3 000—

---

① *A Multi-city Study of Drug Misuse in Europe*; D. Corrigan,"Drug Abuse in Republic of Ireland: An Overview", UNODC *Bulletin on Nacotics* 1986 Issue 1.
② Jens Schou,"Abuse of Opium Poppies Cultivated in Denmark", UNODC *Bulletin on Nacotics* 1973 Issue 2.
③ *Present Problems of Drug Dependence in Switzerland*.
④ Leonard Goldberg,"Drug Abuse in Sweden", UNODC *Bulletin on Nacotics* 1968 Issue 1.
⑤ Leonard Goldberg,"Drug Abuse in Sweden(Ⅱ)", UNODC *Bulletin on Nacotics* 1968 Issue 2.

4 000人注射毒品,其中注射海洛因的接近三分之一。此后,海洛因消费继续攀升。①

同在北欧的挪威,麻醉品成瘾问题发端于20世纪50年代后期,没有受到第二次世界大战中瑞典冰毒潮的波及。据估计,在当时的350万挪威人中,大约有800—900人使用鸦片;有4 000—5 000人使用巴比妥类、眠尔通和安非他明、苯甲吗啉、利他灵等兴奋剂。1961年6月,挪威第一家毒品成瘾诊所在奥斯陆以北120公里处的哈维兰(Hoviland)建立。② 后来,挪威政府建立起国家垄断系统(NMD),直到70年代初麻醉品流行率还相对较低。③

在大洋洲,澳大利亚与美国同步,在20世纪60年代也出现了毒品问题,主要是吸食、注射海洛因。此后,全国以注射方式吸毒的人数以每年7％的速度急剧增加。到90年代初期,全国约有50万吸毒者,其中20万人吸食海洛因,可卡因、大麻、冰毒等毒品种类均已出现。④ 此后,大麻与冰毒后来居上,成为重要的流行毒品。据2003年的一项调查显示,全国有47％的人曾经滥用大麻;约有12万人注射海洛因;苯丙胺类兴奋剂也逐渐成为主要毒品,滥用者中采取注射方式的比例较高。⑤

日本是唯一身处亚洲的"西方"国家。自1955年后,刚刚打赢冰毒战争的日本又开始应对鸦片类毒品的冲击。这当中,主要是来自东南亚的海洛因。当年,有1 753名麻醉品成瘾者被逮捕,其中54.3％的人使用海洛因。1961年,海洛因泛滥达到峰值,当年有2 442人被捕,其中92.7％吸食海洛因。有人估计,当时日本的海洛因实际吸食人数有4万人。⑥ 与此同时,抑制中枢神经的合成毒品也开始在东京等大城市中出现。1963年,日本政府加大禁毒力度,成立了反麻醉品指挥部(the Anti-Narcotic Drugs Headquarters),同时采取了一系列禁毒措施:首先是进行广泛的禁毒宣传;其次是严查违法行为,努力消除毒品供给;再次是建立医疗康复系统,采取强制住院措施以帮助成瘾者戒除毒品;最后是加强指导和监管,阻止医疗领域的麻醉品滥用。⑦ 至1966年后,鸦片类制剂基本绝迹。日本又取得了"海洛因战争"的胜利。不过,一波未平一波又起,从1970年至

---

① *A Multi-city Study of Drug Misuse in Europe.*
② Armfinn Teigen, "The Norweigan State Clinic for the Treatment of addicts", UNODC *Bulletin on Nacotics* 1964 Issue 4.
③ Bjorn Joldal, "Electronic Data Processing in the Control of Legal Consumption of Narcotics in Norway", *UNODC Bulletin on Nacotics* 1972 Issue 1.
④ 《禁毒史鉴》,第504页;《全球化视角下的毒品问题》,第258页。
⑤ 《全球化视角下的毒品问题》,第258页。
⑥ *Drug Abuse in Asia.*
⑦ *A Review of Drug Abuse and Counter Measures in Japan Since World War II.*

1974年,喷雾式吸毒方式(spray inhalation and glue sniffing/volatile solvents/inhalants)又蔓延开来。还在1971年,估计就已经有5万人滥用吸入剂。① 此外,随着日本经济的高速增长和美国毒品文化的传入,日本又经历了兴奋剂泛滥的第二个高峰。这次泛滥从大阪开始,逐步蔓延到东京和日本北部地区。有鉴于此,日本政府于1972年、1973年分别通过《有毒和危险化学品管制法》和《兴奋剂控制法修正案》,对毒品犯罪行为施以更严厉的刑罚。1975年有1万人因涉毒被捕,1981年的被捕人数增加到2万人。在1984年,仅仅因违反《兴奋剂控制法》而被捕的人数就达到24 372人。在这一时期,有组织的毒品犯罪集团已经开始控制日本的毒品供给。在后来的日本毒品市场上,冰毒始终为大宗,可卡因和L.S.D.也偶有发现,海洛因需求不大,只是从东南亚向北美地区贩运的大批海洛因往往需要在日本中转。② 90年代以后,日本的毒品泛滥愈演愈烈。按日本厚生劳动省在2002年对15岁以上国民所做的调查,有过一次以上药物滥用经历的人占总人口的1.3%,约109—177万人。③

在各西方国家中,毒品问题还引发了许多衍生的社会问题,最严重的莫过于艾滋病的传播。英国在1983年发现第一例艾滋病,到1997年艾滋病病例已上升到17 642例;荷兰于1982年发现第一例艾滋病人,到1997年上升为5 147例;德国于1984年发现第一例,到1997年上升为3 150例。上述三国的艾滋病感染者中有40%是通过静脉注射毒品而感染的。为降低毒品问题引发的次生危害,各国积极发挥非政府组织的教育优势,除为吸毒者提供教育咨询外,还在固定场所提供免费的清洁针头和注射器,以求将次生危害降至最低。④

(三) 苏东国家的毒品问题

在冷战结束之前,由于苏联及东欧国家与西方相对隔绝,受美国文化影响较小,因而毒品滥用问题的出现比西欧要晚。虽然20世纪60年代末也偶尔有年轻人吸毒,但波及范围不广。只是在70年代中期以后,毒品问题才日渐严重。

在社会主义苏联,药用植物的生产、加工在很长时间里都处于医药工业部的严格管控之下,生物化学研究、种籽选育、技术改进和种植机械化等相关科研工作则由药用植物研究所(VILR)具体负责。鸦片罂粟的种植区域主要集中在吉尔吉斯斯坦共和国境内海拔1 600米高的伊塞克湖山谷。为做到严格管控不出纰漏,鸦片罂粟的种植任务交由专门化的农场和农村合作社来完成。此外,苏联

---

① *Drug Abuse in Asia*.
② *Japan, Stimulant Epidemics Past and Present*; *Drug Abuse in Asia*.
③ 《全球化视角下的毒品问题》,第241页。
④ 朱家华等:《艾滋病、吸毒、卖淫——欧洲三国考察记》,《人民公安》1999年第15期。

还种植有一种叫作油罂粟(oil poppy)的品种。该品种系鸦片罂粟的一个变种，主要种植在乌克兰伏尔加盆地的黑土地上。在科研人员的努力下，甚至还培育出了更加高产抗旱的油罂粟变种"诺维卡 198(Novinka 198)"。"在较大规模的农场，油罂粟的种植和蒴果、秆、种籽的生产被完全机械化了。合适的技术和成套的机器设备被设计出来用于罂粟农场的生产，使得每公顷人力消耗不超过160—200 工时。"①

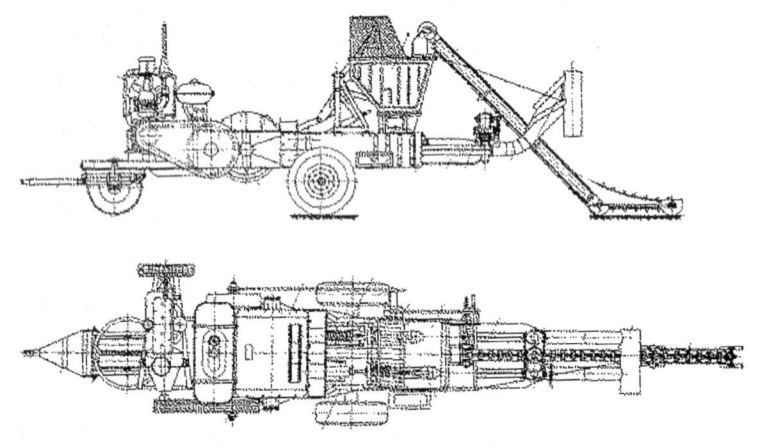

图 6-2　苏联罂粟农场使用的机械②

苏联对鸦片消费的管制在很长时间里也很成功，直到 60 年代末都没有发生大规模的毒品滥用。不过，毒品问题在 70 年代以后逐渐显现。苏联部长会议于是在 1981 年颁布法令，对禁毒规定予以修订。该法令第 224 款规定，"引诱麻醉品消费的，处 5 年以内监禁"，"同样行为，如两人以上，或个人但有前科者，处 10 年以内监禁"；第 226 款规定，"建立或经营烟馆供人消费麻醉品的，或创建此类条件的，处 5—10 年监禁，罚没或不罚没财产"；"以贩卖为目的，非法生产、获取、储存、运输或分发危险或有毒物质而不属于麻醉品的，处 3 年以内监禁或 1 年劳动改造，并罚没该物质"。③ 苏联解体后，俄罗斯联邦的毒品问题更加严重。目前，俄罗斯仅次于西欧，是世界第二大海洛因市场，每年消费海洛因 70吨。据估计，15—64 岁人口中阿片剂吸食人数为 160—180 万人。④

---

① *Cultivation of the Opium Poppy and the Oil Poppy in the Soviet Union.*
② *Cultivation of the Opium Poppy and the Oil Poppy in the Soviet Union.*
③ *The Legal Regulation of Narcotic Drugs and Psychotropic Substances in the Union of Soviet Socialist Republics.*
④ 《全球化视角下的毒品问题》，第 286 页。

地理上介于西欧和苏联之间的波兰,其国内毒品问题的出现略晚于西欧而早于苏联,可以看作是东欧国家的一个缩影。这种自西向东的传播趋势折射出西方毒品文化对东欧国家的渗透过程。波兰政府在1968年第一次发现有年轻人吸食毒品。到70年代后,吸毒人数逐渐增多,主要流行的毒品是以罂粟秆为原料由家庭作坊式小规模生产的罂粟汁、吗啡和海洛因,主要使用方式是注射。1974年,波兰的登记吸毒人数为3 298人,[1]但对真实的吸毒人数估计不一。有人估计在1973年时有1万人吸食毒品;另有人估计,如果包含偶尔吸毒的人在内可能有3万人,其中毒品依赖者1.5万人;更有甚者,还有人估计1972年的波兰吸毒大军人数可能会达到4.7万人到7.1万人之间。此外,1972年的一份问卷调查显示,14—18岁学生中的麻醉品吸食率为8.3%。[2] 此后,波兰的毒品问题愈加严重。到80年代中期,脱氧麻黄碱、L.S.D.等新型毒品也传入波兰。到1984年,登记的吸毒人数为7 900人,但据波兰健康与社会福利部的统计,当时至少已有3.5万人吸毒成瘾。由于与西方世界联系较少,波兰市场上的毒品多由本国不法分子自行制造。这些作坊式的小型秘密毒品工厂多设在公寓、地下室、阁楼和车库等处。由于缺乏技术人员和必要设备,生产的毒品往往纯度不高,对人体的伤害也更大。1985年1月,波兰《阻止毒品成瘾法》正式出台。在种植方面,该法根据生产目的不同作了区别对待:以生产毒品为目的而种植罂粟和大麻的行为被禁止,但以获取籽种为目的的种植行为得到许可。如属于后者,种植农应在征得政府同意后领取执照,且种植面积不得超过20平方米。未经许可擅自种植的,处两年监禁并罚款。此外,该法明确了对毒品贸易行为的量刑,规定凡违法进出口或运输、贩卖毒品的,处10年以内监禁并罚款。在惩治涉毒犯罪的同时,该法还鼓励教会、商会和其他非政府组织参与禁毒。不过,波兰毒品滥用问题并未就此消除。[3]

在捷克,早在19世纪末就出现了吗啡成瘾问题。不过,当时的吗啡使用者仅限于个别医生、药剂师和一些慢性病患者。1918年,捷克斯洛伐克从奥匈帝国治下独立出来。可卡因在此后逐渐从德国、奥地利等国传入,在布拉格等一些大城市中蔓延开来。刚开始的使用者主要是一些妓女、舞蹈演员、艺术家和电影演员,但可卡因传播很快,20年代的可卡因成瘾者估计已达万人规模。随后,大

---

[1] H. Tobolskarydz, "Problems of Drug Abuse and Preventive Measures in Poland", UNODC *Bulletin on Nacotics* 1986 Issue 1.
[2] Andrzej E. Marek, "Drug Abuse in Poland", UNODC *Bulletin on Nacotics* 1978 Issue 1.
[3] *Problems of Drug Abuse and Preventive Measures in Poland*.

麻也在 30 年代传入捷克,主要以大麻烟的形式消费。① 1938 年 2 月,捷克斯洛伐克政府曾颁布法令(Opium Act),试图对麻醉品的储备和分配进行监管。1939 年后,该国又被纳粹德国吞并,1945 年时才在苏联的帮助下获得独立,走上了社会主义道路。1953 年 6 月,捷克斯洛伐克健康部制定法令,要求所有进出口的麻醉品都必须得到政府许可并进行详细说明。不过,法规的制定未能阻止毒品蔓延,与其他东欧国家同步,该国的毒品问题在 70 年代后日趋严重。1989 年,捷克斯洛伐克国内的自由主义思潮不断发展,以致发生"天鹅绒革命",最终结束了社会主义制度。局势的动荡使政府的缉毒能力不断降低,捷克在成为中亚海洛因通往西欧的毒品走廊之际,自身也成为毒品泛滥的市场。与此同时,非法的大麻种植和安非他明加工厂也在捷克出现了。1993 年初,捷克与斯洛伐克分离为两个国家。此后,吸毒行为有增无减。1995 年对捷克的一次调查显示,在新近开始吸毒的人群中有超过三分之一的是 15 到 19 岁的青年人。在中学生中,超过 20%的男孩和 15%的女孩吸食毒品,大麻、去氧麻黄碱、海洛因、L.S.D.和迷幻剂都很受欢迎。②

在毒品通衢"巴尔干线"上的前南斯拉夫地区,无论是冷战时期还是冷战之后,都是亚洲毒品转运西欧和北美的必经之路,但因自身经济发展水平不高,不是主要的毒品市场。据估计,1986 年时约有 1 万人吸食各类麻醉品。③

(四)毒品再现之后的中国

中国自 1978 年开始实行改革开放政策,境外毒品很快就随同科学技术和资金一起涌入中国。对此,国家高层似乎早有安排。1979 年由第五届全国人大二次会议通过的《中华人民共和国刑法》专门规定了制造、贩卖、运输毒品罪及其相应刑罚。④

不过,毒品问题还是出现了。云南省紧邻"金三角"毒源地,毒品问题出现最早。1981 年,云南省共破获贩毒案件 634 起,比上年增加 67.28%。同年 4 月,云南警方还发现镇雄县有非法种植罂粟 218 亩。⑤ 这些事件引起中央政府高度重视。国务院于当年 8 月发出《关于重申严禁鸦片烟毒的通知》,要求各级政府

---

① Miloslav Matousek, "The History Of the Abuse of Narcotic Drugs in Czechslovakia", UNODC *Bulletin on Nacotics* 1966 Issue 3.
② M. Tyrlik, "The Drug-use Situation in the Czech Republic", UNODC *Bulletin on Nacotics* 1996 Issue 1.
③ M. SKRLJ, "Programme Base for the Prevention of Drug Abuse in Yogoslavia", UNODC *Bulletin on Nacotics* 1986 Issue 1.
④ 《中国共产党禁毒史》,第 328 页。
⑤ 《中国共产党禁毒史》,第 247、254 页。

切实搞好查禁烟毒工作。9月,中共中央书记处书记彭冲、公安部副部长凌云赶赴云南德宏傣族景颇族自治州视察工作,并于次年成立了由云南省副省长孟琦任组长的禁毒工作领导组和一支1 300多人的缉毒队伍。①

然而,毒品蔓延之快超乎意料,1982年时已波及全国10多个省市。② 1982年7月,中共中央、国务院发出《关于禁绝鸦片烟毒问题的紧急指示》,将禁毒战争扩展到全国范围。1984年,中国政府正式颁布《药品管理法》,1987年和1988年又相继出台了《麻醉药品管理办法》和《精神药品管理办法》。1988年,有关部门又发文,对醋酸酐、乙醚、三氯甲烷三类可供制造海洛因等毒品的化学品进行管制。与此同时,警方不断加大对毒品犯罪的打击力度,从1985年到1990年,全国破坏各类贩毒案件近3万起,逮捕毒贩20 800人,判处刑罚16 000人,仅1990年就铲除非法罂粟3 000亩。③ 不过,一系列措施仍未能阻止毒品的推进。十余年间,全国各省、自治区、直辖市均已发现贩毒犯罪活动,国内毒品消费市场逐渐形成。④ 以云南德宏州为例,1982年当地仅有18人吸毒,而到1990年登记在册的瘾君子已达1.5万人。⑤

1989年11月,国务院召开电话会议,部署在全国范围内开展包括扫除吸毒、贩毒在内的"除六害"群众运动。这是新中国成立以来,中国政府第二次号召进行反毒斗争。⑥ 1990年11月,国家禁毒委员会正式成立,由公安部部长王芳兼任禁毒委主任,负责研究制定禁毒措施,协调有关问题,统一领导全国禁毒工作。12月,第七届全国人大常委会通过《全国人大常委会关于禁毒的决定》,规定凡走私、贩卖、运输、制造鸦片一千克以上,海洛因五十克以上或者其他毒品数量大的;走私、贩卖、运输、制造毒品集团的首要分子;武装掩护走私、贩卖、运输、制造毒品的;以暴力抗拒检查、拘留、逮捕,情节严重的;参与有组织的国际贩毒活动的,"均处15年有期徒刑、无期徒刑或者死刑,并处没收财产"⑦。

1991年5月,警方在福建省厦门市查获台湾黑社会成员林建成等人制造冰毒的窝点。⑧ 自此开始,制造毒品案件也不断发生。6月,国家禁毒委员会在北

---

① 《中国共产党禁毒史》,第287、291、292页。
② 《中国共产党禁毒史》,第287页。
③ 《禁毒史鉴》,第537页;《中国共产党禁毒史》,第252页。
④ 《中国共产党禁毒史》,第254页。
⑤ 《禁毒史鉴》,第514页。
⑥ 《中国共产党禁毒史》,第287页。
⑦ 《人民日报》1990年12月29日。
⑧ 《中国共产党禁毒史》,第253页。

京召开会议,提出"三禁(禁贩、禁吸、禁种)并举,堵源截流,严格执法,标本兼治"的禁毒工作方针。从1991年到1997年,共破坏涉毒案件41.3万起,查获毒品违法犯罪人员56.8万人,缴获海洛因26.9吨,鸦片14.4吨,大麻3.4吨,冰毒2.3吨。① 1997年3月,第八届全国人大五次会议对《刑法》进行修订,对走私、贩卖、运输、制造毒品的处罚规定更加完善,充分体现了从严惩处毒品犯罪的原则。② 1997年10月,国务院总理李鹏、副总理朱镕基批准从国家财政划拨5000万元人民币作为中国禁毒基金会的专项启动资金。③ 1998年8月,国务院批准在公安部下设立禁毒局,同时作为国家禁毒委员会的办事机构。1999年8月,针对一些地方制造合成毒品案件增多的新情况,国家禁毒委员会将禁毒方针调整为"四禁(禁贩、禁吸、禁种、禁制)并举,堵源截流,严格执法,标本兼治"。自禁毒局成立以来,每年都会破坏大量的涉毒案件:

表6-2 历年破获涉毒案件及缴获毒品④

年 度	案件数（万起）	海洛因（吨）	鸦片（吨）	大麻（吨）	冰毒K粉等合成毒品（吨）	摇头丸（万粒）	冰毒片剂（万粒）
1998	6.3	7.4	1.2	5.1	1.6	—	—
1999	6.4	5.3	—	—	16	—	—
2000	9.6	6.3	2.4	—	20.9	—	—
2001	11	13.2	2.8	0.75	4.8	207	—
2002	11	9.3	1.2	1.3	3.2	301	—
2003	9.4	9.5			5.8	41	
2004	9.8	10.8			2.7	300	
2005	4.5	6.9	2.3	0.9	8.1	234	
2006	4.6	5.8	1.7	—	7.8	45	
2007	5.6	4.6	1.2	—	11.8	221	762
2008	6.2	4.3	1.4		11.4		
2009	7.7	5.8	1.3	8.7	11.9	106	

---

① 《1998年中国禁毒报告》,参见《禁毒史鉴》,第543页。大麻、冰毒为1991—1995年数据。
② 《中国共产党禁毒史》,第329页。
③ 《中国共产党禁毒史》,第295页。
④ 数据取自历年《中国禁毒报告》。

续　表

年　度	案件数（万起）	海洛因（吨）	鸦片（吨）	大麻（吨）	冰毒K粉等合成毒品（吨）	摇头丸（万粒）	冰毒片剂（万粒）
2010	8.9	5.3	1	3.2	14.8	—	—
2011	10.2	7.1	—	—	14.3	—	—
2012	12.2	7.3	—	4.2	20.9	—	—
2013	15.1	8.6	1.5	4.5	26.2	—	—
2014	14.6	9.3	—	4	37.1	—	—

然而,从历年查获涉毒案件和吸毒登记人数看,中国毒品市场依旧呈现不断拓展的趋势,每年破获涉毒案件从1998年禁毒局成立时的6万多起增加到近15万起。这一方面要肯定公安干警在缉毒斗争做出的巨大贡献,另一方面也反映出毒品确实是在不断地发展蔓延。2015年,如果剔除戒毒成功的人员,再剔除已经死亡和离境的人员,全国现有吸毒人员为234.5万人,[1]已经是1991年时吸毒人数的16倍。如果依国际推算标准,按照每位注册吸毒者背后有5位隐性吸毒者计算,[2]全国吸毒人员可能已经超过1 000万。

表6-3　历年吸毒人数及其构成（万人）[3]

年　度	累计登记吸毒总人数	使用海洛因人数	使用合成毒品人数
1991	14.8	—	—
1992	25	—	—
1994	38	—	—
1995	52	—	—
1997	54	—	—
1998	59.6	—	—
1999	68.1	约48.3	—
2000	86	—	—
2001	90.1	74.5	—
2002	100	约87.6	—

---

[1]　《2015年中国毒品形势报告》。
[2]　《全球化视角下的毒品问题》,第264页。
[3]　数据取自历年《中国禁毒报告》。

续　表

年　度	累计登记吸毒总人数	使用海洛因人数	使用合成毒品人数
2003	105	74	—
2004	114	约92.5	约10.8
2005	116	—	
2008	112.7(上网入库)	90	—
2009	134	98	36
2010	154.5	106.5	43.2
2011	179.4	115.6	58.7
2012	209.8	127.2	79.8
2013	247.5	132.6	84.7
2014	295.5	145.8	145.9

除传统的鸦片类毒品外，滥用冰毒等精神药品的现象自20世纪90年代起已屡见不鲜。2000年起，吸毒种类多元化趋势日益明显，且合成毒品大有取代鸦片类传统毒品之势。"冰毒、摇头丸等苯丙胺类兴奋剂由于吸食简单、价格低廉、兴奋快、药效长"，"所以在吸毒人群中传播极快，吸食人数急剧增多"，"吸食这类毒品的人员以收入稳定且薪水较高的青年人为主，吸贩活动集中在迪厅、酒吧、KTV包间等娱乐场所"[1]。从历年缉获各类毒品的数量变化也可以看出这一趋势：海洛因数量曾一度下降，到2008年出现最低点4.3吨，此后逐年增加但只能和15年前的规模大体持平。与此相反，合成毒品的缉获量则一路攀升，只增不减，在2011年后还出现从大城市向中小城市和农村蔓延的趋势。这一变化也与最近的吸毒人员统计数据相吻合。2015年，全国登记的吸毒人员共计234.5万人，其中海洛因等鸦片类人员98万人，占41.8%；而滥用合成毒品人员134万人，占57.1%。[2] 这说明吸食合成毒品的人员数量已经超过吸食传统鸦片类毒品的人员。另从吸毒人员的年龄构成看，35岁以下的青少年在全部吸毒人员中的占比持续增加，近年一直维持在67.8%—78%之间，年轻化趋势十分明显。[3]

吸毒还引发了其他的社会问题，最严重的莫过于艾滋病的传播。从1985年

---

[1] 《2000年中国禁毒报告》。
[2] 《2015年中国毒品形势报告》。
[3] 参见历年《中国禁毒报告》。

至 2004 年 9 月，在全国累计报告的 89 067 例艾滋病毒感染者中，吸毒人员占 41.3%。在个别年度，吸毒行为甚至成为艾滋病传播的最主要推手。如在 2000 年，全国共报告艾滋病感染者 22 517 例，其中因静脉注射毒品而感染的就占到 70.9%。此外，毒品问题还严重危害社会的治安稳定，诱发大量违法犯罪活动。据统计，男性吸毒人员中 80% 有犯罪行为，女性吸毒人员中 80% 有卖淫行为。一些地区的抢劫、抢夺和盗窃案件中有 60% 甚至 80% 是吸毒人员所为。①

进入 21 世纪，面对严峻的毒品形势，中国政府采取了更加严厉的禁毒行动。2004 年 4 月，中共中央总书记、国家主席胡锦涛主持召开第 62 次中央政治局常委会议，提出"禁毒工作必须全社会共同参与"，"首先要抓教育，第二要抓戒毒，第三要抓打击，第四要抓管理，最后要抓法制，加强立法"②。同年，国家禁毒委成立《禁毒法》起草组，开展立法工作。2007 年 12 月，全国人大常委会通过《中华人民共和国禁毒法》，同时废止 1990 年颁行的《全国人大常委会关于禁毒的决定》。《禁毒法》将毒品分为麻醉药品和精神药品两类，要求对持有、种植、走私、贩卖、运输和制造毒品的依法追究刑事责任。按照《中华人民共和国刑法》第六章第七节的规定，走私、贩卖、运输、制造毒品的，无论数量多少都应追究刑事责任，凡走私、贩卖、运输、制造鸦片 1 千克以上、海洛因或甲基苯丙胺 50 克以上，或武装掩护走私、贩卖、运输、制造的，或走私、贩卖、运输、制造毒品集团的首要分子，或以暴力抗拒检查的，或参与国际贩毒活动的，处 15 年有期徒刑、无期徒

图 6-3　禁毒行动中毒贩落网

---

① 《中国共产党禁毒史》，第 277 页。
② 《中国共产党禁毒史》，第 289 页。

刑或者死刑,并处没收财产。2014年7月,中共中央与国务院印发《关于加强禁毒工作的意见》,首次将禁毒工作提升到"国家安全战略"的高度。2016年4月7日,最高法院发布关于审理毒品犯罪案件适用法律若干问题的司法解释,新增了甲卡西酮、曲马多等12种新型毒品的定罪量刑数量标准,并下调了氯胺酮的定罪量刑数量标准,同时对国家工作人员实施毒品犯罪的情形作出了从严处罚的规定。

在加大禁毒力度的同时,为落实1998年联合国大会《政治宣言》(S-20/2号决议)和《减少需求指导原则》,中国政府还开展了一系列减低毒品危害的减害措施。2005年时,全国社区药物维持治疗门诊数量为128个,2006年发展到遍布22个省(自治区、直辖市)的320个,到2010年底,全国药物维持治疗工作扩展到27个省(自治区、直辖市)588个区县的700多个门诊及200多个延伸服务点,有效地降低了毒品危害。在社会各界的共同努力下,全国累计发现艾滋病毒感染者中经吸毒传播的比例从2000年的70.9%降至2009年的32.2%,进而又降至2010年的24.3%。[①]

不过,截至目前,毒品形势依然严峻,供给屡禁不止。海洛因等鸦片类毒品主要来源于"金三角"的缅北地区和"金新月"的阿富汗地区,而大量冰毒、氯胺酮等合成毒品则多由国内制造。仅在2013年,全国就打掉毒品加工厂点572个。国内生产的醋酸酐、乙醚、苯基丙酮、胡椒基甲基酮、高锰酸钾等化学品还时常被走私至"金三角"、欧洲和北美洲等地区。与此同时,非法种植毒品原植物的情况也并未绝迹。在2015年,全国铲除非法种植罂粟面积289亩、大麻1882亩。[②]

在新形势下,中央高层高度重视禁毒工作。中共中央总书记、国家主席、中央军委主席习近平多次在不同场合提到禁毒工作的重要性。2015年6月,习近平发表讲话指出,"禁绝毒品,功在当代、利在千秋",决定将禁毒工作纳入"平安中国"与"法治中国"的国家战略,要求把"禁毒工作作为象征中华民族伟大复兴的义举善举来做好","不获全胜决不收兵"。[③]

(五) 其他国家的毒品问题

在第二次世界大战后,中国以外的其他亚洲国家也普遍施行了禁止鸦片的政策。

在东南亚,新加坡于1946年、老挝和泰国于1959年、缅甸于1965年都颁布了鸦片禁令,但禁令执行效果并不理想,许多鸦片吸食者纷纷转向海洛因。从

---

① 历年《中国禁毒报告》。
② 历年《中国禁毒报告》。
③ 习近平:《坚定不移打赢禁毒人民战争》,新华网。

60年代以后,印度尼西亚、马来西亚、菲律宾、新加坡和泰国等地的毒品消费规模不断扩大,特别是在青少年中间广为传播。70年代后,除吸食海洛因外,安非他明和注射高纯度海洛因的方法也流行起来。

在菲律宾,60年代也出现了毒品滥用。1965年,菲律宾国家调查局建立了第一个治疗康复中心。当时全国还只有930名吸毒人员,其中615人吸食海洛因,121人使用吗啡,80人滥用巴比妥类和安非他明,13人吸食大麻。① 在随后的几年间,吸毒人数爆炸式增长。在70年代初,菲律宾已有1.5万人吸食毒品,其中1万人在使用海洛因。② 又两年,到1972年,仅大马尼拉地区就有约8 000—10 000名麻醉品使用者。③ 另据国家调查局估计,全国当时有6万年轻人吸食毒品,涉及毒品多种多样:从大麻、L.S.D.、各种兴奋剂,到吗啡、海洛因等鸦片类制剂、巴比妥和镇静剂等应有尽有。④ 1972年9月的《军事法》宣布后,吗啡和海洛因等鸦片类毒品的滥用现象一度下降。在《军事法》颁布的同时,菲律宾政府相继推出各类阻止和控制毒品滥用的预防教育计划。不过,此后菲律宾的毒品泛滥情况仍不容乐观,据1977年在马尼拉的一次调查显示,高中生中4.5%的人吸食大麻、9%的人使用鸦片制剂、12%的人使用吸入制剂、8.6%的人使用安非他明等合成毒品。⑤ 此后数十年间,虽然历届政府都推出严厉的禁毒举措,但菲律宾的毒品问题愈演愈烈。直到2016年6月,新当选的菲律宾总统杜特尔特面对全国数百万人吸毒的残酷现实,重拳打击毒品犯罪,力求一战成功,但这也引发了西方一些所谓"人权卫士"的关注,导致菲律宾与美国等西方国家的关系紧张。禁毒效果能否持续还有待观察。

在泰国,早期的消费毒品主要是鸦片,华人群体是主要的消费者,靠近缅甸和老挝边境的山地民族是主要的生产者。该国政府曾应联合国要求,于1965—1966年度对这些山地民族进行过一次调查。调查显示,当地生活的人口约27.5万人,主要有苗族5.3万人、瑶族1.6万人、拉祜族1.6万人、傈僳族0.9万人、克伦族12.3万人,另有其他一些少数民族和来自中国云南的移民。其中,生活在高海拔地区的苗族是最主要的罂粟种植者,但他们自己却很少吸食鸦片。他们大多种植稻米和罂粟,稻米用于维系生活,而鸦片主要作为经济作物来换取

---

① Aurora S. Cudal, "Educational Programmes on the Prevention and Control of Drug Abuse in the Philippines", UNODC *Bulletin on Nacotics* 1976 Issue 3.
② *The Singapore Heroin Control Programme*.
③ *Educational Programmes on the Prevention and Control of Drug Abuse in the Philippines*.
④ Cesarea Goduco Auglar, "A Note on Drug Abuse in the Philippines", UNODC *Bulletin on Nacotics* 1972 Issue 2.
⑤ *Drug Abuse in Asia*.

白银。通常的情况下，鸦片由小商贩进村收购并转手给城镇的大批发商，再通过大批发商转手流入国内及国际市场。1964年时的收购价为每公斤800泰铢（40美元）。苗民们用鸦片收入购买白银，再将白银打造成饰品，作为一种储蓄手段。据说，苗族男子必须向女方交付相当数量的银项圈才能娶到妻子。① 在历史上，泰国人没有吸食鸦片的传统。然而，60年代末的毒品浪潮也波及这里，主要是青少年们沾染上了毒品。1972年在曼谷的一次调查显示，在中学和职业学校中有10%的学生吸食大麻，另有8%的学生吸食其他毒品。② 2010年前后，泰国吸毒人口为130万。③

越南在20世纪70年代以前饱受战乱，经济萎靡制约了毒品的蔓延。在河内，鸦片是最流行的毒品，海洛因使用较少，可卡因则极为罕见。使用鸦片时或者与地西泮、杜冷丁、吗啡等毒品混合注射，或者单纯注射或吸食。加工方式也较为简陋，在制造注射溶液时，就如同中医煎制中药时一样，将鸦片和吸食后的鸦片黑渣混于开水中，煮沸后用平纹细棉布过滤倒出，如此三次，将三次过滤出的溶液装在一个容积通常为100—500cc的小容器中以备注射。在南部的胡志明市，鸦片也是最流行的毒品，但大麻也比较常见，可卡因则因价格较为昂贵而使用受限。④ 越战结束后，随着经济的发展，毒品问题日趋严重。2005年，越南登记的吸毒人口为17.2万。⑤

在新加坡，1970年时估计残存有7 000到8 000名年龄偏大的鸦片吸食者，但滥用大麻和安非他明等新型毒品的现象开始在年轻人中出现。⑥ 不久，海洛因现身市场并很快成为最流行的毒品。1972年只有4名海洛因使用者，而1974年是110人、1975年是2 263人、1976年达到1.3万人。⑦

在缅甸的仰光，1979年注册的吸毒人员有32 705人，其中74.1%吸食鸦片，12.9%吸食海洛因，0.4%吸食大麻；1982年，这一数字达到39 203人，其中72%吸食鸦片，17%吸食海洛因。⑧

在印度尼西亚，1972年有130人吸食毒品，1976年有953人，而到1984年

---

① "The Report of the U. N. Survey Team on the Economic and Social Needs of the Opium-Producing Areas in Thailand (extracts)", UNODC *Bulletin on Nacotics* 1968 Issue 3.
② *Drug Abuse in Asia*.
③ 《全球化视角下的毒品问题》，第239页。
④ R. Power, "Rapid Assessment of Drug-injecting Situation at Hanoi and Ho Chi Minh City, Viet Nam", UNODC *Bulletin on Nacotics* 1996 Issue 1.
⑤ 《全球化视角下的毒品问题》，第237页。
⑥ *The Singapore Heroin Control Programme*.
⑦ *Drug Abuse in Asia*.
⑧ *Drug Abuse in Asia*.

达到 39 974 人,其中 85.7% 是海洛因成瘾者。毒品问题主要发生在年轻人中间。①

东南亚青少年中的毒品滥用风气在 70 年代以后逐渐扩散到印度和斯里兰卡等南亚地区。于是,南亚地区开始经历从残余的以农村人口为主体的传统鸦片消费形式到现代的以城市青少年为主体的毒品滥用形式的转变。

印度建国之初的禁毒措施极大地遏制了鸦片消费。1950 年,印度以口服方式消费鸦片 150 吨,而 1966 年只有 2.5 吨。1956 年,登记的鸦片成瘾者为 20 万人,而 1963 年末只有 12.5 万人。1953 年有 2 504 人吸食鸦片,而 1966 年只有 1 822 人还在吸食鸦片。这些禁毒成就使当时的一些人乐观地认为,"在并不遥远的未来,(印度的)鸦片成瘾问题将会成为历史"。② 不过,事实并非如此。直到 70 年代,古老的麻洼鸦片依然在中央邦和北方邦一带延续,吞服仍然是主要的消费方法,吸食阐都和曼达克的方式也依旧存在。不过,这时的曼达克制作方式改为由鸦片和金合欢(acacia)叶子混合制作而成。③ 70 年代后,古老的习俗与"新人类"的崛起开始混合。"年轻人中的毒品滥用或多或少地成为他们亚文化的一部分","也成为对具有'压迫'色彩的社会价值和旧有古老社会进行反抗的象征"④。除鸦片和大麻外,可卡因、L.S.D.、包括兴奋剂和抑制剂在内的合成毒品等都开始现身印度,尤其成为大城市"红灯区"的"标配"。与传统印度社会不同的是,印度年轻人更喜欢新型毒品。社会福利部于 1976 年曾在孟买、德里、海德拉巴、斋普尔、马德拉斯等地的大学生中做过一次调查,发现超过三分之一的学生使用麻醉品,除酒精、烟草和镇痛剂的滥用外,主要的毒品是镇定剂、大麻、巴比妥类和安非他明,鸦片类毒品的使用率反而比较低。海洛因在 20 世纪 80 年代初传入印度,但似乎也不大受年轻人的欢迎。1981 年,印度首次发现 9 名海洛因吸食者。1982 年为 20 人,1983 年 41 人,1984 年 35 人。⑤

巴基斯坦是从英属印度分离出来的国家,这里同样有着悠久的罂粟和大麻种植历史,吞服鸦片或吸食鸦片和大麻的情况十分普遍。该国在独立之初有 80% 的人口从事农业生产,是个完全的农业国,农民是毒品生产和消费的主体。于是,政府除保留海尔布尔(Khairpur)的 45.2 公顷国有土地种植罂粟外,宣布种植罂粟为非法,但此后乡村社会里的鸦片吸食行为依然屡见不鲜。⑥ 1958 年,

---

① *Drug Abuse in Asia*.
② D. N. Kohli, "The Story of Narcotics Control in India", UNODC *Bulletin on Nacotics* 1966 Issue 3.
③ K. C. Dube, "Drug Abuse in Northern India", UNODC *Bulletin on Nacotics* 1972 Issue 1.
④ M. Z. Khan, "Research on Drug Dependence in India", UNODC *Bulletin on Nacotics* 1982 Issue 2.
⑤ *Research on Drug Dependence in India*.
⑥ *Opium Production Throughout the World*.

该国颁布《西巴基斯坦鸦片禁吸法令》,规定凡加工、生产、运输、进口、出口或贩卖危险药品的,凡以吸食为目的进行罂粟、大麻、古柯等植物种植、收集和加工的,均处两年监禁或罚款 2 000 卢比,或两项俱罚。① 1959 年又在财政部下设立麻醉品局,负责落实联合国各项禁毒协议。此后,随着工业化的发展,虽然逐渐开始出现从农村向城市的移民潮,但到 1977 年还只有 2 100 万人口集中在少数大城市,仍有 5 200 万人口生活在农村地区。相对而言,该国经济依然落后,缺少社会和文化设施,医疗条件不健全,文盲比例较高,农村里的吸毒问题屡禁不止。1972、1976 年政府又两次颁布禁毒法令,但鸦片种植是偏远地区重要的谋生手段,非法种、吸现象依然存在。在西北边境省,直到 70 年代末还残存着非法的鸦片生产,其中三分之一产自布内尔,②甚至到 1995 年该省种植罂粟尚有 4 670 英亩。③ 在 1982 年时全国估计有 130 万吸毒者,其中 61% 居住在农村,主要消费毒品是大麻、鸦片和海洛因。④ 进入 21 世纪,该国毒品问题仍在发酵。截至 2010 年前后,该国吸毒人数近 400 万,其中以旁遮普最多,其次是信德省、西北边境省和俾路支省,而且吸毒者中近 80% 为 35 岁以下的青壮年。⑤

在印度北边是尼泊尔。尼泊尔的地形北高南低,北部地区位于喜马拉雅山深处,因气候寒冷而无法种植鸦片;国土从这里向南延伸到一片热带低地平原,被称为特莱低地,是曾经的鸦片产区。不过,尼泊尔人使用最多的麻醉品却不是鸦片,而是大麻和可待因止咳糖浆,其次是海洛因。⑥

在印度东南的斯里兰卡,1982 年有 2 人吸食海洛因。1983 年增加到 92 人。⑦

太平洋彼岸的拉美地区也未能躲过 20 世纪后半叶兴起的毒品浪潮。同时,这里逐渐成为世界上可卡因和大麻的主要产地。

巴西是这两种毒品的主产地之一,古柯的主要种植区是安第斯山区,大麻则主要种植在北部和东北部地区。不过,这些毒品主要销往欧洲和美国,巴西人自己的毒品消费类型则有所不同。巴西政府曾在 1962 年对国内的毒品问题做过

---

① Inayat Khan, "Drug Abuse Policy in Pakistan", UNODC *Bulletin on Nacotics* 1977 Issue 4.

② W. H. Mcglothlin, "Opium Use in Two Communities of Pakistan-a Preliminary Comparison of Rural and Urban Patterns", UNODC *Bulletin on Nacotics* 1978 Issue 4.

③ 《全球化视角下的毒品问题》,第 235 页。

④ U.N. Secretariat, "Measures to Assess Drug Abuse and the Health, Social and Economic Consequences of Such Abuse, Summary of Information From 21 Countries", UNODC *Bulletin on Nacotics* 1983 Issue 3.

⑤ 《全球化视角下的毒品问题》,第 234 页。

⑥ A. Chatterjee, "Drug Abuse in Nepal, A Rapid Assessment Study", UNODC *Bulletin on Nacotics* 1996 Issue 1;*Opium Production Throughout the World*.

⑦ *Drug Abuse in Asia*.

调查,消费最多的毒品是巴比妥类,其次是镇静剂和大麻,脱氧麻黄碱位居第四。①

在阿根廷,政府于1992年在国家禁毒国务秘书处下设立了一个宣传教育机构,负责提供戒毒咨询,宣传毒品危害。21世纪后,鉴于阿根廷已经成为世界上重要的可卡因加工基地,政府对可卡因提纯所需的化工产品进行了严格限制。②

委内瑞拉首都加拉加斯在20世纪70年代中期就出现了毒品滥用。大麻、L.S.D.和可卡因消费最多,鸦片类制剂也有,但消费很少。吸毒者多为年轻人,依靠自身的朋友圈拓展规模,人们涉猎毒品的动机主要是好奇和寻欢作乐。③

秘鲁消费的毒品以可卡因为主。1985年,仅秘鲁的利马和卡亚俄就有6万吸毒者,其中80%是古柯膏成瘾者。④

在中美洲的萨尔瓦多,政府在1970年成立了反毒品滥用国家委员会,加强了禁毒工作。在随后的调查中发现,大麻是最主要的消费毒品,其次是L.S.D.。⑤

在墨西哥,精神卫生机构应国家反成瘾委员会的要求,于1986年建立了涉毒信息报告制度(the Information Reporting System on Drugs,简称IRSD),开始对毒品问题进行监测。⑥ 2006年,费利佩·卡尔德隆当选总统后曾调集5万名军人参与禁毒,发动了规模空前的反毒品战争。不过,贩毒集团随即展开报复,毒品问题在该国始终未能消除,2010年时仍有300万人吸食大麻,170万人吸食可卡因,另有冰毒类消费者36.7万人。⑦

拉美之外,非洲也不能幸免。非洲人消费的传统麻醉品是大麻和阿拉伯茶。大麻从印度传入北非,16世纪时传到了西非,后来几乎传遍了非洲大陆,消费时或与棕榈酒混食,或用作药品,或吸食,方法不一;阿拉伯茶的嫩芽和叶子可用来咀嚼,能对中枢神经产生兴奋作用,主要产地是埃塞俄比亚、肯尼亚、马达加斯加、索马里和坦桑尼亚等地。阿拉伯茶自1935年后受到国联关注,目前被列为

---

① Décio Parreiras, "Census of Drug Addicts in Brazil-the Incidence and Nature of Drug Addiction", UNODC *Bulletin on Nacotics* 1965 Issue 1.
② 《全球化视角下的毒品问题》,第251页。
③ Misses A. Devia, "Contribution to the Study of Drug Dependence Among Young People in Caracas", UNODC *Bulletin on Nacotics* 1976 Issue 4.
④ R. Flores Agreda, "Basic Elements for A National Comprehensive Plan for Drug Abuse Control in Peru", UNODC *Bulletin on Nacotics* 1987 Issue 2.
⑤ *Drug abuse in El Salvador*.
⑥ A. Ortiz, "Development of An Information Reporting System on Illicit Drug Use in Mexico", UNODC *Bulletin on Nacotics* 1989 Issue 1.
⑦ 《全球化视角下的毒品问题》,第249页。

软性毒品。就非洲各地的消费偏好而言,北非伊斯兰教苏菲派教徒喜食大麻、东部非洲人喜欢咀嚼阿拉伯茶,南部非洲人也会吸食大麻。在20世纪60年代之前,除埃及等少数国家外,鸦片及其衍生物、脱氧麻黄素等只是医疗机构使用的药物,没有发生滥用问题。不过,60年代成为非洲毒品问题演进的分水岭。工业化的发展、农业技术的改进、教育事业的进步改变了非洲社会的传统结构,在一个快速变动的一体化世界中,非洲不能不受到外部的影响,新的毒品问题渐渐产生了。

埃及传统的麻醉品主要是大麻,但也有吸食鸦片及其衍生物的现象。1966年,埃及政府制定了严厉的禁毒法律,规定凡以贸易为目的而生产麻醉品的,以及未经许可而擅自进出口麻醉品的,处以死刑并处3 000到10 000埃及镑的罚款;凡出于商业目的而拥有、获得、购买、出售、接受、运输或提供麻醉品的,处以死刑或无期徒刑并处3 000到10 000埃及镑的罚款。[①] 然而,严厉的法令非但未能消除传统毒品的滥用,安非他明等精神药品反而在70年代后也流行起来。1975年,埃及政府又制定了反毒品滥用计划(the standing project on drug abuse),并于次年将"麻管处"改为"总署",但这些措施也未能阻止海洛因和可卡因在80年代传入埃及。于是,各类毒品开始充斥埃及的毒品市场。仅在1984年,埃及警方就缴获了85吨大麻(主要来自黎巴嫩)、292公斤鸦片和20公斤海洛因(主要来自亚洲),同时还有来自欧洲的安眠酮。据估计,当时有30%的男性产业工人和20%的男性学生曾经使用过毒品。[②]

在非洲东北部的埃塞俄比亚,主要毒品也是大麻,其次是海洛因和可卡因。[③] 在东非的坦桑尼亚,有使用大麻叶和大麻籽作为药品或调味品的传统习惯,目前使用的毒品主要还是大麻,其他麻醉品有烟草、酒精和阿拉伯茶。[④] 在中南非的赞比亚,人们也喜欢吸食大麻,但在各类典礼仪式中饮用啤酒却并不使用大麻。[⑤]

[①] Walter Herbert, "Narcotics Legislation and Islam in Egypt", UNODC *Bulletin on Nacotics* 1972 Issue 4.

[②] M. I. Soueif, "Extent and Patterns of Drug Abuse and Its Associated Factors in Egypt", UNODC *Bulletin on Nacotics* 1986 Issue 1;Sami Assaad Farag, *The Role of the General Administration Drug Abuse Control in Egypt*, UNODC *Bulletin on Nacotics* 1980 Issue 1.

[③] E. Wansi, *Rapid Assessment of Drug Abuse in Cameroon*;H. A. Mwenesi, *Rapid Assessment of Drug Abuse in Kenya*;Gebre Selassie, "Rapid Assessment of Drug Abuse in Ethiopia", UNODC *Bulletin on Nacotics* 1996 Issue 1.

[④] Kilonzo, "The Family and Substance Abuse in the United Republic of Tanzania", UNODC *Bulletin on Nacotics* 1994 Issue 1.

[⑤] A. Haworth, "Reactions to Problems of Drug Abuse in Zambia", UNODC *Bulletin on Nacotics* 1983 Issue 1.

大麻传入西非的加纳比较晚,是二战后由海员传入的,在当地被叫作"韦"(wee)。加纳政府严禁大麻种植,当地农民就偷偷将大麻种植在木薯、玉米和甘蔗田里。这些作物能长到 4—6 英尺高,使大麻不被发现。直到 20 世纪 60 年代末,鸦片滥用还相对罕见,只是偶尔有从医院得到吗啡进行注射的情况。[①] 而此时,相邻的多哥正经历着变化。多哥的传统麻醉品也是大麻,但在 60 年代末开始出现滥用安非他明的现象,主要消费人群是学生,因为"他们抱怨困倦让他们无法用功学习"[②]。

20 世纪 80 年代,非洲的尼日利亚、肯尼亚、利比亚和毛里求斯等国相继出现了海洛因、可卡因和安非他明的滥用现象,但吸食人数不多。这些毒品的目的地多为欧洲和北美,在非洲仅是过境转运。同时,在毛里求斯出现华裔群体吸食鸦片的报告。[③] 南非的毒品问题也日益严重。据南非的《星报》说,南非是安眠酮这类廉价毒品的最大消费国,20 岁以下的吸毒者中有五分之一选择了安眠酮。[④]

进入 21 世纪后,非洲毒品形势更加恶化。毒品走私及有组织犯罪不断增加,越来越多的非洲公民参与到毒品走私犯罪当中,非洲的各类毒品消费量在 2005 年后也出现大幅增长。一些安非他明类毒品加工厂也在非洲大陆建立起来,其中以几内亚和尼日利亚最甚。

在这个相对动荡的大陆,恐怖主义近年来也日益猖獗,这在一定程度上削弱了当地政府的权威。政府权威的丧失、边防检查的漏洞和腐败问题又为毒品走私打开了方便之门。同时,埃及、利比亚和突尼斯的政局动荡也为毒品泛滥和恐怖主义发展推波助澜。"虽然现在还没有毒品走私集团同恐怖主义组织相互勾结的证据,但二者的联系在未来很可能会出现。"[⑤]

综上所述,在当代世界的毒品市场中,鸦片及其衍生品已经逐渐让位给合成毒品,退居次要地位。许多传统的罂粟产地逐渐衰落,只有少数的一些顽固堡垒还在为市场提供着鸦片。

三、鸦片罂粟的最后堡垒

(一)伊朗鸦片的终结

在伊朗,1955 年法令最终于 1959 年 6 月 22 日被议会通过从而成为正式法

[①] T. Sagoe, "Narcotics Control in Ghana", UNODC *Bulletin on Nacotics* 1966 Issue 2.
[②] F. Johnson, "Narcotics Control in the Republic of Togo", UNODC *Bulletin on Nacotics* 1969 Issue 1.
[③] T. Asuni, "Drug Abuse in Africa", UNODC *Bulletin on Nacotics* 1986 Issue 1.
[④] 《全球化视角下的毒品问题》,第 242 页。
[⑤] *The Afghan Opiate Trade and Africa - A Baseline Assessment* 2016, pp.11, 14, 15.

律。该法规定,凡生产、进口、贩卖和提供麻醉品的,处5—15年监禁并处罚款;再犯的,处无期徒刑。法律实施后,政府对违法行为展开一系列打击。据当年10月的报道,已有81人被捕,3个加工吗啡和海洛因的窝点被捣毁,缴获了100公斤鸦片、6公斤吗啡和海洛因。① 但此后的实践证明,黑市毒品一直禁而不绝。1969年,巴列维政府为了抵制走私,开始放宽毒品政策,在重申鸦片出口禁令的同时再次允许为满足本国需求而进行鸦片生产,但将合法吸毒者的范围划定为60岁以上老人和经医疗后无法戒除毒瘾的人。

1979年,伊朗发生伊斯兰革命,巴列维王朝倒台,以霍梅尼为首的伊朗伊斯兰神权共和国建立。1980年,伊斯兰共和国政府颁布禁令,宣布取缔鸦片生产。1989年,伊朗加大反毒力度,议会批准了更加严厉的禁毒法令,规定对任何携带30克以上海洛因或5 000克以上鸦片者,一律处以极刑。② 伊朗鸦片生产就此终结。

(二) 印度鸦片的没落

当中国停止了鸦片生产、伊朗的鸦片也从国际市场上退出的时候,印度的鸦片生产也被置于严格的管控之下。经联合国批准,印度可以种植罂粟来满足世界各国对药品的需求。从1946—2006年间,印度鸦片的平均年产量为700吨,2006年降至300吨,2007年时只有269吨。③

表6-4 印度部分年度鸦片生产情况④

年　度	种植面积（公顷）	总产量（公斤）	年　度	种植面积（公顷）	总产量（公斤）
1958—1959	30 058	762 272	1962—1963	25 787	690 306
1959—1960	42 632	914 151	1963—1964	21 066	643 904
1960—1961	47 064	912 613	1968—1969	35 035	1 116 319
1961—1962	44 588	969 430			

印度鸦片产区集中在拉贾斯坦邦、中央邦和北方邦等传统的罂粟种植区域,占地约有1.3万公顷。有近百万持有执照的农民在政府的严格控制下从事罂粟种植,所产鸦片被出口到国际药物公司以便提取吗啡。据估计,印度的鸦片满足了世界上45%的合法吗啡需求。从理论上讲,印度已经没有了非法的鸦片出

---

① A. H. Radji, "The New Narcotics Law in Iran", UNODC *Bulletin on Nacotics* 1960 Issue 3.
② 《全球化视角下的毒品问题》,第240页。
③ 《一个世纪的国际药物管制》,第143页。
④ *Some Observations on the Cultivation of Opium Poppy*, p.44.

口,但有人估计,印度合法生产的鸦片有高达30%的部分被非法贩卖。①

(三)土耳其鸦片的消退

土耳其在凯末尔革命后的很长时间里一直在出口鸦片。在1953年联合国主持召开的会议上,各主要鸦片生产国达成一致,承诺不再将鸦片销往国际市场,并将药用、科研用鸦片的生产限制在保加利亚、印度、希腊、伊朗、土耳其、苏联和南斯拉夫七国之内。

20世纪60年代,中国的鸦片生产完全停顿,伊朗的鸦片不再出口,印度的鸦片则被严格管控。于是,当美国等资本主义国家毒品市场兴起的时候,赚钱的机会留给了土耳其。这一时期,美国进口的大麻、可卡因等麻醉品主要来自墨西哥和哥伦比亚等中美洲地区,而进口的海洛因则主要是犯罪集团将土耳其鸦片运到法国马赛提炼加工后,再由意大利西西里的马菲亚地下走私团伙走私进入美国的。早在1951年,法国的马赛就建立了第一家海洛因加工厂。到60年代中期,马赛郊区的偏僻小屋、地下室、车库里已经建立了几十家海洛因加工厂。意大利的黑手党、法国科西嘉和土耳其的贩毒组织从土耳其运送鸦片或吗啡到黎巴嫩,再由黎巴嫩的贝鲁特将这些原料运到马赛,在马赛加工成海洛因后直接运到纽约,或经拉美、加拿大转运到美国。②

美国情报部门在60年代中期发现,土耳其鸦片产量的6%—8%经黎巴嫩和法国并最终以海洛因的形式进入美国,而美国消费的海洛因则有80%来自土耳其。③当这一情况上报白宫后,美国政府却担心损害冷战大局,投鼠忌器,在对土外交中不够强硬。原来,土耳其于1952年加入美国主导的北大西洋公约组织,是美国对抗苏联的马前卒,起着遏制苏联势力进入地中海和黑海的关键作用。

1966年,美国驻土耳其大使帕克·哈特两次敦促土耳其政府严禁走私,取缔鸦片生产。迟至第二年,土耳其总理德米雷尔才作出回应。他向美国承诺,土耳其将逐年递减鸦片产量并在五年后全面取消罂粟种植。1969年,美国共和党人尼克松入主白宫后立即展开"全球毒品战"。他强调,毒品"主要问题同土耳其相关,一定程度上也涉及法国和意大利两国",进而宣布"凡是推动或者积极从事海洛因走私的国家,都将被美国视为不受欢迎的对象",并要求土耳其在1969年秋天罂粟下种季节就全面实现禁种。德米雷尔考虑到罂粟种植区的选票,拒绝

---

① 《鸦片史》,第350页。
② 《鸦片史》,第280页。
③ 《美国禁毒史》,第337页。

了美国的要求。1970年,美国开始借助北约内部的现代社会挑战委员会向土耳其施压,但土政府回应说,"在没有获得明确的补偿前",禁种罂粟"对土耳其政府来说存在政治风险",再次拒绝了美国的要求。次年3月,德米雷尔政府在军方的压力下解散。土耳其总统苏奈任命埃里姆组建新政府。鉴于美国大选临近,尼克松政府此时开始将"毒品问题"优先于"冷战问题"加以考虑。于是,美国一方面威胁将"采取'任何行动'来保障本国国民的健康利益",另一方面答应增加对土的赔偿和援助金额。6月,双方达成共识,美国同意拨付3500万美元的援助,而土耳其承诺立即实现罂粟禁种。6月30日,埃里姆发表禁种声明,这被联合国的麻醉品委员会誉为"国际禁毒史上的里程碑"。①

土耳其在最终接受了美国3570万美元的补偿之后,颁布《鸦片执照与控制法》(Opium Licensing and Control Law),查禁了罂粟种植。1973年9月,尼克松政府正式向国民宣布,美国"已经度过了吸毒问题的难关"②。不过令美国政府始料未及的是,墨西哥和其他一些地方的鸦片迅速增产,弥补了供给缺口。在20世纪70年代,仅墨西哥就供应了美国40%的海洛因消费。

此外,土耳其的禁毒法令也被国人解读为"丧权辱国",这是因为土耳其收到的3570万美元仅是它提出补偿价值的十分之一,也仅仅是过去合法生产鸦片时每年所得的很小一部分。随着罂粟种植区农业人口失业加剧,以及相关补偿措施和后续发展的缺位,埃里姆于1972年4月被迫辞职,由原国防部长梅伦组建过渡政府。这时,罂粟禁令遭到了土耳其国内主要政党和罂粟种植农的普遍反对,他们抱怨罂粟禁令只是"因为美国强大,而我们(土耳其)弱小,为何它(美国)没有向其孩子们施加同样的压力以迫使他们自己远离毒品"③。这种不满情绪在1973年土耳其大选中爆发出来。1974年1月,共和人民党领袖埃杰维特组建新政府。2月,土耳其外长便向美国驻土大使提出,罂粟禁种问题已经到了"难以容忍"的地步。7月,埃杰维特政府正式宣布废除罂粟禁令。美国随后以搁置经济及军事援助相威胁,土耳其作了部分让步,由政府购买种植出来而未经提炼的全部罂粟,以防止其流入非法市场。④ 此后,虽然仍有土耳其鸦片流入非法市场,意大利黑手党也在法国南部和意大利乡村重建了毒品加工厂,但法国和土耳其贩毒分子的联系已经被斩断,他们在美国市场的主导地位不复存在。⑤

---

① 张勇安:《冷战背景下美国对土耳其的毒品外交》,《中国社会科学》2012年第5期。
② 《美国禁毒史》,第346页。
③ 《冷战背景下美国对土耳其的毒品外交》。
④ 《冷战背景下美国对土耳其的毒品外交》。
⑤ 《鸦片史》,第283页。

这样,土耳其开始用罂粟秆制造吗啡,逐渐成为"用罂粟秆提炼吗啡的最大生产国,由于其严密的管理制度,没有发生转移现象"[1]。罂粟种植规模也渐渐缩减,到20世纪末,土耳其只有位于博尔瓦丁(Bolvadin)的一个鸦片生物碱工厂,每年消耗2.3万吨罂粟秆,生产70吨吗啡和5吨其他衍生物。[2]

(四)"金三角"的兴衰

从20世纪50年代到70年代,中国、伊朗、印度和土耳其这些传统的鸦片生产大国纷纷停止或大幅缩减鸦片生产。但刚刚兴起的世界毒品市场方兴未艾,需求反而还在扩张。有市场就有供应,"金三角"、"银三角"和"金新月"等一些缺乏有效管控的毒品产区就在国际禁毒运动的夹缝中开始崛起。

所谓"金三角"是指缅甸、老挝和泰国三国边境地区20万平方公里的一块区域。这里遍布石灰岩山地,重峦叠嶂,与世隔绝。在崇山峻岭之中,分布着属于不同民族的大小村镇3 000多个。在当地海拔3 000英尺以上的地区,日照长且气候温湿,适合罂粟生长。[3]

1. 第一次印度支那战争时期的"金三角"乱局

在第二次世界大战时,"金三角"的鸦片生产规模就开始拓展,只是由于中国等鸦片生产大国的存在才没有引起国际社会的关注。当时的中南半岛被分割为三个部分:法国的印度支那联邦,包括今天的越南、老挝和柬埔寨;英国殖民地,包括今天的缅甸、马来西亚和新加坡;中间是勉强可以称作独立的泰国。如今的"金三角"就位于当时英、法、泰三方势力的交界处。泰国在1941年后不断增加泰北地区的鸦片生产,在1948年时估计有百吨之多;法国实行着鸦片专卖,但却鼓励老挝一侧的鸦片生产;英国于19世纪末宣布在缅甸禁种鸦片,但将克钦等少数地区排除在外,使当地零星的鸦片生产得以延续。[4] 至20世纪中叶,缅甸的鸦片成瘾人数估计有4万。[5]

第二次世界大战后,英国宣布废除其在亚洲殖民地实行的鸦片专卖制度,但缅甸随后于1948年脱离英国的殖民统治获得独立,苏瑞泰出任缅甸联邦的首位总统。新政府的禁毒政策并不彻底,保留了可以吞服鸦片的规定,这就为鸦片专卖制度继续施行留下了口实。此外,缅甸的独立也并没有给国家带来安宁。该

---

[1] 《一个世纪的国际药物管制》,第143页。
[2] David Mansfield, *An Analysis of Licit Opium Poppy Cultivation: India and Turkey*, the Foreign and Commonwealth Office of the U.K., 2001, p.12.
[3] *The Report of the U.N. Survey Team on the Economic and Social Needs of the Opium-Producing Areas in Thailand*.
[4] *Royal Commission on Opium*, p.84.
[5] *Opium Production Throughout the World*.

国以缅族为主体民族,但其只占总人口的50%,克钦族、掸族、克伦族、拉祜族、佤族、孟族等少数民族虽然只占50%的人口,却占据60%的国土,各民族间缺少共同的语言和宗教,往往各自为政。适宜种植罂粟的地带主要位于东部的掸邦,二战前后,这里的鸦片年产量大约为18—35吨。[①] 居住在掸邦的各民族几乎都拥有自己的组织机构和军队势力,规模较大的有克钦独立军、克钦自由军、拉祜民族自由军、孟民族军、克伦民族联盟、掸邦军、佤邦军,等等。1959年后,这些势力依托鸦片贸易收入,既与政府军对抗又相互残杀,使该地区实际上处于无政府状态。

泰国自1851年起就实行鸦片贸易合法化政策,鸦片收入此后一直是泰国军费的主要来源。直到1958年,武装部队司令沙立政变上台后才在次年宣布禁止鸦片。但一些地方此后开始制作海洛因,以满足当地人的需要。同时,北部山区的鸦片生产也长期存在。面对毒品持续泛滥的严峻形势,泰国政府的腐败使他们对鸦片贸易无能为力,甚至"泰国资深的军界首脑就是海洛因贸易整体之一部分"[②]。

法国殖民政府也在第二次世界大战后宣布废除鸦片专卖制度,但却秘密指使非官方授权的情报机构接管了鸦片生产,并将收集到的鸦片运到西贡,再走向国际市场。[③] 1948年,中华民国内政部部长彭昭贤特意致函上海市政府,该函指出,法国为制止通货膨胀居然在越北公然收购鸦片运往河内,由公烟专卖局熬煎装置后向上海、香港、粤南等地推销,提醒上海方面加强防范。[④] 这种状况一直持续到法国人1954年撤出东南亚为止。

新中国成立后停止了鸦片生产和出口,联合国又于1953年规定各国不得出口鸦片,"金三角"在丧失了外部鸦片补给后便自发地增加了罂粟种植面积。这一时期,又恰逢中南半岛上出现乱局,使鸦片问题进一步失控,而最大的乱源是法国殖民政府。

原来,越南在共产党人胡志明领导下于1945年宣布独立,但法国人拒绝从东南亚撤出,扶植越南阮朝保大帝建立了"越南帝国"。老挝历史上曾是真腊(柬埔寨)的一部分。1353年建立澜沧王国,后被暹罗征服。1893年沦为法国的保护国。1940年又被日本占领。二战后,西萨旺冯建立老挝王国,但再次遭到法国入侵。法国人扶植起以文翁亲王为代表的老挝皇家政府。1950年,老挝人民

---

① *Opium Production Throughout the World*.
② 《鸦片史》,第311页。
③ 《鸦片史》,第299页。
④ 《内政部就法人由越南向我国推销烟土致函上海市府》,载《中国禁毒史资料》,第1469页。

成立了以苏发努冯亲王为总理的左派抗战政府,创建巴特寮(Pathet Lao,意为老挝国)。稍后,在1863年就沦为法国殖民地的柬埔寨也在1953年宣布独立,建立柬埔寨王国。

越南、老挝和柬埔寨三国并肩与法国作战,史称"第一次印度支那战争"。1954年的奠边府大捷最终迫使法国人同意在《日内瓦协议》上签字,从此法国撤出东南亚。但越南以北纬17度为界,保留了阮朝保大帝在越南南部的统治地位。在这样的战乱条件下,各方不可能对鸦片贸易采取有效的控制措施。

就在第一次印度支那战争进行得如火如荼之际,又有一支力量进入了中南半岛。1949年中国国民党败退时,国军第8军军长李弥率领手下的第93师和第26师残部1 700余人进入缅甸掸邦东北的景栋地区。次年,该部队沿湄公河进入缅泰边境地区驻扎,他们一边招兵买马,一边从事鸦片贸易筹措军费。1953年,部队总兵力达到近2万人,改名为"云南反共救国军",由李弥担任总指挥。在李弥部队的控制下,"金三角"地区的罂粟种植面积达到4万多公顷,鸦片产量达到600吨,其中50%进入国际市场。在外销鸦片中,70%销往东南亚,23%—25%销往欧洲和澳洲,5%—7%销往美国。[①] 缅甸联邦随后向联合国提出议案,要求国民党军队撤出缅甸。迫于国际压力,李弥部主力于1954年后陆续撤回台湾。

2. 第二次印度支那战争时期的"金三角"乱局

1955年7月17日,美国支持南越首相吴庭艳废黜保大帝,建立了总统制的南越政权。1961年美国肯尼迪政府发动"特种战争",由美国出钱出枪,派出顾问指导南越与北越作战,第二次印度支那战争爆发。

在老挝,巴特寮左派在1955年根据印度支那共产党二大的决议成立老挝人民党。1962年,老挝成立以中间势力富马亲王为首相的联合政府。1964年,美国支持亲美势力库帕拉西等发动政变进攻左派,老挝内战爆发。在战争中,富马亲王选择与美国站在一起。实际上,美国中央情报局自1960年后便支持老挝武装苗族游击队同靠近北越的共产党巴特寮部队作战。为支持苗族武装,美国中情局不仅允许其经营鸦片贸易,甚至允许当地鸦片输往包括美国在内的国际市场。

1965年,美国派遣50万军队直接参与战争,支持南越和老挝右派政府。战争期间,老挝鸦片管理局局长万拉提同自己就经营着鸦片生产和贸易,还在曼谷、西贡和香港设立了代办处。他生产的纯度仅有50%的吗啡却被冠以999

[①] 《全球化视角下的毒品问题》,第26页。

牌,远销世界各地。① 在战火纷飞之中,美国士兵也学会了用毒品的慰藉来打发无聊时光。为满足美国兵对海洛因的需要,香港黑社会开始在"金三角"设立工厂,加工高纯度的4号海洛因。到1971年,"金三角"已有29家制毒厂,其中15家能生产4号海洛因。② 美国兵没有时间和条件像身处家乡的同好一样注射海洛因,只能将海洛因和烟草、大麻等放在一起吸食。据说,1971年时已有2.5万—3.7万美国现役官兵吸食海洛因。1973年美国大兵带着伤痛离开时,把他们吸食海洛因的习惯带给了美国,而把为他们生产海洛因的工厂留给了"金三角"。

中国政府在战争期间给予北越和老挝左派大力支持,最终迫使美国政府于1973年1月同意在《巴黎协定》上签字,承诺从印度支那撤军。美国撤军后,南越政权和老挝右派丧失了依靠。1975年5月,南越政权灭亡,越南宣布统一。同年8月,老挝左派也取得了胜利,军队开进了几乎已经荒废的万象。1975年12月,老挝首届全国人民代表大会召开,执政的人民党宣布废除君主制,成立老挝人民民主共和国。新政府禁止了毒品吸食,却未敢触及鸦片生产,而且实际上,连新政府自己也深深地卷入到毒品贸易之中。③

在第二次印度支那战争期间,国民党残部继续活跃在当地鸦片贸易的舞台上。李弥部主力于1954年后陆续撤回台湾,而李弥部副总指挥柳元麟则搜罗残部万余人继续在湄公河西岸的香拉驻扎,并于1957年成立"云南人民反共志愿军"。他们除控制了李弥部原有的景栋、孟萨等地区外,还将势力扩展到缅老、缅泰边境,鸦片产量也达到了近800吨。

1961年,在中缅军队的联合打击下,柳元麟部瓦解。柳元麟部主力陆续撤往台湾,但其部下李文焕部和段希文部仍留在缅甸。此时,早年曾参加国军的果敢人罗兴汉趁势在缅甸政府的扶持下坐大,以果敢县人民主席的身份建立了自己的贩毒网络。据说他当时至少控制了"金三角"鸦片产量的三分之一。④ 与罗兴汉大约同时崛起的鸦片军阀还有坤沙集团。坤沙,汉名张奇夫,在60年代初已拥有2 000多人的掸邦武装。1967年,坤沙遭遇国民党军队和老挝皇家政府军的进攻而衰落。1969年,坤沙被缅甸政府军俘获,遭到监禁。1973年,罗兴汉集团因开罪了缅甸政府而被政府军击溃,罗兴汉本人被俘,后于1980年被特赦。1977年,在缅甸政府军的打击下,李文焕部和段希文部也走向瓦解。

---

① 《鸦片史》,第302页。
② 《鸦片史》,第306页。
③ 《鸦片史》,第304页。
④ 《全球化视角下的毒品问题》,第28页。

3. 缅甸乱局与"坤沙时代"

美国从越南撤军的1973年,尼克松政府迫使土耳其停止了鸦片生产,国际上的鸦片供求矛盾骤然紧张,贩毒集团四处忙着寻找新的货源。这时,"金三角"这个"山高皇帝远"又不受国际条约束缚的"世外桃源"终于找到了崛起的机会。

1974年,缅甸联邦改名为缅甸联邦社会主义共和国。同年,坤沙手下绑架了两名苏联医生作为人质,胁迫缅甸当局释放了坤沙。坤沙逃回掸邦,很快就恢复了原来的领地,并拥有了一支3 500多人的掸联军,继续经营鸦片贸易。他不仅控制了掸邦50%的鸦片,还致力于发展海洛因贸易。

1978年,缅甸共产党成为掸邦的主导力量,并开始在掸邦禁除鸦片贸易。但在1983年后,缅共也开始经营鸦片和海洛因生意。[1]

此后,坤沙集团的势力进一步壮大。1985年,掸联军、南掸邦军、掸邦联合革命军三支掸邦武装合并为孟泰军,由坤沙出任总司令。孟泰军总兵力达到近3万人,成为仅次于缅共的掸邦地方势力。随着势力膨胀,坤沙逐渐成为民族分离主义的代言人。

在这一时期,泰国政府的腐败助长了缅北鸦片生产的扩张,"金三角"鸦片主要经过泰国的"曼谷走廊"出口到世界各地。到80年代后期,随着泰国经济的不断发展,合法贸易收入超过鸦片收入,政府高层才逐渐与贩毒集团划清界限,泰国的禁毒运动渐有起色。

图6-4 坤沙

当泰国经济向好之际,缅甸的经济形势却持续恶化。1988年,缅甸各地发生示威游行,国防部长苏貌将军接管政权,成立"国家恢复法律和秩序委员会",宣布废除宪法,成立军政府,还将国名恢复为缅甸联邦。美国因为对缅甸军政府镇压示威游行的举措不满,停止了对缅甸的反麻醉品援助。处于内忧外患中的苏貌军政府对掸邦的控制能力开始弱化。次年,缅共在国际共产主义运动遭遇挫折的大背景下走向解体。这些因素导致坤沙势力进一步坐大。在坤沙集团的鼓励下,"金三角"的鸦片产量从1987年的1 000吨增加到1992年的1 500吨,坤沙还控制了当地70%的海洛因贸易,这些毒品经由泰国运出,或经由老挝到

---

[1] 《鸦片史》,第312页。

达柬埔寨西南部的港口戈公，混在捕鱼船中运送出海。坤沙集团生产的"双狮地球商标"海洛因驰名西方世界。①

1993年，掸邦孟泰军首领坤沙建立"掸邦复兴委员会"，公然宣布掸邦独立。缅甸军政府于是扶持佤族与坤沙的孟泰军作战，甚至不惜支持佤族武装进行鸦片贸易。1995年，坤沙在缅甸政府军、佤族武装和泰国军队的联手打击下败北，并于1996年1月向缅甸政府投降。此后，坤沙被软禁在仰光，直至2007年病故。

4. 后"坤沙时代"

坤沙垮台后，一些地方武装继续控制着当地的鸦片生产。他们主要是从缅共中分裂出来的以彭家声为首的果敢同盟军、赵尼莱为首的佤邦联合军、林明贤为首的掸东同盟军、丁英为首的克钦新民主军、布朗森为首的克钦独立军。这些掸邦、克钦邦的地方武装依旧奉行"以毒养军，以军护毒"的政策，继续发展毒品经济。但在2001年9月11日，一件太平洋彼岸发生的事件改变了"金三角"。

这天上午，两架被恐怖分子劫持的民航客机分别撞向美国纽约世界贸易中心一号和二号大楼，两座大楼轰然倒塌。另一架被劫客机撞向美国国防部五角大楼，致使部分结构损坏。事件共造成2 996人遇难。这就是震惊世界的"9·11"事件。这一事件对世界形势产生了深远的影响，国际社会对恐怖主义与毒品问题的联系也更加关注。

2002年，美国参议员外交委员会和缉毒署相继认定佤邦联合军是"一个众所周知的与全世界毒品贸易有密切联系的恐怖主义组织"。佤联军在国际社会的强大压力下，于2005年6月宣布全面禁毒。当地其他武装也纷纷效仿，宣布禁毒。2005年10月，联合国禁毒署派员在佤联军控制区核查，未发现大面积的罂粟种植。

此后的缅甸政局总体上比较稳定，但政府军与地方武装的冲突仍时有发生。2008年，缅甸联邦通过新宪法，规定实行总统制。2011年，吴登盛出任缅甸第一任总统。2016年3月，吴廷觉成为缅甸首位民选非军人总统。目前，缅北毒品问题尚未完全根治，但鸦片生产已大不如前。毒品出口主要是经云南流入中国内地，或经中南半岛流向澳洲。

(五)"金新月"的崛起

自奥斯曼帝国时期开始，"月亮"逐渐成为伊斯兰的标志，并被广大穆斯林接受。有人便将土耳其以西到西藏边缘信仰伊斯兰教的广阔地带称为"金新月"。

---

① 《全球化视角下的毒品问题》，第29页。

在国际毒品贸易中，就有人借用这一称呼，把阿富汗、巴基斯坦和伊朗间形成的一块狭长的鸦片产地称为"金新月"，既指这是一片信仰伊斯兰教的区域，又暗指毒品价若黄金。这片鸦片产区主要包括东部的阿富汗努里斯坦省、楠格哈尔省，巴基斯坦西北边境省，向西沿巴加格尔岭进入巴基斯坦的俾路支省，再向西包括阿富汗的雷吉斯坦和伊朗的锡斯坦俾路支省的一部分。这里最主要的鸦片产区位于阿富汗境内。

阿富汗在公元前6世纪时曾归于波斯帝国治下。后历经亚历山大帝国、塞琉古、帕提亚（安息）、吐火罗（大夏）、大月氏、贵霜、波斯萨珊、恹哒等诸多历史时期。6世纪中叶，臣服西突厥。7世纪初，西突厥占领该地，逐渐突厥化。[①] 7世纪中叶唐灭西突厥后，当地突厥王朝臣服于唐。这一时期，罂粟从中亚传入中国，应当也传入了阿富汗。在公元751年怛罗斯之战后，阿富汗等中亚地区臣服于阿拉伯的阿拔斯王朝。不久，当地诸侯拥兵割据，阿富汗又历经塔希尔、萨法尔、萨曼、加兹尼、古尔、花剌子模各王朝。1220年，蒙古人攻灭花剌子模。蒙古人衰落后，阿富汗成为突厥人、土库曼人和波斯人争夺的战场。1747年，普什图人崛起，建立了杜兰尼王朝。1826年，另一个普什图人建立的巴拉克宰王朝取而代之。

最晚自19世纪起，在普什图人居住的阿富汗和巴基斯坦交界山区就有零星的鸦片生产。在这里，鸦片被叫做"塔亚科"（taryak）或"开弗"（kaif，麻醉品）。20世纪初，"该国鸦片生产水平较低，并仅限于巴达赫尚等东北部地区"[②]。1932年，阿富汗的罂粟种植面积已经达到3 846公顷，年产鸦片74.5吨。[③] 1958年，国王穆罕默德·查希尔下令禁止鸦片，但因当时政局不稳，法令并未得到认真落实。不过就全国来讲，鸦片问题主要集中在巴达赫尚省，对其他省份影响不大。直到70年代初，全国12.5万鸦片吸食人口中就有10万人居住在巴达赫尚，占全国鸦片吸食人口的80%，占该省35万常住人口的28.5%。他们多生活在巴达赫尚那些远离城镇、接近原始生活状态的贫困地区。其余各省消费的麻醉品主要是大麻，通常的消费方式是用水烟袋吸食。[④]

1973年，国王查希尔访问意大利，其堂兄穆罕默德·达乌德在苏联支持下发动"7·17"政变，废黜了查希尔的王位，巴拉克宰王朝终结。阿富汗由此成为共和国，由达乌德出任中央委员会主席，查希尔从此流亡海外。因为达乌德后来

---

① 王欣：《阿富汗东北部地区古代民族的变迁》，《世界民族》2006年第4期。
② 《一个世纪的国际药物管制》，第37页。
③ *Opium Production Throughout the World.*
④ Asad Hassan Gobar, "Drug Abuse in Afghanistan", UNODC *Bulletin on Nacotics* 1976 Issue 2.

清洗了政府中的部分亲苏派,亲苏的人民民主党于1978年4月27日发动政变,杀死了达乌德,塔拉基上台。一年后,塔拉基又被自己的部下阿明所杀。阿明未按照苏联的旨意召回亲苏派卡尔迈勒,仅当政百日就又被杀死。苏联随后直接出兵进入阿富汗,扶植卡尔迈勒政权,也揭开了长达10年的阿富汗战争序幕。在70年代这动荡的十年中,恰逢土耳其鸦片产量的衰减和"金三角"1978年的大旱,国际鸦片供给短缺,贫穷的阿富汗人便开始大量种植罂粟,靠鸦片维持生计。此外,美国中央情报局出于冷战思维,大力支持阿富汗伊斯兰教组织反对苏联的圣战,同时也暗中支持他们出口鸦片。在这些因素的推动下,阿富汗的鸦片产量扶摇直上,1981年时达到800吨。从1982年到1987年,鸦片产量又翻了一番。[1]

1986年,卡尔迈勒无力控制局势,受苏联邀请去莫斯科"治病",纳吉布拉接管了政权。鉴于局势不利,纳吉布拉上台后便提出与游击队的和解计划,但未得到积极回应。无力支撑的苏联也于1989年将军队撤出阿富汗,丧失依靠的纳吉布拉政权节节败退,至1991年,纳吉布拉政权仅能控制全国10%的疆土。

1991年12月,苏联解体,分裂为15个独立的主权国家,国际共产主义运动在欧洲遭遇挫折。此后,作为苏联在国际法上继承者的俄罗斯联邦把纳吉布拉政府看作"苏联的遗物"而弃之不顾。1992年,马苏德领导的游击队进入喀布尔,纳吉布拉政权垮台。此后,纳吉布拉在联合国驻喀布尔办事处避难长达4年之久。政局的混乱助长了鸦片的增产,阿富汗的鸦片产量从1989年1 200吨增加到1992年的2 200吨。[2]

纳吉布拉政权倒台后,反政府游击队发生内讧,阿富汗出现军阀混战的局面。1996年9月,马苏德领导的游击队退往阿富汗北部建立北方联盟,而美国支持的塔利班组织攻占了喀布尔,他们杀死了纳吉布拉,并逐步控制了政局。在这四年战乱之间,鸦片生产更为普遍,1994年罂粟丰收,比上一年增产38%,达到2 400吨。吸食人口也达到25万人。[3] 除本地消费外,许多鸦片取道中亚运往欧洲,或南下经过巴基斯坦和印度出口到国际市场。

塔利班执政期间,大力鼓励罂粟种植,以便为打击北方联盟及训练恐怖分子筹措军费。他们要求种植农缴纳利润的10%,称为"十税",还向海洛因加工厂收税。据说,在鸦片收获季节,每个加工厂每天缴纳的税金高达3万法郎。[4] 此

---

[1] 《鸦片史》,第327页。
[2] 《全球化视角下的毒品问题》,第35页。
[3] 《鸦片史》,第349页;《全球化视角下的毒品问题》,第35页。
[4] 《全球化视角下的毒品问题》,第35页。

图 6-5 阿富汗的鸦片收割

外,塔利班还控制着毒品买卖,每达成一笔交易,都要收取一定比例的税金。为了进一步推广罂粟种植,塔利班甚至把许多关闭的学校变为鸦片种植加工的培训基地,开设专门课程培训年轻人生产鸦片。当时的阿富汗相对贫穷,人均年收入只有 380 美元,而种植罂粟每公顷可以获利 2 000 法郎,因此农民们都把罂粟称为"绿色金子",非常拥护塔利班政权的纵毒政策。于是,塔利班政权成为"阿富汗毒品生产与销售的保护人、提倡者和最大的受益人"[①]。在塔利班政权和烟农的合力下,阿富汗鸦片产量在 1999 年达到创纪录的 4 600 吨,占全世界非法鸦片产量的 75%,成为全球最大的毒品生产和输出国。[②]

阿富汗的海洛因输出有三条主干线。"北线"是海洛因走私的要道,连接阿富汗和中亚以及俄罗斯的广阔市场。该线路从阿富汗出发,经巴基斯坦后分成两路:一路进入印度、中国或蒙古等国,转到亚太地区;另一路也是最主要的一支,经中亚、俄罗斯抵达北欧、中欧、西欧,然后被转运到南、北美洲,约有 65% 的阿富汗毒品沿着这条路销往欧美。这些鸦片在阿富汗或前苏联国家制成吗啡或海洛因,或藏在运载葡萄干或者胡桃的卡车中,或伪装成面粉袋混在满载面粉的火车厢里,沿着古老的丝绸之路,被运抵俄罗斯、波罗的海诸国、波兰、乌克兰和捷克共和国,然后又从这些国家运往斯堪的纳维亚、德国和更远的西欧。在这条道路上,哈萨克斯坦是咽喉要道。该国本身就是一个不小的毒品消费市场,

---

① 唐世强:《阿富汗的鸦片产量大约占世界的 80%,2 800 吨鸦片将流向何方》,《人民日报》2001 年 11 月 19 日。

② 《全球化视角下的毒品问题》,第 34、35 页。

1991年独立时仅有3.3万人吸食毒品,而到2000年时已有63万成瘾者。最重要的是,这个国家"没有先进的技术手段来发现各类毒品,没有经过专门训练的缉毒犬,也没有这方面的专家",因而成为毒品走私的通衢。"南线"的形成时间较晚,从阿富汗向南经巴基斯坦或伊朗,通过邮寄、非法海运、夹在货物行李中空运等方式穿越印度洋,销往非洲、欧洲和亚洲。其中,海运是最主要的方式,多由肯尼亚和坦桑尼亚等东非国家的口岸登陆。最古老的走私线路是"西线",即经由伊朗、乌兹别克、土库曼、高加索地区和土耳其,运抵东南欧的巴尔干地区,因此这条路线又称"巴尔干"线。在巴尔干,毒品又有三大流向:一是利用集装箱卡车穿过保加利亚和马其顿,然后设法把毒品运到塞尔维亚、匈牙利和奥地利;第二条路线是穿过阿尔巴尼亚和马其顿,然后用快艇在晚上经亚得里亚海把毒品运到普利亚东部海岸的海滩上,再通过高速公路抵达奥地利和中欧;第三条路线是,用集装箱运货船把毒品从黑海沿岸的康斯坦察运往土耳其和意大利,通过意大利南部转运非洲。其中,进入中欧的毒品会有一部分转运西欧,从那里向南方抵达非洲,或向西越过大西洋,到达南、北美洲。①

2000年7月,塔利班政权在收获近3 000吨鸦片后,突然一反常态地宣布"鸦片为反伊斯兰教的孽物",并随即颁布了罂粟种植禁令。有人推测塔利班此举是为了消耗当时已经高达2—3年产量的库存;也有人推测是为了取悦国际社会,避免进一步的孤立。但无论如何,禁种效果非常明显:阿富汗在2001年的罂粟种植面积下降为8 000公顷,比上年减少了91%;产量只有185吨,比上年减少了94%。②

2001年发生了震惊世界的"9·11"事件。这一事件随后改变了阿富汗的命运,甚至改变了国际关系格局。在事件发生后不久,美国总统小布什在戴维营召开紧急会议,认定"基地组织"头目本·拉登是这次恐怖袭击的策划者。随后,美国政府便向塔利班政权发出最后通牒,要求其交出本·拉登等基地组织高层成员。塔利班拒绝了美国的要求。月底,在贾拉拉巴德和坎大哈街道上的生鸦片价格就从每千克700美元暴跌到每千克100美元,而与此同时,欧美地区的海洛因价格却节节攀升,达到每千克2万到10万法郎。③ 10月7日,美国在与北方联盟接触后开始展开对塔利班的空袭行动。11月,塔利班政权倒台,北方联盟

---

① 《阿富汗的鸦片产量大约占世界的80%,2 800吨鸦片将流向何方》;AOTP, *The Afghan Opiate Trade and Africa-A Baseline Assessment 2016*, UNODC Research, 2016, pp.10, 15;哈萨克斯坦《全景报》2000年6月23日,转引自吴焕宗译:《65%的阿富汗毒品通过中亚进入欧洲》,《中亚信息》2000年第10期。

② 谢湘江:《2002年阿富汗罂粟收割对世界禁毒工作的影响及对策》,《公安研究》2002年第7期;曹伟等:《美国在阿富汗的禁毒行动及成效分析》,《新疆师范大学学报》(哲社版)2011年第4期。

③ 《阿富汗的鸦片产量大约占世界的80%,2 800吨鸦片将流向何方》。

控制了阿富汗全国的大部分地区。12月,卡尔扎伊出任临时政府主席,马苏德的接班人、北方联盟领导人法希姆任副主席。不过,阿富汗新政府并不能有效控制全国局势,鸦片问题依然严重,2002年罂粟种植面积7.4万公顷,鸦片产量为3 400吨;2003年罂粟种植面积8万公顷,生产鸦片3 600吨。[1]

2004年,卡尔扎伊成为阿富汗历史上首位直选总统后,阿富汗开始在美国主导下实施"铲除鸦片计划"。美国政府在驻阿富汗大使馆设立了禁毒办公室,还与戴阳公司(DynCorp)签署了一份总额为5 000万美元的合同,由戴阳公司负责培训阿富汗的"鸦片根除小组"。考虑到烟农弃种罂粟后的生计问题,美国国际发展总署(USAID)还在阿富汗实施了一项被称为"替代性生计规划项目"(Alternative Livelihoods Program)的经济支持计划,希望通过修路、改善农村灌溉条件、提高妇女就业技能等措施鼓励人们种植合法作物。[2] 不过,塔利班组织一直没有灭亡,依然活跃在阿富汗和巴基斯坦的边界地区,鸦片问题也始终未能解决。2004年,阿富汗罂粟种植面积13.1万公顷,生产鸦片4 200吨,约占世界鸦片总产量的90%;2007年为19.3万公顷,生产鸦片达8 200吨;2010年遭遇植物病害,种植面积为12.3万公顷,产量降为3 600吨。[3] 此后又大幅增加。2014年,罂粟种植面积约为22.4万公顷,集中在西南九省,共生产鸦片6 400吨。2015年略有下降,种植面积18.3万公顷,生产鸦片3 300吨。其中,传统鸦片产区的种植面积大幅下降,东部地区下降40%、南部下降20%、西部下降10%,而过去非主要种植区的种植面积却大幅增加,中部地区增加38%、北部地区增加154%。[4]

表6-5 2015年阿富汗部分地区罂粟种植面积(公顷)[5]

省　份	面　积	省　份	面　积
赫尔曼德省(Helmand)	86 443	法拉省(Farah)	21 106
巴德吉斯省(Badghis)	12 391	乌鲁兹甘省(Uruzgan)	11 277
楠格哈尔省(Nangarhar)	10 016	尼姆鲁兹省(Nimroz)	8 805
巴达赫尚省(Badakhshan)	4 056	七省合计	154 094

---

[1] 《全球化视角下的毒品问题》,第36页。
[2] 《美国在阿富汗的禁毒行动及成效分析》。
[3] 《美国在阿富汗的禁毒行动及成效分析》。
[4] *The Afghan Opiate Trade and Africa-A Baseline Assessment* 2016,p.16.
[5] *The Afghan Opiate Trade and Africa-A Baseline Assessment* 2016,p.16.

(六)"银三角"的崛起

"银三角"是指美洲哥伦比亚、秘鲁、玻利维亚和巴西境内的安第斯山和亚马孙地区。这里盛产古柯和大麻,是世界上最大的可卡因产地,而罂粟种植出现较晚,种植面积和产量都不算大,是从墨西哥传来的。

20世纪中叶,墨西哥的鸦片种植之风在西北各州依然盛行,锡那罗亚、杜兰戈和奇瓦瓦南部的私种面积不断扩大。为遏制毒品蔓延,联邦刑法中专设了"危害健康罪",明确了对毒品犯罪的量刑。该法把"引诱他人吸食毒品"视为重罪,罪犯将被处以100—10 000比索的罚款,并处2—12年监禁。随着政府禁毒力度的加大,私种活动逐渐向哈利斯科、米却肯(Michoacán)和恰帕斯(Chiapas)等州转移。这些非法罂粟往往种植在东、西马德雷山脉(Sierra Madre)的深处,很难被发现。在1962年,有389公顷罂粟被警方拔除;1963年,又有200公顷被拔除。①

1972年,土耳其政府迫于美国压力,在接受了3 570万美元的补偿之后查禁了罂粟。随后,美国缉毒部门又加大了对"金三角"毒品走私的打击力度,使其向美国走私的海洛因数量减少了三分之二。由于供货短缺,美国吸毒人数从1971年的50万人下降到1974年的20万人。不过,供给不足引发的价格上涨又拉动了墨西哥鸦片产量增加,到1975年,墨西哥海洛因在美国市场的占有率从35%迅速扩大到90%。② 这一问题立刻引起了美国政府的高度重视,美国药品管理局马上与墨西哥政府取得联系。在美国的财政支持下,墨西哥政府在罂粟田里喷洒了农药2,4-D(百草枯)。当年,墨西哥又发生旱灾。于是,墨西哥的海洛因产量减少了一半。在这样的背景下,罂粟生产在随后的几年里逐渐向中南美洲转移。到80年代后,墨西哥的海洛因生产又故态重萌,并在1986年达到峰值。③ 近年来,墨西哥鸦片生产在沉寂数年之后再次抬头,纯度更高的"白海洛因"也正在非法制造。此外,"锡纳罗亚"等贩毒集团还通过墨美边境不断将南美毒品输入美国。④

在20世纪70年代后期,当美国不断向墨西哥施压以求解决国内毒品问题之际,罂粟从墨西哥传入了危地马拉,又于1989年进入哥伦比亚。⑤ 哥伦比亚旧为印第安奇布查家族的居住地。1536年沦为西班牙殖民地。1819年玻利瓦

---

① Juan Barona, "Some Aspects of Narcotics Control in Mexico", UNODC Bulletin on Nacotics 1964 Issue 3.
② 《鸦片史》,第326页。
③ 《鸦片史》,第326页;《美国禁毒史》,第348页。
④ 《全球化视角下的毒品问题》,第122页。
⑤ [美]万心蕙:《美国的吸毒、制毒、贩毒、禁毒和缉毒》,《九江师专学报》1997年第1期。

尔领导起义军打败西班牙军队后,哥伦比亚获得独立。近代以来,哥伦比亚恐怖主义十分猖獗。恐怖组织往往与毒品犯罪相结合,公然与政府对抗,武力护毒,以毒养军。这里早期的毒品是从古柯中提取的可卡因。罂粟传入后,随即在这里落地生根。

哥伦比亚的气候比亚洲更适合罂粟生长:亚洲的罂粟通常每年只能种1季,而这里可以种3到4季;罂粟蒴果在这里虽然一般都比较小,但结得更多。1991年,哥伦比亚的罂粟种植面积已有2 000公顷。到1992年竟翻了10倍,达到2万公顷。[1] 1992年,哥伦比亚还建立起该国第一个海洛因加工厂,此后越来越多,提炼加工能力迅速提高,到20世纪90年代末,其海洛因产量已仅次于缅甸,居世界第二位。[2] 同时,哥伦比亚的贩毒组织数量也呈爆炸式增长,达到了3 000多个。其中,麦德林集团和卡利集团势力最大,尤其恶名昭彰。仅麦德林集团在鼎盛时期就拥有3万多人,拥有大批职业杀手和5 000家各类毒品加工厂。这些贩毒集团通常通过贿赂手段联合政府中的腐败分子,而对于一些坚定的禁毒人士则采取残忍的暗杀手段。原司法部长拉腊·博尼亚、最高检察长卡洛斯·毛罗·奥约斯及其他数十名政府高级官员皆因禁毒而遭遇毒手。

20世纪90年代后,罂粟又从哥伦比亚传入秘鲁、委内瑞拉、巴西、厄瓜多尔和玻利维亚等国,"银三角"就此形成。当地贩毒网络广为分布,南起阿根廷、北到加勒比,东西出两洋,连通亚欧美各大洲,走私方式海陆空无所不有。不过,"银三角"最重要的毒品是可卡因,鸦片类毒品产量不大。可卡因的传统市场是北美,80年代后,西欧、拉美和加勒比地区的销量也在逐年增加。鸦片类毒品多经过中美地峡,由墨西哥贩毒集团接手后从墨美边境运入美国;少量向南,在南美销售。近年来,随着中美洲国家禁毒行动的不断升级,贩毒集团被迫绕行加勒比海各国向美国贩运毒品。目前,加勒比地区已形成三条走私线路:东线从特立尼达和多巴哥北上,沿小安的列斯群岛东缘,至凯科斯群岛北行;西线赴牙买加,向东进海地、多米尼加,循巴哈马群岛北上;第三条是沿阿鲁巴、博奈尔和库拉索等委内瑞拉外海绕行。更加令人担心的是,加勒比各国在缉毒行动中不断缴获源自美国的枪支弹药,说明当地贩毒集团正与美国国内力量相勾结。美国为阻断加勒比海贩毒线路,近年来不断介入当地的禁毒斗争。2009年4月,美国总统奥巴马提出"加勒比弧安全倡议",先后向加勒比地区提供1.4亿美元的资金和技术援助。2010年4月,美国又在洪都拉斯沿海地区建立海军禁毒基

---

[1] 《鸦片史》,第364页。
[2] 《美国的吸毒、制毒、贩毒、禁毒和缉毒》。

地,拦截来自哥伦比亚的毒品。①

（七）黎巴嫩贝卡谷地的鸦片生产

黎巴嫩早期属于奥斯曼帝国的一部分,1920 年起由法国委任统治,1943 年获得独立。1975 年,黎巴嫩的基督教派和伊斯兰教派发生内战。1976 年,叙利亚派出军队进入黎巴嫩,扶植真主党游击队。同时,巴勒斯坦解放组织也时常利用黎巴嫩对以色列发动袭击,以色列则以长期控制黎巴嫩南部的行动作为报复。战争期间,黎巴嫩经济遭到严重破坏,毒品成为当地的支柱产业。黎巴嫩早期的毒品是一种被称为"黎巴嫩金子"的烈性大麻。1982 年,土耳其的一些鸦片商进入黎巴嫩贝卡谷地,指导当地人种植罂粟,生产鸦片和海洛因。以同等重量的毒品看,鸦片利润至少是大麻的 10 倍。② 在叙利亚军队中腐败分子的支持下,鸦片产业有了较快发展。1991 年,贝卡谷地大概有 100 家流动的海洛因加工厂。③

1990 年,各方签署和平协议,战争结束。2000 年,以色列从南黎巴嫩撤军。2005 年,叙利亚军队也从黎巴嫩撤出。但此后的黎巴嫩,冲突频仍,政局不稳,鸦片生产也未能完全停止,多汇合阿富汗鸦片销往欧洲。

四、"黑社会"：毒品贩运的管道

毒品从生产者手中转移到消费者手中要经过大大小小的贩运者。在合法贩运时期,贩运者的组织形式就表现为"鸦片商行",而在非法贩运时期,贩运组织就表现出"黑社会"性质。黑社会即指与法律秩序相悖的有组织地从事犯罪活动的社会集团。近代以来,尤其是国际社会形成严禁毒品的态势以来,黑社会为追求高额利润,往往成为毒品生产者和消费者"两个末端链环的中间"④。对于新型的合成毒品而言,涉毒黑社会就是"消费者"链环之前的"全部链条",即"黑社会生产——黑社会贩运——消费者"。以下罗列不同时期和地区比较典型的涉毒黑社会,以求管中窥豹。

（一）民国时期的上海"三鑫公司"

20 世纪上半叶,中国是世界上最大的毒品消费市场。在 20 年代的上海,鸦片走私屡禁不止。私贩鸦片的团伙被称为"黑帮",黑帮之间经常发生"黑吃黑"的火并事件。"水老虫"、"三十六股党"、"九条龙"、"十三太保"、"南霸天"、"薄刀党"等黑道团伙经常抢劫走私烟贩,还时常互相攻杀。辛亥革命前后,沈杏山团

---

① 《人民日报》2012 年 2 月 3 日。
② 《鸦片史》,第 352 页。
③ 《鸦片史》,第 353 页。
④ ［法］蒂埃里·克雷坦：《黑手党》,许铁兵等译,中央编译出版社 2013 年版,第 66 页。

伙纠集季云卿、杨再田、谢葆生等其他七支黑道势力成立"八股党",他们一边火并其他黑势力,一边贿赂水警营、缉私营等缉毒武装,逐渐控制了上海鸦片承运业和公共租界的土行。

青帮头目黄金荣对"八股党"的贩毒利润垂涎欲滴,便责成手下杜月笙与"八股党"争夺鸦片业控制权。杜月笙召集高鑫宝、叶焯山等八人组建"小八股党",开始在法租界发展势力。在"小八股党"的不断打击下,沈杏山"八股党"逐渐衰落。1918年,黄金荣发起成立"三鑫公司",但碍于黄的巡捕身份,由杜月笙出面担任总经理,由张啸林、范回春担任副经理,总部设在法租界惟祥里。后由杜月笙牵头撮合,黄金荣与沈杏山联姻,"八股党"并入"三鑫公司"。该公司披着合法经营的外衣,向鸦片商收取10%的保险费,组织流氓团伙保护鸦片运销的安全,每年收入500万—600万银圆。他们不仅控制了大量的鸦片烟贩,而且还通过为租借当局代征"烟枪捐"的方式控制着众多的烟馆。一方面,"三鑫公司"以武力打压各类试图竞争的其他黑社会团体;另一方面,又用金钱打通了同警局巡捕的关系,以每箱鸦片250银圆的分红贿赂法租界当局,以换取租界内的鸦片合法化。在北洋政府时期,黄金荣手眼通天,还曾被北洋政府特授陆军上校衔侍从武官、淞沪护军使署衙门上校警察的职位。[1]

从毒品贸易中积聚的财富往往成为贩毒集团向其他领域扩张的资本。1927年,杜月笙组织流氓设计活埋了上海工人运动领袖汪寿华,并充当了"四一二"政变的急先锋,他们四处搜捕,发现"是共产党便枪决"[2],因此得到了南京蒋介石政府的支持和重用。1929年,杜月笙在蒋介石的支持下创办中汇银行,开始涉足上海金融业,还在蒋的推荐下兼任军事委员会少将参议、行政院参议等职务,成为红极一时的地方领袖人物,赢得"春申门下三千客,小杜城南尺五天"的美誉[3]。一时间,地方工商企业争相投靠,寻求庇护。此后,杜月笙先后担任华丰面粉厂董事长、霖记木行董事长、中华国产棉布市场公司董事长、上海鱼市场董事长、南洋兄弟烟草公司董事等工商企业要职。不过,杜月笙的毒品生意从来没有停止,在20世纪30年代,他还在从事吗啡和海洛因的加工生产,在南京保安队内秘密设立吗啡制造厂。[4] 后来曾有人向法国政府告密,说明法国租界当局与贩毒集团相互勾结的事实,法国政府便撤换了捕房总巡费沃利等人,对公司鸦片生意造成很大影响。

---

[1] 参见《近代上海黑社会》,第92—97页。
[2] 《近代上海黑社会》,第106页。
[3] 《近代上海黑社会》,第116页。
[4] 《近代上海黑社会》,第108页。

1937年"八一三"事变后，日军进攻上海。黄金荣、杜月笙等青帮势力奋起追随国民党抗战，"只讲战果，不怕牺牲"，表现出难得的民族气节。在付出巨大牺牲后，跟随国民党军队败退，杜月笙迁居香港，"三鑫公司"的鸦片生意终于被李士群、吴四宝、张啸林等汉奸夺去。

总体来看，以杜月笙为代表的青帮领袖表现出复杂的人格特征，不易评述，但其代表的贩毒势力长期垄断上海地方毒品生产者和消费者"两个末端链环的中间"环节，并以此为基础叱咤风云二十余年，确是不争的事实。一代毒枭显赫至此，实属罕见。

（二）纵横百年的意大利黑手党

近百年来，"黑手党"一直是向欧美等西方国家提供毒品的重要组织。"黑手党"（Mafia）一词最初仅指意大利西西里岛上的秘密结社，当前在欧美地区已经成为有组织犯罪的代名词。关于该词起源有很多种说法。其中一种说法是该词源于1282年意大利西西里起义。当时的意大利人喊出"意大利希望法国去死"（Morto Alla Francia，Italia Anela）的口号，Mafia 就是这句话的缩写。近代以来，意大利西西里岛的一个秘密结社被冠以 Mafia 之名，但这个组织真正的名称叫做"我们的事业"（Cosa Nostra）。

原来，西西里岛在历史上曾经被十几个周边民族占领过，当地人在反抗异族统治的过程中形成了这样的观念："法律永远是侵略者的法律。"[①]于是一些西西里人拿起武器，用自己的力量来捍卫自己的利益，"我们的事业"就是在这样的背景下于19世纪逐渐发展起来的一个民间秘密结社。这一组织由190多个被称为"家族"（Ndrine）的分支组成，现有成员5 200余人，这些家族之间存在着上下级隶属关系。20世纪初年，随着意大利移民的散布，美国也出现了黑手党人的身影。在第一次世界大战前后，美国的海洛因市场形成，而美国的禁毒政策加剧了供求关系紧张，黑市毒品价格飙涨。在利益的驱使下，黑手党开始深深卷入到毒品走私活动之中。来自中国、伊朗和土耳其的鸦片在土耳其的地下工厂被加工成吗啡，这些吗啡再经过黎巴嫩被运到意大利的西西里，在西西里被加工成海洛因后由黑手党成员贩运至欧洲各口岸，或者直接运往美国，或者经古巴转运到美国。意大利的黑手党人在墨索里尼统治期间曾遭到政府的残酷镇压。当1943年美国军队登陆西西里时，黑手党人还曾协助美军发动反攻。

20世纪60年代后，意大利黑手党通过向欧美贩运毒品逐渐成为全球瞩目的黑恶势力。除"我们的事业"外，在意大利半岛南部还崛起了另外几支黑手党。

---

① 《黑手党》，第5页。

成立于18世纪末的"光荣会"(Ndrangheta)长期在意大利卡拉布里亚地区活动,从事绑架索赎和敲诈勒索,在欧美毒品市场兴起后,转而从事国际毒品贩运和武器走私,现已遍布美国、意大利和欧洲多国。该组织的家族之间没有上下级关系,现有家族155个,成员6000多人。起源于19世纪那不勒斯的"卡莫拉"(Camorra)也在此后开始从传统的香烟走私转向毒品走私,该组织现有家族100个,成员6000多人。20世纪80年代后,一个新兴的黑手党组织"圣冠联盟"(Sacra Corona Unita)成立。该组织设有最高管理机关,组织化程度高,纪律性强,很快就成为毒品犯罪方面的"佼佼者",现有家族47个,成员1600余人。[①] 这些黑手党组织迄今都活跃在地中海和大西洋上,从事着国际毒品走私活动。

(三) 当今的"乌兹别克斯坦伊斯兰运动"

当今,阿富汗是世界上最大的鸦片产地。这里生产的鸦片大多通过中亚各国被"黑社会"贩毒集团运往国际市场。"乌兹别克斯坦伊斯兰运动"就是活跃在中亚的重要涉毒恐怖组织。

该组织前身是苏联解体时一些极端的伊斯兰原教旨主义者建立的"阿多拉特"组织,在1992年3月被乌兹别克斯坦政府取缔。其领导人塔希尔·尤尔达舍夫逃亡国外,先后在阿富汗、巴基斯坦、沙特、土耳其等地活动,后在阿富汗"塔利班"政权的支持下建立"乌兹别克斯坦伊斯兰运动"组织。该组织于2001年改名为"突厥伊斯兰真主党"。后来,另一个恐怖组织"东突厥斯坦伊斯兰运动"加入其中,二者相互协作,目标是在包括中国新疆在内的整个中亚地区建立一个伊斯兰政教合一的"哈里发"政权。为实现其政治目标,"乌伊运"不断参与"塔利班"主导的毒品走私以积累资金。

"乌伊运"的活动范围遍及从巴基斯坦南瓦济里斯坦到前苏联加盟共和国的广大地域,控制着中亚70%的毒品交易,涉及数十亿美元毒资,还建立了穿越阿富汗西北省份巴德吉斯、法利亚布和朱兹詹进入土库曼斯坦的走私路线。此外,"乌伊运"还把海洛因和吗啡的生产基地从阿富汗北部的昆都士迁到塔吉克斯坦,并帮助"基地"组织和"塔利班"将毒品走私活动扩张到中亚诸国和俄罗斯。[②]

简言之,正是恐怖主义组织与贩毒集团的勾结才使得阿富汗毒品生产屡禁不止,反过来讲,正是贩毒收入为恐怖主义提供了雄厚的资本才使得恐怖主义得以维持。

---

① 《黑手党》,第6—8、126页。
② 《全球化视角下的毒品问题》,第187页。

五、联合国的禁毒努力

在联合国成立之初,世界上的各主要鸦片生产国都不愿减少鸦片生产,理由是如果它们减产,中国就会增加产量来弥补差额。而新中国的禁毒运动使得这些看法无法继续成立。于是,在美国的建议下,联合国于 1953 年 6 月再次召开会议讨论鸦片限产问题。此次大会没有完全消除国际社会的分歧,最终只有 53 个国家签署了《限制并管制罂粟的种植和鸦片的生产、国际贸易、批发销售及其使用的议定书》(简称《1953 年鸦片议定书》)。在《议定书》中,签字各国达成一致,承诺今后不再将鸦片销往国际市场,并将药用、科研用鸦片出口的权利限制在保加利亚、印度、希腊、伊朗、土耳其、苏联和南斯拉夫七国之内。为使协议得到切实执行,《议定书》同时要求各生产国应当建立至少一个政府机构监管鸦片生产,且生产活动只能在指定区域、由指定组织负责,收获产品应全部交给该机构统一安排。①《议定书》在会议期间的签署比较顺利,但却在会后的审批环节中遇到了麻烦。在七个可以合法出口鸦片的国家中,只有印度和伊朗较早地批准了《议定书》,其他五国则因出口受限在审批时遭到国内既得利益者的反对,迟至 1963 年才陆续批准,而该《议定书》在 1964 年被新的公约所取代,所以"《1953 年鸦片议定书》实际上只生效了一年半"②。此外,在没有签字的国家中,缅甸、阿富汗、泰国、老挝、巴基斯坦等重要的鸦片生产国赫然在列,他们因为没有获得鸦片出口权利而拒绝签字。

1961 年时,国际社会共有九项关于麻醉药品的国际公约或法律协定,它们的条款相互重叠,且批准国家不一,执行起来十分不便。为结束这一乱象,联合国大会于当年 6 月 30 日通过了《1961 年反麻醉品合一公约》。签订该公约目的有三:"将现行的多边条约法律编入一项单一文书、精简国际药物管制机制并将管制延伸到新的领域。"③第一项目的基本达到,除 1936 年《取缔非法贩卖危险药品公约》外,全部公约和协定都被《合一公约》所整合。第二项目的促成了国际麻醉品管制局(International Narcotics Control Board)的成立,该局的主要任务是监测和管制合法麻醉品的生产、制造、贸易和消费。第三个目的使得国际管制范围扩展到"包括为生产天然麻醉药品而进行的原材料作物种植,以及防止非医用药物消费"等新领域,并对有关刑事管辖权问题作了规定。④ 因为《合一公约》

---

① 《一个世纪的国际药物管制》,第 82 页。
② 《一个世纪的国际药物管制》,第 83 页。
③ 《一个世纪的国际药物管制》,第 84 页。
④ 《一个世纪的国际药物管制》,第 86 页。

只是强调了科研与医用的麻醉品生产目的,而没有像《1953年鸦片议定书》那样列出一个"封闭式的生产国名单",所以得到了国际社会的普遍欢迎,截至2009年已有184个国家加入。

20世纪60年代,冰毒等新型合成毒品日趋泛滥,证明原有国际禁毒法律体系存在漏洞。当时,英国、北欧和美国继日本之后出现冰毒滥用问题,随后又增加了巴比土酸盐等多种非植物成药,标志着毒品"后鸦片时代"的正式来临。为应对新的危机,联合国大会于1971年通过了《1971年精神药物公约》(又称《维也纳公约》),开始对布苯丙胺、二甲氧基乙基苯丙胺、致幻剂、麦斯卡林、甲卡西酮等数十种能引起"成瘾之依赖性"或"中枢神经系统兴奋或抑郁,以致造成幻觉,或对动作机能,或对思想,或对行为,或对感觉,或对情绪之损害"的精神药物进行管制。在贸易领域,《公约》要求缔约国通过立法手段明确规定此类物质的制造人、批发人、输出人及输入人,同时做好备存记录,注明供应人及收受人,"列载制造数量及贮存数量之细节","零售分配人、医疗与护理机构及科学院"在使用这些物质时也应做同样详尽的记录。《公约》还要求在国际贸易时,每次输出或输入都必须取得"由委员会规定之输出或输入准许证",对有违规行为的组织或个人"应确保其罪行情节重大者受充分刑罚,尤其受徒刑或其他剥夺自由之处分"。在医疗领域,《公约》要求缔约国在"适当顾及其宪法规定的情形下禁止利用广告向公众推销精神药物"。此外,《公约》还要求缔约国发现有"关于某一尚未受国际管制之物质之情报资料",而认为有必要增列时,应通知秘书长并附送该情报资料。[1]

在合成毒品泛滥的同时,传统麻醉品的威胁也并未减弱,西方国家的毒品问题更加严重。美国尼克松政府上台后,一面向土耳其施压,试图斩断鸦片供给的源头,一面积极促成新一轮国际合作,以便"减少供应和需求"[2]。于是,联合国又于1972年在日内瓦召开国际会议,调整麻醉品政策。会议对1961年公约进行了修订,修订后的1972年公约以《经1972年议定书修正的1961年麻醉品单一公约》为名提交各国批准后执行。《公约》明确规定,经济及社会理事会麻醉品委员会和国际麻醉品管制局为国际管制机关,委员任期5年,可连选连任。麻管局应当"与各政府合作","努力限制麻醉品的种植、生产、制造和使用,使其不超出医药及科学用途所需适当数量"。《公约》还进一步明确了各缔约国应当承担的国际义务。首先,各国政府应向麻管局提供各种相关资料以便将麻醉品产销

---

[1] 《国际药物管制公约》,第55、62、63、72页。
[2] 《一个世纪的国际药物管制》,第88页。

置于有效的国际监督之下。这些资料包括"本公约在该国各领土内实施情况的常年报告"和"为实施本公约随时颁布的各项法律规章全文",以及"麻醉品供医学和科学用途的消费数量"、"贮存量"、"种植鸦片罂粟所用的土地面积及所在地区"和"生产鸦片的大约数量"等信息。其次,各缔约国应"以不违背缔约国宪法上的限制为限",对违反公约规定的麻醉品"种植、生产、制造、提制、调制、持有、供给、兜售、分配、购买、贩卖、以任何名义交割、经纪、发送、过境寄发、运输、输入及输出,以及任何其他行为经该缔约国认为违反本公约的规定者","科以适当的刑罚"。[1]

20 世纪 70 年代,随着土耳其鸦片的退潮,全球鸦片产量一度有所下降,但墨西哥、"金三角"和"金新月"相继跟进,弥补了土耳其减产造成的差额。同时,拉丁美洲的大麻产量大幅提高,合成毒品在全球的泛滥也更加严重,"全球贩毒网络的复杂程度迅速上升"。[2] 1981 年,联合国"麻醉品委员会"制定了《国际药物滥用管制战略》,试图通过进一步的国际合作,打击药物滥用和非法贩运。该战略的执行情况"每年通过联合国经济及社会理事会的报告予以审查"。后来的报告表明国际社会打击非法药物产销的力度不断加强,"但这些报告也表明,事实上全球非法药物生产和消费水平持续上升"[3]。

20 世纪 80 年代,缅甸鸦片生产愈演愈烈,而阿富汗的毒品生产也为那些受美国支持的伊斯兰圣战组织提供了财政支持。与此同时,拉丁美洲的大麻和安第斯地区的可卡因生产也居高不下。遍布全球的毒品泛滥最终使"生产国与消费国之间的传统区分失去了意义"[4]。为进一步团结世界各国与毒品斗争,联合国大会于 1984 年 12 月 14 日发表《管制药品贩运和药品滥用宣言》。《宣言》指出,"非法生产、非法需求、滥用、非法贩运毒品妨碍经济和社会进展,对许多国家和人民的安全和发展构成严重威胁",因而"根除毒品是所有国家的责任"[5]。1987 年 6 月,全球 138 个国家派出代表在维也纳召开了一次部长级会议,通过了《今后活动的综合性多学科纲要》。《纲要》改变了过去单纯的打击遏制战略,制订了"统筹兼顾"的综合治理方案,除"控制供应"、"禁止非法贩运"之外,又提出"防止和减少非法需求"和"治疗康复"两方面的要求。于是,各国在会后纷纷出台了各自的教育方案,编订教材,开设预防麻醉品滥用的课程,还增加了康复

---

[1] 《国际药物管制公约》,第 14、20、21、37 页。
[2] 《一个世纪的国际药物管制》,第 94 页。
[3] 《一个世纪的国际药物管制》,第 94 页。
[4] 《一个世纪的国际药物管制》,第 95 页。
[5] 《一个世纪的国际药物管制》,第 95 页。

治疗机构的数量。

同一时期,国际有组织涉毒犯罪不断增多,甚至出现了像哥伦比亚麦德林集团这样的"对地方和国家施政构成严重威胁"的贩毒势力。鉴于"麻醉品和精神药品非法生产和需求贩运的巨大规模和上升趋势",联合国大会又于1988年通过了39/141号决议,要求"麻醉品委员会"通盘考虑后拟定一项禁止非法贩运麻醉药品的公约草案。在草案制订之后,106个国家派代表于当年11月在维也纳召开会议,签署了《联合国禁止非法贩运麻醉药品和精神药物公约》。该《公约》要求缔约国严厉打击涉及种植、生产、贩运、销售各环节的毒品犯罪,重点指向生产海洛因、冰毒等毒品的原材料"醋酸酐、麻黄碱、麦角胺、丙酮"等24种物质,努力确保"对这些罪行的执法措施取得最大成效,并适当考虑到需要对此种犯罪起到的威慑作用"。在严查商业贸易的同时,缔约国要依照《海洋法公约》等相关法律文件制止海上非法贩运,如怀疑他国船只可能涉及毒品犯罪时可以通知该国采取适当措施搜查取证。《公约》还规定缔约国应对自由港和自由贸易区、邮件等过去的薄弱环节加强管控。① 由于思虑周详且措施严厉,该《公约》被誉为"国际打击毒品贩运方面的一份强有力的文书"。截至2009年,除索马里、赤道几内亚、东帝汶、梵蒂冈和大洋洲七个岛国外,所有184个国家都加入了该《公约》。② 在《公约》生效以后,一些大型的跨国贩毒网络被摧毁,但诸多小型贩毒集团依然猖獗。

20世纪90年代初的"苏东剧变"动摇了原有的世界秩序,也打乱了国际禁毒的步伐,"潘多拉的盒子"被打开了。此后的国际局势持续动荡,海湾战争、波黑战争、科索沃战争、车臣战争相继打响,中亚、西亚的宗教极端主义、民族分离主义、恐怖主义势力崛起,阿富汗一跃成为世界最大的毒源地。苏联与东欧国家出现的政治动荡和经济衰退造成政府控制能力减弱,自身成为新的毒品市场的同时也成为中亚、东南亚毒品流向西欧的通衢。在一片混乱中,"东欧国家一些失业了的化学家们则通过加工高纯度的安非他明而脱贫致富了"③。

1998年6月,联合国大会举行特别会议商讨对策。联合国秘书长科菲·安南在致开幕词时表示,希望本次大会能够成为"药物管制领域所开展工作的转折点"。大会最终通过了《政治宣言》(S-20/2号决议)和《减少需求指导原则》。《政治宣言》指出,"毒品是对全人类的健康和福利、国家的独立、民主、国家的稳定、所有社会的结构和千百万人及其家庭的尊严……的重大威胁",并提出各项

---

① 《国际药物管制公约》,第90、111、113页。
② 《一个世纪的国际药物管制》,第98页。
③ 《毒品,游荡在欧洲上空的幽灵》。

行动计划。①《减少需求指导原则》就如何减少毒品需求"向各国提供了详细的原则",要求成员国在"政治、社会、保健和教育领域作出持续坚定不移的努力"。《原则》主要的创新在于不仅要"防止使用毒品",而且要"减少药物滥用的有害后果",例如艾滋病。② 此后,各国按照《减少需求指导原则》采取行动,"平均总执行率从1998—2000年的23%上升到2006—2007年的29%",其中,"预防活动从26%提升到33%,治疗干预从21%提高到26%"。在预防活动中,"提供信息和教育"从34%升至42%,"在学校开设预防课程和提供毒品相关的信息和教育升高至90%"。在减害方面,提供针头等措施从39%上升到52%,出诊服务率从54%升至67%。③ 至2008年,至少有77个国家和地区设有针具交换项目,大约有63个地区开展了诸如美沙酮或丁丙诺啡替代治疗。中国在同一时期也开展了社区药物维持治疗、针具交换、同伴教育、安全套推广使用等降低危害项目。④

进入21世纪后,毒品的次生危害确实得到了一定程度的遏制,但毒品问题本身却依然如故。2009年3月,"麻醉品委员会"举行会议,将禁毒行动扩展到金融领域。会议通过了《关于开展国际合作以综合、平衡战略应对世界毒品问题的政治宣言和行动计划》来进一步完善国际药物管制系统,并决定将2019年确定为各国根除或大幅度、可衡量地减少毒品种植、生产、制造、销售、贩运及相关洗钱行为的预定日期。⑤ 然而,禁毒失败的论调正悄然出现。美国总统奥巴马在2012年8月公开承认进行了40年之久的"反毒战争"失败,宣布将美国的禁毒重点从严厉打击转为戒毒治疗。一些国家也开始考虑把降低毒品问题造成的社会危害作为重点,一些国家甚至就毒品合法化展开讨论。就在"悲观"情绪笼罩一些国家的同时,2016年菲律宾新任总统杜特尔特打响了震惊世界的"毒品战争",三个月里就有850多名毒贩被处决。对此,联合国人权高级专员办公室于2016年8月18日发表声明,对这样的"非法处决"和"杀戮行径"表示谴责。⑥ "禁而不止"又"杀而不可",既要今日毒贩之人权,又要未来儿童之健康,联合国将何去何从,恐任重而道远。

---

① 《一个世纪的国际药物管制》,第105页。
② 《一个世纪的国际药物管制》,第109页。
③ 《一个世纪的国际药物管制》,第111页。
④ 《全球化视角下的毒品问题》,第228页。
⑤ 《一个世纪的国际药物管制》,第125页。
⑥ 《联合国批菲杀毒贩,菲总统:"退联"跟中国搞新的》,凤凰网,http://www.news.ifeng.com/a/20160821/49815030_0.shtml。

六、"三点一面"的鸦片市场

20世纪50至70年代,非法鸦片的生产大国是土耳其。70年代以后,鸦片罂粟就只能蜷缩在"金新月"、"金三角"、"银三角"和黎巴嫩贝卡谷地等几个最后的堡垒之中负隅顽抗①。不过,虽然它们领地狭小,但凭借地球村形成之后的便捷交通,却可以很轻松地辐射全球毒品市场。

"金三角"的全球危害性体现较早,从1945年到1962年,缅甸的鸦片产量由40吨提高到400吨,泰国的鸦片产量由7吨上升到100吨,老挝的鸦片产量由30吨上升到100—150吨。② 在坤沙等贩毒集团的推动下,"金三角"鸦片总产量又从1962年的650吨增加到1987年的1000吨,继而增加到1992年的1500吨。③ 坤沙垮台后,虽然地方武装继续控制着当地的鸦片生产,但产量渐不如前。2001年,美国认定当地的佤邦联合军是"一个众所周知的与全世界毒品贸易有密切联系的恐怖主义组织",佤联军等地方武装随后迫于国际社会的强大压力在2005年宣布全面禁毒。当年10月,联合国禁毒署派员在佤联军控制区核查,未发现大面积的罂粟种植。不过,当地鸦片产量在此后又有回升,2010年缅甸的鸦片产量估计为580吨,老挝估计为18吨;2011年缅甸估计为610吨,老挝估计为25吨。④

"金新月"地带的阿富汗后来居上,鸦片产量从70年代起便扶摇直上,1981年800吨,1989年1200吨,1992年达到2200吨,一举超过"金三角"成为世界第一大鸦片产地,随后又于1994年创下2400吨的新高。塔利班政权执政期间,大力鼓励罂粟种植,阿富汗鸦片生产进入全盛时期。1999年,阿富汗鸦片产量达到4600吨,占全世界非法鸦片产量的75%,可谓"毒冠全球"。塔利班政权被推翻后鸦片产量先降后升,2002年为3400吨;2003年为3600吨,2007年达到创纪录的8100吨,2010年遭遇旱灾为3600吨,2011年又回升到5800吨。⑤ 2005年至2010年间,阿富汗提供着全球88%的非法鸦片,而缅甸只占6%。⑥ 2015年,阿富汗的鸦片、海洛因产量分别占全球总产量的85%和77%。⑦

"银三角"的玻利维亚、巴西、哥伦比亚和秘鲁都是古柯产地。其中,哥伦比

---

① 目前,合法的鸦片生产国主要有印度(2007年生产269吨鸦片,占合法总产量的95%)、中国(2007年生产12.8吨)、朝鲜民主主义人民共和国(2007年生产455千克)和日本(2007年生产2千克)。见《一个世纪的国际药物管制》,第143页。
② 《鸦片史》,第292页。
③ 《全球化视角下的毒品问题》,第29页。
④ UNODC, *World Drug Report*, 2012, p.33.
⑤ 《全球化视角下的毒品问题》,第35页;UNODC, *World Drug Report*, 2012, p.33.
⑥ UNODC, *World Drug Report*, 2012, p.101.
⑦ *The Afghan Opiate Trade and Africa-A Baseline Assessment 2016*, p.15.

亚是世界最大的可卡因生产基地。该国在1996年生产10.9万吨古柯叶，2000年生产26.6万吨，2008年又下降至11.7万吨。① 2010年，哥伦比亚古柯树的种植面积为6.2万公顷，可卡因年产量580吨，占全世界可卡因总产量的90%。不过，当地鸦片产量不大，2009年罂粟种植面积仅356公顷，可产海洛因1.1吨。当前，哥伦比亚有两支最大的反政府武装：哥伦比亚武装革命军和哥伦比亚解放军，而后者控制着该国大部分罂粟种植区。②

以阿富汗为代表的上述三个鸦片产地几乎满足着当前全世界全部的鸦片类毒品消费，而且产量始终居高不下。此外，吸毒人群的扩大和国际禁毒力量的严厉打击都使得供求关系长期紧张，在全球鸦片产量不断增加的背景下，鸦片价格居然也在攀升。鸦片出场价格从2004年的每公斤150美元增加到2011年的每公斤450美元（阿富汗的出场价格为每公斤200美元）③。

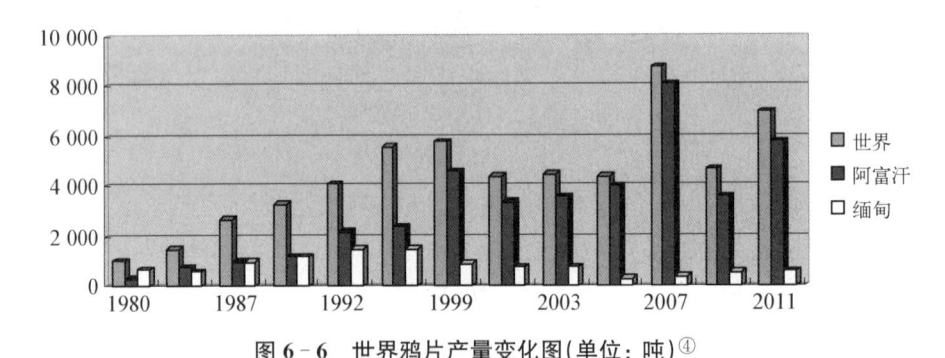

图6-6 世界鸦片产量变化图（单位：吨）④

表6-6 2004—2011年世界潜在非法鸦片产量和未知纯度海洛因制造量（吨）⑤

年 度	潜在鸦片生产总量	未加工成海洛因的潜在鸦片	已加工成海洛因的潜在鸦片	潜在海洛因制造量
2004	4 850	1 197	3 653	529
2005	4 620	1 169	3 451	472
2006	6 610	2 056	4 555	629
2007	8 890	3 411	5 479	757
2008	8 641	3 080	5 561	752

① 《一个世纪的国际药物管制》，第138页。
② 《全球化视角下的毒品问题》，第43、44页。
③ UNODC, *World Drug Report*, 2012, p.38.
④ UNODC, *World Drug Report*, 2012, p.34. 《全球化视角下的毒品问题》，第29、35、52页。
⑤ UNODC, *World Drug Report*, 2012, p.34.

续 表

年 度	潜在鸦片生产总量	未加工成海洛因的潜在鸦片	已加工成海洛因的潜在鸦片	潜在海洛因制造量
2009	7 853	2 898	4 955	667
2010	4 736	1 728	3 008	384
2011	6 995	3 400	3 595	467

当前,全世界70亿人口中大约有2.3亿人(2010—2011年度取值范围为1.53亿—3亿)每年至少要使用一次非法药物,且男性远远大于女性。在这2.3亿人中(不排除同时使用两种以上毒品的现象),有1.7亿人使用大麻;3 300万人使用包括甲基苯丙胺、苯丙胺和甲卡西酮在内的苯丙胺类毒品;2 000万人使用"摇头丸"(二亚甲基双氧苯丙胺);1 700万人使用鸦片类毒品;1 600万人使用可卡因。其中,"摇头丸"的使用者主要集中在欧洲,"欧洲国家滥用摇头丸的数量占全球摇头丸消费总量的三分之一。另外,欧洲还是美洲和亚洲摇头丸的主要来源,而荷兰是最大的摇头丸生产国"。[1]

在1 700万鸦片类毒品使用者中,大约1 200万到1 300万人使用海洛因,400多万人吸食鸦片。海洛因吸食者的分布较为分散,俄罗斯、中国、英国、意大利、法国和德国是全球主要的海洛因消费市场。全球海洛因消费占比依次为俄罗斯20%,欧洲各国共计26%,中国13%,非洲7%,美国和加拿大6%,巴基斯坦6%,印度5%,伊朗5%,日本韩国等东亚国家和东南亚5%,其他国家7%。[2]

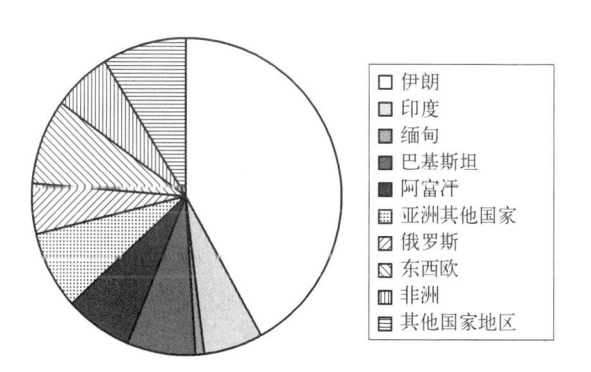

图6-7 2008年全球鸦片吸食量分布图

---

[1] UNODC, *World Drug Report*, 2012, pp.7, 79;《全球化视角下的毒品问题》,第51页;《民主与法制时报》2006年3月6日。
[2] 《全球化视角下的毒品问题》,第54页。

400多万鸦片吸食者分布相对集中,主要居住在亚洲各国。以 2008 年为例,伊朗占到消费总量的 42%,阿富汗 7%,巴基斯坦 7%,缅甸 1%,印度 6%,东亚、南亚和东南亚的其他亚洲国家 8%,俄罗斯 5%,东欧和西欧 9%,非洲 6%,其他国家和地区 9%。①

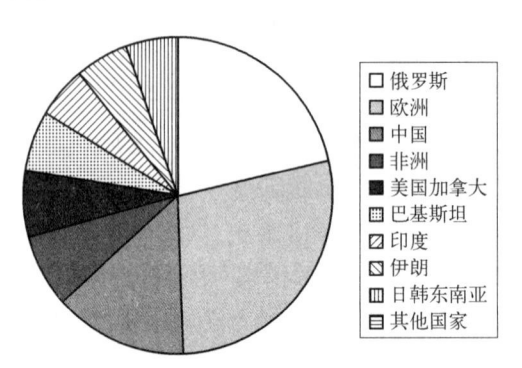

图 6-8 2008 年全球海洛因消费量分布图

如果从毒品市场整体来看,"滥用麻醉品成瘾的现象遍布整个世界,几乎没有一个国家,没有一个社会阶级能够得以幸免,也不分年龄、性别和种族。由此对个人的身心健康和对社会风气造成的损害使得麻醉品成瘾成了一个世界性的公害"②。然而,如果以鸦片类毒品的消费人数作简单衡量,我们不难发现,其在整个毒品市场当中的份额只有 7.4%。占比最大的是大麻,为 74%;其次是冰毒等合成毒品,当前占比为 23%,但实际上,增速最快、对人类未来危害最大的正是合成毒品。

七、新旧毒品的转换

(一) 合成毒品的种类

从 1907 年到 2007 年的百年间,全球鸦片产量下降了 78%,这是一个巨大的进步。③ 诚然,这是国际禁毒合作的辉煌战果,但从另一个角度来看,来自人工合成类新型毒品的竞争未尝不是鸦片走向没落的重要原因。放眼未来,合成毒品才是人类要面对的最凶悍的敌人。所谓合成毒品,是指无须野外种植、直接由人工制成的毒品,大体上可分为四类:

第一类是起中枢兴奋作用的苯丙胺类兴奋剂,常见的类型主要是"冰毒"和

---

① 《全球化视角下的毒品问题》,第 53 页。
② 《一个世纪的国际药物管制》,第 95 页。
③ 《一个世纪的国际药物管制》,第 140 页。

"麻古"。冰毒即甲基苯丙胺，又名甲基安非他明、去氧麻黄碱。早在19世纪末，化学家们就从麻黄草中提取出麻黄素（麻黄碱）。1919年，日本化学家又以麻黄素为主要原料合成了甲基苯丙胺。1927年，研究人员发现苯丙胺可以缓解鼻炎引起的阻塞症状，于是在1932年后陆续推出甲基苯丙胺吸入剂和片剂。由于其强烈的中枢兴奋作用，于第二次世界大战期间在日本军队中得到推广。战后，甲基苯丙胺先后在日本、北欧、北美等西方国家流行起来。1991年，在中国内地被首次发现。因其外观为纯白结晶体，晶莹剔透，又被称为"冰毒"。1998年至2000年间，一些制毒分子用苯丙酮胺化还原法制取冰毒，从而摆脱了对麻黄草植物原料的依赖，使冰毒真正成为一种"人工合成毒品"。当冰毒传入东南亚后，当地人又将咖啡因与其合成为一种片剂，通常为红色、黑色或绿色，被音译为"麻古"。甲基苯丙胺在进入人体后会迅速透过血脑屏障进入中枢神经系统，使人兴奋度提高，产生腾云驾雾般的欣快感，这种感觉被吸毒者形容为"飘"。在多次使用后会引起精神抑郁、焦虑、注意力减退等症状。此外，由于冰毒可以降低脑部血流速度，产生有害的自由基并杀死脑细胞，而脑细胞是不可再生的，从而使脑部受到不可逆的伤害。因此，长期使用会出现持续多年的幻觉、妄想，还可能出现明显的暴力、伤人和杀人等犯罪倾向。

第二类是苯丙胺类制剂的衍生物，兼具中枢兴奋和致幻作用，最常见的是二亚甲基双氧安非他明，俗称"摇头丸"。狭义的"摇头丸"仅指二亚甲基双氧安非他明，而广义的"摇头丸"还包括"氯胺酮丸剂"、"麻古"和一种掺杂了"冰毒"的二亚甲基双氧安非他明。二亚甲基双氧安非他明是德国化学家在1912年合成的，但直到20世纪80年代才开始作为心理治疗中的辅助药物用于临床。出乎医学界意料的是，这种药物被冠以"摇头丸"之名，用了仅仅10年时间，就从美国扩散到欧洲乃至世界各地，成为毒品家族的重要成员。"摇头丸"通常以五颜六色的片剂形式出售，服用后具有兴奋和致幻双重作用。在药物的作用下，用药者表现出超乎寻常的活跃，整夜狂舞，不知疲劳，还会因幻觉产生行为失控，常常引发集体淫乱、自残或攻击行为，并可诱发精神分裂症及急性心脑疾病。

第三类是致幻剂，主要有麦角酸二乙基酰胺和氯胺酮。麦角酸二乙基酰胺又称D-麦角酸二乙胺、麦角二乙酰胺，简称LSD，是一种强烈的致幻剂。LSD是德国化学家在1938年将从麦角真菌中提取的麦角酸与其他物质合制而成的，在20世纪60年代后出现滥用现象。该物质是一种无色结晶物，通常是以吸水纸的形式出现，也有以丸剂形式（俗称"黑芝麻"）销售的。使用后会出现富于色彩的视觉图像和异乎寻常的听觉感受，但长期使用会出现运动失调，步履蹒跚，抽搐，甚至全身瘫痪。氯胺酮，又称开他敏，简称K粉，是20世纪60年代在美国发明的一种药品,在越战中被当作麻醉剂在创伤外科中广泛使用,70年代后出现滥用。服药之初身体瘫软,可一旦接触到节奏狂放的音乐,便条件反射般强烈扭动,直到身体虚脱为止。期间还会出现过度兴奋、幻觉、幻视、幻听等现象,长期使用可对记忆和思维能力造成严重损害。

第四类是起中枢抑制作用的药品,常见的如三唑仑、安眠酮和γ-羟丁酸等。三唑仑俗称蒙汗药、迷药、迷魂药,口服后可使人迅速昏迷不醒。γ-羟丁酸又称"迷奸水",使用后也可以导致意识丧失、昏迷等现象。这些毒品主要被犯罪分子用来实施抢劫、强奸犯罪,但也有一些吸毒人员自己服用。如在中国西北地区,就有将安眠酮和麻黄素混合使用的现象,吸食后会造成似醉酒般走路摇摇晃晃的状态,因此当地人把这种毒品叫作"忽悠悠"。

(二) 新旧毒品的市场转换

综观百年来的国际毒品市场,鸦片、可卡因和大麻三种取自植物原株的毒品长期扮演着重要的角色。所不同的是,鸦片的份额在持续下降,而可卡因和大麻在经历了持续扩张后渐趋稳定。世界鸦片产量从1906年的4.2万吨下降到1909年的3万吨,继而又下降到1934年的0.72万吨,再到最近2010年的0.47万吨、2011年的0.7万吨,只有百年前的六分之一。[1] 全球可卡因市场则从19世纪晚期以来不断扩张,20世纪80—90年代急剧增加,2000年后渐趋稳定。大麻是一种烈性较低的毒品,也是当今使用人数最多的毒品。近年来,发达国家的大麻需求保持稳定或有所减少,但发展中国家需求却在增加。从全球范围来看,这三种植物类毒品的生产都带有一定的区域性。大麻产地主要分布在非洲和南美洲,而北美洲、大洋洲和非洲是主要的消费市场。可卡因产地集中在南美洲,主要消费市场是大洋洲、南北美洲和西欧。当前的鸦片产地主要是阿富汗和缅北,主要消费市场是近东、中东、中亚、欧洲和北美洲。[2]

合成毒品则与这些取自植物原株的毒品完全不同,不仅生产周期短,而且加工方便,成本低廉,只要有毒品需求,全球任何地方都可以随时形成新的产地。例如当前,东亚、东南亚、北美洲、大洋洲和欧洲都是合成毒品的主要消费市场,[3]那么它的产地就不会像植物类毒品那样遥远。据联合国毒品和犯罪问题办公室统计,全球有三分之一以上的国家和地区报道过境内有安非他明类(即苯丙胺类)毒品的生产和制造,涉及东亚、东南亚、北美、欧洲、大洋洲和非洲南部诸

---

[1] 《鸦片史》,第208页;UNODC, *World Drug Report*, 2012, pp.33,102。
[2] UNODC, *World Drug Report*, 2012, p.79。
[3] UNODC, *World Drug Report*, 2012, p.79。

多国家和地区。①合成毒品的生产消费不仅在地域上分布广泛,而且产量和消费量都在迅速增加,从1998年到2010年,全球缉获量增长了3倍,远高于植物制成毒品,且亚洲国家最为明显。②简言之,哪里是合成毒品的消费市场,哪里就是合成毒品的产地,越靠近消费市场的地方,加工厂也就越密集。

无须耕地种植环节,是合成毒品加工过程中最大的优势。有些合成毒品最初也是需要天然植物作原料的,如冰毒的早期提制就需要麻黄草,但随着国际社会对麻黄草进行管制,制毒分子便开始"八仙过海",寻求对策。一些制毒分子从某些含有麻黄素的感冒药中提取麻黄素和类麻黄素,来解决原料不足的问题。另一些制毒分子竟柳暗花明般地取得了重大的科研突破。他们在1998年至2000年间,用苯丙酮胺化还原法制取冰毒,居然绕开了传统的麻黄草原料。于是,国际社会又对苯丙酮实施管制,但制毒分子又开始从基本化工原料中制取麻黄素,进而合成冰毒。这种合成工艺更加简单,操作难度不大,后处理容易,且生产成本很低。一些地下加工厂还使用胡椒醛、黄樟脑、异黄樟脑、麻黄素等加工"摇头丸"。这样的加工工艺也比较简单,原料取材方便,加工成本也很低。这样,合成毒品对制贩毒人员便极具吸引力:生产成本低因而利润丰厚、加工时容易躲避警方侦查因而相对安全、无须种植因而生产周期很短。对消费者而言,合成毒品同样具有诱惑力,因为它在使用时往往令人亢奋而不是沉寂,这点很受青年人欢迎。正是具有如此多的优势,近年来合成毒品才能大行其道。

在当前的毒品市场中,大麻稳居第一,但合成毒品的流行程度已经超越了传统的鸦片类制剂。即使不考虑氯胺酮等其他合成毒品,全球仅使用甲基苯丙胺、苯丙胺、甲卡西酮和二亚甲基双氧苯丙胺的人数就达到了5 300万人,而使用鸦片类毒品的只有1 700万人。因此,笔者以为,这1 700万人都可能被高估了。据说,这1 700万人中有大约1 200万到1 300万人使用海洛因,400多万人吸食鸦片。③如果以每个海洛因成瘾者每天使用0.3克海洛因计算,全球每年会消费海洛因1 400吨。如果以10公斤鸦片制作1.1公斤海洛因计算,需要12 727吨鸦片。如果按照鸦片吸食者每年消费鸦片3斤计算,400万人每年需要鸦片6 000吨。两项合计18 000余吨。也就是说,全球非法鸦片供应量需要达到1.8万吨才能满足1 700万人的需求。而全球潜在鸦片总产量只有7 000吨,其

---

① 《全球化视角下的毒品问题》,第56页。
② UNODC,*World Drug Report*,2012,p.5. 在1999年,国际海关和刑警组织查扣的合成毒品增加了400%,而其他毒品却只增加了11%。参见《黑手党》,第68页。
③ UNODC,*World Drug Report*,2012,pp.7,79;《全球化视角下的毒品问题》,第51页。

中大约 3 600 吨被加工成 470 吨海洛因，未加工鸦片为 3 400 吨。① 还按照每人每天使用 0.3 克海洛因和每人每年吸食 3 斤鸦片计算，470 吨海洛因只够 430 万人消费，3 400 吨鸦片只够 230 万人吸食。因此，鸦片类毒品的使用人数和鸦片产量两个数据之间存在矛盾。鉴于现在卫星遥感技术的发展，全球鸦片产量的数据应该更加真实。因此，笔者大胆推断，全球鸦片类毒品消费者应该只有 660 万人左右。如果一定会有更多人在消费鸦片类毒品的话，他们只能消费纯度较低的海洛因。再退一步讲，即使有 1 700 万人在消费鸦片类毒品的话，与合成毒品消费者 5 300 万人的规模相比，也已经是"小巫见大巫"了。21 世纪必将是人类与合成毒品战斗的世纪。

对于鸦片罂粟这一物种而言，它已经度过了自身最辉煌的历史时期开始走向没落了。鸦片罂粟一不合人类正义，二不合某些新生代追求奔放热烈的蠢蠢欲望，在国际禁毒运动和新型合成毒品的打击下，它渐渐日薄西山，已踏上重回大自然中普通一员的回归之路。

---

① UNODC, *World Drug Report*, 2012, p.34.

结　语

一、欲、利、义的牵引——鸦片罂粟的传播与贸易

在历史上，鸦片罂粟恐怕是与人类关系最为密切的植物之一。然而，它既不像小麦和稻那样不可或缺，也不像咖啡树和茶那样为人称颂，而是在人类的欲望驱使、利益争夺和正义鞭挞中挣扎摇摆，如风中落叶般不能自已。《礼记》讲，"欲不可纵，乐不可极"。在创伤外科中作为麻醉剂的氯胺酮都能被人类变成毒品，人性在某些时候的扭曲可见一斑。因此，我们何必要怪罪鸦片罂粟这种无辜的生命呢？人言"盖棺定论"，因而有"生不立传"的史学传统。鸦片罂粟作为一个物种或可例外。况且，它诞生于6600年前的中欧一隅之地，扩展西南，再进亚洲而东，继则越海漂洋，可谓声震寰宇，然而近百年来却屡败屡退，除药用之外，非法罂粟几无立足之地，避居阿富汗、北缅等区区数隅之中，垂垂将死，恍如人生一世。或可"立传"矣。

此物原产中欧，其后不断传播蔓延并参与人类贸易，这里便以国际鸦片贸易格局（这里指长距离大规模的跨国贸易）的演进作为其发展进程的分期标志。[①]

（一）环地中海和印度的自给自足时期（1650年以前）

大约在距今200多万年的洪积世（更新世）之前，刚毛罂粟就传入了中、南欧及地中海地区。[②] 莱茵河流域的先民可能是因为发现牛、马等动物以刚毛罂粟为食，便开始加以驯化，并最终在公元前4600年的新石器时代早期培育出鸦片罂粟。它的嫩叶可以充作蔬菜，营养丰富的种籽既可以榨油，又可以煮粥，还能像芝麻一样撒在面团上食用，因此很快成为当地重要的农产品。在此基础上，人们逐渐发现了罂粟的药用价值和致幻作用。

到公元前4000年，罂粟已经传播到今天的西班牙、奥地利、意大利、法国等地，之后又蔓延到波兰、捷克等东欧地区和南部的希腊。大约比青铜时代晚期的埃及新王国时期稍早，即公元前1550年之前，鸦片罂粟通过克里特、塞浦路斯等

[①] 贸易格局演进的阶段划分只能以某些标志性的事件为节点，但难以做到精确。
[②] *On the Trail of Ancient Opium Poppy*, p.81.

地向南传入埃及、土耳其等地。①

在古希腊，人们将罂粟与宗教祭典联系在一起，希望在眩晕的意识里寻求与神灵相通的幻觉。塞浦路斯人则发明了从罂粟蒴果中采集鸦片的技术，并将鸦片作为一种商品销往包括埃及在内的周边地区。埃及人很快就发现了鸦片的药用价值。随后，鸦片制法和它的药用知识开始逆向倒传回其他罂粟种植区。最晚在公元前8世纪，鸦片作为一种药品又自南向北传入希腊。最晚在公元前5世纪，希腊人不仅学会了提取鸦片的方法，而且也渐渐懂得了鸦片的药性。经过这次逆向的传播过程，鸦片开始作为药品为人类医疗事业做出贡献。

公元前2世纪，罗马帝国日益强大，地中海渐渐成为罗马帝国的内湖。罂粟和鸦片也随着罗马帝国的扩张，传遍了环地中海地区。公元1世纪后，包括小亚细亚、埃及在内的地中海沿岸地区已经种植有大面积的罂粟。② 公元395年，罗马帝国分裂为东、西两个罗马帝国。公元476年，西罗马帝国灭亡，西欧分裂为诸多日耳曼人的邦国。东罗马人沿袭了罗马帝国的鸦片药用传统，而西欧则在教宗蒙昧主义的倡导中"忘记"了鸦片。

公元7世纪，阿拉伯帝国以惊人的速度扩张，很快成为一个横跨亚欧非三洲的庞大帝国。因为伊斯兰教反对饮酒，所以穆斯林以鸦片代之。③ 在帝国扩张时，罂粟和鸦片随着穆斯林的兵锋所指而迅速传播。阿拉伯人深入到南亚和中亚，鸦片罂粟就传到了印度和中亚。

公元6世纪时，印度还不生产鸦片。④ 711年，阿拉伯军队攻占印度河下游的信德和南旁遮普。于是，8世纪的印度医学著作中就首次提到了鸦片。⑤ 10世纪以后，阿富汗的加兹纳王朝和古尔王朝先后进入印度地区，使伊斯兰教在印度迅速传播，鸦片也在印度大范围地流传开来，印度人消费鸦片的形式是吞服。在印度，由于气候原因和地理条件，形成了恒河中下游地区和麻洼高原两大鸦片产区。

中国在唐帝国初年的扩张，使中国和阿拉伯帝国在中亚有了直接的接触，罂粟便向东沿着"丝绸之路"传入中国。不过，中国人为了观赏花卉而选育罂粟，所

---

① *On the Trail of Ancient Opium Poppy*, p.249.
② *Final Report of the Royal Commission on Opium*, Vol. Ⅶ, Part Ⅱ, *Historical Appendices*, Eyre And Spoitiswoode, 1895, pp.5, 9.
③ *Opium, Empire and the Global Political Economy*, p.19. 参见 *Royal Commission on Opium*, p.120. *Historical Appendices*, p.5.
④ Narayan Prasad Singh, *The East India Company's Monopoly Industries in Bihar with Particular Reference to Opium and Saltpetre, 1773 - 1833*. Bihar Muzaffarpur, Sarvodaya Vangmaya. 1980, p.11.
⑤ *Historical Appendices*, pp.5, 29.

以久而久之,不仅华种罂粟的鸦片产量逐渐降低,而且其鸦片中所含的生物碱也与其"祖先"大不相同。① 这与欧洲人后来培育的鸦片变种"粉纱"(the Pink Chiffon)和另外一种"芍药花状混合品种"有相似之处。② 元代,鸦片以"阿芙蓉"的名字为中国人所知。明代,中国医生也知道了鸦片的采集方法。不过,由于华种罂粟已经发生"攒瓣,如芍药"的形态和性能变异,无法提取到合格足量的鸦片,中国的达官显贵便只能从海外采买价格高昂的鸦片。

在欧洲,鸦片又随着十字军东征的路径传回西欧,并最终出现了鸦片酊的消费形式。在亚洲,印度鸦片在10世纪以后开始被阿拉伯人出口到国外。③ 13世纪以后,随着东南亚地区的伊斯兰化,也出现了鸦片消费。但由于当地降雨过多且日照不足,罂粟未能在东南亚各岛扎根立足。

总体来看,环地中海国家和印度的鸦片生产和贸易在当时基本上处于自给自足的状态,国际贸易虽然产生,但数量不大。

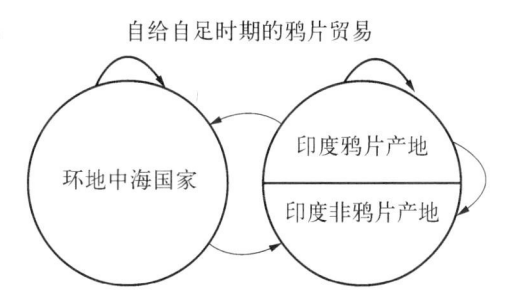

图结语-1 环地中海和印度自给自足的局部贸易格局

(二) 亚洲三角贸易独立存在时期(1650—1843)④

1."鸦片烟"与亚洲三角贸易雏形期(1650—1780)

奥斯曼帝国在14世纪的崛起阻断了欧洲和东亚之间的贸易线路,欧洲人开始探寻从大西洋上到达东亚的新航线。1492年,受西班牙政府资助的哥伦布发现了美洲。1575年,美洲的烟草被西班牙人引入菲律宾,随后在亚洲多地传播开来。在烟草吸食方法的启发下,印度人发明了"曼达克",而爪哇人在1650年前后发明了将鸦片和烟草混合吸食的"鸦片烟"。这样,鸦片在人类历史上第一次变成了毒品,罂粟也由此背负恶名。

新航线的开辟还促成了欧洲殖民主义的全球扩张。1510年,葡萄牙人先占有了印度的果阿,"成为最早操纵印度西海岸鸦片出口的欧洲国家"⑤,随后又于1511年占领马六甲。这样,葡萄牙人就控制了从果阿到马六甲的鸦片贸易。

---

① 《今年花落颜色改——清嘉道年间罂粟品种替换原因考》。
② 参见《鸦片史》,第2页。
③ *The East India Company's Monopoly Industries in Bihar*,p.11.
④ 这里的"亚洲三角贸易"是指印度与中国、东南亚之间形成的鸦片贸易。
⑤ *Historical Appendices*,p.6.

1602年，荷兰联合东印度公司成立，并于1619年占领爪哇岛的查雅卡尔塔（今雅加达），开始了他们对东南亚的征服战争。1641年，荷兰人从葡萄牙人手中夺得马六甲，打开了东印度群岛通往印度海上通道。1682年，荷兰征服爪哇的万丹，赶走了在这里经营鸦片生意的英国私商。这样，荷兰人就控制了从马六甲到爪哇的鸦片贸易。

在欧洲，葡萄牙在1580年至1640年间曾被西班牙合并，而西班牙是荷兰人的死敌。于是，荷兰人避开葡萄牙人控制的果阿和达曼，从印度东海岸的孟加拉进口鸦片，从而拉动了当地的鸦片生产。在"鸦片烟"传播的背景下，荷兰人将东南亚的鸦片销售量从1640年的1.3箱提高到1750年的1 400箱（100吨），进而在18世纪末达到4 100箱（290吨）。①

1711年前后，"鸦片烟"也传入了中国，在"漳、泉、厦门"及台湾一带流行。虽有1729年雍正皇帝的鸦片禁令，但鸦片进口量还是从1729年的200箱增加到1767年的1 000箱（71吨），②占中国进口货物总值的十九分之一。③

这样到18世纪中叶，形成了东南亚和中国南部两个小型的印度鸦片海外市场，这是印度、中国和东南亚之间鸦片"三角贸易"的雏形，也是毒品首次在国际间出现较大规模的流动。

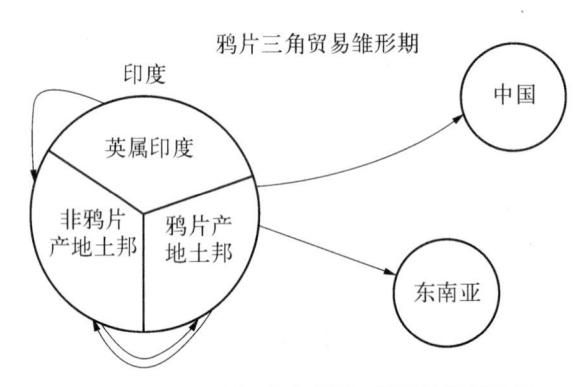

图结语-2 亚洲"三角贸易雏形期"的贸易格局

另外一件事也为鸦片贸易格局的变动留下了伏笔。1600年，英国"伦敦商人的东印度公司"成立。1757年，英国人通过普拉西战役控制了孟加拉，揭开了

---

① 《剑桥东南亚史》（卷一），第410页；*Historical Appendices*, p.35. *Opium, Empire and the Global Political Economy*, pp.39, 54; *British Opium Policy in China and India*, p.8; Peter James Marshall, *East India Fortunes: the British In Bengal in the eighteenth century*, Oxford University Press, *Chinese Repository*. Vol.6.
② 《中华帝国对外关系史》（第1卷），第198页。
③ 《鸦片经济》，第65页。

武力征服印度的序幕。1772年,公司正式接手内政管理,孟加拉沦为英国的殖民地。1773年,英国人建立起鸦片垄断制度,为日后操纵当地的鸦片生产提供了便利。

2. "单吸鸦片"与亚洲三角贸易早期(1780—1843)

在1785年略前的某个时间点上,一个广东人发明了单纯吸食鸦片的方法。就单个成瘾者而言,以这种方式消费的鸦片量是吞服方式的4—9倍,比吸食"鸦片烟"更不知要多多少。于是,中国市场很快就出现了鸦片进口量和销售价格的双增长。从1780年到1790年短短十年之间,鸦片输入量从1500箱增加到4000箱,①价格也从1780年的每箱200元涨到1791年的380元。② 这样,对于印度鸦片而言,中国市场开始与东南亚市场等量齐观,这也标志着印度与中国、东南亚之间的鸦片"三角贸易"格局正式形成。

英国人最初在孟加拉采取了"限产增利"的政策,把鸦片的生产数量限制在4500箱上下,还通过改革垄断体制来提高鸦片品质。供给紧缩使鸦片价格迅速上涨,英国人由此受益匪浅,但一些鸦片贩子很快就发现了印度麻洼土邦还有更便宜的鸦片。于是,麻洼鸦片经由葡萄牙人控制的达曼等地运往中国。同时还有一些美国人偶尔从更远的土耳其、波斯贩运鸦片到中国。英国便转而求助于葡萄牙人封锁港口。葡萄牙当时还处于法国拿破仑的铁蹄之下。为了让英国人帮助复国,他们慷慨地答应了英国人的要求。而当1815年拿破仑战争后,他们就开始对英国人的要求置若罔闻了。1819年,英国人转而采取了"增产保利"的政策,孟加拉鸦片开始了大规模生产的时代。到1829年,英国人完全放弃了对麻洼的封锁。毒品与毒品的市场竞争开始了,由英国人、美国人、巴斯人、印度人、亚美尼亚人、犹太人还有中国人组成的浩浩船队将来自印度东、西两个海岸的鸦片运往广州。

英国最初的"限产增利"政策极大地提高了鸦片价格,限制了中国的鸦片泛滥,也使东南亚市场陷于萎缩。而当孟加拉与麻洼鸦片"开足马力"竞相增产的时候,供大于求造成了价格的长期下行,推动了中国的鸦片泛滥,东南亚的销量也开始温和上升。鸦片战争前夕,每年大约有35 000箱(1 900吨)鸦片运到中国,③东南亚的销量则在2 000箱(140吨)上下。④ 同时,英国在1813年后对英

---

① 1799年前的鸦片贸易数据可参见:《东印度公司对华贸易编年史》(1、2卷合订本),第398—400、460页;《中华帝国对外关系史》(第1卷),第198,199页; *Opium, Empire and the Global Political Economy*, p.51; *Documents Relating to Opium. & c.* Vol. V, p.63.
② 《东印度公司对华贸易编年史》(1、2卷合订本),第460、506页。
③ 《鸦片经济》,第178页。
④ *Chinese Repository*. Vol.6.

属印度的鸦片消费进行管制，因此造成了孟加拉市价高于麻洼的情况，使得印度麻洼鸦片开始向英属印度流动。

此外，北美地区最晚在这一时期也开始出现罂粟种植活动。

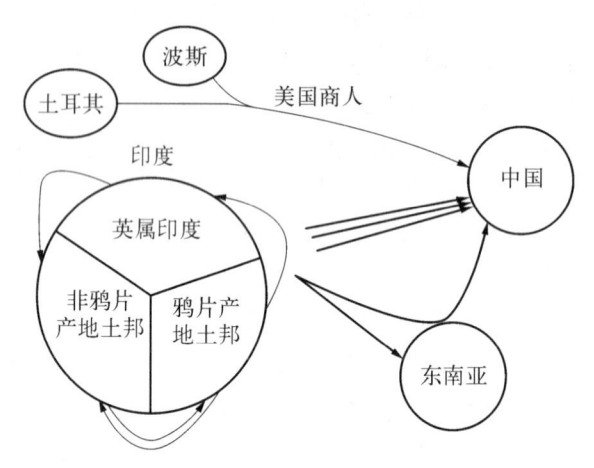

图结语-3　亚洲"三角贸易"早期的贸易格局

（三）亚洲鸦片三角贸易晚期(1842—1917)与跨大西洋吗啡贸易(1850—1914)

19 世纪 40 年代的两场战争再次改变了亚洲三角贸易格局。1842 年至 1843 年，英国对信德土邦发动战争并将其并入英属印度，这意味着麻洼鸦片必须经过英国辖区才能出口海外。这样，英国人通过孟买过境税这件有力武器自如地调控着麻洼鸦片的成本，麻洼鸦片与孟加拉鸦片相互竞争的时代终结了。1840 年至 1842 年，英国又发动了针对中国的第一次鸦片战争，并以《南京条约》签订结束。战争维持了中国市场对印度鸦片的开放，但从更深远的意义上看，中国在战争中的失败使清政府逐渐放弃了禁毒政策，从而造成以中印鸦片相互竞争为主线的"三角贸易"新格局，也同时埋下了中国更深程度鸦片泛滥的隐患。

事实上，中国土产鸦片生产最迟从 1805 年就已经开始了。在高额利润的刺激下，有人从浙江和云南两个方向从印度重新引进罂粟种。1858 年，清政府在英国的胁迫下正式允认鸦片合法。这样，中国土产鸦片就一发不可收拾，处处是罂粟的海洋，并逐渐超过印度成为世界第一大鸦片生产国。1864 年，全国各省均有鸦片生产；[1] 1866 年，全国土产鸦片约 3 000 吨；1897 年为 20 040 吨；1906 年有 35 100 吨。而 1906 年的世界鸦片产量约为 41 600 吨，中国独占 84%。除满足内需外，中国鸦片也开始被出口到东南亚，甚至还有一些鸦片被远

---

[1] *Historical Appendices*, p.22.

销到美国,其中的一部分又从美国的旧金山转运到南美洲的秘鲁等国。① 于是,印度鸦片在中国市场的份额被中国土产鸦片逐步挤占。

在19世纪40年代,东南亚的市场规模已经超过18世纪末的水平。50年代以后,东南亚的鸦片输入量稳步攀升,到19世纪90年代达到15 000箱的规模。不过,东南亚的消费潜力毕竟有限,直到19世纪末,所有的东南亚国家加在一起也不会消费20%的印度鸦片。② 这样,东南亚增加的消费量无法弥补印度鸦片在中国减少的消费量,印度鸦片的总出口量便从1887年起开始走下坡路了。

英国长期奉行的毒品政策在20世纪初开始松动。一个原因是从19世纪末逐渐兴起的反毒品运动后来形成了世界性的潮流,给英国政府施加了很大的压力。另一个原因是到19世纪80年代末,英国本土只能供应自身消费谷物的三分之一,这就需要更多的印度土地种植粮食。还有一个最重要的原因就是来自中国土产鸦片的竞争已经使得英国的鸦片贸易获利甚微。因此,可以说中国以全面鸦片泛滥为代价,将英印鸦片逐出了中国市场。在1906年5月的英国下议院辩论中,印度部大臣约翰·莫莱声称"华人若欲禁烟,固吾英人之所乐从者"。③ 清政府随即与英国政府联络,双方达成禁烟协议。1909年在上海召开的万国禁烟大会也为世界禁毒创造了有利的国际舆论,标志着世界人民在毒品问题上的初步觉醒。中国于1917年完成了禁种任务,英国随即宣布停止向中国输入鸦片。

在同一时期,地球另一面的美国也出现了毒品问题。19世纪初年,不断有来自中国南部沿海的移民涌入美国。1848年,美国加利福尼亚州发现金矿,以广东籍为主的中国华工纷纷结伴而行,前往淘金。他们为美国发展做出贡献的同时,也推动了鸦片吸食方法的传播。19世纪50年代后,美国西海岸出现了大批的烟馆,生鸦片的使用数量急剧增加。此外,1803年发明的吗啡于19世纪中期以后也开始在美国流行起来。1900年,美国的鸦片和吗啡消费者有25万人,一个以美国为代表的欧美吗啡市场初步形成。这时,欧美地区是吗啡的主要加工地,而加工吗啡所需鸦片多来自土耳其和波斯。于是,在亚洲之外,地中海和大西洋上也形成了跨国鸦片贸易流。20世纪初年,美国消费的主要麻醉品逐渐从吗啡转向海洛因,两个时期之间没有非常明显的分界点,但1914年通过的《哈

---

① 《鸦片史》,第203页。
② *Opium, Empire and the Global Political Economy*, p.90.
③ 《禁毒史鉴》,第273页。

里森法》是美国禁毒史上的里程碑,吗啡向海洛因的转换也发生在大致同一时期,这里姑且将此事件作为吗啡时代终结的一个标志。

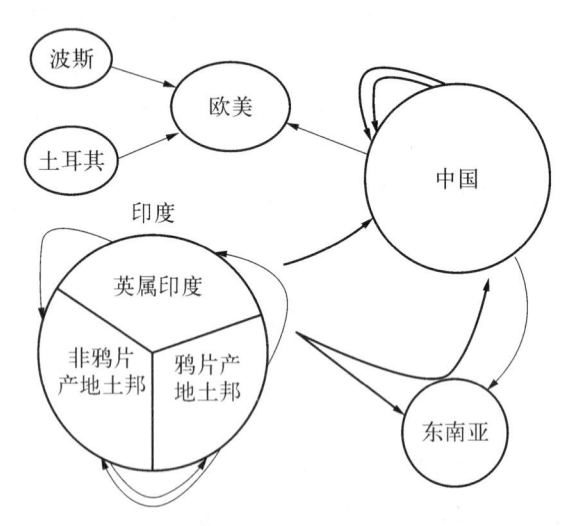

图结语-4　亚洲鸦片三角贸易晚期与跨大西洋吗啡贸易并行时的贸易格局

（四）"中国独大"（1918—1952）与跨大西洋海洛因贸易（1910—1956）

第一次世界大战后形成的国际联盟促使国际社会在禁毒问题上达成了更加广泛的共识,禁毒的旗帜开始在全世界的上空飘扬。无论是鸦片产地还是鸦片市场,各国或者施行禁毒政策,或者以"限产"、"专卖"为形式,施行国家毒品垄断。

然而,随着中国军阀割据局面的出现,自陕西军阀陈树藩于1918年破坏烟禁开始,中国土产鸦片再次死灰复燃。蒋介石领导的国民政府在确立全国统治之后,虽然先后颁行了《禁烟法》等法律法规,但收效不大。据估计,中国在1930年的鸦片产量为1.2万吨,是其他国家总产量（1 710吨）的7倍,占世界总产量的88%。[①] 1933年,面对国内外舆论的巨大压力,国民政府一面加入《日内瓦禁烟公约》,一面于1934年春提出"两年禁毒、六年禁烟"的方案,取得较大成效。但日本侵略打乱了中国的禁毒节奏。日本自清末起就大力向中国兜售鸦片和吗啡,在1917年后又大肆贩卖海洛因。在"九一八事变"和"七七事变"后,日本政府以"专卖"为名,在伪"满洲国"和其他沦陷区大肆鼓励罂粟种植,发展鸦片生产,毒化中国人民。据估计,日本政府通过毒品垄断贸易,从中国掠夺财富高

---

① 《禁毒史鉴》,第402页。

达3.5亿美元,致使中国沦陷区的吸毒人口达到3 298万人,约占沦陷区总人口的8.8%①,国民政府的禁烟成果丧失殆尽。1945年抗战胜利后,国民政府颁行《收复地区肃清烟毒办法》,试图再行烟禁。但是,蒋介石妄图建立专制制度,一心剿共,致使解放战争炮火再起,禁烟问题被再度搁置。1949年底,全国罂粟种植面积仍然保持着100多万公顷;以制贩毒品为业的有30多万人,吸毒者约2 000万人②。共产党领导的新中国采取了严厉的禁毒措施,至1952年,中国成为既不生产也不消费鸦片的"无毒国",甚至连历史上以观赏为目的的华种罂粟也很可能在这次大规模的禁毒行动中覆灭了。一个以中国为最大鸦片生产国和消费国的时代结束了。

在20世纪上半叶的美国,1914年通过的《哈里森法》在一定程度上限制了麻醉品的滥用。不过,新出现的海洛因在1910年至1920年间逐渐流行,从纽约开始,然后扩散到东海岸,最后传播到西海岸。1924年4月,美国国会认为90%的麻醉品成瘾者在使用海洛因,因此决定禁止海洛因的生产和使用,随后又相继建立了禁毒署和麻醉品局负责毒品监管。在一系列法律出台后,美国毒品交易被迫转入地下黑市。这一时期,美国消费的海洛因主要来自亚洲。中国和伊朗的生鸦片被运到土耳其,和土耳其鸦片一起被地下工厂加工成吗啡,这些吗啡再经过黎巴嫩被运到意大利的西西里,在西西里被加工成海洛因后由黑手党成员贩运至欧洲各口岸,或者直接运往美国,或者经古巴转运到美国。③ 第二次世界大战期间,战火切断了地中海的毒品走私线路,美国市场的海洛因来源不得不从欧洲和远东地区转向南部的墨西哥。因为墨西哥的海洛因质量低劣且货源不足,大量的瘾君子被迫停止吸毒。到1945年,美国的吸毒人口已经从20多万人下降到2万人。④ 与此同时,从20世纪30年代到50年代,美国反毒品法案日趋严厉,并于1956年达到顶点。当年出台的《麻醉品控制法案》规定,将海洛因卖给未成年人可判处死刑,从而把"司法惩治模式"推向了顶峰,毒品此后几乎销声匿迹。⑤ 在英国等欧洲国家,直至第二次世界大战结束,毒品问题都不算严重。

(五)毒品空窗期(1956—1960)

第二次世界大战以后,联合国继承了国联的禁毒政策,非法鸦片生产逐步得到控制:中国禁绝了鸦片;印度鸦片出口得到有效管控;伊朗于1955年基本停

---

① 《日本侵华毒品政策五十年》,第263、265页。
② 《1998年中国禁毒报告》。
③ 《鸦片史》,第257、278页。
④ 《鸦片史》,第230页。
⑤ 《毒品犯罪研究》,第333页。

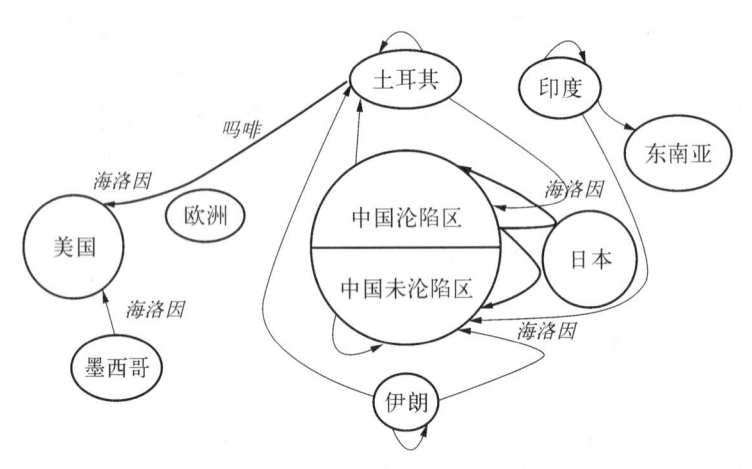

图结语-5 "中国独大"与跨大西洋海洛因贸易并行时的贸易格局

止罂粟种植;土耳其的鸦片生产也得到一定程度的管制;只有"金三角"地带的鸦片生产开始增加。在鸦片消费方面:继新中国禁毒成功后,美国通过《博格斯法案》和《麻醉品控制法案》等法律文件强化了毒品犯罪惩罚措施,使毒品几乎销声匿迹;这时的欧洲国家也太平无事;伊朗、印度等鸦片消费大国的鸦片滥用也得到较好遏制;东南亚等其他毒品消费国在第二次世界大战后也纷纷废除"专卖"制度而改为"严禁";日本在经历了短暂的冰毒风潮后归于平静。于是在20世纪50年代中期,世界几乎进入了一个"无毒"时代。

(六)土美欧海洛因贸易时期(1960—1973)

全球化为美欧毒品泛滥提供了技术条件,财富增长为美欧毒品泛滥提供了经济支持,而个人主义思潮的流行为美欧毒品泛滥提供了直接的精神动力。于是,在20世纪60年代,一场嬉皮士运动在美国突如其来地发生了。大量富有而年轻的新生代成为战后"垮掉的一代",他们忘记了父辈的教训,在性自由和摇滚乐的助推下,形成了自由散漫、放荡不羁、喜爱叛逆的嬉皮士文化,而"毒品文化"就是嬉皮士文化的核心之一。在这次欧美的毒品泛滥浪潮中,印度大麻成了急先锋,海洛因也卷土重来,同时还出现了L.S.D.等新型毒品。美国仅使用海洛因的人数就迅速从1960年的5万人增加到1970年的大约50万人。[1] 西欧与美国类似,60年代的经济繁荣滋生了堕落的毒品文化。

这一时期,美国进口的大麻、可卡因主要来自墨西哥等中美洲地区,而进口的海洛因则主要是由意大利西西里地下贩毒集团从法国马赛贩来的。他们把土

---

[1] 《美国禁毒史》,第335页。

耳其鸦片或吗啡偷运到马赛,在当地生产海洛因。据统计,当时美国消费的海洛因中大约有80%来自土耳其。① 美国尼克松政府于1973年向土耳其提出强烈外交抗议,以停止对土援助相威胁,要求土耳其禁除罂粟种植。在美国的压力下,土耳其在接受了3 570万美元的补偿之后,查禁了罂粟种植。这样,美国的海洛因吸食人数逐渐从70年代初的50万人回落到70年代末的20万人。②

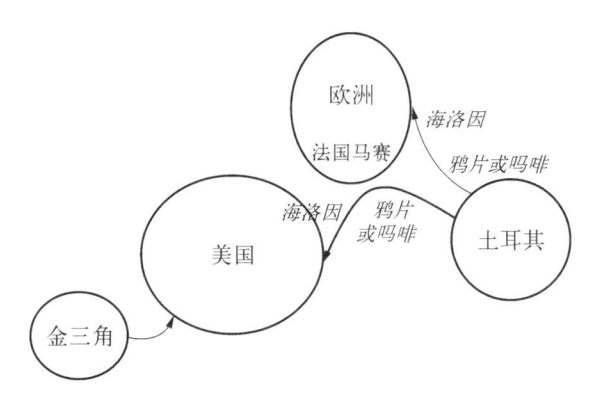

图结语-6　土耳其与欧美的贸易格局

（七）鸦片衰落背景下的"三点一面"贸易时期(1973—)

有需求就有供给。在土耳其的鸦片生产被遏制后,墨西哥迅速增产,弥补了供给缺口,到1975年,墨西哥海洛因在美国市场的占有率从35%迅速扩大到90%。美国政府马不停蹄地与墨西哥政府取得联系。在美国的财政支持下,墨西哥也采取了禁种措施。

这时,位于缅甸、老挝和泰国三国边境的"金三角"却在乱局中陡然崛起。当地鸦片生产在国民党李弥部、坤沙集团、佤联军等势力的先后操纵下快速发展,产量从1962年的650吨增加到1987年的1 000吨,继而增加到1992年的1 500吨。③ 不过,"金三角"的鸦片生产在坤沙垮台后渐不如前,2010年的产量估计为580吨。然而,"金三角"的衰落却成就了"金新月"的强大。阿富汗接过了"接力棒",后来居上,至90年代初开始超过"金三角",鸦片产量达到2 400吨。塔利班政权执政期间的1999年,阿富汗鸦片产量达到4 600吨,占全世界非法鸦片产量的75%,成为全球最大的毒品生产国和输出国。塔利班政权被推翻后产量先有所下降后又持续回升,2011年创下5 800吨的新高,④2014年进而

---

① 《美国禁毒史》,第337页。
② 《鸦片史》,第235页。
③ 《全球化视角下的毒品问题》,第29页。
④ 《全球化视角下的毒品问题》,第35页;UNODC, *World Drug Report*, 2012, p.33.

达到6 400吨。① 2005年至2010年间,阿富汗提供着全球88%的非法鸦片,而缅甸只占6%。② 同时,美洲的罂粟也在蔓延。墨西哥的罂粟先传入危地马拉,又于1989年进入哥伦比亚,又从哥伦比亚传入秘鲁、委内瑞拉、巴西、厄瓜多尔和玻利维亚等国,"银三角"就此形成。不过,"银三角"虽然是世界最大的可卡因生产基地,但鸦片产量不大,2009年罂粟种植面积仅356公顷,可产海洛因1.1吨。

当今,这三大鸦片生产基地维持着残存却遍布全球的鸦片类毒品市场。70年代后,美欧的毒品风潮越过边界,席卷世界。20世纪80年代以来,美国有70万海洛因成瘾者。在20世纪90年代,全英国登记吸毒人数3.4万人,吸食海洛因者以年轻人为主;法国吸毒者有近百万人;意大利吸毒者不下30万人;澳大利亚吸毒者有50万人,其中20万人吸食海洛因;埃及有10多万人吸食毒品;苏联有150万人吸食毒品。中国自1978年开始实行改革开放政策以来,吸毒人群也一再扩大。1981年,云南边检首次发现毒品,而到2015年,如果剔除戒毒成功的和已经死亡或离境的人员,全国有吸毒人员234.5万人,其中吸食海洛因等鸦片类毒品的98万人。最近10年间,全球鸦片产量在7 000吨上下,每年制造470—760吨海洛因。全世界有1 700万人使用鸦片类毒品,其中大约有1 200万到1 300万人使用海洛因,400多万人吸食鸦片。另外值得一提的是,美国是当今世界最大的毒品市场,这在很大程度上是由于美国的富有造成的。在20世纪末,每公斤海洛因在亚洲的售价是3.5万美元,而在美国可以卖到10万美元。③ 这一现象与印度鸦片在18世纪末向中国流动的情况类似。

综观百年毒品史,世界鸦片总产量从1906年的4.2万吨下降到2011年的0.7万吨,④这既是国际禁毒力量的体现,又是其他植物毒品、冰毒等合成毒品与鸦片类毒品竞争的结果。当前,全世界吸毒人口大约有2.3亿人,占总人口的3.3%。在吸毒人口中,大麻吸食者占74%;合成毒品吸食者占23%;可卡因吸食者占7%;而海洛因等鸦片类毒品吸食者也只占7.4%。⑤ 甚矣,鸦片衰也!

(八) 罂粟史的再划分

上文按照贸易格局把鸦片罂粟史分为七个时期。如果按照国际社会对待鸦片罂粟的普遍态度又可以1909年为界,大致分为"总体合法时期"和"总体非法时期"。如果按照鸦片罂粟的用途继而可以把罂粟史分为"食药时代"和"毒品时

---

① *The Afghan Opiate Trade and Africa-A Baseline Assessment 2016*, p.16.
② UNODC, *World Drug Report*, 2012, p.101.
③ 高英东:《美国毒品问题初探》,《美国研究》1998年第4期。
④ 《鸦片史》,第208页,UNODC, *World Drug Report*, 2012, pp.33,102。
⑤ 有同时吸食两种毒品者,因而总比例大于100%。

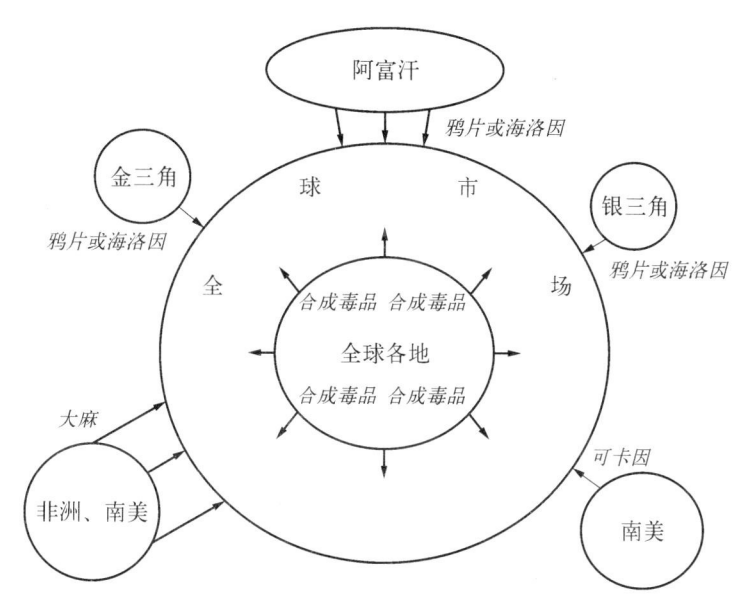

图结语-7 "三点一面"的贸易格局和其他毒品供给

代",其中的"毒品时代"还可以按照鸦片类毒品的流行程度分为"鸦片时代"和"后鸦片时代"。这里我们再换一个角度将"食药时代"拆开来看,而把"鸦片时代"和"后鸦片时代"合起来看,它6600多年的"人生"就可以分作三个阶段:

第一个阶段是从大约公元前4600年至大约公元前1550年,占其生命历程的46%。这一阶段,它以植物本体充作人类食物,或充作宗教通灵的媒介。在当时人的眼中,它恐怕是通往神祇的通道和桥梁,大抵就像今天人们碰破头也要首先冲进寺庙里点着的"头香"。

第二阶段是从大约公元前1550年到大约公元1650年,占其生命历程的48%。这一阶段从"埃博思纸草"的创作开始,它一直以它的分泌物(鸦片)为人类止痛疗伤。在当时人的眼中,它可能是临危救命的仙丹和灵药,大概就如屠呦呦们发现的青蒿素。

第三个阶段是从大约公元1650年至今的370年左右的时间,占其生命历程的6%,它成为"毒品"的代名词。也就是说,只有最近一段时间它才变成了毒品。从1650年的"鸦片烟",到1780年的"单吸鸦片",再到1803年的"吗啡"和1895年的"海洛因",鸦片罂粟提供的似乎都是毒品。在我们的眼中,它就是地狱里蹿出的恶魔,是夺人性命的无常。

于是,人们起而斗争,将鸦片罂粟这个鬼蜮打倒在地,把它囚禁在阿富汗和缅甸。当前,我们的受害者只有1700万人,只占全世界人口的千分之二。但是,我们已经接近胜利的门槛了吗?没有,还远远没有。

实际上,罂粟的每一次变化都是为了适应人类的需要。即使它变成毒品,也是为了满足人类的需要。从这个意义上讲,禁毒斗争不是在同罂粟斗争,而是在同我们自身的贪欲斗争。这是一场在正义与吸毒者的欲望、正义与毒品贩子的利益之间爆发的战争。看看 2.3 亿的吸毒大军,就知道我们还远远没有胜利。

这场战争的对手不是鸦片,不是氯胺酮,也不是"冰毒",是吸毒人的欲望。黄爵滋曾经在著名的《请严塞漏卮以培国本折》中指出,"无吸食自无兴贩,则外夷之烟自不来矣。今欲加重罪名,必先重治吸食"。

二、欲、利、义的战争——重治吸食:"宣传"与"隔离"

(一)"弛禁"不如"严禁"

要"重治吸食"是因为"消费"环节是整个毒品链条运行的引擎。

早期的鸦片贸易运行可以分成以下各个环节:

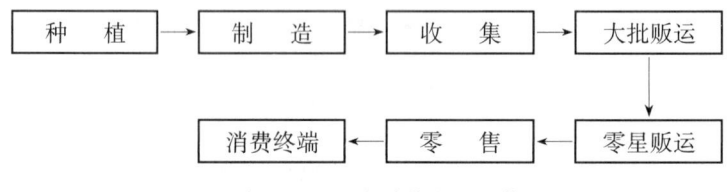

种植 → 制造 → 收集 → 大批贩运
消费终端 ← 零售 ← 零星贩运

图结语-8　早期鸦片贸易环节

当鸦片大规模生产垄断形成以后,"制造"环节向"收集"环节之后移动:

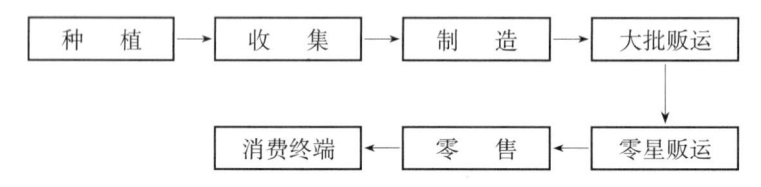

种植 → 收集 → 制造 → 大批贩运
消费终端 ← 零售 ← 零星贩运

图结语-9　鸦片生产形成垄断后的贸易环节

当吗啡、海洛因等毒品流行以后,会增加"提制"环节:

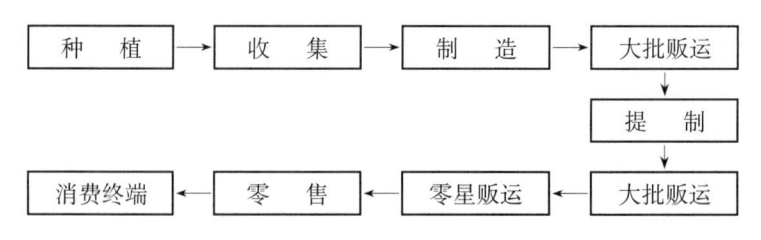

种植 → 收集 → 制造 → 大批贩运
提制
消费终端 ← 零售 ← 零星贩运 ← 大批贩运

图结语-10　鸦片衍生品的贸易环节

当合成毒品泛滥后,会进一步简化流通:

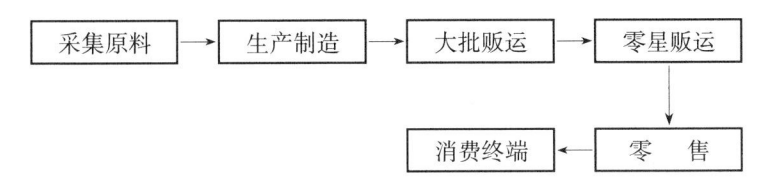

```
采集原料 → 生产制造 → 大批贩运 → 零星贩运
                                        ↓
                         消费终端 ← 零  售
```

图结语-11　合成毒品的贸易环节

当毒品从原料环节向消费终端流动时,金钱却从消费终端起沿相反的方向流动,并被各个环节截留。换句话说,当消费终端因"欲"生"需"后,其他环节都会逐利而动。在历史上,依据政府对待毒品贸易各环节的态度可以将涉毒政策分为三类:第一类,政府将毒品视为普通商品,放任各个环节发生而不加干涉,如16世纪前的各国政策、18世纪前西方国家在本国实行的政策等;第二类是政府将其视为严重威胁,力图对各环节都加以禁止,如1799—1858年清政府实行的政策、当前包括我国政府在内世界上大多数国家实行的政策等;第三类是政府将毒品贸易视为利薮,依实力大小,对贸易各环节或部分环节采取征税、垄断等手段获取利益。这样的政府或视毒品贸易为合法而无害,或视毒品贸易为有害而假借"弛禁"之名。前者如英国东印度公司在孟加拉对"种植"、"收集"、"制造"三环节形成的垄断,又如荷兰殖民政府在印尼对"贩运"、"零售"环节形成的垄断;后者如1858年至1906年间清政府实行的"寓禁于征"、日本侵略者在中国实行"专卖"垄断等。

当今,第一类政策与第三类政策中将毒品视为"无害"的舆论土壤已不复存在,无须讨论。只是尚有第三类政策下"弛禁"论调依然回荡,有必要予以反驳。综观当前世界,只有荷兰、葡萄牙等极少数的国家对毒品采取宽容态度。这些国家试图垄断毒品的生产,把供给控制在一个相对合理的范围,从而促使毒品价格下降,令贩毒集团无利可图,最终退出毒品市场。20世纪90年代以来,这样的"毒品合法化"论调一度在世界范围内甚嚣尘上,他们认为这样可以"减少与毒品有关的犯罪和节约执法方面的人力与财力",因而可以把"花在反毒战上的钱用到防治吸毒成瘾上去"。[①] 而毒品史已经告诉我们,这条路是走不通的。

日本侵略者在中国实行"毒品专卖"带来的后果自不待言,这里仅只回顾中国晚清"鸦片弛禁"带来的影响。诚如弛禁论者所料,随着弛禁政策的推行,中国鸦片产量不断增加,1906年,中国年产鸦片584 800担,合3.5万吨,占当时世界

---

① 田丁:《美国的吸毒危机》,《民主与科学》1993年第2期。

鸦片总产量的84%。供给的极大增加导致价格的下降,鸦片单价降至每斤1两银,创下了乾隆朝以后的最低纪录。这场价格大战终于在1917年迫使英国东印度公司退出中国市场。这一切正如今日"毒品合法化"论调支持者所预料的一样,但是,中国当时的胜利是以鸦片全面泛滥为代价的,甚至大量农民也通过自种自吸的方式绕过了经济门槛,加入到吸毒者行列中来。1901年,全国吸食鸦片的人口约为2130万,占总人口的5%,而反观严禁时期,即使是在鸦片泛滥最为严重的1840年,吸食人口比例也不过0.3%。

"严禁"的作用在当前的禁毒实践中也有充分体现。"严禁"加大了贩毒风险,有效提高了毒品价格。自制1克冰毒的成本大约是40元,而市场价格达到400元以上。生产K粉的成本每公斤不足千元,而黑市价格可达每公斤24万元。2005年,由于打击和查堵力度明显加大,国内海洛因货源紧缺,价格普遍上扬。大部分地区海洛因价格上涨了30%至50%,上海、江苏等地海洛因零售价高达每克1000元。可以说,"严禁"毒品的真正作用就在于通过政府干预,加大贩运和吸食毒品的风险和运营成本,提高毒品价格,从而抬升消费毒品的经济门槛,减少吸毒人口。因此说,"弛禁"不如"严禁"。

(二)"严禁"禁不了"供给"

不过,"严禁"永远无法消灭毒品市场。

以清代中国为例。早在1729年,雍正帝就制定了严厉的禁烟条例,规定"兴贩鸦片烟,收买违禁货物例,枷号一个月,发近边充军。若私开鸦片烟馆,引诱良家子弟者,照邪教惑众律,拟绞监候"。1813年,嘉庆皇帝再次颁布上谕,规定对吸食鸦片者予以惩戒:"侍卫官员买食鸦片烟者,革职,杖一百,加枷号两个月;民人等杖一百,枷号一个月;均照所议办理"。这一法令开创了惩办鸦片吸食者的先例。不过,严厉的禁毒法令并没有消灭毒品市场。1822年前,鸦片虽价格高昂,但仍在中国南方沿海各省中的"高收入群体"中流行,也偶有北方显贵吸食。1823年起,英国的增产政策和对麻洼鸦片限制的放宽使国际市场上的鸦片价格开始下行,从最高时每斤15两银跌到每斤3.5—7两银,鸦片便迅速在中国南方沿海各省泛滥。1832年,湖广道监察御史冯赞勋上奏说,"粤、闽各省兵丁吸食鸦片烟者甚多,即将弁中食者亦复不少。以故相率效尤,愈食愈众。将不能禁弁,弁不能禁兵,远近成风,恬不为怪……查弁兵吸食鸦片烟盛于粤、闽、云、贵、川、浙,其余各省恐亦不免"。这时,中国南方市场在当时价格水平下趋于饱和,外国烟贩遂不顾风险,撇开闽粤烟贩,亲自将鸦片贩运北方各港。在19世纪30年代初的北方地区,有能力消费鸦片的只能是各级官员、富贾豪商等高收入群体。而外国海船的到来,减少了"闽粤烟贩"这一中间环节,从而降低了北方鸦片市场的价格,推动了北方鸦片消费人群的"下移"。至此,鸦片在中国沿海地区全面泛滥:每年的输华鸦片数量从18世纪末的4 000多箱增加到鸦片战争前夕的30 000多箱。可见,"严禁"虽然通过政府干预在一定程度上限制了"低收入群体"吸食鸦片,但却既不能阻止富人的猎奇行为也不能使"成瘾者"放弃吸食。禁毒越是严厉,贩毒利润越高。利之所在,必有"勇夫"。

一方面,贩毒组织会使用贿赂手段,引发腐败问题。1822年,当阮元将鸦片趸船逐出黄埔、鸦片趸船湾泊伶仃洋及澳门急水门后,已经领教厉害的鸦片贩子们就专门建立起一笔贿赂基金。"议定规银每箱若干,自总督衙门以及水路文武官员皆有之"。从历年清政府查处的腐败分子看,上至朝廷四品大员,下至普通士兵,几乎遍布清政府的各个系统,地区分布也十分广泛。这些贪官污吏"既利其烟,复贪其贿,则巡查奉为虚文,断绝非其所愿"。

另一方面,贩毒组织会武力对抗政府稽查。19世纪初的沿海地区,"土棍"(毒贩)们乘坐的武装走私船只被称为"快鞋",或"快蟹,亦名扒龙,炮械毕具"。通常情况下,"所过关卡,均有重贿",但如果"遇兵役巡船向捕,辄敢抗拒,互致杀伤"。国内毒品市场形成之后,内陆地区的贩毒集团也日渐猖獗。如1839年的云南,贩毒者"或三四十人,或百十人不等,结党成群,每人携带朴刀、矛头、手杖,前往夷地贩烟,冲关夺隘而出"。1841年时竟还有明目张胆举旗护送鸦片的,"手持枪炮,各带红旗,上书将本求利、舍命取财二语,往来四川,肆行无忌"。

如今,我国政府不断增强对涉毒犯罪的打击力度,但毒品问题仍未得到根本解决。首先,境外毒源屡禁不绝。虽然在国际社会的共同努力下,"金三角"罂粟种植面积和海洛因等传统毒品的生产规模持续减少,但制贩冰毒等化学合成毒品的现象有增无减。此外,"金新月"毒源地迅速崛起,非洲、南亚、中亚、美洲等国际贩毒集团加速也向中国渗透。其次,国内制贩合成毒品现象愈演愈烈,制贩冰毒案件急剧增多,规模越来越大。制贩活动逐步由南向北、由东南沿海向内地蔓延。网上传播制毒工艺、销售制毒原料问题日益突出,加剧了制毒活动发展。这些制毒贩毒集团成员,为获取高额利润,亦不惜铤而走险。他们或者采取人货分离、钱货分离、雇佣作案、邮寄物流等手段逃避检查,或者武装起来暴力抗法。近年来,贩毒集团拥有手枪、冲锋枪、手榴弹、各类车辆、大量房产并造成公安人员负伤甚至牺牲的报道屡见不鲜。利之所在,总会令不法之徒趋之若鹜。这与晚清贩毒组织如出一辙。

(三)"供给"归因于"需求"

"严禁"不能消灭毒品市场的原因在于毒品需求强劲。

清代,鸦片消费方法从吞服到吸食、从吸食"鸦片烟"到吸食"纯鸦片"的不断变化造成鸦片致瘾性不断增强。正是"单纯吸食鸦片"方法在乾隆末期的发明造成了中国市场需求旺盛,以致供给不足,引发价格上涨,从而将原本主要流向东南亚的鸦片引向中国市场。中国人口众多,市场潜力巨大,使国际鸦片市场的高价格得以维持。1820年后,英属印度与印度麻洼土邦展开商业竞争,致使印度鸦片增产,国际价格才得以下行。其后,在清政府严禁鸦片的大背景下,中国的鸦片消费量却持续大幅攀升。1839年,林则徐虎门销烟使中国的禁毒政策空前严厉,随后的战争更将鸦片贸易打入低谷,印度和新加坡等地的鸦片价格狂跌至每箱200西元(约150两白银)左右,输华鸦片数量大幅萎缩。但与此同时,中国福建、浙江沿海地区的鸦片价格最高时却暴涨到每箱2 500西元(约1 800两白银)。当鸦片贩子冒死将鸦片运上岸后,价格又提高至每斤60两银(即每箱7 380两白银)。即使如此,依然供不应求。可见,只要"需求"存在,"供给"就无法断绝。在毒品需求存在的前提下,"禁毒行动"与"涉毒黑社会"是一对如影随形的双胞胎。只要毒品需求一定,"禁毒"越严厉,毒品价格越高,对犯罪分子吸引力越大。当依靠单个人的力量无法完成贩毒工作时,有组织的武装贩毒就应运而生。清代"太平帮"、"广福会"的形成莫不如此。

严禁与供给、需求之间的关系,在民国时期也有体现。以国民政府的六年禁毒运动为例,仅1935年、1936年两年间,就枪毙毒贩2 288人,缴获各类毒品296 718公斤。1935年,全国登记烟民166.5万人,戒吸者33.9万人。这一切,从表面看起来成绩斐然,但实际上,"严禁"禁不了供给。在强大需求的拉动下价格暴涨,价格暴涨导致供给增加,使贩毒者赚取了丰厚的利润。当时西康地区甚至出现了"再禁几年烟,狗都要戴金圈"的民谣。[①]

当前,吸毒人群的不断壮大,是制贩毒犯罪屡禁不止的强大驱动。海洛因曾是我国主要的毒品种类,但在十余年前,毒品种类就出现二元化趋势。冰毒、摇头丸等苯丙胺类兴奋剂由于吸食简单、价格低廉、兴奋快、药效长,在吸毒人群中传播极快,吸食人数急剧增多,并由东南沿海地区的大中城市向内地蔓延。在很多地区,吸食合成毒品人数已超过吸食传统毒品人数。我国吸毒人员总数也从无到有,登记在册的吸毒人员已从过去的数万、数十万人,发展到现在的200多万。可见,合成毒品替代海洛因后形成了强劲的毒品需求,这与清代"单吸鸦片"替代"鸦片烟"时如出一辙。

毒品的诱惑和公安机关的打击造成了这样的结果:一方面,缉毒行动带来的毒品高价格阻止了部分低收入者吸食毒品,但另一方面,有些已经成瘾的吸食

---

① 《鸦片与近代中国》,第156页。

者不惜通过非法手段筹集毒资,诱发了大量刑事和治安案件。毒品需求之所以不能断绝,实在于毒瘾难戒。

(四)"戒毒"不如"拒毒"

毒瘾难戒就要求人们必须赶在成瘾之前学会拒绝毒品。

清代,早期的吸毒者只是吸食鸦片与烟草的拌和物。这时,"初服数月犹可中止"。乾隆朝中期以后,吸食者开始吸食纯鸦片,只需吸食"十余口后,乃觉其味醇醇,每欲请益",其致瘾性已大大增强。按泉塘人朱榴的说法,瘾君子"吃烟如女子裹足然,收紧一分则觉一分难过,放宽一分则觉一分适意","口口说退,而进者愈多"。即使有药物能够治愈毒瘾,对毒品的心理依赖却依旧挥之不去。"夫吃于瘾上者,瘾一绝即迹可离;不吃于瘾上者,瘾虽去而心未死。治瘾有术,治心无方也"。

今日的毒品种类众多,合成毒品致瘾性更较传统毒品为甚。在吸食毒品后,人体机能产生适应性改变,一旦停止或者没有按时吸食毒品,病理状态下的生理平衡被打破,生理功能随即发生紊乱,使人体产生难以想象的痛苦感。从《中国药物依赖性杂志》等学术刊物提供的资料看,即使经历了戒毒过程,戒毒者"年内复吸率通常超过95%,而且无论用何种脱毒治疗方法,对复吸率的影响都没有显著差异"。中国戒毒工作的历史也证明,戒毒人员的复吸率非常高,两次进戒毒所的达到80%,甚至有的人先后戒毒达13次之多。极高的复吸率意味着戒毒工作成本高昂且效果不佳。因此,禁毒之本在"预防"而不在"禁戒"。

有清代史料就讲,很多人在吸食毒品前,常常抱着猎奇心理,往往认为别人心志不坚,而自己尝试之后还可以离开毒品。他们想,"他人心无主宰,以致陷溺其中,我有慧力焉,断不至此",直至"困苦难堪,方才追悔莫及,瞿然曰:'一误竟至此哉!'然人寿几何,此生已矣"。今天的许多吸毒者在接触毒品之前,恐怕也抱着同样的幻想。为了不使悲剧发生,就必须赶在他接触毒品之前告知毒品危害。那么,当前的吸毒者通常是在什么年龄开始接触毒品的呢?以湖南部分地区的调查为例,首次滥用阿片类物质的平均年龄为27±6岁,90.2%的首次用药年龄小于35岁。[①]《钱江晚报》曾报道说当地"18岁到30岁的吸毒人员占了近六成"[②];合肥也发现了一位13岁就开始吸毒的女孩;2009年,香港的吸毒平均年龄只有15岁,最小的吸毒者竟只有11岁。[③] 一连串触目惊心的数字告诉我们,吸毒人群低龄化问题已不容回避。

[①] 苏中华等:《湖南省阿片类物质滥用的流行病学调查》,《中国心理卫生杂志》2007年第3期。
[②] 《钱江晚报》2011年6月24日。
[③] 上述新闻报道见新华网、中安在线等网站。

综上所述,"弛禁"非治本之道,"严禁"无治本之力,戒毒又收效甚微,因此笔者认为禁毒工作的治本之策在于"预防","预防"的着力点在于强化毒品危害教育,而且这个教育必须要提前。提前到什么时候? 从现实情况看,就要提前到初中以前。《中华人民共和国禁毒法》第二章第十三条规定:"教育行政部门、学校应当将禁毒知识纳入教育、教学内容,对学生进行禁毒宣传教育。公安机关、司法行政部门和卫生行政部门应当予以协助。"以笔者看法,在小学高年级全面开设相关课程并采用图文并茂的教材,才是对这一条款的最好落实。

其实,早在1997年国家教委就会同国家禁毒委下发《关于对中小学生开展毒品预防教育的通知》,规定把禁毒教育作为国民素质教育的组成部分,正式纳入中小学德育教育教学大纲。2002年,国家禁毒委、教育部等部门再次联合下发《关于进一步加强中小学生毒品预防教育工作的通知》,要求毒品预防教育必须列入教学计划,运用课堂教学的组织形式和方法,在小学五年级至高中二年级全面展开。然而,这一对禁毒战争胜利起着决定性作用的措施却迟至2016年仍未完全落实,至少在许多地区没有"运用课堂教学的组织形式和方法"。

(五)"吸毒"就要"重治"

"预防宣传"只是针对未吸毒品的青少年才有效。如果一旦吸毒,就很难戒除。吸毒者是传播毒品的社会"癌细胞",应当采取有效隔离手段,"重治"吸毒群体。

从毒品运销的环节上看制毒是源头,而从因果链条上看,吸毒才是源头。首先,吸毒者是腐蚀社会肌体的有害细胞。如果一个人身边没有吸毒者,他是不会触碰毒品的(当然,除非有人给他强行注射毒品)。从这个角度讲,吸毒者是毒品传播的媒介。其次,吸毒者是制贩毒存在的经济基础。如果没有人需要毒品,制、贩毒者将丧失经营的动力。从这个角度讲,吸毒者是制贩毒人员的衣食父母。

《中华人民共和国禁毒法》第四章第三十三条规定:"对吸毒成瘾人员,公安机关可以责令其接受社区戒毒。"笔者以为,涉毒人员大多不是遵规守纪人员,而社区工作人员以女性等弱势群体居多,将戒毒职责赋予社区是不妥当的。虽然第三十四条补充,"公安机关和司法行政、卫生行政、民政等部门应当对社区戒毒工作提供指导和协助",但很难落在实处。《中华人民共和国禁毒法》第四章第三十八条规定,"拒绝接受社区戒毒的"、"在社区戒毒期间吸食注射毒品的"、"严重违反社区戒毒协议的"、"经社区戒毒、强制隔离戒毒后再次吸食注射毒品的","由县以上人民政府公安机关作出强制隔离戒毒的决定"。另有第四十七条规定,"强制隔离戒毒的期限为二年"。但是,因为吸毒行为不在《中华人民共和国刑法》禁止之列,只是违反了《治安管理处罚条例》,该条例规定注射吸食毒品的处十五日以下拘留,所以难以对吸毒行为形成有效震慑。

这样,在司法实践中,由于社区禁毒和《治安管理处罚条例》的软弱无力,使得《禁毒法》规定的强制隔离戒毒覆盖率不高。2015年,如果剔除戒毒成功的人员,再剔除已经死亡和离境的人员,全国现有登记吸毒人员为234.5万人,①如果以国际推算标准,按照每位注册吸毒者背后有5位隐性吸毒者计算,②全国吸毒人员可能已超过1 000万,但强制隔离戒毒的只有26.4万人。而吸毒行为又不在《中华人民共和国刑法》禁止之列,致使公安机关的办案积极性不高。于是,很多吸毒者就可以堂而皇之地以社区戒毒之名,而行私下吸毒之实。

我们都不应忘记,禁毒战争的对手不是毒品,甚至也不是毒贩,而是吸毒人的欲望。单纯地打击贩毒环节,会助推毒品价格,甚至会增加贩毒集团的利润。哥伦比亚"麦德林集团"甚至有力量悬赏捉拿司法人员,我们一定要防止出现这样的"毒品帝国"。黄爵滋曾经在《请严塞漏卮以培国本折》中指出:"无吸食自无兴贩,则外夷之烟自不来矣。今欲加重罪名,必先重治吸食。"尖刀刺向贩毒分子只是刺中了对手的盔甲,他还可以换甲再战,只有刺中吸毒者,才能赢得这场战争的胜利。中国共产党在1929年施行的《平江县苏维埃政府暂行纪律》、中国国民党在1934年施行的《严禁烈性毒品暂行条例》中均有对复吸者施以死刑的规定。这些"重治吸食"之举在今天仍有借鉴意义。因此,关于禁毒措施,笔者提出如下建议:

第一,保持甚至减轻对制贩毒行为的现有打击力度,因为这是犯罪链条中相对次要的环节。

第二,在全国所有小学的高年级段开设《毒品危害》课程,应采用图文并茂的教材,形成视觉直观感受,阻止新吸毒人群的形成。

第三,建立统一的吸毒信息库,责令现有吸毒人员于20XX年前主动登记,并强制要求其于20YY年前戒毒。

第四,在20YY年后,将吸毒行为作为刑事案件对待。发现吸毒行为,对于在20XX年前主动登记的旧有吸毒人员处以三至五年的短期徒刑(因毒瘾难戒);对于未登记的新增吸毒人员处以十年以上较长时期的徒刑(属知法犯法)。

第五,诱使、强迫他人吸毒者,罪可论死。

---

① 《2015年中国毒品形势报告》。
② 《全球化视角下的毒品问题》,第264页。

后　记

我的导师王宏斌先生曾经说过，人生短暂，终其一生也做不了几件事。他常常以此来激励我们奋发努力。如今，我已过不惑之年，每每回忆这话，颇多感慨。

我的青少年时代浪费了太多的时间，迟到是家常便饭，逃课也偶尔有之。我可以在中考的考场上酣然入梦，还是靠上天的一声惊雷才得以醒来。又凭借数学考试结束前 5 分钟灵机一动画出的一条辅助线，做对了一道 10 分的几何题，进入了中专的机械制造专业，从而与重点高中失之交臂。毕业后，我见证了中专生江河日下的时代。唉！回想起来，分考高了也未必是好事。我做过装卸工，也摆过地摊。直到有一天，我幡然悔悟。好在有了自考的大专文凭，我开始瞄准考研。这成为我一生的转折点。"机械"不大好用了，我选择了历史。烟、咖啡，想睡了就用冷水洗脸。也曾经在校园的边上租住，每每在大学生宿舍熄灯的瞬间激动不已：他们不能学习了，该我熬夜赶超了，他们背四六级单词表，我就背字典。考试的时间终于到了。笔试还可以，可面试真不知怎么回答。记得一位老师问我，如何看待戊戌变法是地主阶级知识分子领导的资产阶级改良运动这一说法。我立即把课本上戊戌变法的性质流利地背诵一遍，引得老师们大笑。十几年后我才知道，我险些被"毙掉"，是素昧平生的戴建兵老师言我尚可雕琢，我才侥幸入围。由此，我实现了方向性的人生转折。后来，是导师王宏斌先生引领我走上毒品史的研究道路；是一次英语考试不及格刺激了我的神经，从而使我的英语水平发生了"质变"。祸福相依的古老观念，在我的一生反复验证。回眸往事，有太多的人应该登上我要感谢的名单，恕我这里不能一一举出。他们像一颗颗明星，照亮我人生的天空。我由衷地感谢每一位在我人生道路上帮助过我的人，谢谢！

记得在博士毕业时，还是戴建兵老师问我，在研究毒品贸易之余，如何看待禁毒工作的得失。我哑然无语。时至今日，本书总算是对戴老师的问题有一个回答吧。书中既有鸦片罂粟传播和贸易历程的一般回顾，又有对禁毒工作的改进建议。当然，能否得到共鸣乃至实施，那不是学者的职责范围。

此外，这里还要特别感谢小友史静茹，她在地球另一端的加拿大为我搜集资料，才使得本书轮廓相对完整。

最后还应再说一句，人生本不完美，书想必也是如此。请读者批评并原谅本书存在的错误吧！

连 东

2017年1月17日于阳泉桃河畔

图书在版编目(CIP)数据

鸦片罂粟通史：欲望、利益与正义的战争/连东著.
—上海：上海社会科学院出版社，2017
（禁毒研究）
ISBN 978-7-5520-2133-2

Ⅰ.①鸦… Ⅱ.①连… Ⅲ.①毒品-历史-世界
Ⅳ.①D588

中国版本图书馆CIP数据核字(2017)第228269号

鸦片罂粟通史：欲望、利益与正义的战争

著　　者	连　东
责任编辑	应韶荃　袁钰超
封面设计	夏艺堂
出版发行	上海社会科学院出版社
	上海顺昌路622号　邮编200025
	电话总机 021-63315900　销售热线 021-53063735
	http://www.sassp.org.cn　E-mail: sassp@sass.org.cn
排　　版	南京展望文化发展有限公司
印　　刷	上海景条印刷有限公司
开　　本	710×1010毫米　1/16开
印　　张	23.5
插　　页	1
字　　数	420千字
版　　次	2018年5月第1版　2018年12月第2次印刷

ISBN 978-7-5520-2133-2/D·463　　　　定价：98.00元
审图号：GS(2018)1559号

版权所有　翻印必究